JN494463

The Philosophy of Educational Administration

교육행정철학

주삼환 · 정일화 · 김용남 · 박소화
김미정 · 김수구 · 남기윤 공저

학지사

머리말

한국의 교육은 어디를 향해서 가고 있는가? 무엇을 위해서 교육을 하는 것인가? 대한민국의 보통교육을 받고 나면 어떤 인간이 되기를 원하는가? 지금 하고 있는 이 교육을 받고 나면 과연 우리가 바라는 그런 인간이 길러질 것인가? 교육에는 교육철학이 있어야 한다. 우리가 하고 있는 일과 행동에는 이유가 있고 목적이 있어야 한다. 철학과 신념, 가치 추구가 있어야 한다는 뜻이다.

우리가 공부하는 교육행정에도 철학이 있어야 한다. 교육행정은 행동철학이라고 한다. 철학이 겉으로 나온 행위는 행정행위다. 행정행위에는 철학이라는 이유가 있는 것이다. 그런데 우리는 지금까지 겉에 드러난 눈에 보이는 행정행위에만 관심을 많이 기울이고 그 속에 숨어 있어 눈에 잘 보이지 않는 행정행위의 근본 이유와 출발점인 행정철학에는 주의를 기울이지 못했다. 행정행위에 해당하는 동기, 리더십, 의사결정, 의사소통, 조직하기, 기획, 평가 등도 모두 행위 밑에는 철학이 깔려 있으며 이들 행위는 모두 철학이 배어 나온 것이다. 이제는 철학 있는 교육행정, 이유 있는 교육행정, 그리고 목적에 철저한 행정을 해야 한다.

교육정책과 행정은 어떤 가치를 추구한다. 그래서 정책과 가치는 합동이라고 한다. 정책에서 가치를 빼 버리면 정책은 빈껍데기며 정책으로 성립될 수조차 없는 것이다. 그런데 우리는 그동안 자주 정책이나 행정의 이념이나 가치는 제쳐두고 빈껍데기 정책과 행정에만 집착하는 경우를 보아 왔다. 안타까운 일이다. 교육행정은 가치 배제나 가치 중립이 아니라 가치 내재와 가치 부여의 활동이다. 가치 중립적 객관성보다 가치 내재적 주관성을 무시할 수 없는 것이다. 그래서 주관적 이론, 주관적 연구방법도 강조되는 것이다.

교육행정가, 교육지도자에게는 철학과 윤리도덕이 기본이 되고, 이들이 바탕에 튼튼하게 깔려 있어야 하며 전제되어야 한다. 그런데 교육행정가와 지도자 양성과 연수 교육에서 이 행정철학과 행정윤리가 너무나 등한시되어 왔다. 그동안 우리 교육지도자들은 어렵더라도 옳음을 추구하고 이를 지키지 못하고 바람 부는 대로 물결치는 대로 안일을 추구했는지도 모른다. 지도자는 비전을 개발하여 제시하고 실현해 내야 한다. 비전이 없는 사람은 지도자라고 할 수 없다. 비전이 곧 조직의 목적과 목표가 되고 행정목표가 된다. 행정의 이유에 해당된다. 앞으로는 교육 행정가나 지도자의 교육이나 연수과정에 반드시 '교육행정철학'과 행정윤리 과목이 포함되고 강조되어야 할 것이다. 외국에서는 지도자 양성 교육과정에서 철학과 윤리가 강조되고 있다.

이런 생각 때문에 책임집필자는 교육행정을 공부하기 시작하면서 행정철학에 관심을 갖고 또 이를 강조해 왔다. 그래서 호지킨슨(Hodgkinson)의 책을 번역하여 우리나라 최초로 『행정철학(Towards a Philosophy of Administrations, 6th ed.)』을 내놓고 이어서 같은 저자의 『지도자의 철학(The Philosophy of Leadership)』을 번역·출판하였다. 그리고 언젠가는 내 손으로 '교육행정철학'을 책으로 써야겠다고 별렀는데 이제야 그 결실을 보게 되었다. 그것도 혼자의 힘으로 하지 못하고 같이 연구하는 박사과정 원생과 협동작업으로 쓰게 되었다. 워낙 어려운 분야이고 새로 개척하는 분야인데다 책임집필자의 지식이 얕아 만족스러운 책이 되지는 못하였다. 그러나 이 책이 여러 가지로 부족하지만 시작했다는 데 그 의미를 두고자 한다. 이를 시작으로 하여 계속 수정하고 보완해 나아가야 할 것이다.

이 책은 모두 여섯 개의 부로 구성되어 있다. 제1부에서는 교육행정철학이라는 분야를 소개하고, 제2부에서는 인식론의 입장에서 교육행정의 이론과 지식의 변화를 다루고, 제3부에서는 교육행정의 가치론을 다루고, 제4부에서는 교육행정의 윤리문제를 다루었다. 그리고 제5부에서는 교육행정가의 철학에 관한 연구의 내용을 담고, 마지막으로 정리하는 의미에서 제6부에서는 우리나라 교육행정철학의 과제를 다루었다. 철학에서 중요한 존재론에 해당하는 교육행정의 존재론, 본질론은 제대로 다루지 못했는데 앞으로 제1부를 확장하여 다루기로 한다. 그리고 교육행정의 예술적 측면을 포함하게 되면 심미론의 접근도 가능할 것으로 본다.

이 책은 교육 행정가나 지도자가 되고자 하는 사람이라면 반드시 한 번 읽고 생각해 보고 고민해 보기를 기대하며 썼다. 이런 철학적 고민과 갈등 속에서 존경받는 훌륭한 지도자로 발전하고 성장할 수 있을 것으로 믿는다. 그래서 이 책은 교육대학원, 교육연수원, 교육행정직원 교육의 교재로 사용되기를 기대한다.

2007. 2.

책임집필 주삼환 지

차 례

제1부 교육행정철학의 기초

제2부 교육행정이론의 인식론적 고찰

제3부 교육행정과 가치론

제5부 교육행정가의 철학

제1부

교육행정철학의 기초

여기서는 주로 독자들이 약간은 생소하게 생각할 교육행정철학을 소개하고자 한다. 그래서 원점으로 돌아가 교육과 교육철학의 개념과 정의를 재음미해 보고 교육행정과 교육행정철학의 관계에 대하여 알아보기로 한다.

제1장 교육과 교육철학

교육철학은 교육적 행위나 과정 또는 현상을 철학적 탐구의 대상으로 접근하는 학문이다. 교육은 인간을 대상으로 하는 고도의 정신적 상호작용이며, 철학은 진리를 추구하는 인간의 정신작용이다. 교육과 같은 고도의 정신적 상호작용에 철학적 사고가 없다는 것은 진리를 비추는 등대 없이 칠흑의 바다를 항해하다 난파하는 배와 같은 신세가 되는 것을 의미한다.

이돈희(1991: 12)는 교육과 철학의 관계는 철학적 이론이 교육의 과정에서 요구되는 원리들을 추출하는 기초가 될 수 있다는 생각에 의해서 성립된다고 하였다. 즉, 철학의 다양한 지식은 교육에 관한 이론을 전개하고 교육의 과정을 이끌어 내는 데, 그리고 교육문제를 해결하는 데 도움이 될 수 있다(유정아, 2003: 61).

이 장에서는 교육과 철학의 본질적 개념을 살펴봄으로써 교육철학에 대한 좀 더 명확한 이해를 돕는다. 더불어 오늘날 현실에서 나타나는 현상과 관련하여 교육의 문제, 철학의 문제 및 교육철학의 문제와 함께 교육행정과 연관된 철학의 문제를 살펴봄으로써 앞으로 전개될 교육행정철학에 관한 논의의 기초로 삼고자 한다.

1. 교육

1) 교육의 정의

교육(敎育)이라는 말의 한자적 어원은 맹자(孟子)의 진심상장(盡心上章)의 '得天下英才而敎育之' 에서 유래되었다. '천하의 뛰어난 영재를 얻어 교육한다.' 는 이 말에서 '교육' 을 뜻풀이하면 '성숙한 사람이 모범을 보이면 미성숙한 사람이 이를 본받는다.' 는 의미다. 영어로는 pedagogy와 education의 두 가지를 들 수 있다. pedagogy는 '어린이를 이끌다.' 라는 뜻의 그리스어 'paidagogos' 에서 유래하였으며, education은 '빼내어 끌어올린다.' 라는 뜻의 라틴어 'educatio' 에서 유래하였다. 이 말들의 뜻에 비추어 보면, 교육이란 성숙한 사람(어른)이 미성숙한 사람(아이)에게 모범을 보임으로써 미성숙한 사람의 내재된 가치를 끌어내는 것이라 할 수 있다.

이러한 사전적, 어원적 교육의 의미와는 별도로 '교육이란 무엇인가?' 라고 묻는다면 이에 대한 대답은 시대에 따라, 동 · 서양에 따라, 나라에 따라, 사람마다 다를 수 있을 것이다. 이처럼 교육이 무엇이냐에 대한 대답이 다양한 것은 교육이라는 말 자체에 혹은 교육이란 말을 수용하는 사람들의 마음에 이미 어떤 목적이 개입되었다는 반증일 수 있다. 왜냐하면 어떤 의미의 현상은 하나의 목적으로 나타나기 때문이다.

이홍우(1992: 13)는 "'교육이 무엇인가?' 라는 질문은 그다지 낯선 질문이 아니며, 그렇기 때문에 그 질문은 일상생활에서 흔히 대두된다고 생각하기 쉽다. 그러나 사실은 그렇지 않다. '교육은 무엇인가?' 라는 질문과 그에 대한 대답은 그 질문을 제기하게 하는 맥락과 관련하여 의미를 가지며, 우리가 그 의미를 파악하는 것도 그 맥락에 비추어서가 아니면 안 된다(이홍우, 1992: 13)." 라고 하였다. 이 말에서처럼 개인적 의미의 맥락, 사회적 혹은 시대적 맥락에 따라 교육이란 무엇인가에 대한 대답이 달라질 수 있고 대답에 대한 기대도 달라질 수 있다. 이는 묻고 대답하는 상황에서 상호 간의 목적이 잠재되어 있기 때문이다.

코넬(Cornel 저, 김기수, 조무남 공역, 2003)은 교육에 대한 의미의 복잡성은 중심 관념에서 파생되어 제각각 사용된 '교육' 에 대한 여러 용법들이 있기 때문이라고 하였다. 그래서 '교육' 이라는 말의 사용 방식을 정확하게 알기 위해서 교육의 세 가지 사용 용법을 알아야 한다고 하였다. 즉, 사회학자들이 한 사회에서 아동이 양육되는 실제 모습을 기술하는 방식인 사회학적 용법, 학교 등의 형식적인 '교육' 기관들로부터 영향을 받은 결과로 이루어진 인간의 발달을 뜻하는 제도적 용법, 그리고 사회학적이든 제도적이든 특별한 종류의 인간적 성취, 즉 지식과 이해로 특징지을 수 있는 가장 가치 있는 마음의 발달인 일반적 계몽의 용법으로 구분하였다.

따라서 '교육이란 무엇인가?' 라는 하나의 질문에 대한 대답은 어떠한 내재적 목적을 갖고 질의 응답하느냐, 혹은 '교육' 을 어떠한 방식으로 사용하느냐에 따라 다양해질 수 있다. 하지만 교육이란 무엇인가에 대한 질문에 완전한 정신성으로 간단명료하게 답변할 수 없다 해도, 현실에서 부닥치게 되는 교육이라는 언어의 외연적 사태들에 대한 현상을 정리하고 나름대로 개념적 질서를 찾기 위해 교육에 대한 정의를 살피지 않을 수 없다.

칸트(Kant)는 교육은 인간을 인간답게 형성하는 작용이라고 하여 도덕적인 측면을 강조하여 정의하였고, 슈프랑거(Spranger)는 교육은 성숙한 사람이 미성숙한 사람을 자연의 상태에서 이상의 상태로 끌어 주기 위한 문화작용이라고 하여 문화적 기능을 강조하여 정의하였다. 또한 루소

(Rousseau)나 케이(Key)는 교육을 인간의 자연적 발전을 위한 조성작용이라고 보았고, 스티븐(Steven)은 교육을 자연의 법칙에 따라 개체의 발달을 조장하려는 인류 고유의 활동으로서 자율적이고 독립적인 생활인으로 성숙될 수 있도록 성숙자가 미성숙자를 육성하는 모든 작용이라고 보았다. 페스탈로치(Pestalozzi)나 크리엑(Kriek)은 교육을 사회의 계속적인 개혁의 수단이라고 하였고(유정아, 2003: 11-12), 정범모는 인간 행동의 계획적인 변화라고 하였으며, 피터스(Peters)는 교육은 미성숙한 아동을 문명의 삶의 형식으로 입문시키는 과정이라고 하여 성년식으로 정의하였다. 그리고 뒤르켐(Durkheim)은 교육을 사회화라고 하였으며(이돈희, 1991), 듀이(Dewey)는 경험의 계속적인 재구성이라고 정의하였다(한기언, 2004: 27).

이러한 교육에 대한 여러 정의는 교육을 인격완성이나 자아실현과 같은 궁극적 목적과 결부시켜 가치지향적 입장을 갖는 규범적 정의, 사회 제반 현상의 발전적 수단으로 보는 외현적 가치지향적 입장을 갖는 기능적 정의, 그리고 인간 행동을 의도적, 계획적으로 변화시키기 위한 교육의 과정과 관련된 가치중립적 입장을 갖는 조작적 정의로 나눌 수 있다.

그렇다면 우리의 교육현실은 이러한 교육의 정의에 입각한 교육을 실천하고 있는가. 우리나라 학교의 현실을 살펴보고 외국의 학교와 비교해 보자. 전부가 그런 것은 아니지만 대체로 우리의 교육은 입시 교육으로 대변되는 주입식, 정형화된 교육이라는 부정적 측면이 강조되고 있다. 지금 우리 학생들은 자아실현과 같은 참된 행복을 추구하기 위해서가 아니라 좋은 성적을 얻고 좋은 고등학교와 좋은 대학교에 진학하여, 대부분 사회적 지위나 물질적 풍요를 누리고자 밤낮으로 공부하는 교육을 받고 있다. 지나치게 많이 공부하는 것도 문제지만, 지나치게 피동적이며 창의적 활동과는 거리가 아주 먼 답습적 교육을 받는 것이 더 문제라고 할 수 있다. 우리의 교육현실은 결국 앞서 여러 학자들의 다양한 입장의 교육적 정의와 거리가 멀다고 할 수 있다. 즉 우리의 교육 현실은 교육의 정의에 비추어 교육답지 않은 교육, 타락한 교육이 우리의 교육이라는 반증일 수도 있다.

이와 비교하여 독일의 발도르프(Waldorf) 학교를 살펴보면, 이윤경(2002)이 말한 것처럼 "발도르프 학교에서는 학생들이 무엇이 되기 위해 교육받는 것이 아니라 바로 자기 자신이 되기 위해 교육받는다. 학생들 속에 잠재되어 있는 영혼, 감정, 의지를 깨우기 위해 교사들은 학생을 세심하게 관찰하고 교육계획을 세운다. 모든 학교의 제도나 행정도 학생들의 교육을 위해 존재한다."라는 것이다. 이 말에 비추어 보면 발도르프 학교는 교육이 성취하고자 하는 가장 높은 이상을 실현하기 위해 실천한다고 할 수 있다. 즉, 발도르프 학교에서는 인간은 존엄하고, 주체적 존재며, 인간은 잠재력을 갖고 있고, 과학적 이해가 가능하며, 그리고 인간은 변화한다고 하는 교육적 함의를 실천하고 있다고 할 수 있다. 우리나라에서도 발도르프 학교와 같은 정신을 실현하고자 하는 다양한 대안학교가 생겨나고 있으나, 전체적인 우리의 교육현실에 비추어 보면 부분에 그친다고 하지 않을 수 없다.

따라서 우리의 교육에서 절실하게 부각되는 교육의 정의를 생각해 볼 때, 칸트가 말한 "인간은 교육을 필요로 하는 유일한 존재며, 인간은 교육에 의하여 비로소 인간다운 인간이 된다."라는 점을 강조하지 않을 수 없다(장찬익 외, 1988). 이처럼 교육이라는 말의 사용 방식을 가장 가치 있는 마음의 발달인 일반적 계몽적 용법으로, 교육을 인격완성과 자아실현과 같은 궁극적 목적과 결부시킨 가치지향적 입장을 갖는 규범적 정의로 기준을 삼고자 한다.

교육의 정의를 지금까지의 교육에 대한 언급이나 실천에 비추어 위의 기준에 따라 내린다면, 교육은 인간 존엄성을 바탕으로 의도적인 목적을 갖고, 가시적이든 비가시적이든 계획적인 통제에 의해, 지시적 혹은 비지시적 방법으로 인간의 도덕적 가치를 높이고자 하는 행위 또는 과정이라고 할 수 있을 것이다.

2) 교육현실과 교육의 문제

앞에서 교육은 인간의 도덕적 가치를 높이고자 하는 행위 또는 과정이라고 하였다. 하지만 오늘날 우리의 현실은 이와 같이 교육을 인격완성이나 자아실현과 같은 궁극적 목적과 결부시켜 가치지향적 입장에서 교육을 생각하기보다는, 사회 제반 현상의 발전적 수단으로 보는 외현적 가치지향 입장에 치우쳐 생각하는 경향이 강한 것을 부인할 수 없을 것이다.

이러한 경향은 자본주의의 팽배와 더불어 신자유주의 사조의 영향이 크게 작용한 것과 무관하지 않다. 국가 간의 경쟁을 비롯한 수많은 경쟁 양상은 개인 간의 경쟁을 심화시켜서 인간이 도덕적 가치를 높이는 자아실현보다는 상대와의 경쟁에서 이겨야 한다는 강박관념에 사로잡히게 되었다. 서로 함께 잘하겠다는 정신보다는 혼자 앞서가겠다는 목표지상주의에 빠져서 교육을 기능주의로 생각하거나 혹은 국가나 사회 및 개인의 목적을 달성하기 위한 수단으로 치부해 버리는 안타까운 현상이 수없이 드러나고 있다.

교육이 기능이 되고 수단이 되는 이러한 경쟁적 현실에서, 부모는 자녀의 교육문제로 자녀가 어릴 적부터 성장하기까지 오랜 세월 동안 과도한 사교육비를 감당하느라 힘에 부치게 된다. 심지어는 교육 여건이 좋다는 외국에서 자녀를 교육시키기 위해 '기러기 아빠' '기러기 엄마'가 되어 가족 생이별 생활을 감내하는 경우도 적지 않은 현실이다. 자녀의 교육을 위해 대부분의 생활을 하는 부모도 있는 현실이다. 자녀는 자녀대로 어릴 적부터 학습지를 공부하고 영어 학원을 다니고, 밤낮으로 학교와 학원을 오가며 과중한 학습 부담을 견디어야 한다. 학교에서는 대부분의 학생들이 정규수업도 부족하여 보충학습을 하고, 보충학습 후에는 야간 자율학습까지 한다. 그리고 이것도 부족하여 다시 학원으로 가고, 일부는 학습 현장에서 새벽이 되어서야 집으로 돌아오기도 한다. 국가는 국가대로 과도한 사교육비의 지출로 인한 경제적 부작용을 바로잡으려 하지만, 이미 달구어진 과열의 쇠막대를 식히기는커녕 더욱 뜨겁게 하는 쪽으로 몰아가고 있다. 경쟁이 경쟁을 불러일으켜서 갈수록 치열해지고, 치열해진 경쟁에 오래 노출되면서 경쟁에 무감각해져, 이제는 상당수의 사람들이 경쟁이 습관처럼 몸에 밴 당연한 교육의 과정인 양 인식하고 있다.

이렇게 부모들이 희생되고 학생들이 지나칠 정도로 공부와 경쟁에 압도당하며 학교도 국가도 교육 열풍 속에 빠져 있는데도, 오늘날 우리 사회에서는 교육의 현실을 얘기할 때 '교육의 부재' 니 '선생님은 있지만 참다운 스승은 없다.' 고 말하고, '왕따' 현상이 심각해지고 학교폭력은 조직화되고 확산되어 위험 수위에 닿은 까닭은 무엇 때문일까? 이는 교육을 사회나 국가 발전의 목적 달성을 위한 수단으로, 또는 개인적 영달의 수단으로만 보아온 기능적 관점의 폐단 때문이라고 할 수 있다.

따라서 이와 같은 우리의 현실과 교육의 문제를 살펴볼 때, '교육의 부재' 라는 안타까운 현실을 타개하고 교육이 제대로 자리 매김할 수 있기 위해서는 가장 합당한 교육의 본질을 인간의 도덕적 가치를 높이고자 하는 행위 또는 과정으로 보아야 한다는 데 이의가 없을 것이다. 또한 이러한 올바른 교육의 본질을 지속적으로 유지하며 교육을 전체적으로 바라보기 위해서는 톰슨(Thomson)이 그의 유명한 저서 『현대교육철학(A Modern Philosophy of Education)』에서 "내가 교육을 하나의 전체로 보고 싶다는 것과 그런 관점을 지속적으로 현저하게 만들기 위해 노력하고 있음을 가리킨다."라고 '철학' 의 개념을 말한 것을 오코너(O'Conner 저, 유인종 외 공역, 1991: 11)가 인용한 것처럼, 교육을 교육만으로 떼어서 보지 말고 교육에 대한 정의와 함께 교육에 대한 철학을 연결시켜 볼 필요가 있는 것이다.

2. 철학

1) 철학의 정의

라슐리에(J. Lachelier)는 "철학은 무엇인가?"라는 질문을 받고 "나는 모른다."라고 대답하였다. 또한 칸트는 "철학은 결코 배울 수 있는 것이 아니요, 철학하는 것, 철학적 사색(philosophieren)을 배울 수 있을 뿐이다."라고 하였다(박종홍, 1992: 7). 철학의 실체는 무형이며 추상적이어서 철학을 언어로 표현하는 데 있어서 한계를 인정한 것이라고 생각된다.

철학(philosophy)은 그리스어의 '좋아하다(philo)'와 '지혜(sophia)'의 합성어다. 따라서 미지의 세계에 대한 지혜의 탐구가 철학이라고 할 수 있다. 그리고 지혜롭게 되고 싶은, 알 수 없는 우주 안에 있는 모든 사물의 본질과 진리를 탐구하려는 자세가 철학적 자세라고 할 수 있다.

이러한 철학적 자세에서 볼 때 철학적 탐구의 기능에는 일상적인 언어 의미들의 논리적 관계를 명료하고 타당성 있게 밝히며 가치기준을 밝히는 분석적 기능, 가치기준 또는 판단기준에 따라 주장이나 이론 혹은 실천이나 행위를 평가하는 평가적 기능(규범적 기능), 그리고 이론적 · 실천적 문제해결을 위해 새로운 가설이나 이론, 생각을 창출하는 사변적 기능이 포함된다(이돈희, 1991).

철학은 궁극적인 실재(reality)와 본질적 가치의 탐구를 주요한 과제로 삼아왔다. 여기서 가치는 세 가지 측면에서 살펴볼 수 있는데, (1) 가치가 상대적이냐 절대적이냐, (2) 일시적이냐 영속적이냐, (3) 실제로 존재하지 않느냐 실제로 존재하느냐다. 호지킨슨(Hodgkinson 저, 주삼환 역편, 2005: 153)은 "검토되지 않은 삶이 가치가 없다면 검토되지 않은 가치는 지닐 가치가 없다."라고 하였다. 따라서 상대적인 것보다 절대적인 것이 영속성이 더하므로 절대적인 가치가 일시적인 가치보다 더 가치가 있다고 할 수 있다. 또한 일시적인 것은 일시적으로 가치를 지니는 반면에 영속적인 것은 가치의 영속성으로 인해 가치가 더하며, 검토된다는 것은 존재한다는 것이고, 존재하는 가치는 지닐 가치가 있는 것이기 때문에 존재하지 않는 것보다 가치가 있다고 할 수 있다.

호지킨슨(Hodgkinson 저, 주삼환 역편, 2005: 25)은 철학이 어떤 주의의 체계, 하나의 세계관이나 세계체계, 또는 하나의 특별한 인식론이나 가치론, 심미학을 의미하지 않고, 정확한 사고의 과정과 가치화(valuing)의 과정, 논리(logic) 그리고 가치(values)를 의미하는 것이라고 보고 있다. 이는 철학의 실천적이고 행동적인 면을 중시하는 관점이라고 할 수 있다. 또한 김항규(2004)는 철학을 전체적인 안목에서 삶에 대한 비판적 태도를 갖고 초월적, 근원적 생각에 기초해 인간의 행복과 복리 증진에 관련된 가치 실천의 문제를 탐구하는 것이라고 정의하고 있다.

이론을 알아야 실제가 보이는 것처럼 철학이라는 무형의 실체에 대한 가치 이해를 통해 철학의 가시성의 윤곽이라도 파악할 수 있을 것이다. 가치를 이해한다는 것이 철학 이해의 실제라고 해도 크게 어긋나지 않는다. 따라서 철학이란 가치의 검토에서 시작되는 것으로, 가치의 본질이며 가치의 외현이라고 할 수 있다.

2) 교육현실과 철학의 문제

철학이라고 하면 현실과는 동떨어진 것으로 생각하는 경향이 있다. 철학은 왠지 딱딱하고 불편하며 아무나 근접할 수 없는 우리가 살고 있는 현실과 다른 고차원 세상의 것이라고 생각하게 한다. 철학은 언제나 현실에 적용될 수 없으며, 철학은 낡은 것이고 무용의 것이라고 생각하기도 한다.

이렇게 현실과 동떨어져 있다고 느껴지는 철학에, 그리고 철학을 하는 철학자들에게 어떠한 일이 있었을까? 칠십 노인 소크라테스(Socrates)는 옥중에서 독약을 마시게 되었으며, 네로(Nero) 황제의 스승이었던 세네카(Seneca)는 황제에 의하여 죽음을 요구받고 또 태연하게 자살을 하였다. 이국을 오래 유랑하다가 고국을 찾은 브루노(Bruno)는 7년 동안 옥중에 있다가 화형을 당했다(박종홍, 1992: 19). 이와 같은 사례들은 철학이 현실과 결코 유리된 것이 아니라는 것을 보여 주는 것이다. 아니 철학은 현실의 중심에 있다고 할 것이다.

플라톤(Platon)은 "철학자가 그 나라의 왕이 되든지, 현재 왕 또는 권력가라고 불리는 사람이 순정한 철학을 충분히 배우든지 하여 정치상의 권력과 철학이 동일한 곳으로 귀착하는 것이 아니라면 국가로 보나 인류로 보나 불행이 그칠 수 없을 것이다."라고 하였다(박종홍, 1992: 21). 이 말에서 '국가'라는 말을 '교육'으로 치환하면 철학 없는 교육은 교육이라고 할 수 없는 것이다. "철학자가 교육자가 되든지, 교육자가 충분히 철학을 배우든지 하여 교육과 철학이 동일한 곳으로 귀착해야 교육이 교육답게 이루어질 수 있다."라고 할 수 있다. 교육과 철학을 떼어 생각하기 어렵다는 뜻이다. 철학 없는 교육이 이루어지다 보니 앞에서 말한 것처럼 우리나라의 교육이 왜곡되고 있는지도 모른다.

철인(哲人) 교육 수준에는 이르지 않는다 하더라도 교육의 본질이 훼손되지 않고 절대적인 가치를 유지하기 위해서, 그래서 교육이 교육다워지고 교육자가 교육자다워지기 위해서는 교육에 관한 철학적 사유가 필요하다고 하겠다.

3. 교육철학

1) 교육철학의 정의

우리는 앞에서 교육이란 인간 존엄성을 바탕으로 의도적인 목적을 갖고, 가시적이든 비가시적이든 계획적인 통제에 의해, 지시적 혹은 비지시적 방법으로 인간의 도덕적 가치를 높이고자 하는 행위 또는 과정이라고 하였다. 그리고 철학이란 가치의 검토에서 시작되는 것으로 가치의 본질이며 가치의 외현이라고 하였다.

그러면 우리는 교육과 철학을 연결 지어야 하는가? 넬러(Kneller 저, 김은우 역, 1991: 9)는 "우리가 인간 생활을 위한 교육의 뜻을 검토해 보려면 조만간에 우리는 교육을 철학적으로 생각해야만 한다."라고 하였다. 또한 유정아(2003: 61-62)는 "철학의 다양한 지식은 교육에 관한 이론을 전개하고 교육의 과정을 이끌어 내는 데, 그리고 교육문제를 해결하는 데 도움이 될 수 있다. 이런 점에서 교육철학은 철학에서 도움을 받아 교육에 관한 이론과 원리를 성립시키는 데 배경이 된다."라고 하였다.

이렇듯 교육과 철학은 인간 생활의 실제적인 면과 이론적인 면에서 상호 관련성이 깊다고 할 수 있다. 교육은 인간의 도덕적 가치를 높이고자 하는 행위 또는 과정이라고 하였으며 철학의 밑바탕에는 가치가 있다고 하였는데, 이러한 교육과 철학의 연관성 때문에 철학적 가치기준이 달라지면 인간의 도덕적 가치를 높이고자 하는 행위 또는 과정은 달라진다. 즉, 교육철학이 어떠한가에 따라 교육의 내용과 과정 및 방법과 결과에 큰 차이를 가져올 수 있다.

교육과 철학이 이론적인 것이라면 교육철학은 교육을 실천하는 데 가치를 부여하는 실천적 철학이라고 할 수 있다. 교육철학은 교육이론과 일치하는 말도 아니며 교육사상에 관한 연구도 아니다. 분명한 것은 교육철학은 철학의 한 부분이며, 철학이 무엇인지 분명해야 교육에 관한 철학인 교육철학도 분명해질 것이라는 점이다. 이런 측면에서 교육철학은 교육자들로 하여금 철학적 관점에서 교육의 기본적인 문제들에 익숙하게 하고, 교육 현상이나 문제들에 대한 올바른 평가를 할 수 있게 하며, 인간 생활을 교육이라는 분명한 목표 속에서 이끌며 교육에 관한 일관된 관점을 갖게 할 수 있다.

교육철학을 이해하기 위해서는 교육과 철학의 의미를 탐구하는 데서 시작할 필요가 있다. 교육에 관한 철학이 교육철학이라고 할 수 있기 때문이다. 그러면 과연 교육철학이란 무엇인가? 이돈희(1991: 30)는 교육철학을 바로 역사적으로 권위 있게 계승된 철학적 체제를 교육적 과정에 반영하기 위해 원리들을 체계화하는 것이라고 하였다. 한기언(2004: 37)은 교육철학이란 인간 형성(교육 형성)에 대한 본질적이고 전체적이며 통합적인 사고체계라고 하였다. 유정아(2003: 60-61)는 교육철학은 신념이나 가치관을 강조한다면 교육관으로 이해되고, 철학의 학문적 성격을 강조하면 관념적 교육이론이나 교육사상을 말하며, 가치론이나 존재론과 관련해서는 교육목적론과 같은 의미로 설명된다고 하였다.

이상을 종합하면, 교육철학이란 교육자 혹은 교육사상가가 인간의 도덕적 가치를 높이고자 하는 교육목적 달성을 위해 교육적 행위 또는 과정에서 일관된 가치의 검토를 통하여 가치의 본질을 추구하고 가치를 구현하고자 탐구하는 통합적인 사고체계라고 할 수 있다.

2) 우리나라 교육현실과 교육철학의 문제

현재를 들여다보고 미래를 내다볼 수 있는 능력은 과거를 이해하고 지적인 문제들을 제기할 수 있는 능력에 달려 있다. 우리가 다루는 철학은 역사적 사건들과 상호작용한다(Ornstein & Levine 저, 이항재 외 공역, 1994: 11). 이와 같이 우리가 우리의 교육현실을 제대로 인식하고 미래의 교육이 나아갈 방향을 잡기 위해서는 현재의 교육현실과 관련하여 우리 교육의 과거, 즉 전통을 이해하여야 하고 교육에 관해 논리적으로 문제를 제기할 수 있어야 한다.

이에 비추어 볼 때, 교육을 실천하는 교육행정가나 교육자에게 교육철학이 없다면 현실 교육을 제대로 볼 수 없으며, 교육의 본질에 맞게 논리적인 문제 제기를 통하여 올바르게 온고지신(溫故知新)할 수 없을 것이다. 교육철학 없는 교육자는 교육의 문제들을 논리적으로 인식하거나 제기할 수 없으므로 문제의 개선이나 해결책을 찾을 수 없게 된다.

이런 교육철학을 지니고 우리의 교육현실에서 인간의 도덕적 가치를 높이고자 하는 교육목적 달성을 위해, 교육적 행위 혹은 과정에서 일관된 가치의 본질을 추구하고 구현하고자 하는 교육행정가 혹은 교육자가 되어야 하는 것은 당연하다.

그런데 철학적 신념의 차이는 교육 이론과 실제에서 불일치를 가져온다. 사람들의 기본 신념과 그들이 학생의 본성, 교사의 역할, 최상의 교육과정적 강조점, 가장 효율적인 교수방법, 학교의 사회적 기능과 같은 교육적 요소를 어떻게 보느냐 하는 것 사이에는 직접적인 관련이 있다(Knight 저, 김병길 역, 1995: 53).

이런 점에서 볼 때 오늘날 우리의 교육현실에서 교육행정가들이 다양한 교육철학적 배경을 제대로 갖추지 못한 채, '능률' 만을 행정의 가치척도에서 제1의 공리(公理)로 여기는 교육철학적 신념으로 갖고 있다면, '교육의 부재' 라는 당면한 일부의 비난과 더불어 인간 존엄성 경시와 물질만능 풍조의 만연으로 인한 사회 범죄와 부패가 그 정도를 더해가게 된다. 그리고 인간의 도덕적 가치를 높이고자 하는 교육의 본질 회복과는 아주 큰 차이가 있는 방향으로 계속 교육정책을 몰고 가 우리의 교육을 더욱 구렁텅이로 몰아넣게 될 것이다.

따라서 교육자와 교육행정가는 편협적으로 형성되고 고착된 철학적 신념을 갖지 말고, 또 똑같은 '능률' 이라는 언어의 개념이라도 형이상학, 인식론, 가치론 등 다양한 철학적 논점으로 분석하고 현상을 해석하며 객관적인 구조를 파악하여 논리적으로 문제를 제기할 수 있어야 한다. 이러한 철학적 · 논리적 사유는 교육현실의 제 문제에 대한 정확한 진단을 가능하게 하여 교육과 관련된 당면한 사회적 문제 해결에 도움이 될 것이고, 미래 교육의 방향을 결정하는 데도 기여할 것이다.

이와 같이 교육현실의 문제라 해도 교육철학의 관점에서 문제를 살펴보고 해결책을 찾으려고 해야 제대로 찾을 수 있게 되는 것이다. 이제 교육이 실천되고 운영되는 교육행정과 철학이 실제로 어떻게 관련되고 영향을 미치며 작용하는가에 대하여 살펴보기로 한다.

3) 우리나라 교육목적과 관련법

교육철학과 우리가 앞으로 알고자 하는 교육행정철학은 결국 우리나라 교육을 왜, 무엇을, 어떻게 하자는 것이냐의 문제와 관련되기 때문에, 출발점인 이 시점에서 우리나라 교육의 이념과 목적을 확인하고 교육행정철학의 여행을 떠날 필요가 있다고 본다. 교육행정철학도 결국 우리나라 교육을 잘하고 우리나라 교육목적을 잘 달성하자는 것이기 때문이다. 여행에 바쁘다 보면 목적을 잃어버리기 쉬우므로 여행에 앞서 반드시 목적을 재확인할 필요가 있다.

우리나라 교육기본법[일부개정 2005.11.8 법률 7685호] 제2조(교육이념)에는 "교육은 홍익인간의 이념 아래 모든 국민으로 하여금 인격을 도야하고 자주적 생활능력과 민주시민으로서 필요한 자질을 갖추게 하여 인간다운 삶을 영위하게 하고 민주국가의 발전과 인류공영의 이상을 실현하는

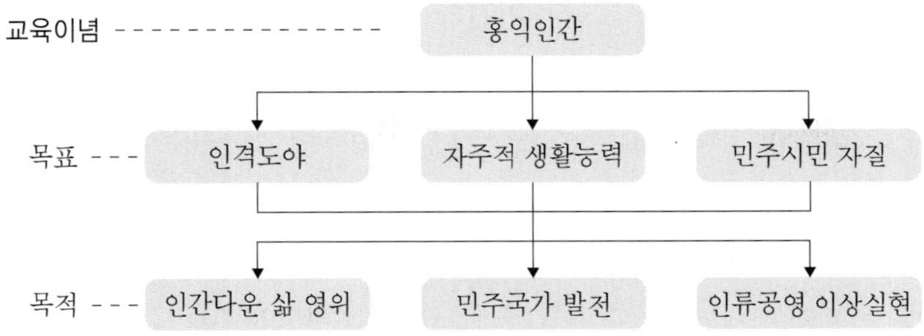

[그림 1-1] 우리나라 교육이념과 목적

데 이바지하게 함을 목적으로 한다."라고 하여 교육이념과 교육목적이 나타나 있다. 우리나라 교육이념은 건국신화와 건국이념과 같이 인간을 널리 이롭게 한다는 의미의 '홍익인간'으로 하고 있다. 교육목적은 상위의 이념 아래 개인 수준에서 (1) 인격을 도야하고, (2) 자주적 생활능력과, (3) 민주시민으로서의 자질을 갖추게 하여 인간다운 삶을 영위하게 하고, 국가 수준에서 민주국가 발전, 인류 수준에서 인류공영의 이상실현에의 이바지에 두고 있다. 이를 분석하여 정리하면 [그림 1-1]과 같다.

제2조 외에도 제3조(학습권)에도 "모든 국민은 평생에 걸쳐 학습하고 능력과 적성에 따라 교육받을 권리를 가진다."는 교육평등의 철학과 제4조(교육의 기회균등)에 "모든 국민은 성별, 종교, 신념, 사회적 신분, 경제적 지위 또는 신체적 조건 등을 이유로 교육에 있어서 차별을 받지 아니한다."는 평등과 균등의 철학이 들어 있다. 또한 제5조(교육의 자주성 등)에서 "① 국가 및 지방자치단체는 교육의 자주성 및 전문성을 보장하여야 하며, 지역의 실정에 맞는 교육의 실시를 위한 시책을 수립 · 실시하여야 한다. ② 학교운영의 자율성은 존중되며, 교직원 · 학생 · 학부모 및 지역주민 등은 법령이 정하는 바에 의하여 학교운영에 참여할 수 있다."고 하여 자주성, 전문성, 자율성, 참여성을 보장하고 있다. 제6조(교육의 중립성)에서는 "① 교육은 교육 본래의 목적에 따라 그 기능을 다하도록 운영되어야 하며, 어떠

한 정치적 · 파당적 또는 개인적 편견의 전파를 위한 방편으로 이용되어서는 아니 된다."고 하여 교육의 중립성도 강조하고 있는 것을 알 수 있다.

제12조(학습자)에서 "① 학생을 포함한 학습자의 기본적 인권은 학교교육 또는 사회교육의 과정에서 존중되고 보호된다. ② 교육내용 · 교육방법 · 교재 및 교육시설은 학습자의 인격을 존중하고 개성을 중시하여 학습자의 능력이 최대한으로 발휘될 수 있도록 강구되어야 한다. ③ 학생은 학습자로서의 윤리의식을 확립하고, 학교의 규칙을 준수하여야 하며, 교원의 교육 · 연구활동을 방해하거나 학내의 질서를 문란하게 하여서는 아니된다. 〈개정 2005.11.8〉"고 하여 학습자의 인권과 개성, 윤리를 강조하고 있다.

제14조(교원)에서 "① 학교교육에서 교원의 전문성은 존중되며, 교원의 경제적 · 사회적 지위는 우대되고 그 신분은 보장된다. ③ 교원은 교육자로서의 윤리의식을 확립하고, 이를 바탕으로 학생에게 학습윤리를 지도하고 지식을 습득하게 하며, 학생 개개인의 적성을 계발할 수 있도록 노력하여야 한다. 〈신설 2005.11.8〉"고 하여 교원의 전문성, 윤리의식도 계속 강조한다.

제17조의2(남녀평등교육의 증진)에서는 "① 국가 및 지방자치단체는 남녀평등정신을 보다 적극적으로 실현할 수 있는 시책을 수립 · 실시하여야 한다. ② 국가 및 지방자치단체와 제16조의 규정에 의한 학교 및 사회교육시설의 설립 · 경영자는 교육을 실시함에 있어 합리적인 이유 없이 성별에 따라 참여 또는 혜택을 제한하거나 배제하는 등의 차별을 하여서는 아니된다. 〈신설 2004.1.20〉 ③ 제1항의 규정에 의한 시책에는 체육 · 과학기술 등 여성의 활동이 취약한 분야를 중점 육성할 수 있는 교육적 방안이 포함되어야 한다. ④ 학교교육에서의 남녀평등증진을 위한 학교교육과정의 기준과 내용 등 대통령령이 정하는 사항에 관한 교육인적자원부장관의 자문에 응하기 위하여 남녀평등교육심의회를 둔다. 〈개정 2001.1.29〉 ⑤ 제

4항의 규정에 의한 남녀평등교육심의회의 위원의 자격 · 구성 · 운영 등에 관하여 필요한 사항은 대통령령으로 정한다. 〈개정 2004.1.20〉"고 하여 앞에 평등과 균등에 대한 조문이 있는데도 특히 여러 측면에서 남녀평등을 강조하고 있다.

구체적으로 각급 학교의 목적을 보면, 초 · 중등교육법 제38조(목적)에 "초등학교는 국민생활에 필요한 기초적인 초등교육을 하는 것을 목적으로 한다.", 제41조(목적)에 "중학교는 초등학교에서 받은 교육의 기초 위에 중등교육을 하는 것을 목적으로 한다.", 제45조(목적)에 "고등학교는 중학교에서 받은 교육의 기초 위에 중등교육 및 기초적인 전문교육을 하는 것을 목적으로 한다."고 되어 있어 일반적인 목적만 제시되어 있지 어떤 구체적인 철학이 내포되어 있는 것으로 보기는 어렵다. 그러나 최소한 각 학교의 목적을 알고 교육과 교육행정에 임해야 할 것이다.

고등교육법 제28조(목적)에 "대학은 인격을 도야하고, 국가와 인류사회의 발전에 필요한 학술의 심오한 이론과 그 응용방법을 교수 · 연구하며, 국가와 인류사회에 공헌함을 목적으로 한다."고 되어 있어 교육기본법에 나와 있는 우리나라 교육목적과 비슷한 내용이 들어 있는 것을 알 수 있다. '인격 도야' '국가' '인류사회 공헌' 에서 [그림 1-1]의 목적과 비슷한 것을 발견할 것이다. 결국은 대학을 통해서 우리나라 교육목적이 달성된다고 볼 수도 있다.

대한민국헌법의 교육관련 내용은 제31조에 "① 모든 국민은 능력에 따라 균등하게 교육을 받을 권리를 가진다. ② 모든 국민은 그 보호하는 자녀에게 적어도 초등교육과 법률이 정하는 교육을 받게 할 의무를 진다. ③ 의무교육은 무상으로 한다. ④ 교육의 자주성 · 전문성 · 정치적 중립성 및 대학의 자율성은 법률이 정하는 바에 의하여 보장된다. ⑤ 국가는 평생교육을 진흥하여야 한다. ⑥ 학교교육 및 평생교육을 포함한 교육제도와 그 운영, 교육재정 및 교원의 지위에 관한 기본적인 사항은 법률로 정한다."라고 되어 있다. 여기서 ①항의 '균등'과 ④항의 '자주성 · 전문성 · 정치적 중립성 및 대학의 자율성'이 뒤의 제3부에서 다루게 될 '이념'이나 '가치'에 해당된다고 할 것이다.

교육공무원인 교원은 국가공무원 중 특정직공무원에 해당되므로 국가공무원법 제7장 복무규정을 지켜야 한다. 여기에는 제55조 선서의 의무, 제56조 성실 의무, 제57조 복종의 의무, 제58조 직장이탈금지 의무, 제59조 친절공정의 의무, 제60조 비밀엄수의 의무, 제61조 청렴의 의무, 제63조 품위유지의 의무, 제64조 영리업무 및 겸직 금지, 제65조 정치운동의 금지, 제66조 집단행위의 금지 의무 등이 있다. 또한 교육공무원법에도 비슷한 조항이 있는데, 제4부의 교육행정 윤리와 밀접하게 관련될 것이므로 미리 알아두기로 한다. 이 외에도 "공직자 및 공직후보자의 재산등록 및 등록재산 공개와 주식백지신탁을 제도화하고, 공직을 이용한 재산취득의 규제 · 공직자의 선물신고 · 퇴직공직자의 취업제한 등을 규정함으로써 공직자의 부정한 재산증식을 방지하고, 공무집행의 공정성을 확보하여 국민에 대한 봉사자로서의 공직자의 윤리를 확립함을 목적으로 〈개정 2005. 5.18〉" 하는 공직자윤리법(公職者倫理法)[일부개정 2006.2.21 법률 제7849호]이 있다.

참고문헌

김항규(2004). **행정철학**. 서울: 대영문화사.

박종홍(1992). **철학개설**. 서울: 박영사.

유정아(2003). **실천을 위한 교육학 개론**. 서울: 교육과학사.

이돈희(1991). **교육철학개론**. 서울: 교육과학사.

이윤경(2002). '자유 발도르프 학교' 교육의 인성 교육적 의의. 인천대학교대학원 석사학위논문.

이홍우(1992). **교육의 개념**. 서울: 문음사.

장찬익 외(1988). **교육의 역사와 철학의 이해**. 서울: 백산출판사.

한기언(2004). **현대교육학의 이해**. 경기: 한국학술정보(주).

Cornel M. Hamm 저, 김기수, 조무남 공역(2003). **교육철학탐구**. 서울: 교육과학사.

Hodgkinson, C. 저, 주삼환 역편(2005). **교육행정철학**. 경기: 한국학술정보(주).

Kneller, G. F. 저, 김은우 역(1991). **현대교육철학**. 서울: 미래문화사.

Knight, G. R. 저, 김병길 역(1995). **교육철학**. 서울: 교육과학사.

O' Conner, D. J. 저, 유인종, 주영흠 공역(1991). **교육철학을 위한 사색**. 서울: 양서원.

Ornstein, Allan C., & Levine, Daniel U. 공저, 이항재, 이희수 공역(1994). **교육학개론**. 서울: 양서원.

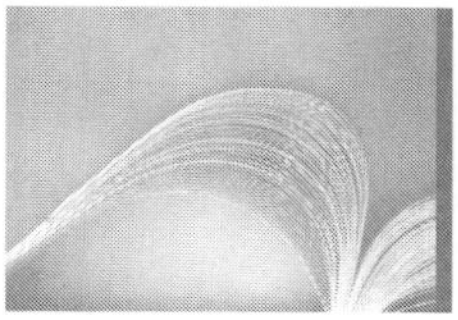

제2장
교육행정철학의 개념과 범위

1. 교육행정과 교육행정철학

1) 교육행정의 정의

교육행정의 정의를 살펴봄으로써 교육철학이 교육행정에 어떻게 영향을 미치며 작용하고 있는가를 일부분이나마 이해할 수 있을 것이다. 가치의 반영이 실천으로 나타난다면 교육철학이 교육행정의 실행으로 나타나게 될 것이기 때문이다. 그리고 다른 개념의 정의처럼 교육행정에 대한 정의를 단편적이기보다는 다양한 측면에서 종합적으로 고려하고 이해해야 할 것이다.

윤정일(2004)은 "교육행정에 관한 정의는 어디에 초점을 두고 어떤 입장에서 정의하느냐에 따라 서로 다를 수 있다."라고 하였다. 또한 정태범(1998)은 "교육행정의 개념은 학자에 따라 그 진술이 매우 다양하다. 이는 교육행정을 보는 관점의 차이도 있겠지만 시대의 변화에 따라 그 강조점이나 의미가 달라질 수도 있기 때문이다."라고 하였다. 여기에서 관점과 강조점 그리고 초점과 입장의 차이는 근본적으로 교육철학의 차이라고 할 수 있을 것이다. 교육행정에 관한 다양한 여러 정의를 살펴보는 것은 교육행정철학을 폭넓게 이해하는 데 바탕이 될 것이다.

윤종건(1986)은 "교육행정은 인간의 계획적인 변화를 시도하는 집단활동을 조정하고 도와주는 모든 활동"이라고 하였다. 주삼환(2003)은 "교육행정을 쉽게 말하면 교수-학습(teaching-learning), 즉 교육을 촉진하고 조장하기 위하여 설립된 기관을 관리하는 일이라고 할 수 있다. 이런 교육기관은 무엇 때문에 존재하는가? 말할 것도 없이 교육을 위해 존재한다. 결국 교육행정은 교육을 위해서 필요한 것이고 또 교육을 위해서 존재하는 것이다."라고 하였다. 또한 주삼환(2005)은 이러한 쉬운 의미의 정의와는 별도로, "교육행정은 사회적 · 공공적 · 조직적 활동으로서 교육을 대상으로 하여 교육목표를 설정하고 이 설정된 목표 달성을 위하여 교육과정과 교육 프로그램을 구성하고, 이 교육과정과 교육 프로그램을 운영하기 위한 인적 · 물적 · 재정적 지원조건을 정비 확립하고, 또 설정된 목표 달성을 위하여 계획과 정책결정, 집행과 지도, 통제와 평가 등 일련의 집단적 협동의 과정에서 리더십을 발휘하는 봉사활동"이라고 정의하였다. 강길수(1983, 조광제, 2002, 재인용)는 "교육행정은 선과 덕을 달성하기 위하여 네 가지 기본 자원(사람, 시설, 돈, 기구)을 조직하고 주로 이들 자원으로 구성되어 있는 상황 속에서 가장 효율적인 과정을 밟으려는 것이다. 결국 교육행정은 선 · 덕이라는 교육목적을 포함하여 조직과 과정과 상황에 관한 모든 지식을 필요로 하는데, 바로 이들 지식의 체계화 내지 조직화가 교육행정학이다."라고 정의하고 있다.

이렇듯 다양하게 제시되는 교육행정에 관한 정의는 어느 한 정의만이 모두가 따라야 하는 '황금률'이 아니라 교육철학의 바탕 위에서 형성되는 교육의 목적에 따라 그 목적을 달성하기 위한 다양한 실천적 측면의 반영이라고 할 것이다. 따라서 주삼환(2005)은 "교육행정의 본질은 무엇보다도 사상(thought)과 실천(practice)을 강조하게 되었다. 또한 이것은 심오한 사회적 기류를 반영한다. 그러므로 교육행정의 사상은 어디에서 출발하는가, 사상이 출현하게 된 역사적 배경은 무엇인가, 또한 사상이 교육현장에 어떻게 행정으로 나타나는가에 대한 문제의식을 가지고 교육행정의 사상과 실제의 역사적 전개를 탐색하는 일은 의미 있는 일이다."라고 하였다.

이렇듯 교육행정에 관한 정의는 교육에 관한 철학의 반영이며 사회적 기류를 반영한 교육의 목적이 무엇이냐에 따라 가변적일 수 있으나, 교육행정의 본질은 교육목표가 달성되도록 하기 위한 봉사적 활동임은 명확하다. 따라서 교육행정이란 인간 존엄성을 바탕으로 의도적인 목적을 갖고, 가시적이든 비가시적이든 계획적인 통제에 의해, 지시적 혹은 비지시적 방법으로 인간의 도덕적 가치를 높이고자 하는 봉사적 행위 또는 지도적 과정이라고 할 수 있다. 그러므로 교육의 본질을 실현하는 교육목표의 달성을 위한 교육행정을 실천함에 있어 고귀한 인간의 가치에 더 큰 관심과 책임을 갖는 올바른 철학적 바탕의 성립이 기반되지 않고서는 교육의 본질을 제대로 실현한다고 할 수 없을 것이다.

교육행정 행위는 교육이 있는 현장에는 항상 존재하였다고 볼 수 있다. 다시 말하면 교육이 있는 곳에는 교육행정 행위와 활동이 있었다고 할 수 있다. 따라서 '교육행정'의 역사는 교육의 역사와 같이 시작했다고 보아야 할 것이다. 교육행정 행위와 활동에 대하여 이론적, 체계적으로 연구하는 학문으로 다루기 시작한 것은 그리 오래 되지 않았는데, 우리는 '교육행정'을 학문적으로 연구하고 탐구하는 것을 '교육행정학'이라고 하여 약간 구분하여 사용할 수 있다.

2) 교육행정에서의 철학

우리는 앞에서 교육행정의 정의를 통해 교육행정이 무엇인지에 대한 개괄적인 내용들을 알아보았다. 여기에서는 이러한 교육행정과 철학을 어떻게 접목시킬 것인가에 초점을 두고, 교육행정에서의 철학적 사유를 해 보기로 한다.

우리는 행정이란 무엇이며, 무엇을 위해 존재하는 것이고, 어떠한 행정 역할이 바람직한가에 대해 궁금증을 갖는다. 이러한 질문에 대한 바람직한 답을 구하고자 할 때, 우리는 행정에서 철학의 문제에 당면하게 된다. 우리는 앞서 이미 철학의 실천적이고 행동적인 면을 중시하여 철학이란 어떤 주의의 체계, 하나의 세계관이나 세계체계, 또는 하나의 특별한 인식론이나 가치론, 심미학을 의미하지 않고 정확한 사고의 과정과 가치화의 과정, 논리 그리고 가치를 의미하는 것으로 정의하였다(Hodgkinson 저, 주삼환 역편, 2005: 25). 즉, 철학이란 가치의 본질이며 가치의 외현이라고 하였다. 그리고 교육철학은 교육자 혹은 교육사상가가 인간의 도덕적 가치를 높이고자 하는 교육목적 달성을 위해 교육적 행위 또는 과정에서 일관된 가치의 검토를 통하여 가치의 본질을 추구하고 가치를 구현하고자 탐구하는 통합적인 사고체계라고 하였다.

그러면 행정철학은 무엇인가? 표면적으로 '행정철학(philosophy of public administration)'은 '행정(public administration)'과 '철학(philosophy)'의 두 요소로 구성된 혼합 개념으로 단순하게 이해할 수 있다. 하지만 행정철학에 대한 정의 역시 앞서의 다른 개념들의 정의와 같이 보편성과 일관성을 갖기보다는 다양하고 추상적이며 복합적이다. 김항규(2004)는 행정철학을 행정에서 무엇이 중요하고 의미 있는 것인가를 평가하고 해석하는 것이라고 정의한 로빈슨(Stephen P. Robbinson), 더 나은 성과를 이루는데 목적을 두고 있는 일련의 신념(belief)과 실천(practice)체계로 보는 디목

(Marshall E. Dimock), 그리고 '실천철학(philosophy in action)' 이라고 한 호지킨슨(Hodgkinson)의 말을 언급하면서, 행정철학이란 행정의 목표 및 그러한 목표를 달성하기 위한 수단의 선택과 관련되어 고려되어야 할 제반 가치의 문제를 다루는 학문 분야라고 하였다. 즉, 행정철학은 행정을 연구 대상으로 하여, 행정과 관련된 단편적 지식에 관심을 두기보다는 거시적이고 전체적인 안목에서, 비판적 태도를 가지고 행정활동 전반을 바라보면서, 행정의 본질 및 행정의 궁극적인 목적을 비롯하여 행정과정 전반에 걸쳐 필요로 하는 바람직한 가치와 그 실천 방안을 연구하기 위한 실천철학이라 하였다.

따라서 행정철학은 행정의 행위와 과정과 결과에서 반성적이며 비판적인 입장을 취하는 행정의 본질적인 문제 해결에 대한 실천적 가치의 준거라고 할 수 있다. 이는 행정철학이 실천적 가치의 준거라는 사실로서, 행정의 행위와 과정과 결과에 대한 반성적이며 비판적인 사유의 전제조건이 철학적인 사유가 된다고 할 수 있다. 임의영(2002)은 행정에 관한 철학적 사유의 조건을 다음과 같이 세 가지로 제시하였다. 첫 번째 조건은 이상사회를 꿈꾸는 창조적인 상상력(imagination)이다. 행정은 행정의 이념을 추구한다고 하였으며 그 이념은 조화와 정의라고 하였다. 따라서 창조적인 상상력에 의존해서 이상적인 사회상을 지속적으로 구상하는 것이 철학적 사유의 첫 번째 조건인 것이다. 두 번째 조건은 정신의 자유를 추구하는 개방성(openness)이다. 철학은 생명력 있는 정신을 조건으로 하며, 생명력 있는 정신의 본질은 무엇에도 얽매이지 않는 것이고, 토론과 논쟁은 다양한 가능성을 모색하는 자유로운 정신의 표현이라고 하였다. 따라서 철학은 개방적인 태도를 통해서만 그 과실을 얻을 수 있다고 하였다. 세 번째 조건은 자기 실존의 자각을 통한 진정성(authenticity)의 추구다. '철학하기' 는 정체되어 있는 자기 자신을 떠나는 것이며, 사유의 고정성, 존재의 고정성에서 벗어남을 의미한다고 하였다. 따라서 '철학하기' 는 실존성을 획득하기 위한, 즉 자기 자신에 대한 진정성을 획득하기 위한 여정인 것이다.

이상에서 살펴본 행정에서의 철학적 사유의 조건들, 즉 상상력, 개방성, 진정성 등의 정신적 태도를 취함으로써 비판이라고 하는 철학의 본질적인 특성을 실현할 수 있다. 그리고 우리는 행정 현상이 과연 현상과 관련된 사람들의 상상력과 개방성 그리고 진정성을 자극하는가 그렇지 않은가 하는 문제에 대해서 숙고할 수 있다는 것이다. 이러한 조건들이 행정철학의 전제조건으로 수용되고 활용된다면, 아마도 사회과학의 토대로서 행정에 대한 규범적, 철학적 접근은 용이할 것이다.

철학적 사고는 종종 행정의 능률에 방해가 된다고 여겨지기도 한다. 그러나 행정가들이 능률성과 효과성의 문제에만 지나치게 집착할 경우 기존의 지식세계를 뛰어넘을 수는 없다. 따라서 올바른 행정이란 과학과 기술을 뛰어넘어 철학으로 체계화된 것이어야 한다. 행정에 관한 지식은 인간을 도구로 삼지 말고 목적으로 삼아야 할 것이다. 따라서 바람직한 행정의 방향은 행정기술과 과학의 차원을 넘어 궁극적으로는 인간의 존엄성 확보라는 목적에 도움이 되는 행정철학의 방향이 중요하다. 그리고 교육행정은 '교육을 통하여 우리가 육성하려는 인간상' 을 위하여 지원하는 것이고, 행정에서 필수불가결한 원자료적 대상은 인간이기 때문에 인간의 본성에 대한 교육행정가의 철학적 가정이 매우 중요하다. 또한 행정은 교육목적을 정하고 재개발하는 일을 하며 그 목적과 가치와 이상을 지향하게 되는데 이 목적, 가치, 이상은 철학적 측면이다. 그리고 교육목표가 나오게 되는 근원은 교육철학 또는 가치체제다(주삼환, 1983). 교육행정가는 나름대로 정도의 차이는 있지만 내면의 철학이 요구되는 직업이다.

교육행정은 일반행정과는 다르다. 교육행정은 인간의 자아실현을 도와주는 가치 있는 행위다. 또한 개인의 인생관은 물론이고 국가관이라든가 세계관 그리고 시간이 흘러 역사의 맥을 이루는 숭고한 일이라고 생각한다면, 교육행정에 관련된 과정과 행위 등을 결정할 때 교육행정의 기반을 이루는 철학적 신념, 윤리, 도덕성 등이 일반행정과는 다른 중요성을 갖는다고 할 것이다. 교육의 행정이 철학의 바탕 위에 실현된다고 할 때, 교육행정가는 행정업무에 임하는 자세를 관례적인 유형의 자세가 아닌 철학적 행정업무 자세로, 올바른 가치판단과 정확한 사고 근거에 의하여 기존의 행정논리나 행정의 제 평가 등을 당연한 것으로 받아들이기보다는 다시 한 번 되새겨 보는 자신의 행정행위에 대한 반성적이며 비판적인 자세를 취해야한다. 이러한 철학적 행정업무 자세가 기본 바탕이 된다면, 지금까지 철학의 부재로 인해 지나친 교육행정의 효과성(effectiveness) 내지 능률성(efficiency)만을 강조한 나머지 교육행정이 추구해야 하는 또 다른 중요한 교육적 가치들을 소홀히 하지 않을 것이고 교육행정의 본질에 보다 충실할 것이다. 또한 앞으로는 교육행정이 단순히 능률성이나 효과성이라는 가치에만 치중하지 않고, 민주성이나 형평성 등을 포함한 더욱 광범위한 교육적인 가치들에 관심을 갖게 될 것이다.

3) 교육행정철학

교육행정철학은 교육과 행정 및 철학의 합성어라고 할 수 있다. 하지만 이 말은 단순하게 '1+1+1=3'과 같은 등식과는 다르다. 서로 다른 색들이 섞인 합성색이 원래의 색 모두를 그대로 나타내는 것이 아닌 새로운 색을 나타내듯, 그리고 색깔의 배합 정도에 따라 색의 채도와 명도 등이 다른 색으로 나타나듯 '교육'과 '행정' 그리고 '철학'의 합성어인 교육행정철학도 자신만의 새로운 색깔을 갖는다.

이렇게 간단하지 않은 교육행정철학에 대한 정의를 내리기 위해서 결국 우리는 교육이 무엇이고 행정이 무엇이며 철학이 무엇인지 각각에 대하여 먼저 정의하는 데서 출발해야 한다. 하지만 이 정의들은 서로의 관계에서 단순 더하기 관계가 아닌 함수관계와 같다고 할 수 있다. 그리고 이미 언급한 바대로 어떤 학문 분야에서든 현상을 어떤 관점에서 어떻게 보느냐에 따라 개념의 정의가 달라지듯이 교육행정철학도 어떤 관점에서 보느냐에 따라 그 정의가 달라질 수 있다.

혹자는 기존의 교육과 행정 및 철학에 대한 각각의 정의를 엮어 교육행정철학이란 교육목적을 달성하는 데 필요한 법적·물적·인적 자원을 확보하여 교육활동을 지원하고 조장하는 협동적 봉사활동으로서, 교육행정을 연구대상으로 하여 우리의 삶과 사회 전체적인 맥락 속에서 비판적인 태도를 가지고 교육행정의 본질과 교육행정의 궁극적인 목적 및 교육행정 과정 전반에 관련된 가치와 실천 방안을 탐구하는 학문이라고 말할 수 있을 것이다. 물론 이러한 정의 또한 가능하다. 교육행정철학에 대한 정의는 이렇게 개념들 각각의 정의의 합일 수도 있고, 동시에 다른 다양한 함수적 성격의 복합성이 혼재할 가능성이 항상 열려 있을 수도 있다.

이러한 다양한 가능성에도 불구하고 현실적으로 언어적 정의라는 것은 결국 언어가 갖는 각각의 개념적 해석을 바탕으로 이루어지는 한계성을 지니는 이상, 그리고 교육행정철학이라는 분야가 행정철학과 차별되는 학문 분야로 연구되어야 하는 새로운 시점에서, 여기에서도 이미 고찰한 교육, 철학, 교육철학 그리고 교육행정에 대한 정의에 입각하여 나름대로 새롭게 교육행정철학을 정의하고자 한다.

우리는 앞서 교육이란 인간 존엄성을 바탕으로 의도적인 목적을 갖고, 가시적이든 비가시적이든 계획적인 통제에 의해, 지시적 혹은 비지시적 방법으로 인간의 도덕적 가치를 높이고자 하는 행위 또는 과정이라고 하였다. 철학이란 가치의 검토에서 시작되는 것으로 가치의 본질이며 가치의 외현이라고 하였다. 철학과 구별하고 철학을 교육에 접목시켜서 교육철학이란 교육자 혹은 교육사상가가 인간의 도덕적 가치를 높이고자 하는 교육목적 달성을 위해 교육적 행위 또는 과정을 일관된 가치의 검토를 통하여 가치의 본질을 추구하고 가치를 구현하고자 탐구하는 통합적인 사고체계라고 하였다. 또한 교육을 행정적 측면에서 고찰하여 교육행정이란 인간 존엄성을 바탕으로 의도적인 목적을 갖고, 가시적이든 비가시적이든 계획적인 통제에 의해, 지시적 혹은 비지시적 방법으로 인간의 도덕적 가치를 높이고자 하는 봉사적 행위 또는 과정이라고 하였다. 그리고 행정철학은 행정의 행위와 과정과 결과에서 반성적이며 비판적인 입장을 취하는 행정의 본질적인 문제 해결에 대한 실천적 가치의 준거라고 하였다.

이러한 각각의 언어가 갖는 정의들에 비추어 교육행정철학이 무엇인지에 대한 정의를 내린다면, 교육행정철학이란 교육자 혹은 교육사상가가 인간 존엄성을 바탕으로 의도적인 목적을 갖고, 가시적이든 비가시적이든 계획적인 통제와 방법으로 인간의 도덕적 가치를 높이고자 하는 교육목적 달성을 위해 교육적 행위, 과정 및 결과에서 반성적이며 비판적인 입장을 취하는 행정의 본질적인 문제 해결에 대한 실천적 가치의 준거다. 교육행정은 교육에서 추구하는 가치, 신념, 규범, 철학이 겉으로 나온 행위다. 그래서 겉에 드러난 행정은 보여도 행정행위의 밑에 깔려 있는 철학은 잘 보이지 않게 되는 것이다. 거꾸로 교육행정은 교육철학을 실현하기 위한 수단이라고 볼 수 있다. 우리는 교육행정을 통해서 우리의 가치를 실현하고 철학적 목적을 달성하려고 하는 것이다. 특히, 정책을 가치의 실현으로 보아 가치와 정책은 합동이라고까지 한다. 가치를 실현하려는 것이 정책으로 나온 것이다. 철학(신념체제)을 실현하려고 하는 과정에서 개인의 이익과 욕구가 개입되는 인간체제, 조직적 변인이 개입되는 조직체제, 그리고 이해집단의 권력투쟁 등 정치적 작용이 개입되는 정치체제를 거치게 되기 때문에 가치나 신념, 철학(신념체제)대로 교육행정(행동체제)을 펼치기가 어렵게 되기도 한다. 이를 [그림 2-1]과 같이 나타낼 수도 있다. 그러므로 철학이 행정으로 표출되는 과정 전체를 다루는 것이 교육행정철학이라고 쉽게 표현해도 좋을 것이다.

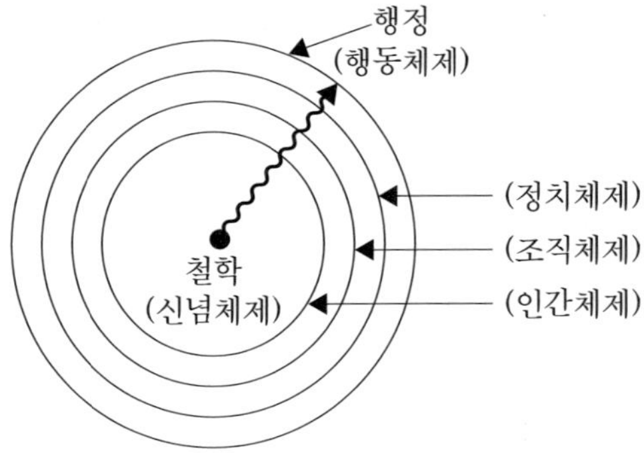

[그림 2-1] 행정은 철학의 표출

2. 교육행정철학의 내용과 범위

다음 제2부에서 '전통적 교육행정이론' 에 대하여 다루게 되는데, 여기서 보게 되는 것처럼 미국에서 교육행정학이 학문으로 성립하기 시작한 것을 1950년대 교육행정의 이론화, 과학화 운동의 시기로 본다. 이렇게 교육행정학 자체의 역사가 그리 깊지 않은데, 교육행정학과 철학을 접목시키려는 '교육행정철학' 을 형성하려는 노력은 비교적 최근의 일이라고 볼 수 있다. 일반행정학에서 1970년대 '신행정학파' 가 대두되기 시작하고, '행정철학' 을 형성하려고 비교적 최초로 노력한 호지킨슨의 『Towards a Philosophy of Administration』이 미국에서 발행된 것이 1978년이고 이 책이 주삼환에 의하여 『행정철학』으로 우리나라에 번역 · 출판된 것은 1985년이다. 그리고 호지킨슨의 『The Philosophy of Leadership』(1983)을 주삼환이 번역 · 출판하여 소개한 것이 1989년인데, 이 책이 우리나라 '교육행정철학' 의 최초의 책이 되므로 교육행정철학의 내용과 범위를 명확하게 규명하기는 극히 어렵다. 철학의 내용과 범위 내에서 교육행정학과 연결시킬 수 있는 접점을 찾아야 할 것이다.

지식을 다루는 인식론, 가치를 다루는 가치론, 그리고 미를 다루는 심미론의 철학과 행정의 측면에서 조직을 보는 철학적 관점과 관련된 관료제를 포함한 조직론, 가치 선택과 관련된 의사결정과 정책결정, 권력과 권위와 리더십 등이 접점을 이루는 부분이라고 볼 수 있을 것이다.

교육행정철학을 형성하려는 노력으로 이 책에서는 일단 인식론의 입장에서 교육행정의 이론을 다루어 보고, 가치와 이념의 측면에서 교육행정을 보려고 노력하고, 특히 교육행정윤리를 강조하였다. 앞으로 심미론의 측면, 교육과 교육행정의 목적과 관련된 목적론 부분, 그리고 행정가의 신념체제 부분이 더 보완되어야 할 것으로 본다.

그래서 여기서는 '교육행정철학'을 처음 형성하는 입장에서 그 내용과 범위를 섣불리 획일적, 일반적으로 금을 그어 놓기보다는 앞으로 관심 있는 여러 학자와 연구자의 노력에 의하여 학문의 내용과 범위, 연구방법이 형성되면서 하나의 학문 분야로 정체성이 밝혀지기를 기대하는 것이다. 이러한 노력으로 튼튼한 '교육행정철학'의 토대 위에서 건전한 '교육행정학'으로 발전하고, 성숙한 두 학문적 뒷받침을 받아 올바르고 전문적인 '교육행정'이 이루어져 우리나라 '교육'의 질이 향상되기를 희망한다.

참고문헌

김항규(2004). **행정철학**. 서울: 대영문화사.

윤정일, 송기창, 조동섭, 김병주(2004). **교육행정학원론**(개정3판). 서울: 학지사.

윤종건(1986). **교육행정과 학교경영**. 서울: 교육연구사.

임의영(2002). 행정에 관한 철학적 사유의 조건. **한국행정논집, 14**(4), 808-828.

정태범(1998). **교육행정학**. 서울: 양서원.

조광제(2002). **교육행정학**. 서울: 원미사.

주삼환, 천세영, 명제창, 신붕섭, 이명주, 이석열(2003). **교육행정 및 교육경영**(개정판). 서울: 학지사.

주삼환(1983). 교육행정가의 행정행위에 대한 철학적 영향. **교육발전논총, 제5권** 1호.

주삼환(2005). **한국 교육행정 강론**. 경기: 한국학술정보(주).

Hodgkinson, C. 저, 주삼환 역편(2005). **교육행정철학**. 경기: 한국학술정보(주).

제 2 부

교육행정이론의 인식론적 고찰

제2부에서는 기존의 전통적 교육행정이론과 이에 대한 비판으로 대두된 대안적 교육행정이론을 제시하여 교육행정철학의 변화를 개략적으로나마 파악하고자 한다.

제3장 전통적 교육행정이론

우리는 제1부에서 '교육행정철학의 기초'에 관하여 세 가지 측면에서 알아보았다. 즉, 교육과 교육행정 그리고 교육행정철학의 개념과 정의를 중심으로 교육행정철학에 대하여 이해하려고 하였다.

이제 제2부에서는 '교육행정이론과 철학'에 관하여 알아보기로 한다. 지금까지 발달해 온 많은 교육행정이론들은 제각기 시대적 밑거름이었던 철학사상들을 바탕으로 발전해 왔다. 각 시대의 어떠한 철학적 사상들이 어떻게 해서 그 시대의 교육행정이론에 영향을 미치게 되었는가를 알아보는 것이 제2부의 핵심 내용이라고 할 수 있다. 여기서는 크게 2개의 장으로 나누어 제3장 전통적 교육행정이론, 그리고 제4장 대안적 교육행정이론에 대하여 알아보면서 교육행정철학의 변화를 알아보게 된다. 특히, 제3장 전통적 교육행정이론은 2개의 절로 나누어 제1절에서는 서양의 전통적 교육행정이론을, 그리고 제2절에서는 우리나라의 전통적 교육행정이론에 대하여 알아보도록 한다.

1. 서양의 전통적 교육행정이론

교육행정의 '고전이론'은 인간의 사회적 · 정서적 · 심리적 요소의 중요성을 무시한 반면, '인간관계론'은 조직의 공적 과업체계와 공식적 구조의 의미를 너무 소홀히 취급하는 문제를 지니고 있었다. 따라서 이 두 이론은 각각 강점과 함께 약점을 지니고 있었는데, 그것은 한쪽의 약점이 다른 쪽의 강점이 되고 한쪽의 강점이 다른 쪽의 약점이 되는 관계를 가지는 특성을 보여 주었다. 이에 따라 두 이론을 절충 · 통합함으로써 조직의 효과성을 높이고 조직과 인간 현상에 대한 체계적인 이해와 설명을 도모해야 할 필요성이 대두되었다. 특히, 미국의 교육행정협동 프로그램(CPEA)을 계기로 확산된 '이론화운동'의 전개는 다른 분야의 발전된 사회과학 이론가들을 교육행정 연구에 유인하는 효과를 가져왔다. 그리하여 그들을 중심으로 본격적인 교육행정 연구를 확산시키는 전기가 마련되어 교육행정학이 본격적인 독자 학문으로 성장하는 계기가 되었는데, 이를 '행동과학론 시대'라고 한다.[1] 이는 행정 현상에 대한 경험적 연구와 방법론의 엄격성을 통하여 행정학의 과학화를 이룰 수 있다고 주장한 행동과학적 접근이라고도 한다.

이 절에서는 간략하게나마 전통적 교육행정이론 중에서 '행동과학론 시대'를 발전시키는 계기가 되었던 이론화운동(The Theory Movement)과 이를 주도한 논리실증주의, 그리고 논리실증주의의 대표적 학자인 사이먼(Herbert Simon)과 그리피스(Daniel Griffiths)의 주장을 검토하고자 한다. 이어서 미국 교육행정의 철학적 경향을 대변하는 실용주의와 그 대표적 학자인 윌로워(Donald Willower)의 주장을 살펴본다. 아울러 이 절의 내용은

1) 『교육학 대백과사전』

박선형(1999)의 「주관주의적 교육행정이론에 대한 비판적 고찰」(교육행정학연구)을 많이 참고하였음을 미리 밝혀둔다.

1) 교육행정 이론화운동과 논리실증주의

교육행정학이 체계적 학문의 성격을 정립한 역사는 다양한 이론의 발달과 상이한 방법론적 논쟁의 역사를 가지고 있는 일반사회과학(예컨대, 사회학, 경제학)과는 다르게 매우 짧다. 그 이유는 교육행정학의 초기 연구와 이론들이 주로 행정 현상을 다루기 위한 '실제적인 기술'의 개발에만 모든 관심을 부여하였기 때문이다. 따라서 교육행정학만의 특징적 이론체계를 개발하기 위한 연구는 상대적으로 빈약할 수밖에 없었다. 그러나 1940년대 말부터 교육행정의 이론적 발달을 추구하기 위한 시도로서 고전적 조직이론이나 인간관계론과는 다른 엄정한 과학적 접근이 소개되는데, 학계에서는 이를 신운동(The New Movement) 또는 이론화운동(The Theory Movement)으로 명명하고 있다. 이는 교육행정학의 주류 연구방법인 행동과학적 접근으로 정착하게 되는 결정적 계기가 되었다.

(1) 교육행정 이론화운동

교육행정 이론화운동은 많은 교육행정학자의 연구결과와 학회활동이 중심이 되어 시작되었다. 그중 가장 직접적인 계기가 된 역사적 사건은 1957년 시카고 대학의 미중서부 행정센터에서 '교육에서의 행정이론'이라는 주제로 개최된 세미나라고 할 수 있다. 이 세미나에는 기능주의 사회학의 거두인 파슨스(Parsons)를 비롯하여 교육행정학자인 헴필(Hemphill), 그리피스(Griffiths), 게젤스(Getzels), 캠벨(Campbell), 핼핀(Halpin) 등이 참석하였는데, 이들은 교육행정과 학교조직 연구에서 행동과학적 접근의 전기를 마련한 개척자들로 인정받고 있다.

이론화운동을 주도함으로써 교육행정에 대한 행동과학적 접근을 유도한 학자들의 의견을 종합하여 보면, 이론화운동이 표방한 핵심적 주장은 크게 "가설 연역적 연구, 보편적 개념으로서의 행정, 교육체제에 대한 행동과학적 접근"으로 요약된다(박선형, 1999, Cullbertson, Halpin, 재인용). 소수의 학자들이 이에 대하여 이견을 제시하기도 하나, 대부분의 교육행정학자들은 이론화운동의 주요 논점이 그 당시 가장 보편적으로 수용되었던 '논리실증주의'의 영향을 받았다는 데 의견의 일치를 보고 있다(박선형, 1999, Cullbertson, Griffiths, 재인용).

(2) 논리실증주의의 기여

사회과학에서의 철학적 실증주의는 근대 사회학의 창시자인 콩트(Conte)에 의해 시작되었다. 그는 사회조건들을 체계적이고 실증적으로 관찰하고 측정 가능한 사실들을 연구함으로써 과학적인 원칙과 사회질서의 구조화된 법칙을 탐구하는 것이라고 생각하였다. 콩트의 사상은 그 후 인간과 사회를 실증적으로 연구하는 사회학과 심리학에 영향을 주었고, 더 나아가서 교육과정과 교육목표의 탐구까지 영향을 주었다.

이와 같은 19세기의 초기 실증주의 발전과 함께 현대 실증주의의 한 갈래는 개념의 논리와 언어를 실증적으로 연구하는 '논리실증주의(Logical Positivism) 학파'다. 이 학파는 20세기 초반에 비엔나 서클이라고 알려진 유럽의 철학자, 수학자, 과학자 그룹에서 시작되었다. 카르납(Carnap), 카우프만(Kaufman) 등이 여기에 속한다. 러셀(Russell)은 그 구성원은 아니지만 언어의 명확성을 추구한다는 면에서 밀접한 연관성을 지닌다.

논리실증주의가 주장하는 요점은 우리가 일상생활이나 학문에서 사용하는 언어와 서술은 관찰 가능하고 검증할 수 있는 사실들에 관한 의미 있는 것이어야 한다는 주장이다. 그들은 언어적 정확성과 함께 '증명의 원칙'을 주장하였다. 즉, 경험적으로 증명되지 않거나, 증명될 가능성이 없거나, 언어의 범위가 명확하지 않을 때는 어떤 서술도 사실로서 인정할 수 없다는 것이다. 이런 의미에서 논리실증주의는 초기 실증주의의 시각을 이어받았으며, 동시에 행동주의자들이 관심을 두는 관측 가능한 사실적 행동을 객관적, 논리적으로 정확히 묘사하려고 했다는 점에서 그들과도 밀접한 연관을 지닌다.

(3) 사이먼과 그리피스의 공헌

논리실증주의에 근거하여 교육행정의 이론화 운동에 직접적으로 영향을 끼친 학자를 꼽는다면 우선적으로 사이먼(Herbert Simon)을 들 수 있다. 1945년도에 출간된 그의 저서 『행정행태론(Adminitrative Behavior)』은 행정학의 대표적 고전으로서 지금까지 출판되고 있다.[2)]

사이먼은 행정행위의 핵심(core)은 '의사결정과정' 이라고 하였다. 그러나 사이먼은 인간의 이성적 사고능력이 무한한 것이 아니라 제한되어 있기 때문에 무결점의 완벽한 의사결정을 성취하기는 어렵다는 사실에 근거하여 제한된 합리성 내에서의 '옳은(correct)' 의사결정을 성취하는 것이 행정조직의 효과적인 설계를 위해 필수적이라고 생각하였다.

그는 옳은 의사결정의 달성을 위해서 연구자는 의사결정의 사실적 측면과 가치적 측면을 구분하여 오로지 사실적인 부분만을 다루어야 한다고 보았다. 즉, 가치적 주장은 경험적 근거에 기초하여 옳고 그름을 판단할 수 없기 때문에 가치영역은 행정이론의 연구대상에서 제외되어야 한다는 것이다(박선형, 1999, Simon, 재인용). 이러한 그의 주장은 논리실증주의를 행정과학의 출발점으로 간주하게 하는 결정적인 이론적 계기가 되었다. 행정학에서 가치영역을 배제함으로써 행정이론의 과학성을 제고하려 하였던 사이먼의 시도는 교육조직의 효과성과 효율성의 향상에 관심을 기울이던

2) 사이먼은 이 저서로 1978년 노벨 경제학상을 수상하였다.

교육행정가들에게 중요한 이론적 토대를 제공하게 된 것이다.

사이먼에 이어 전통적 교육행정이론 발달에 중요한 역할을 수행한 또 다른 학자를 꼽는다면 그리피스(Daniel Griffiths)[3)]를 들 수 있다. 그의 초기 논문인 「행정행동이론을 지향하며」에서 그리피스는 이론은 경험적 수단들에 의하여 전적으로 정당화되기 때문에 사실적인 내용들만을 다루어야 한다고 주장하여 사이먼의 논리실증주의적 관점을 지지하였다. 그는 이론을 행정가들이 따라야 할 윤리적 기준으로 생각하는 것은 커다란 오류며, 과학이 사회의 윤리적 개념들을 다루려고 한다면 과학은 정체성을 상실할 것이라고 보았다.

또한 그리피스는 비엔나 서클의 논리실증주의자들, 특히 파이글(Feigl)이 제시한 이론에 대한 가설 연역적 정의를 전적으로 수용하였다. 파이글에 따르면 이론은 수학적이면서 논리적인 방법에 의하여 보다 큰 일련의 경험적 법칙들이 도출될 수 있는 전제들의 집합으로 간주되며, 연구방법은 이미 실증된 법칙들이라고 볼 수 있는 이론에서 연역적으로 도출한 법칙을 가설로 삼아 이를 다시 경험적, 귀납적으로 실증하려는 가설 연역적 접근방법을 사용한다. 가설 연역적 접근의 도출과정은 [그림 3-1]과 같이 표현될 수 있다(박선형, 1999, Chalmers, 재인용).

3) 그는 논리실증주의에 입각하여 교육행정의 행동과학적 접근을 확립한 학자로서, 운명을 달리했던 2000년까지 미국의 교육행정이론을 대표하는 학문적 위상을 차지하였다. 그는 이론화 운동이 발생한 지 거의 30년이 지난 후에 교육행정의 이론 발달을 회고하면서 그 자신의 학부전공이 과학과 수학이었으며, 이론화 운동이 벌어졌던 당시의 논리실증주의는 거부할 수 없는 시대적 이데올로기였기에 논리실증주의를 교육행정이론 발달을 위한 지적 토대로 수용할 수밖에 없었다는 것을 밝히고 있다(Griffiths, 1983: 203, 1985: 49).

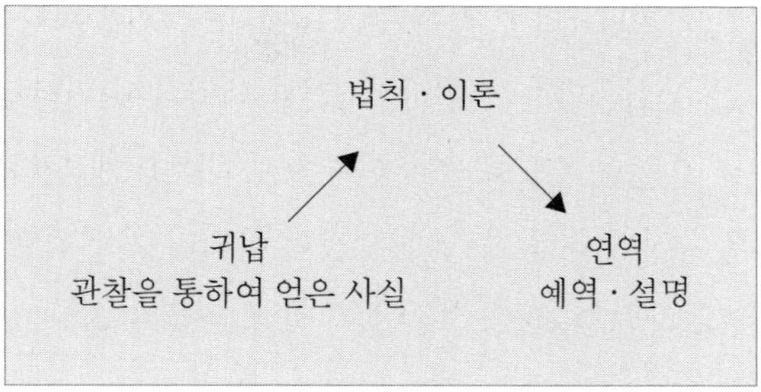

[그림 3-1] 귀납과 연역의 비교

가설 연역적 접근은 귀납적 논리와 연역적 논리를 합쳐 놓은 것으로 간주된다. 귀납주의의 원리는 "다양한 조건 아래 많은 개별적 사례 A가 관찰되었고, 관찰된 A가 예외 없이 모두 B라는 성질을 가지고 있었다고 한다면 모든 A는 B라는 성질을 가지고 있다."(박선형, 1999, Chalmers, 재인용)는 논리구조에 입각한다. 예컨대, 백조를 개별적인 사례로서 여러 상황 속에서 무수하게 많이 관찰하였으나 관찰된 모든 백조가 다 희었다고 한다면 결론적으로 "모든 백조의 색깔은 희다."라는 일반적 명제가 도출된다.

한 귀납적 논리는 적어도 두 가지 측면에서 오류를 범할 수 있다. 첫째, 관찰 자체는 이론 의존적이기에 객관성을 보장하지 못한다. 보통 우리는 사물을 관찰할 때 우리 자신의 신념, 선호도 등과 같이 주관적 해석을 동반하는 경향이 있기에 동일한 대상을 관찰한다 하더라도 대상에 대한 해석(예: 동일한 컵에 담긴 물에 대하여 "물이 반씩이나 있다." 또는 "물이 반밖에 없다."라는 상이한 해석, 전문가와 초보자의 엑스레이 사진에 대한 판독의 차이 등)은 다를 수 있다.

둘째, 반증적 사례는 귀납적 논리의 정당화를 부정한다. 위의 예에서 살펴본 "모든 백조의 색깔은 희다."라는 귀납적 논리와는 다르게 호주에는 까만색 백조가 존재한다. 따라서 "모든 백조의 색깔은 희다."라는 명제적 원리는 성립하지 않는다. 다시 말해, 개별적인 사례에 대한 반복적인 관찰을 통하여 획득한 일반적인 법칙은 단 하나라도 그에 반하는 사례가 관찰된다면 설득력을 상실한다는 것이다. 이러한 맥락에서 귀납적 논리에 근거한 법칙이론은 개연성을 강조하는 확률론으로 대체되게 된다. 이는 절대적으로 참[眞]인 일반적 법칙을 주장하는 것이 아니라 개연적으로 참일 수 있는 가설을 근거로 하여 이와 관련된 실증적 자료를 수집하고, 실증적 자료들에 의하여 가설이 확증되어 법칙과 이론으로 성립되어 가설 연역적 접근으로 나타나게 된다.

이론을 가설 연역적 체제로 정의하면서 일반행정과 행동과학적 접근을 주창하여 이론화운동을 주도한 학자들은 논리실증주의에 근거하여 교육실무자들의 지식기반(knowledge base)을 향상시키기 위한 과학적인 절차를 제공하였다고 믿었다. 특히, 기존의 일회적 증거나 행정가의 '통속적 지혜'에 의존하던 교육행정 연구에서 가설 연역적 방법을 채택함으로써 시간적 한계에 구애되지 않는 과학적인 연구를 가능하게 하여 학교, 지도성, 조직설계 등에서 보다 일반화된 주장들을 산출할 것을 기대하였다.

그러나 초기 이론화운동을 주도하였던 학자들 중에는 이론화운동의 핵심적 사상들에 대하여 이론(異論)을 제기한 학자도 있었다. 예컨대, 조직풍토질문지(OCDQ)와 리더행동기술질문지(LBDQ)의 개발을 통해 교육행정의 행동과학적 연구를 주도하였던 핼핀(Halpin)은 이론화운동의 실패를 선언하였다. 이론화운동이 표방하였던 핵심적 아이디어들이 학계에서 지나치게 높게 평가되었으며, 교육행정학자들에게 너무나 많은 것을 신속하게 성취할 것이라는 착각을 가지게 하여 종국에는 학문적 좌절감을 초래하였다는 것이다.

교육행정이론의 발달사를 고찰하여 보면 이러한 핼핀의 견해는 매우 적절한 예측이었다고 할 수 있다. 대안적 시각을 주장하는 학자들이 이론화운동에 대하여 다양한 시각에서 거센 비판을 제기하였고, 1970년대 말에 이르러서는 이론화운동의 선도적 역할을 수행하였던 그리피스조차도 논리실증주의적 이론관을 포기하였다는 사실은 그의 견해를 지지하는 일련의 사건이라 할 수 있다. 그러나 핼핀의 이론화운동에 대한 반성적 비판은 논리실증주의에 근거하여 교육행정의 행동과학적 접근을 절대적인 방법으로 지지하였던 당시의 추세를 변화시키기에는 다소 역부족인 소수의 의견에 불과하였다고 할 수 있다.

2) 실용주의적 시각

실용주의를 교육행정의 지식기반으로 삼은 대표적인 학자는 윌로워(Donald Willower)다. 그는 그리피스와 더불어 미국의 교육행정이론 발달에 핵심적인 기여를 한 인물로서 서구 교육행정학계에서는 거장의 반열에 속한다. 타계하기까지 펜실베이니아 주립대학의 교육정책학과에서 40년간 교수로 봉직하면서 교육행정학 학과장을 두 번 역임하였고, 생전에 200여 편의 논문을 저술하였으며, 그로부터 박사학위를 수여받은 약 100여 명의 제자들이 미국 교육행정학계의 교수로 활동하고 있다는 사실은 그의 학문적 위상을 짐작하게 해 준다.

학부와 석사과정에서 철학을 전공한 후에 교육학을 전공한 학문적 이력으로 보아 윌로워가 어떻게 교육조직에 대한 경험적 · 실증적 연구와 더불어 교육행정이론 발달에 대한 철학적 접근을 병행할 수 있었는지를 알 수 있다. 그의 이러한 독특한 학력은 이론적 논쟁, 특히 그린필드-그리피스-윌로워의 철학적 논쟁을 주도하게끔 한 바 있다(박선형, 1999). 실용주의적 교육행정이론을 고찰하기 위해서는 우선 철학사상으로서의 실용주의가 표방하는 대표적인 아이디어를 이해하는 것이 필요하다.

(1) 실용주의

실용주의는 피어스(Charles S. Pierce), 제임스(William James), 미드

(George H. Mead), 듀이(John Dewey) 등의 학자들이 영국의 경험론을 미국의 현실에 맞게 토착화한 20세기를 대표하는 철학사상이다. 실용주의는 영원불변의 절대적인 진리를 탐구하던 관념론적 접근에 반대하면서 우리의 일상적인 경험을 강조한다. 즉, 진리란 인간의 경험과 독립적으로나 선험적으로 존재하는 것이 아니라 우리의 경험에 근거한 탐구를 통해서 검증될 수 있는 가설적인 것이다. 인간의 경험은 고정되어 있는 것이 아니라 항상 변화하고 성장하기에 경험에 의하여 판단되는 진리 역시 변화한다고 하면서 전통 철학이 주장하는 진리의 절대적 가치를 부정한다.

실용주의의 기본적 특징을 철학의 세 가지 영역인 실재론, 인식론, 가치론으로 구분하여 그 내용을 살펴보면 다음과 같다(박선형, 1999, 한명희, 재인용). 첫째, 무엇이 실재하는가의 문제를 탐구하는 실재론에서 전통 철학은 형이상학적 접근(예: 플라톤의 이데아, 아리스토텔레스의 순수형상, 신학자들의 천국, 신비주의자들의 영혼의 내적 영역 등)을 취하였으나, 실용주의는 인간이 경험하는 세계를 강조한다. 즉, 인간의 경험을 넘어서는 것은 알 수 없는 것이므로 인간에게 가능한 실재인 '경험'에 귀착하고, 그 경험에 의하여 확인되는 세계를 실재의 세계로 잡자는 것이다. 그런데 경험은 우리 인간이 겪는 것이지만, 인간이 스스로 경험에다 반성을 가함으로써 경험은 구조와 형태를 가지게 되면서 변화하고 이에 따라 실재도 변화한다고 생각하는 것이다. 이것이 곧 탐구이고 반성적 사고이며 경험의 확대를 통하여 문제가 해결된다고 보는 것이다. 따라서 실재론에서 가장 중요한 개념은 경험을 중심으로 전개되는 변화, 탐구, 사고, 문제 해결 등이다.

둘째, 진리를 어떻게 알 수 있는가의 문제를 다루는 인식론에 대한 실용주의의 입장은 실재론적 관점에서 시사되었듯이 '경험을 통해서' 라는 말로 대변된다. 여기서 '경험을 통하여 안다.' 는 말의 의미는 경험을 구성하고 해석하는 당사자는 우리 자신이기 때문에 '안다.' 는 것은 인간 자신과 분리될 수 없다고 한다. 즉, 인간 자신은 그가 아는 세계의 일부로서 포함된다는 것이다. 그런데 인간의 경험은 항상 변화하며 그 결과로 아는 지식도 더불어 변화하기에 지식은 고정되어 수정 불가능한 것이 아니다. 지식은 일시적이면서 언제나 수정 가능한 것이며 끊임없이 성장하는 것이다. 또한 지식은 추상적인 것이 아니라 구체적인 상황 속에서 '경험'에 의하여 그 기능이 증명된 것이라고 본다. 즉, 지식의 가치는 그 실효성(workability)에 의하여 판단되어야 하는 것이다.

셋째, 무엇이 가치인가의 문제에 관심을 갖는 가치론에 대하여 실용주의는 경험에 의하여 그 실효성이 증명된 가치를 강조한다. 가치가 경험에 의하여 증명된다는 것은 가치는 규정되거나 정의될 수 없는 상대적이라는 것을 뜻한다. 많은 가치이론들이 가치의 정의와 기준을 말하고 있지만 실용주의는 가치의 기준을 제시하지 않는다. 실용주의에서 가치란 별도로 존재하는 것이 아니라 어떻게 행동하는 것이 옳을 것인가를 판단해야 하는 문제 상황에 대하여 과학적인 논리로 평가한 후에 생긴다고 본다.

(2) 윌로워의 공헌

윌로워(Willower, 1980, 1985, 1996)는 교육행정의 이론 발달이 다양한 철학적 사상들에서 많은 아이디어를 차용하였는데도, 일단의 학자들은 교육행정과학의 이론적 기저를 실증주의와 동일시하면서 인류가 몇천 년 동안 성취한 가장 성공적인 지식자원으로서 간주되어야 할 과학의 가치를 무시하였다고 보았다. 특히, 윌로워는 논리실증주의적 과학관을 비판하면서, 주관주의적 시각을 전통적 교육행정이론의 대안으로 제시하였던 그린필드(Greenfield)는 교육행정의 철학적 기반을 실증주의와 주관주의라는 대립적 구도로 너무나 단순하게 이분화하였다고 비판하였다.

형태심리학에서 동일한 그림이라도 보는 사람에 따라 다양하게 인지된다고 하듯이, 윌로워(박선형, 1999, 재인용)는 인간은 지식을 자신의 상황에 비추어 구성하고 자신의 신념체계에 의하여 해석하기 때문에 동일한 교육행정 실제에 대하여 사람들은 다양하게 접근한다는 '인간 인지적용의 이론 의존성'을 인정하였지만, 이로부터 인간의 해석이 진리를 전적으로 결정하거나 또는 모든 철학적 사상들이 인식론적으로 동등한 가치를 수반한다고 생각하지 않았다. 그는 교육행정의 지식기반을 위해 경쟁하는 다양한 철학적 사상들 중 어떤 철학은 다른 제반 철학들보다 인식론적 정교성과 더불어 논리적 명료성을 가지고 있어 보다 쉽게 이해될 수 있다고 보았다. 그리고 논리적 설명력과 경험적 근거를 가지고 있는 대표적인 철학으로서 자연주의, 도구주의, 경험주의를 포괄하고 있는 듀이의 실용주의를 제시하였다(박선형, 1999, 재인용).

이론화운동을 주도하였던 교육행정학자들이 이론의 정의를 논리실증주의에 입각하여 가설 연역체제로 간주하였던 것과는 달리, 윌로워는 이론을 연구목적에 유용하게 이용될 수 있는 장치로서의 도구로 간주하였다. 이론의 가치는 탐구의 대상으로서 관찰되는 현상을 얼마나 잘 예측하고 설명할 수 있는가라는 실효성의 관점에서 판단되어야 하며, 논리적으로 정합적이면서 경험적으로 충분히 증명 가능하여야 한다고 보았다. 그는 도구주의적 이론관에 입각하여 "기본적으로 연구방법은 의도된 연구목적에 부합하기 위한 도구로써 어떠한 제한조건 없이 자유롭게 선택되어야 한다."(박선형, 1999, 재인용)라고 주장함으로써 연구 수행에서 질적인 연구방법과 양적인 연구방법의 공통적인 이용을 강조하는 다원론적 접근법을 채택해야 한다고 주장하였다.

교육행정의 이론적 논쟁과 관련하여 1970년대 중반 이후로 교육행정의 지식기반과 이론 발달에 적합한 대안적 시각으로 주관주의 이외에도 비판철학, 포스트모더니즘 등과 같은 다양한 철학적 사조들이 소개되었고, 현재에도 각 이론 간에 이론적 경쟁이 진행되고 있기에 이론화운동이 학자들의 관심을 독점하던 시기에 비교하여 보면 교육행정의 인식론적 지평이 보다 확대되었다는 긍정적인 평가를 내릴 수 있다. 그러나 윌로워는 상기한 이론들 모두가 과학을 인간을 억압하고 통제하는 기술공학적인 도구로 간주하여 그 긍정적인 측면을 철저하게 무시하였고, 그 결과 개인의 주관적 선호에 근거한 상대주의, 경험적 근거를 결여한 정치적 이데올로기 등 논리적 합리성이 부족한 철학적 논쟁점들을 교육행정 영역에 도입하여 교육행정의 인식론적 기반을 혼란시킨다고 비난하였다(박선형, 1999, 재인용). 그는 비실증주의적이면서 비주관적이고 동시에 비마르크시즘적인 철학적 성격을 가지는 실용주의를 과학철학에 대한 올바른 견해로 채택할 때에 한해서 공동체 사회, 민주주의, 개인의 자유와 성장 및 도덕적 선택의 과정이 보장될 것이라고 역설하였다.

윌로워는 논리실증주의를 수용하였던 전통적 교육행정이론이 사실과 가치를 분리하여 사실만을 교육행정의 연구대상으로 삼았던 것과 마찬가지로, 실증주의를 비난하는 대안적 시각도 가치와 사실의 분리는 개념적으로는 가능하나 현실적인 맥락에서는 성립되지 않는다는 입장을 견지하였다. 도덕적인 선택은 구체적인 현실적 상황을 항상 반영하기 때문에 윤리적 차원은 그에 대한 기술적인 관찰과 해석으로부터 자유로울 수 없다는 것이다.

가치이론은 행정적 맥락 속에서 구체적인 도덕적 선택의 문제에 직면하고 있는 실무행정가들에게 도움이 될 수 있어야 한다. 윌로워는 듀이의 실용주의가 이를 해결해 준다고 믿었다. 그는 이러한 믿음을 "효과적인 도덕적 선택은 실증적 가능성에 대한 반성적 관심을 요구한다."(박선형, 1999, 재인용)라는 말로 표현하였다. 이는 곧 가치와 사실의 두 영역은 과학적 탐구방법에 의하여 동일하게 연구되어야 한다는 것이며, 도덕적 지식은 여타 종류의 경험적 지식과 마찬가지로 우리의 구체적 상황 속에서의 경험에 의하여 판단되어야 한다는 것이다.

그러나 윌로워는 가치문제를 어떻게 실증적인 틀에 의해서 구체적으로 다루고 설명할 것인지에 대한 구체적인 방법은 제공하지 못하고 있다. 가치와 사실의 이원적 분리를 해결하는 문제와 더불어 교육조직과 교육행정 문제를 다루는 데서 실용주의적 시각이 가지는 교육적 함의성에 대한 탐색은 심층적인 이론적 분석을 필요로 하는 향후 연구주제가 되어야 할 것이다.

2. 우리나라의 전통적 교육행정철학

여기에서는 우리나라의 전통적 교육행정철학을 살펴보고, 이에 의하여 현재 교육행정의 어려움 극복을 위한 시사점을 제공하기로 한다.

1) 전통과 교육행정

현재의 교육체제는 현재를 염두에 둔 과거의 산물이다. 따라서 미래를 염두에 두고 현재의 교육행정을 볼 때 많은 한계와 오류를 찾아낼 수 있다. 허병기(2000: 212)는 이러한 의미에서 현재 교육행정의 한계와 오류들 중 대부분은 지금까지는 바람직했으나 미래에는 그렇지 않을 것들이 아니라 이미 과거부터 변화되고 개선되었어야 할 것이라 한 바 있다. 이는 과거와의 연속선상에서 현재의 교육행정을 검토해야 한다는 의미로 받아들여진다. 국내의 교육행정은 미국의 교육행정이 이식되어, 전통적 맥락에서 과거에 비추어 현재를 고민할 수가 없었다. 해방 이후 이 땅에 미국식의 신식 교육체제가 정착되어 가는 과정에서 학문적 기반이 전무한 가운데, 독자적 학문으로서의 깃발을 올리고 교육행정 문제 해결과 대학에서의 강의 요구를 해결하기 위하여 우선 급한 대로 수입된 교육행정학에서 출발하게 되었다. 이에 외국의 이론을 통해 우리의 행정 현상을 잘 설명할 수 있는지 검증하고, 우리의 현실에 맞는 이론으로 수정하며 발전시키는 이른바 외래 이론의 토착화 작업이 극히 소홀했다고 평가하고 있다(임연기, 2003:

343-344). 이러한 반성은 교육행정 분야에서 우리의 고유한 교육행정 관점의 빈곤을 반성하는 것으로, 현대 교육행정의 문제 해결을 외국의 행정 연구 전통에서 찾으려는 노력과 아울러 한국적 상황에서의 교육행정철학을 고민해 볼 필요성을 강조한 것으로 보인다.

전통이란 '역사적으로 전승된 물질문화, 사고와 행위 양식, 사람이나 사건에 대한 인상, 갖가지 상징군(象徵群)'으로서 주관적인 가치판단을 기초로 한다. 이는 주관적인 가치판단에 의하지 않는 객관적인 존재로서 과거로부터 현재에 전해진 사상 · 관행(慣行) · 행동 · 기술(技術)의 양식 등을 일컫는 관습(慣習)과는 다르다. 관습은 결국 과거로부터 연속성을 가진 문화유산에 불과하기 때문이다. 이러한 의미에서 그 시대의 주관적 가치판단을 통한 재평가는 전통에서 중요한 요인으로 작용하고 있다. 주관적 가치판단이라는 것은 곧 현재의 문제를 새롭게 바라보고자 하는 '눈'으로 현재의 문제 상황을 개선하려는 움직임으로, 이것이 한국 교육행정의 난맥상을 해결하기 위한 새로운 접근이 될 것이기 때문이다.

결국 전통적 교육행정철학의 논의가 필요한 이유는 교육행정에서 서양의 교육행정학 이론의 수용이 우리의 전통과 배치되는 것은 없었는지, 그리하여 현재 교육행정에서 야기되는 문제들에 대해 우리의 교육행정 전통 속에서 해결방법을 찾을 수는 없는지 하는 질문에서 출발한다. 교육행정철학에서 현대의 주관적 가치판단으로 인하여 재평가될 수 있는 부분을 찾아내어 한국 교육행정의 난맥상을 타파하는 방법으로 활용하는 것은 매우 의미 있는 일이라 생각된다.

2) 우리나라 교육행정의 전통

여기서는 우리나라의 전통적 행정사상의 특징과 그러한 특징들이 나타난 조선시대 교육행정의 특징을 교육제도적 측면에서 살펴보기로 한다.

(1) 우리나라의 전통적 행정사상의 제 특징

우리나라의 행정에 있어 한국적인 전통적 특징을 역사적 맥락 속에서 다음과 같이 정리할 수 있다(김형효, 1983; 김운태 외, 1999; 최창집, 1999).

첫째, 민족적 '화(和)'의 원리와 인본주의다. 화의 원리는 역사적으로 단군신화에 나오는 홍익인간의 정신으로서 때로는 군과 민은 근본이 하나라는 이른바 한얼사상으로, 또는 정의(순결)를 위한 통합력을 강조하는 대동주의로 표현되기도 하였다. 인본주의 전통은 홍익인간의 건국정신을 비롯하여 우리나라 상고의 고유사상인 천지인 삼재 중 특히 인간을 중시하는 인본사상, 전통적 민본위민사상, 천인합일사상, 율곡의 국시론(國是論) 등에서 보편적으로 나타나고 있음을 알 수 있다. 따라서 한민족에게 '화'의 의미는 단순히 친화나 타협이라는 소극적 의미가 아니라 어디까지나 크고도 한 덩어리를 이룬다는(공화 또는 대동주의) 적극적인 의미며, 나아가서는 이질문화를 융합하여 재창조하는 묘합(妙合)의 원리이기도 하다.

둘째, 윤리적 권위주의다. 우리나라의 행정문화는 유교정치 · 행정문화에서 지대한 영향을 받고 있다. 유교는 정치적 도의와 사회적 안정을 회복하려는 현실적 요구에서 출발했던 만큼 그 교의는 사회적 · 정치적 윤리성을 기본 속성으로 발전시키는 계기가 되었다. 특히, 치자와 피치자에 대한 윤리와 더불어 개인 상호 간의 사회적 윤리를 존중하는 유교적 도덕률은 군주가 선정을 베풀 수 있는 치자로서의 덕성 함양과 사회적 질서를 가져오는 인성의 함양 및 사회 민풍의 순화를 강조하였다.

셋째, 민족적 주체의식이다. 문화적으로 우월한 인접 중국문화에 흡수되거나 동화되지 않고 민족 고유의 문화와 언어의 독자성을 유지해 오고 있으며, 빈번한 외침에도 모든 국난을 극복하고 민족적 통합성이 보존된 우리나라의 역사는 민족적 주체의식의 발로이며 민족적 일체감과 민주의식을 증명해 주고 있다.

넷째, 정의의식과 진보의식이다. 한민족은 민족의 결백성을 원동력으로 하여 역사적으로 자주성과 진보적 혁신을 성취해 온 점이 주목된다. 여기서 결백성은 정치 · 행정사상적으로는 한민족이 지켜온 정의정신에 해당되며, 아울러 건국 이래 인본적 평등사상의 전통으로 계승되어 근대화 과정에서 정치발전의 추진력이 된 평등이념에 해당된다. 결백성이나 정의정신이라는 우리의 정치 · 행정문화적 특징은 화랑정신 · 소도(蘇塗)정신 · 조선왕조 사림의 선비정신 등에서 확인될 수 있으며, 평등화의 전통과 이념은 '홍익인간' 의 이념, 신인사상이나 경천사상 · 인본주의, 한얼사상의 전통과 근대화 과정에서의 실학사상 · 개화사상 등에서 확인될 수 있다. 진보의식은 민족적 자주의식이 중심이 되어 신장되었다는 점이 주목된다. 즉, 민족적 민주성 위에서 진보가 성취되었고, 민족사의 진보는 그대로 우리의 행정의식의 특색을 주체성이라는 가치로 설명해 주고 있다.

다섯째, 한국인 의식 내의 성리학적 요소다. 우리나라는 종래의 유교문화권에 속하는 중국, 일본 등 다른 지역에 비하여 성리학을 바탕으로 한 유교적 의식이 상대적으로 많이 남아 있다. 그러한 예로는 명분이 실리에 앞선다거나 권위주의에 대한 복종을 상급자에 대한 도리로 알고 있다는 점, 내세관이 없고 현실에의 집착이 강하다는 점, 절조관념이 강하고 부당한 타협을 원치 않는다는 점, 전통을 중시하고 자존심이 높다는 점 등이다.

(2) 조선시대 교육행정의 특징

조선시대 교육행정의 가장 중요한 특징은 국가 주도의 교육체제와 일반행정과 교육행정의 통합이다. 조선 전기는 고려 이후 조선의 창설과 함께 신흥국가로 발돋움하여 그 기초를 정립한 매우 중요한 시기로, 교육적으로 볼 때 일반 민중에게 역성혁명의 정당성을 주지시키고 새로운 국가이념을 교화시킴과 동시에 새 국가 건설에 수많은 인재를 양성해야 하는 매우 중요한 시기였다. 이 시기의 교육활동은 왕조의 통치활동의 일부로서 교육행정도 일반행정의 일부였고, 교육행정을 포함한 모든 행정활동이 궁극적으로는 통치행위로 귀결되었다. 이러한 점은 국가 경영의 기본 구상을 제시한 태조의 즉위조서와 도평의사사의 산언 22개조에 잘 나타난다. 정도전이 지은 것으로 알려진 즉위조서는 즉위의 당위성과 그 과정에 대한 설명 그리고 앞으로 해야 할 일을 문무백관과 백성에게 포고한 것으로, 편민 17개 조항 중 세 번째에 "문과, 무과는 어느 하나 없앨 수 없다. 중앙에서는 국학에서, 지방에서는 향교에서 생도를 더 늘리고 공부를 잘하도록 인재를 길러낼 것이다."라며 교육의 중요성에 대하여 언급하고 있다(조동섭, 2000: 155-159).

이 시대에는 중앙과 지방에 성균관과 사부학당 및 향교 등 관학을 설치하여 지원하였으며, 서원과 서당 등의 사학에 대하여서도 여러 방면의 지원을 아끼지 않았다(전경목, 1996: 343). 『경국대전』에 따르면, 이미 조선 초의 관학만 따져도 생도 수가 전국의 향교에 14,950명, 사부학당에 400명, 성균관에 200명 등 도합 15,550명으로, 잡학의 생도 6,736명까지 합하면 생도 수가 무려 22,286명에 이르렀을 정도로 교육에 대한 국가적 지원과 관심이 대단하였음을 알 수 있다. 이러한 관심으로 교육에 대한 논의가 조정의 핵심적인 문제로서 언제나 국사의 일부가 됨에 따라 근대 국가에서나 가능할 수 있었던 많은 조치들, 예컨대 모든 학교에 급식을 제공한 것, 각 고을의 향교에 노비의 수를 정해 배치한 것, 500가구 이상의 고을에는 관호를 불문하고 반드시 교관을 파견하여 가르치도록 한 것, 수령 등이 교관들에게 찬물(饌物, 반찬거리)을 풍족히 갖추어 후대하도록 한 것 등과 같은 혁신적 조치와 계획들이 실현될 수 있었다(조동섭, 2000: 170).

하지만 이러한 결과들은 교육의 중요성을 인정하고 국가적 대사로 간주함으로써 교육에 대한 지원을 강화했다는 장점도 있지만, 동시에 교육행정의 자율성을 위축시키는 결과를 가져오기도 하였다. 중앙의 성균관과 사부학당은 주로 예조[4]에서 관할하였지만, 지방의 향교는 관찰사와 수령이 감독하여 학교행정이 일반행정의 부차적인 사무로 전락하게 되었다. 관찰사는 중앙과 유사한 6방을 두었으며, 그중 예방을 중심으로 교육행정사무를 집행하였다. 수령의 경우 '수령칠사'라 하여 일곱 가지 직무 수행이 강조되었는데, 그중 학교를 얼마나 잘 관리하였고 학생과 성적 우수자의 증원을 얼마나 했는가 하는 '학교의 흥성'이 수령의 근무평정에 포함되어 있어 관내 학교와 교육의 관리가 수령에게는 매우 중요한 직무였음을 알 수 있다. 하지만 원래 수령의 다른 중요한 업무로 인하여 향교에 대한 관심이 줄어들어, 문종 때에 이르러서는 이미 "이름은 학교라 하나 그 실은 없는 것과 같게" 되었으며, 성균관과 사부학당의 경우도 고지식한 관리들의 지나친 간섭으로 변화되어 가는 과거제도나 유생들의 요구에 적극적으로 부응할 수 없었고, 때때로 방문하는 임금 맞이 준비로 바빠 스스로의 발전과 요구 수용은 엄두조차 낼 수 없었던 것이다(전경목, 1996: 345-346; 조동섭, 2000: 163-172).

또 하나의 조선 교육행정의 특징은 교육을 일반 국사와 구분하지 않고 정치와 교육을 통합하여 운영하였다는 점이다. 교육을 담당하는 최고 기관인 예조는 교육뿐만 아니라 예의(禮儀)·제향(祭享)·조회(朝會)·교빙(交聘) 등에 관한 일을 관장하였기 때문에 예조의 주요직은 교육 경력이나 능력으로 임명된 것이 아니었다. 성균관 및 사부학당의 경우에도 주요 보직자들은 교육만을 위해 특별히 임용된 사람은 아니었다. 향교의 교관의 경우에도 교관의 직은 다른 직을 위한 발판이었을 뿐 항구적인 교원의 직은 아니었다. 이러한 경향은 결과적으로 교육을 일반행정에 예속시키고 교육과 교육행정직을 하찮은 직임으로 여기게 하는 부정적인 결과를 초래하기

4) 교육과 관련하여 결정하거나 처리할 일이 발생하면 육조가 이를 의정부에 품의하고, 의정부는 이를 심의하여 임금에게 보고한 후 그 뜻을 받아 다시 육조에 보내 시행하도록 하는 의정부서사제 속에서 교육행정이 매우 합리적이고 효율적으로 이루어졌음을 알 수 있다. 육조직계제 체제하에서도 교육행정의 최고기관은 육조였다. 교육에 대한 사무는 태종 5년 이후 예조의 소관이었으며, 모든 사무는 예조 판서 책임하에 두되 중요한 결정은 육조의 판서가 합의하는 방식을 취하였다(진동섭, 2000: 161).

도 하였다.

조선에서의 교육은 또한 '학교'라는 제도적 실체 속에서 이루어졌을 뿐만 아니라 성리학적 사회질서의 근간을 유지하기 위한 사회원리로서 작용했다. 이러한 내용은 조선 후기 실학자들의 교육개혁의 사상적 토대인 『예기(禮記)』와 『주례(周禮)』에 잘 나타나 있다. 『예기』에 의하면 교육은 국가를 세우고 백성을 통치하는 '사회운영의 제1원리'가 되는 것으로, 국가의 통치자는 국가의 구성원인 백성을 교육시켜야 하는 주체일 뿐만 아니라 자신이 교육을 받아야 하는 대상이기도 하다(우용제, 1999: 114-116).

> 군자가 만일 백성을 감화시켜서 아름다운 풍속을 이루려면 반드시 배워야 한다.
>
> 옥을 다듬지 않으면 그릇을 이루지 못하고, 사람은 배우지 않으면 도를 알지 못한다. 이러한 까닭으로 옛날 임금은 나라를 세우고 백성을 통치함에 있어 교학을 먼저 했다.

교육은 국가의 지도자를 기르고 선발하기 위한 수단으로 중요한 의미가 있지만, 궁극적으로는 국가가 존속하기 위해 필요한 구성원의 결속을 이루어내는 제도로서, 사회원리로서 의미를 지니는 것이었다. 즉, 치자의 피치자에 대한 일종의 문화적 지배방식으로 '교화의 원리'가 교육적 이상으로 전제되어 있다. 이러한 이유로 학교제도는 국가조직의 중요한 일부분으로 일관된 체제 속에서 위치하고 있으며, 앞에서 살펴보았듯이 관료의 직무 가운데 하나로 교사의 역할을 규정하고 있다.

결론적으로 조선 전기(태조~세조, 1392~1468)의 경우 학교교육을 확대하고, 교육에 대한 국비지원을 통하여 제한적으로나마 공교육을 실시하였다는 점에서 높이 평가받을 수 있을 것이다. 이러한 점은 서양의 경우 공교육제도의 출발이 교회의 권력이 약해지고 국가의 권력이 강해지면서

(16~17C) 교육 선택권이 부모에게 있었고, 가정에서 교사를 두거나 교회에서 교육활동이 이루어지게 되면서 산업혁명 이후 공교육제도가 확립되었다는 점에서 비슷하다. 근대에 들어 인간은 누구나 평등하고 존엄하다는 사상이 퍼지면서 교육을 받는 기회도 누구에게나 평등하게 주어지게 되었다. 구미 각 국가들이 교회로부터 자유로운 국민교육체제 확립에 힘쓰면서, 각국은 국가 간 경쟁에서 승리하기 위해 국민의 자질 향상과 국가의식 고취를 위한 새로운 교육제도 창출에 주력하게 되었다. 즉, 교육이 개인이나 종교의 필요가 아닌 국가라는 정치공동체의 필요에 의해 운영되기 시작한 것이다. 시기적으로 살펴보았을 때 공교육제도라는 개념은 우리나라에서 400년 이상 앞서 출현하게 되었던 것이다.

조선왕조에서의 교육은 '학교'라는 제도적 실체를 지녔을 뿐만 아니라 성리학적 사회질서의 근간을 유지하기 위한 사회원리로서 작용하였다. 따라서 조선 중 · 후기를 거치면서 공적인 교육제도의 운영이 본래의 이념에서 괴리되어 가는 동시에 사학이 발생하고 변형되어 가는 현실, 즉 관학과 사학이 서로 부침하고 길항(拮抗)작용을 하는 것에 대하여 국가는 실태를 파악하고 또한 나름의 대책을 강구해야만 했다(우용제, 1999: 5). 조선 후기로 가면서 재정적 압박으로 학교교육을 통하여 인재를 양성하고자 하는 정책을 포기하고 점차 사교육에 의존하는 경향을 나타냈던 것(조동섭, 2000: 175)은 현재 우리나라의 교육 실정과 유사하다.

3) 조선 후기 실학자의 교육행정철학

이러한 조선시대의 교육행정철학과 관련하여 실학의 주요한 인물들인 유형원과 정약용의 실학사상 중 교육행정과 관련 있는 부분을 살펴보고, 그 속에서 현대 교육행정이 유념해야 할 부분을 찾아보고자 한다.

(1) 반계 유형원의 사상과 교육행정철학

반계 유형원은 한국행정철학사에서 학문적 체계를 확립한 학자였으며, 실학 행정철학의 선구자로 평가된다. 그의 사상은 이후 성호 이익에 이르러 하나의 학파로 형성되었으며, 다산 정약용, 연암 박지원, 초정 박제가 등의 실학파를 배출하는 큰 흐름을 이루게 하였다(최창집, 1999: 99). 성리학이 이기의 궁극적인 실재성에 대한 신념에 의하여 이상학적 진리체계를 지향하는 반면, 반계의 실학사상은 이론과 실제의 일원성을 주장하고 있다. 따라서 성리학이 명분과 의리를 중시하는 반면, 그의 사상은 실정(實正) · 실증(實證) · 실용(實用)을 중시하는 학문적 성향을 나타내고 있다. 이러한 이유로 유학의 학문 지표인 수기 · 치인 또는 정덕 · 후생의 기준으로 비교할 때 치인과 후생을 강조하는 경향을 나타내고 있다. 이런 반계의 보다 현실지향적인 성격은 인간의 내면적인 도덕성에 의거하여 도를 구현한다는, 이른바 본연의 성을 기조로 하는 이(理)의 주관주의적 측면에 대하여 정치제도에 의거해 정치적 · 사회적 질서를 확립해야 한다는 기(器)의 객관주의를 강조하는 객관적 규범론적 성격을 띠고 있다(최창집, 1999: 68-75).

이러한 그의 생각은 제도와 관련하여 제도의 보편성에 대한 의심과 시대와 제도의 개별성 논리를 나타낸다. 반계는 시대의 사의(事誼)에 따르고 인간의 정에 따라서 법을 제정하고 이를 고르게 하여 각자가 그 분수에 맞도록 하는 것이 법의 선이라고 하면서, 일견 제도의 모범을 고법(古法)에서 찾았지만 시대를 초월하여 존재하는 보편적 성격을 인정한 것은 아니다. 그의 사상은 제도란 시대의 사의와 인간의 정에 따라서 재정된다는 제도의 개별성 논리에 입각하고 있음을 보여 주고 있다(최창집, 1999: 73). 다음은 주자학 사상과 비교한 반계 유형원의 사상적 특징을 정리한 것이다.

〈표 3-1〉 주자학 사상과 대비한 반계 사상의 특징

주자학 사상	반계 사상
명분 · 의리 중시	실정(實正) · 실증(實證) · 실용(實用) 중시
수기(修己) · 정덕(正德)에 치중	치인(治人) · 후생을 강조
항심(恒心)을 중요시	항산(恒産)을 보다 중요시
도 중심의 사유	기(器)의 중요성 강조
주관주의적 규범론	객관주의적 규범론
퇴계적인 모럴리즘	율곡의 정치적 사유 계승
선의후리(先義後利)	의(義)와 이(利)의 조화
도학적 합리주의	제도론적 합리주의
엄격주의를 내포한 자연주의	정치적 리얼리즘
수신 · 교화에 역점	법 · 제도 강조
보편의 논리	시대와 제도의 개별성 논리
문벌주의	능력주의

자료: 최창집(1999). 실학의 행정철학, p. 75.

반계는 또한 정치적 리얼리즘을 기저로 한 상황주의적 지향을 나타내고 있으며, 특히 제도의 개별성 논리를 강조하여 제도개혁을 통한 국정의 발전을 추구하고 있다. 반계가 이러한 제도개혁을 통하여 지향했던 가치는 관념적 도덕론에서 벗어나 인간 개체의 존엄성을 확립하고자 하는 인본주의, 백성을 위한 행정을 펴고자 하는 민본주의, 도탄에 빠진 민생의 안전을 최우선하는 위민의식이었으며, 문벌 위주의 세습형 사회에서 탈피하여 성취형 사회를 이루고자 하는 능력주의가 강력히 표출되고 있다.

(2) 다산 정약용의 사상과 교육행정철학

다산 정약용은 성리학이 끝없는 탐구를 야기하는 난해성뿐만 아니라 분파분당적 쟁송을 초래하는 폐단으로 인하여 비실재적 · 비생산적이라고 비판하고 있다. 그는 성리학에 대하여 기존과는 다른 관점을 가지고 있었다.

첫째, 천도(天道)와 인간세계를 분리하여 각각 존재의 법칙과 당위의 법칙이 존재한다고 보면서, 주자학의 계급성과 불평등한 인간관을 비난하고 인간세계의 질서는 변화 가능한 것으로 간주하고 있다. 천은 모든 인간과 개별적 관계를 맺고 있으며, 이로 인해 인간은 모두 존엄한 존재라는 점을 강조했다. 둘째, 기질에 따른 인간성의 차등설을 비판하고 우수한 능력자는 특정 신분에서만 배출되는 것이 아님을 강조했다. 그의 능력주의는 신분제에 입각한 국가의 교육, 과거, 인사 제도에 대한 개혁론으로 연결되었다. 셋째, 욕망관[人心道心說]에서 인간의 욕망을 인정하되 적절한 통제가 병행되어야 한다고 말했다. 무제한적으로 욕구를 인정하는 것은 특권층의 입장과 통하는 것이라고 본 그는 인간이 기본적으로 외적 환경에 좌우된다고 보아 구체적인 사회제도의 정비를 통해 이를 해결할 수 있음을 강조했다. 이는 주관적 심성문제에 치중한다거나 도덕적인 호소에 의한 해결방안을 내세우는 주자학과 대별되는 주장이다. 그는 전통적 관념론에 몰두하지 않고 다양한 경험론적 세계관을 지향했다(두산대백과사전, 2005; 브리태니커백과사전, 2005).

다산은 교육과 관련해서도 새로운 구상을 제시하고 있는데, 이는 사회개혁 방안을 담고 있는 일표이서, 즉 『경세유표』(1817), 『목민심서』(1818), 『흠흠신서』(1819) 가운데 주로 『경세유표』의 '지관수제'와 '춘관수제', 그리고 『목민심서』의 '예전'에 제시되어 있다. 그는 국가의 행정조직과 교육제도를 연계시키고 이를 관리등용과 직접 연결시킴으로써 보다 효율적인 치자(사)의 양성과정을 수립하고자 하였다. 그의 '만민교육'은 이러한 사의 양성을 주된 목적으로 하고 있다. 그렇지만 그의 '만민'은 현대적 의미에서의 만민을 의미하는 것은 아니었다. 『경세유표』에서 만민을 다음과 같이 부르고 있음을 볼 때, 태생적 한계 또한 지니고 있음을 알 수 있다.

> 소위 만인을 가르친다는 것은 천한 백성을 모두 가르치는 것이 아니다. 국자

이외에는 비록 사환하는 집안이라도 모두 만민이라 이르는 것이니, 사도에서 가르치는 데에는 반드시 그 덕행과 도예를 상고할 것인데 도예를 어찌 천한 백성이 배울 바이겠는가?

민과 국가의 관계문제를 다루고 있는 『목민심서』에서는 '민'의 주체성을 긍정하면서, '민'의 자율적 참정과 의사의 반영으로 체제를 갖추는 것이 원리에 합당하다고 보았다. 지천의 상태에서 신음하던 '민'에 대한 연민과 인간적 신뢰에 '민'의 역사 추진력에 대한 튼튼한 믿음을 일체화시켜, 그 바탕에서 민과 국가의 관계를 재정립하려 하였다(정약용 지음, 다산연구회 편역, 2005).

다산의 정치 · 행정관의 큰 틀은 인간을 자주지권(自主之權)을 갖는 주체적 존재로 이해함으로써 민이 통치의 주체가 되는 민권사상의 길을 열었고, 다산의 민권사상은 참정권, 공무담임권, 저항권 등의 형태로 표출되고 있음을 밝히고 있다. 다산은 민의 동의에 정통성의 기반을 두어야 함을 강조하며, 통치자의 결정요인으로 민의 동의가 전제되어야 함을 주장하고 있다. 나아가 법의 제정 또한 민망(民望)에 의해 통치자에 위임된 직무라고 하는 새로운 정치상을 도출하였다. 그는 민이 통치의 주체가 되는 민권사상의 견지에서 사족에게만 한정되어 있던 공무담임권의 개방을 주장하였다. 그리고 문벌 · 지역 · 서열 · 당색에 의한 차별을 철폐함으로써 관직임용의 기회균등과 능력 본위의 관리임용을 주장하였다.[5] 다산이 주장하는 여러 개혁론 속에 내포하고 있는 행정가치들은 평등의식과 능률 중시, 민권사상 등으로 정리할 수 있다(최창집, 1999: 282-284; 손인수 외, 2003: 220-221).

5) 다산은 인사제도 개혁과 관련하여 응시자공거제, 음관의천용제, 무재이능과의 설치, 과거응시의 기회균등, 능력 본위의 관리등용, 부정기시의 혁파, 대 · 소과의 일원화, 제고시과목의 병시 등을 주장한 바 있다.

〈표 3-2〉 다산의 개혁론에 표출된 행정가치

가치/정책	인사제도 개혁론	농업 개혁론	상공업 개혁론	신분제 개혁론	정책 전반
민권사상	중	중	중	중	중
평등사상	강	강	강	강	강
능률사상	강	강	강	강	강
형평사상	중	중	중	중	중

자료: 최창집(1999). **실학과 행정철학**, p. 325.

다산의 민본위민사상은 민권사상으로 전환되었으며, 형평의식은 종래 우리나라에서 볼 수 없었던 새로운 의식을 생성해 내고 있다. 이러한 민권사상과 형평의식이 다산의 인간관과 정치행정관의 어느 부분을 바탕으로 하였는가에 대해서는 다음과 같이 설명할 수 있다.

> 다산은 인간은 스스로 선을 실현하려는 의지로서 선을 행하고 악을 행하려는 의욕으로 악한 행위를 한다고 하면서, 스스로의 의지에 따라 결행하는 인간의 이 능력을 인간이 타고난 자주의 능력으로서의 심의 권능으로 부르고 있다. 또한 심의 자주권능에 해당하는 '자작(自作)하여 스스로 주장' 하는 이것이 타동물에게는 없고 인간에게만 있는 독특한 능력이라고 하였다. 이러한 인간관에 근거하여 그는 자주의 권능을 가진 민을 통치의 주체로 인식하게 됨으로써 민의 참정권, 공무담임권과 더불어 치자방벌사상(治者放伐思想)으로서의 민의 저항권을 강조하였다(최창집, 1999: 325-326).

(3) 실학자의 교육적 인간상과 교육행정철학

이상 살펴본 두 실학자 이외에도 우리에게 널리 알려지고 언급되는 실학자들, 즉 성호 이익이나 연암 박지원, 초정 박제가 등은 우리나라의 역사, 지리, 말 등 모든 실태를 알아야겠다고 생각했으며, 이를 통하여 경세치용의 학과 이용후생의 학을 성립시켰을 뿐만 아니라 자아의 자각에 따르는 민족문화에의 주체적 인식을 촉구했다. 그들은 합리주의자들로 인간 이성을 문제 해결과 사리판단의 기준으로 삼았으며, 민족 및 민중 사상을 지니고 있었다. 이익의 '유민연후(有民然後) 유군(有君)' '이중민생(以重民生)' 등은 모두 이러한 사상을 표현하는 말이라 생각된다. 또한 박지원이 제창한 법고창신(法古創新), 즉 과거를 올바르게 이해하는 터전 위에 새로운 것을 만드는 것이니 법고는 전통을 계승하는 이상주의요, 창신은 새로운 혁신을 조성하는 진보주의자 개혁주의다. 또한 그들은 실심향학(實心向學)의 정신으로 학을 하거나 모든 일에 실심으로 진향하기를 가르쳤다. 실심으로 시폐(時弊)를 볼 때 정치적 개혁을 말하게 되었고, 민생고를 볼 때 이용후생학으로 나타났으며, 학문을 논할 때 실학이 되었다. 이러한 실학자들의 사상은 기존 사대 중심의 사상에서 우리의 역사, 제도, 사회관의 새로운 혁명으로 바라볼 수 있을 것이다. 실학자들의 사상에서 유추할 수 있는 실학의 교육적 인간상은 다음과 같다(손인수 외, 2003: 219-221).

첫째, 실학자들이 생각한 교육적 인간상은 마음으로만 생각하지 아니하고, 이를 실천역행(무실역행)할 수 있는 성실인상을 추구하였다.

둘째, 허와 가를 버리고 실질을 숭상하는 유용인상과 자기의 힘으로 자기 생활을 할 수 있는 자주인상을 추구했다.

셋째, 몰민족정신에 자아를 각성할 수 있는 주체인상을 추구하였다.

넷째, 법고창신의 입장에서 전통과 개혁의 조화를 조성하여 민족의 가치관과 독립성을 가지게 하였다.

다섯째, 조선의 역사와 지리와 물산풍토를 연구의 제목으로 하였기 때문에 '한국학' 의 뜻이 이에서 드러나게 되었다.

여섯째, 인간이성의 수사를 문제 해결과 사리판단의 근본으로 삼았기 때문에 합리주의 정신, 즉 과학정신과 실증정신을 길러 주었다.

지금까지 살펴본 우리나라의 교육적 전통과 교육행정철학은 우리가 깊이 연구하지 않고 미국의 교육행정책에 의존해서 그렇지 조금만 관심을 갖고 파고들어 보면 오히려 미국의 것에 앞서고 오늘날의 철학으로 삼아도 손색이 없다는 것을 알게 될 것이다.

4) 현재 우리나라 교육행정의 난맥상 극복을 위한 시사점

(1) 우리나라 교육행정의 난맥상

허병기(2000: 212-213)는 우리의 교육행정의 한계를 획일성, 권위주의, 외형 중시, 윤리적 미성숙 등의 말로 대표할 수 있다고 지적하였다. 이에 교육행정에서 이러한 기본 가정과 그 가정에 기초하여 이루어지는 여러 인식, 해석, 실천 행위가 바람직한 교육과 교육조직을 조성하고 지원하는 것과 상반되게 되어, 교육행정의 결과가 우리의 교육과 교육조직에 대해 기대하는 것과 상반된다고 지적한 바 있다.

그는 이와 관련하여 재미있는 분석을 하였다. 기존 교육행정이 갖는 한계점의 하나인 비합리성은 크게 보면 거기에는 체계적이고 냉철한 사고행위의 결여, 합당한 원칙과 방법을 수립하고 그것을 준수하는 힘의 취약성, 윤리적 이성활동의 미흡 등을 포함하고 있는 것으로 보면서, 그중 가장 중요한 요인으로 작용하고 있는 것으로 윤리적 이성의 결함을 들고 있다. 윤

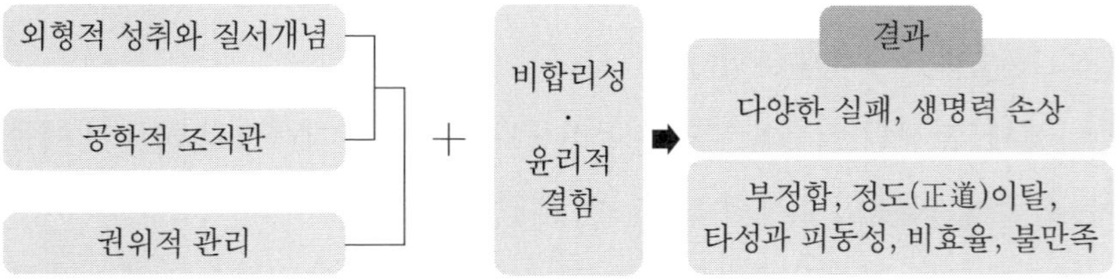

[그림 3-2] 기존 교육행정 패러다임의 한계와 오류

자료: 허병기(2000). 교육행정의 새로운 패러다임 탐색. 교육행정학연구, Vol. 18, No. 1, p. 212.

리적 이성의 결함은 도덕적 판단능력의 부족을 의미하는 것이다. 이런 의미에서 정약용이 말한 교화의 내재적인 측면, 즉 교육제도 내에 흐르는 방법적 원리와 절차가 윤리적 이성의 결함을 치유할 수 있는 하나의 방편이 될 수 있을 것으로 본다. 개인이 덕행을 배워 실천하는 일을 교육의 가장 핵심적인 과업으로 삼아 유교의 윤리적 규범과 의례의 실천과 이를 통한 사회의 도덕적 질서 확립에 관심을 두어 가르치고자 하는 내용의 윤리적 성격과 구체적 실천을 강조하고 있는 점은 충분히 검토해 볼 필요가 있을 것이다.

(2) 교육행정의 난맥 극복을 위한 우리나라 전통적 교육행정철학이 주는 시사점

앞에서 조선시대의 교육행정의 특징을 살펴보았으며, 반계 유형원과 다산 정약용의 실학사상을 교육행정과 관련 있는 교육행정철학 부분 중심으로 살펴보았다.[6] 전통적 교육행정철학을 논의하기 전에 그것의 배경이 되는 조선시대 교육행정의 한계점을 짚고 넘어갈 필요가 있다.

우리나라에서의 유교는 정치적 동의와 사회적 안정의 회복을 위한 정치적 목적으로 고려 말의 학문적 관심에서 조선 건국 이후 새로운 국가이념으로 작용하였으며, 교육행정을 포함한 모든 행정이 통치행위로 귀결되었음을 볼 때, 교육행정의 판단기준 또한 윤리, 즉 성리학의 판단기준을 벗어날 수 없었다. 이러한 부분은 교육에서 장점으로 작용했다기보다는 약점으로 작용했을 가능성이 크다. 조선 중기 이후 성균관 교육의 쇠퇴가 성균관 유생의 교육 외적인 활동(정치적 활동 및 의식용 행상의 의무적 참여 등)에 기

6) 앞서 이야기했지만 조선에서는 교육행정을 일반행정과 분리해서 생각할 수가 없었다. 실학자들의 교육에 대한 논의 또한 특별히 교육에 한정되어 있는 것은 아니며, 사회의 부조리를 혁파할 방안 중의 하나로 조선 건국 초의 초심으로 돌아가 유학 경전에 대한 재해석을 통하여 유학의 교육적 이상을 재확인하는 과정에서 나온 산물이다. 따라서 실학자들의 사회개혁을 위한 논의와 그 논의의 출발인 그들의 사상은 교육행정 사상과 같은 것으로 보아야 할 것이다.

인하고 있으며, 교육행정과 통치행위를 구분하기 어려운 상황에서 정치적 상황(사화 등)에서 교육행정의 부침 또한 심하였을 것으로 쉽게 유추해 볼 수 있다. 이러한 점에서 교육행정이 지속적으로 운영되는 데 한계로 작용했을 가능성이 크다. 조선 후기 관학의 쇠퇴 및 사원의 융성이 조선의 정치적 불안정성에 기인했을 가능성을 간과할 수는 없을 것이다.

이러한 교육행정 운영체제의 한계를 인식한 실학자들의 주요 개혁안을 중심으로 교육행정과 관련된 사상 및 철학, 가치를 전통적 교육행정철학으로 정리해 보고자 한다.

첫째, 우리나라 고래의 명목상의 원리일 뿐인 인본주의, 민본주의 사상을 구체화하였다. 물론 다산의 『경세유표』에서 만민교육을 주장하면서 그 만민의 대상을 현대적 의미에서의 만민을 위한 기초교육이 아닌 훌륭한 지도자를 양성하기 위한 시도로 볼 수 있는 것처럼 봉건적 신분질서를 부정하는 것은 아니었다. 그럼에도 불구하고 이는 '사농공상' 이라는 유학적 분업체계에 대한 원형적 인식과 유교적 이상국가의 효율적 결합에 주목하여 구상해 낸 하나의 사회개혁안의 일부로 높이 평가될 수 있을 것이다. 반계의 경우 토지개혁과 관련하여 균전제를 제시하면서 토지지급의 대상에서 제외되었던 농민을 대상에 넣어 토지를 분급하고자 하였다는 점, 노비제도와 관련하여 노비제도의 단계적 폐지를 주장하였다는 점, 교육에서 평민에게까지 교육기회를 확대하려 했다는 점 등에서 이러한 인본주의, 민본주의 전통을 구현하려 한 점은 높이 평가받아야 할 것이다.

둘째, 합리주의를 들 수 있다. 미신이나 권위를 용납하지 않았다. 이론에 맞지 않는 것은 비판하고 배격하였다. 반계나 다산의 사상은 주자학의 비판에서 출발한 것이다. 인간 이성을 문제 해결과 사리판단의 근본으로 삼았고, 유학 전통 중에서 인습, 편견, 모순, 허와 가를 비판하였다. 이러한 합리주의 정신은 과학정신과 실증정신을 길러 주는 역할을 하였다. 실학자들의 주장에서 유추할 수 있는 합리성은 서양 철학의 합리성과는 차이를 보이고 있는 듯하다. 서양의 경우 이성을 중시하는 철학적 사고에 기반을 둔 합리성이라면, 실학자들의 합리성은 어떠한 철학적 기반을 둔 합리성이라기보다는 사회문제, 교육문제를 해결하기 위하여 현실에 바탕을 둔 문제해결방법의 하나로 '누구나가 그렇게 생각하는 것이 당연하다.' 는 당위로서의 합리성, 부조리, 허, 가식의 배격 수단으로서의 합리성을 여러 개혁안의 바탕으로 이야기하는 것으로 판단된다.

셋째, 제도에서 효율성을 중시하고 있으며, 제도의 효율성을 통해서 관리임용에서 지역, 학연, 신분보다는 능력을 중시하였다. 반계는 관료조직의 개혁을 위하여 관제의 간소화를 주장하였다. 불필요한 조직을 축소하거나 없애는 한편 지방의 관서와 지방관의 권한을 확대하여 지방행정에 주력할 수 있도록 하였다. 교육행정과 관련하여 반계의 인재등용법은 교육제도 개혁론과 관련이 깊다(최창집, 1999: 79). 과거제를 폐지하고 공거제(貢擧制)를 제안하면서 시문이나 경전보다는 덕행과 견식을 그 선발기준으로 삼아야 한다고 주장하였다. 이 경우에 능력과 인격에 따라 우선 중앙의 적소에 등용하고, 이 공거에서 선발되지 못한 자를 그 능력과 인격에 따라 지방관으로 삼는다. 이러한 학제 개선과 공거제 도입을 통하여 각 지방의 균등한 선발로 전국의 실제 사정을 행정에 반영함으로써 실력도 없이 전통에만 숨어 있는 양반 중 무능력자를 자연도태시킬 수 있다고 믿었다(이재룡, 1975: 194-195; 최창집, 1999: 79-81). 반계는 입학자격을 사대부의 자녀에게만 한정하지 않고 서얼 출신과 양민의 자제도 입학할 수 있게 규정하고 있는 등 사대부 계급의 관직 세습화를 배격하고 인제등용의 기준을 개인의 능력으로 하였고, 능력 있는 자를 광범위하게 관계로 진출할 수 있도록 하여 정치·행정능력을 갖춘 전문적이고 능력 있는 사(士)를 육성해야 한다고 하였다(강만길 외, 1992: 39-40).

다산 또한 교육행정에서 효율성을 중시하였다. 과거개혁과 관련하여 조선의 과거제도의 결함[7]을 중국의 제도 속에서 장점을 취하여 보완하고, 제도를 간소화함으로써 무자격자의 응시를 제한하며, 과거의 공정성을 기하고자 하였다. 이러한 과거제도에 대한 개선방안을 제시한 것은 교육행정의 중요한 업무 중의 하나인 국가 수준의 관리임용 시험인 과거제도를 효율적으로 운영하고자 하는 바람에서 제시되었다고 판단된다.

넷째, 교육제도를 체계화하여 사회개혁을 이루려 하였다. 반계는 자신의 사회개혁 의지와 방안을 집대성한 『반계수록(磻溪隨錄)』(1670)을 통하여 그의 교육에 대한 개혁안을 제시하였다. 즉, 국립교육기관을 각 군현 단위의 읍학(邑學), 각 도 단위의 영학(營學), 중앙의 태학 등으로 나누어서 소학 · 중학 · 대학과 같은 3단계로 연계된 국비생 교육을 실시한다. 그리하여 읍학을 이수한 사람 가운데 추천된 우수한 사람이 영학에 진학할 수 있으며, 영학과정을 이수하고 선발된 사람만이 태학에 입학할 수 있게 하여 태학과정을 마친 사람을 진사가 되게 하고, 이 사람들을 일정 기간 진사원에 수용하였다가 관리로 기용하자는 것이다(우용제, 1999: 123-125, 최창집, 1999: 79-80).[8] 이것은 향교 · 사학과 성균관으로 구성된 당시의 학제에 비

7) 다산의 『경세유표』 15권인 춘관수제에서 과거의 10가지 폐단을 정리한 바 있다. 천거 등 자격기준이 없어 응시하는 정원이 없으며, 학사행정에 관원이 없고, 교수가 관여하지 않고, 대 · 소과에 등(等)이 달라 공부하는 데 전일하지 못하며, 한 가지 기예로 선발하여 우연요소 배제가 어렵고, 시험시간이 너무 길어 차술(借述)의 우려, 고사와 선발이 정밀하지 못하다. 또한 시권(試券) 반포가 없으니 잘함과 못함의 구별이 어렵고, 잡시(雜詩)가 너무 자주 있어 수업할 날짜가 없으며, 경과(慶科)가 연달아 있어 요행의 수가 있으며, 명경(明鏡)을 주로 했으나 선발과 그리 관련이 없다.

8) 반계가 구상한 교육제도의 기본 조직을 정리하면 다음과 같다.

- 태학(太學): 중앙에 설치한 최고학부로 영학과 중학에서 추천하여 선발한 학생을 가르치는 곳으로, 현능(賢能)을 살펴 조정에 천거하는 일을 하며 정원은 150명이다.
- 중학과 영학: 태학의 하위학부로, 중학은 중앙에 설치하여 사학에서 선발되어 온 학생을 가르치며, 영학은 중학과 동급의 학교로서 지방의 감영에 설치하여 읍학에서 선발되어 온 학생을 가르친다. 정원은 225명이다.
- 사학과 읍학: 동급의 교로서 각각 중앙과 군현에 설치된 학교로 내사(內舍)와 외사(外舍)로 구분된다. 사학은 각 100명이며 영학은 규모별로 다른데, 대부와 도호부는 80명, 부는 60명, 군은 40명, 현은 20명으로 외사의 증광생(增廣生)의 정원은 두 배다.
- 방상(坊庠)과 향상(嚮庠): 동급의 학교로 각각 중앙과 지방의 군현에 설치된 초등교육기구다. 정원의 제한은 없다.

하여 보다 위계적으로 체계화하였으며, 초등 수준의 학교인 방상과 향상을 학제의 기간으로 편입하고 있다. 이에 더하여 방상과 향상의 수학 대상과 기회가 개방되도록 하였다는 것은 매우 획기적인 일이다.

위의 실학자들의 사상적 기반은 현실 인식과 위민정신에 기반하고 있음을 논의를 통하여 살펴보았다. 실학자들의 교육에 대한 개혁방안들은 사회개혁 방안의 하나로서 제기되었던 것이기 때문에 교육제도-교육내용-교육적 인간상이라는 전체적인 체제 속에서 논의된 것은 아니다. 심지어 개별적으로 보았을 때 각자 다산의 '만인'의 개념처럼 주장하는 내용이 상충되는 경우도 있다. 그럼에도 불구하고 그들의 교육에 대한 생각은 기존 학제의 위계적 체계화와 보편화, 교육기회의 확대, 신분적 차별의 철폐 등은 동일한 흐름을 보이고 있음을 알 수 있다. 이러한 점은 사회현실, 교육현실에 대한 구체적인 경험과 비판적 문제의식에서 출발한 것으로 보인다. 위기라고 인식한 교육현실 속에서 그들은 그들의 실학사상을 교육제도에 투영시켜 교육제도 개선을 통하여 문제를 해결하고자 하였다. 그들은 우선 자신들의 사상을 정립했으며, 그 사상을 투영시킬 제도를 통하여 문제를 해결하고자 하였다. 결국 제도란 목적 달성을 위한 수단적 의미로 활용되는 것이지 그 자체가 목적이 될 수는 없다. 우리의 교육행정에서 논란이 되는 다양한 주장들, 교장제도 관련 내용, 교원평가 관련 내용, 학교 선택권, 기여입학제 등은 결국 그 제도를 통하여 무엇을 달성하고자 하는지에 대한 논의가 생략되어 있다. 단지 현 제도가 문제가 있으니 새로운 제도로 수정하고자 한다. 그 근거로 외국의 사례가 뒤따른다. 무엇을 위한 제도의 개선인가? 그 목적이 시장논리에 의한 효율성 추구인가? 그것이 제도를 아우르는 철학이 될 수 있는가? 사상이 뒷받침되지 않은 철학은 시대의 변화가 아닌 시간의 변화에 따라 영향을 받을 수밖에 없다. 빈곤한 철학에 근거한 제도는 주변의 여건에 쉽게 휘둘릴 수 있다. 교원정년 단축이 그러했으며 대학설립준칙주의 또한 그러하였다.

참고문헌

강만길 외(1992). 한국의 실학사상. 서울: 삼성출판사.

김운태 외 (1991). 한국정치론. 서울: 박영사.

김형효(1983). 한국정신사의 이론과 현대적 평가. 학술원 편, 한국학입문. 서울: 학술원.

박선형(1999). 주관주의적 교육행정이론에 대한 비판적 고찰. 한국교육행정학회, 교육행정학연구, 17(3): 217-249.

손인수 외(2003). 교육사 교육철학. 서울: 문음사.

우용제(1999). 조선후기 교육개혁론 연구. 한국교육사고연구총서 02. 서울: 교육과학사.

이재룡(1975). 중농적 제도개혁론의 대두. 국사편찬위원회. 한국사 14. 서울: 탐구당.

전경목(1996). 교육제도. 한국고문서학회 엮음. 조선시대생활사. 서울: 역사비평사.

정약용 지음, 다산연구회 편역(2005). 정선 목민심서. 서울: 창비.

조동섭(2000). 조선전기 교육행정체제의 구조와 특성 분석. 한국교육행정학회. 교육행정학연구, Vol. 18, No. 1.

최창집(1999). 실학의 행정철학. 부산: 부산대학교 출판부.

허병기(2000). 교육행정의 새로운 패러다임 탐색. 한국교육행정학회. 교육행정학연구, Vol. 18, No. 1.

두산대백과사전(2005).

브리태니커백과사전(2005).

Griffths, Daniel E. (1985). *Administrative Theory in Transition*. Victoria: Deakin University Press.

Simon, Herbert A. (1976). *Administrative Behavior: A Study of Decision-Making Processes in Administrative Organization*, 3rd ed. New York: Free Press.

Willower, Donald J. (1980). "Contemporary lssues in Theory in Educational Administration." *Educational Administration Quarterly, 16*(3): 1-25.

Willower, Donald J. (1985). "Philosophiy and the Study of Educational Administration." *Journal of Educational Administration, 23*(1): 5-22.

Willower, Donald J. (1996). "Inquiry in Educational Administration and the Spirit of the Times." *Educational Administration Quarterly, 32*(3): 344-365.

제4장

대안적 교육행정이론

이 장에서는 전통적 교육행정에 대한 대안으로 나온 대안적 교육행정이론의 대두 배경에 대하여 설명하고, 주요 대안적 교육행정이론으로 주관주의 이론, 비판주의 이론, 포스트모더니즘 이론에 대하여 살펴보며, 마지막으로 대안적 교육행정이론의 한계와 의의를 찾아보고자 한다.

1. 대안적 교육행정이론의 대두

교육행정이론은 1950년대 이론화운동에서 비롯되었는데 당시의 이론화운동에서의 주된 철학적 배경은 논리실증주의였다. 논리실증주의는 연구대상에 대한 철저한 객관성 유지와 보장, 가설 연역적 방법에 의한 이론의 타당화라는 자연과학적 방법에 철저하게 의존하였다. 그렇기에 자연과학적 연구방법에 기반을 두고 있는 전통주의적 교육행정이론의 주된 관심 영역은 교육행정조직과 그 효과성 및 효율성 검증이 주류를 이루었다. 어떻게 하면 목적을 극대화할 수 있는가? 어떤 관리방법이 조직 구성원들의 능력을 극대화할 수 있는가? 이와 같은 물음에 대하여 해답을 찾는 데 주력하였다. 이런 질문에 대한 해답은 행동과학적인 접근방법에 의해서 얻어졌으며, 그 속에서 인간은 단지 조직을 구성하고 있는 객체적인 일부 요소로 간주될 뿐이었다. 조직 속에서 면면이 작용하고 있는 문화와 도덕, 개인이 가지는 고유한 가치나 주관적 인식 등은 객관적으로 검증되지 못하는 것이기 때문에 전통주의 교육행정이론에서는 철저히 배제되었다.

하지만 20세기 후반에 들어서 사회의 변화는 이와 같은 철저한 객관성에 근거한 모더니즘적 철학에 변화를 가져오게 하였다. 또한 첨단과학의 발달은 새롭게 일기 시작한 철학에 경험적이고 실제적인 근거를 제공하였다. 과학과 통신, 교통의 발달로 세계는 어느덧 국가와 사회의 물리적인 국경을 서서히 허물기 시작하였고, 인터넷의 급속한 발달은 세계를 하나의 사회로 연결하기에 이르렀다. 이런 사회의 변화는 개인의 주관성을 인정하고 더 나아가 강조하게 되었다. 이와 같은 개인의 존중은 통일성과 절대성을 뒤로 하고 다양성과 상대성을 중시하고 강조하는 철학적 사조를 강하게 뒷받침하고 있다.

이에 교육행정에서도 이와 같은 철학 풍조가 도입되기에 이른다. 이런 철학사조는 전통적 교육행정이론에서 객관성을 보장할 수 없다는 이유로 경시되고 배제되었던 영역을 과감하게 수용할 수 있는 기저를 마련해 주었다. 즉, 교육행정에서의 도덕과 가치의 문제, 문화, 사회와의 관계, 정치적인 부분과 관련되는 문제에 대해 고찰할 수 있는 근간을 마련하였다고 할 수 있다.

교육적 행위 자체가 이미 가치적인 문제를 안고 있으며, 그 행위로 인한 결과는 단지 조직이 설정한 목적을 어느 정도 달성하느냐 마느냐의 문제로 끝나는 것은 아니다. 어떤 목적의 설정 자체가 이미 사회와 문화를 반영하는 것이고 학생 개개인의 삶에 영향력을 행사하는 것이다. 그럼에도 불구하고 전통적 교육행정이론은 이런 부분을 경시하여 왔다는 비판을 받게 되었다. 이로 인하여 전통적인 교육행정이론은 법칙이나 규칙, 원리로서는 잘 정련되었을지는 몰라도 다양한 요인들이 함께 작용하고 있는 복잡한 현실을 보다 실제적으로 설명하는 데는 한계가 있었다. 또한 객관성을 보장할 수 없지만 실제 상황에서는 중요한 변수로 작용하는 요소들에 대해서는 전혀 설명할 길이 없다는 한계를 지니고 있다.

이에 주관주의, 비판주의, 포스트모더니즘, 페미니즘 등은 전통적 교육행정이론에 대하여 반기를 들고 그 한계적 요소들에 대해 각기 설명을 제안하고 있다. 교육행정이론의 이론화운동에서 지금에 이르기까지 교육행정이론의 발달에 대한 계보를 도식하면 [그림 4-1]과 같다.

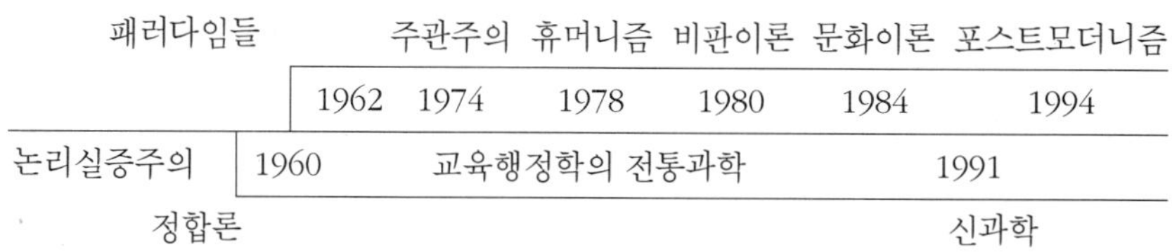

[그림 4-1] 교육행정이론의 계보

출처: 신현석(1996). 포스트모던시대의 교육행정학(1): 포스트모던 교육행정학의 철학적 기초에 대한 탐색을 중심으로. **교육행정학연구**, 14(4), p. 220.

그림에서 알 수 있듯이 1960년대를 중심으로 자연과학적 입장에서의 전통적 교육행정이론이 활발히 진행되었으며, 1970년대에 이르러 주관주의를 시작으로 전통적 교육행정이론에 대응하는 새로운 패러다임이 형성되어 발전한다. 1978년에는 휴머니즘적 패러다임, 1980년대에는 비판이론이 출현하고 1984년에는 문화이론, 1994년에는 포스트모더니즘 교육행정이론이 전통적 교육행정이론에 대한 새로운 패러다임으로 형성되어 발전하고 있다.

제2절에서는 이와 같은 여러 패러다임 중에서 중심을 이루고 있는 주관주의와 비판이론, 그리고 최근 형성되어 발전하고 있는 포스트모더니즘 교육행정이론의 세 가지를 중심으로 대안적 교육행정이론을 구체적으로 살펴보고자 한다.

2. 주요 대안적 교육행정이론

1) 주관주의 교육행정이론

1970년대에 이르러 미국을 중심으로 한 논리실증주의 교육행정이론에 대하여 반기를 들기 시작하게 되었다. 이런 이론적 움직임의 시작은 캐나다 학자인 그린필드(Thomas Greenfield)에 의하여 시작되었다. 그린필드는 1975년 영국의 브리스틀에서 개최된 국제상호방문 프로그램에서 전통적인 교육행정이론을 비판하는 자신의 논문을 발표하였다. 그는 이 논문에서 논리실증주의는 교육행정을 위한 적절한 과학적 개념이 될 수 없다고 주장하였다. 이를 계기로 전통적 교육행정이론가들과 그린필드 사이에 격렬한 논쟁이 이어지게 되었고 이 논쟁 속에서 그린필드는 자신의 주관주의적 이론을 심화·발전시키게 되었다. 그는 최초의 논문에서 현상학이라는 용어를 사용하였으나 후에 이를 주관주의라고 수정하고 20년이라는 긴 시간에 걸쳐서 주관주의 교육행정이론을 정립하고 발전시키는 데 노력하였다고 한다.

그린필드의 주관주의는 존재론, 인식론, 가치론의 세 가지 시각에서 전통적 교육행정이론을 비판하고 있다. 그린필드의 첫 번째 비판 시각인 존재론은 조직에 대한 존재론이다. 전통적 교육행정이론의 철학적 기반이 되는 논리실증주의는 객관적인 단일한 실재를 가정하고 있다. 이는 세계에 존재하는 것들은 우리의 지각과는 관계없이 단일하고 객관적인 실재로 존재한다는 것이다. 그래서 학문의 연구대상은 바로 이 단일한 객관적 실재이고 이를 잘 설명하는 것이 학문이 해야 할 일이라고 하였던 것이다. 역시 교육행정이론의 연구대상이라고 할 수 있는 조직에 대해서 전통적인 접근은 객관적인 단일한 실재가 존재한다고 가정하고, 이와 같은 실재는 인간의 의도나 느낌 등과 같은 인간의 주관적 성향과는 구별될 수 있다고 여긴 것이다. 하지만 그린필드는 다음과 같이 언급하면서 이에 대해 회의적인 입장을 취하고 있다.

> 조직은 존재론적 실재를 가지고 있지 않기 때문에 마치 조직이 존재론적 실재를 가졌다고 생각하면서 조직을 연구한다는 것은 쓸모없는 일이다. 조직은 인간의 창조로 이루어진 창안된 사회적 실재다. 조직에 책임이 있는 사람은 우리 인간이며 인간이 조직을 변화시킨다. 조직은 오로지 인간 행위를 통해서 실재를 가지며 그러한 인간 행위(그리고 행위를 추진하는 인간)를 우리는 이해해야만 하는 것이다(박선형, 1999, 재인용).

이를 통하여 그린필드는 조직의 객관적 실재에 대해 부정적임을 알 수 있다. 그린필드는 조직은 인간과 별도로 존재하는 것이 아니라 인간의 작용에 의해 창조되고 변화되는 실재로서 인간 행위에 종속된다는 것을 말하고 있다. 다시 말해, 조직은 물리적 법칙에 의해서 통제되는 자연물이 아니라 의도, 경험, 의미, 가치와 같은 인간의 주관성에 의해 이루어지는 사회적 구성체라는 것이다(박선형, 1999).

그렇다고 해서 그린필드가 자연적이고 물리적인 세계 자체를 부정하는 것은 아니다. 그는 칸트의 철학적 아이디어를 인용하여 다음과 같이 말하고 있다.

> 칸트는 실재의 세계는 분명히 존재하나 인간은 그것을 직접적으로 지각할 수 없다고 본다. 실재는 항상 인간의 해석에 의하여 풀이되며 해석 자체가 인간이 대응해야 할 실재가 된다. 그리고 인간은 그가 보는 시각에서 항상 실재를 배우고 해석하고 창안한다(박선형, 1999, 재인용).

여기서 알 수 있듯이 그린필드는 자연적이고 물리적인 법칙을 따르는 객관적 실재 자체를 부인하지는 않는다. 그보다 그는 그 객관적 실재가 드러나는 방식에 더 깊은 관심을 두고 있다고 하겠다. 즉, 실재가 객관적으로 존재한다고 하더라도 인간의 해석과 인식, 지각을 통해서만 그 존재의 파악이 가능하다는 것을 강조하고 있는 것이다. 오히려 객관적 실재의 존재 여부 자체보다는 객관적 실재가 인간의 주관적 정신활동을 통하지 않고서는 파악되지 않기 때문에 그것을 지각하고 인식하고 해석하는 인간의 주관적 정신활동을 더 중요하게 여기고 있다. 이런 이유로 그는 인간이 연구해야 할 대상은 다름 아닌 인간의 해석이나 인식과 같은 주관적인 정신활동이라고 하고 있다.

그린필드의 두 번째 비판 시각은 인식론적 입장이다. 그린필드의 주관주의에 의하면 실재와 인간의 인식은 서로 분리하여 생각할 수 없는 관계에 있다고 할 수 있다. 왜냐하면 실재가 인간의 인식에 의존하고 있기 때문이다. 주관주의에서는 인간의 인식이 개개인마다 모두 다르기 때문에 파악되는 실재도 다양하다고 보는 것이다. 그렇다면 하나의 실재에 대하여 서로 다르게 인식하고 해석하고 있는 실재를 과연 서로가 어떻게 이해하는지에 대한 문제가 제기된다. 즉, 나의 주관적인 경험을 제삼자들이 어떻게 확인할 수 있는가의 문제다. 이에 대하여 그린필드는 그 답을 베버(Max Weber)에게서 찾는다. 베버의 '인간 의미에 대한 해석'이라는 아이디어를 기초로 한 '이해'의 방법이라고 불리는 것으로서 자연과학에서 객관적 사실에 대한 '설명'에 대비되는 방법이다. 그린필드는 베버의 연구방법을 설명하면서 '이해'의 방법에 대해 언급하고 있다.

> 베버는 사회과학자들은 그들 자신의 가정과 가치를 인식하여야만 한다고 주장하였다. 베버의 방법은 실재를 이해하기 위하여 사회적 환경 속에 있는 행위자들로써 실재에 대한 의미들을 창조하고 어떻게 이러한 이미지들과 일치하는 행위가 결과를 갖게 되는지를 보여 주기 위한 것이다. 이해는 이미지들을 각기 다른 이미지와 연결시킴으로써 얻어진다. 이런 방식으로 베버는 동시적으로 의미 있고 인과적으로도 적절한 설명을 구축하려고 노력한다(박선형, 1999, 재인용).

그린필드는 인식론에서 두 가지 중요한 논제를 이용하여 논리실증주의에서의 가설 연역적 모델의 한계를 제시하고 있다. 첫 번째는 인간 인지의 이론 의존성(the theory ladenness of human cognition)이다. 이것은 인간이 세계의 실재를 관찰할 때 순수하게 실재를 관찰하기보다는 사전에 이미 가지고 있던 이론적, 개념적 틀을 가지고 실재를 관찰하고 그에 따라 증거를 확보한다는 것이다. 따라서 이렇게 얻어진 관찰 자료나 증거 자료는 이론에 의해 유도된 것이라고 볼 수 있다. 그렇기 때문에 이들 자료들은 자료로서의 객관성을 상실하게 된다고 할 수 있다. 이렇게 객관성을 상실한 자료는 이론이나 법칙을 뒷받침하는 올바르고도 충분한 자료가 될 수 없게 된다. 따라서 전통적 교육행정이론에서 취하고 있는 이런 증거들을 통하여 이론과 법칙의 타당성을 증명하는 가설 연역적 모델은 부정된다.

두 번째 논제는 경험적 증거에 의한 이론의 미결정성(the underdetermination of theory by empirical data)이다. 이와 같은 아이디어는 수많은 이론들이 같은 관찰 증거를 공유하고 있는 데서 비롯된 것이다. 많은 이론들이 그들의 이론을 증명하기 위해서 현실에서 관찰 증거를 수집하는데, 여기서 수집된 관찰 자료들이 서로 다른 이론을 증명하고 있는데도 같은 자료라는 것이다. 그러면서도 수많은 이론들은 수집된 증거 자료와 모순되지 않는 상태로 존재하고 있다. 이와 같은 현상을 통하여 그린필드는 실증적 이론이 관찰 자료들에 의하여 결정되지 않는다는 것을 의미한다고 한다. 즉, 현실에서 수집되는 관찰 증거들 자체만으로는 어떤 이론을 결정할 수 없음을 말하고 있다. 이는 동일한 관찰 증거가 여러 가지 서로 다른 이론을 증명하고 있다는 것이 되고 이처럼 서로 다른 여러 이론들이 실증적으로 동등한 가치를 지닌다고 한다면, 실증적 적절성은 경쟁적인 이론들 중에서 어떤 이론이 보다 나은 이론인지를 선택하는 데 충분한 조건이 될 수 없다는 의미다(박선형, 1999). 그렇기 때문에 그린필드는 최적의 이론을 선택하는 데 관찰 증거 이외의 다른 요소가 필요하다고 추론하고 이때 '가치판단'의 요소가 중요하게 관련된다고 하였다.

그린필드의 세 번째 비판적 시각은 가치론이다. 초창기에 그린필드는 가치론에 소홀하였으나 후기로 가면서 깊은 관심을 가지게 된다. 그는 교육행정가는 가치문제들을 매우 중요하게 다루어야 함을 강조하고, 1980년대 이후에는 가치문제가 교육행정에서 가장 핵심적이고 지배적인 것으로 간주하였다. 그의 주관주의적 인식론은 가치론과 매우 밀접하게 관련되어 있다. 그린필드는 이에 대해서 다음과 같이 말하고 있다.

> 가치는 오로지 개인이 조직적 실재 속에서 자리해 있을 때에 한해서 조직 실재와 행위 내에 나타난다. 조직과 행정이론의 자체 속으로 개인의 존재를 허용한다는 것은 실재에 대한 개인의 시각과 주관적 감상에 대한 인정을 전제로 한다는 것을 뜻한다. 왜냐하면 개인적 시각과 주관적 감상은 가치가 존재할 수 있는 유일한 토대이기 때문이다(박선형, 1999, 재인용).

그린필드는 조직과 행정이론에서 개인의 존재를 허용한다는 것은 개인의 주관성을 인정하는 것이 되고 개인의 주관성에 가치가 자리하고 있음을 말하고 있다. 즉, 인간의 주관적 인식 속에는 가치가 결합되어 있음을 말하는 것이다. 그린필드는 "사실이 결정하는 것은 아무것도 없으며 사실을 결정하는 것은 우리 인간이다."라고 주장하면서(박선형, 1999), 논리실증주의 입장에 있는 전통적 교육행정이론가들은 객관적인 유일한 사실을 설명하고 진술하는 것만을 다루고 있기 때문에 사실과 가치 간의 필수불가결한 관계를 인식하지 못한다고 하였다. 또한 전통적 교육행정이론에서 선호하고 있는 논리실증주의적 관점 역시 개인의 가치판단과 선호에 의한 것으로 본다.

그린필드의 가치론을 전적으로 받아들인다고 해도 개개인의 서로 다른 가치체계와 그에 따른 판단에서 비롯되는 가치갈등 상황을 어떻게 조정할 것인지에 대한 문제가 제기된다. 이에 대해 그린필드는 명쾌한 대답을 하고 있지는 못하지만 보다 상위 영역의 가치를 통하여 해결할 수 있을 것이라고 말한다. 그렇다면 어떤 가치들이 상위 영역의 가치라고 할 수 있는가 하는 질문이 제기된다. 그린필드는 이에 대해서도 확실하고 체계적인 대답을 하지 못하고 다소 막연한 대답을 하고 있다. 그는 상위적인 가치들은 종교적인 사랑이나 헌신, 봉사와 같은 것이라고 하면서 인본주의와 같은 거대하고도 보편적인 가치에서 그 답을 찾고 있다.

그린필드의 주관주의적 교육행정이론은 전통적인 교육행정이론이 기반을 두고 있는 논리실증주의를 근본적으로 부정하고 그에 대한 대안을 제시하고 있다. 실증적이고 경험적인 연구에 의존하여 객관적인 단일한 실재를 얻을 수 있을 것이라는 가정에 근본적인 의문을 던지면서 출발한다. 모든 실재는 인간의 지각을 통해서만 그 존재를 파악할 수 있고, 그 때문에 세계에는 객관적이고도 단일한 실재만이 존재하는 것이 아니라 인간 개개인의 다양한 해석에 의한 다양한 실재가 존재한다고 한다. 또한 가설 연역적 방법은 인간 인지의 이론 의존성과 경험적 증거에 의한 이론의 미결정성에 의하여 관찰 자료와 증거 자료의 객관성을 상실하게 되기 때문에 부정된다. 다만 '이해'의 방법에 의해 인간 개개인의 다양한 해석이 인식된다고 하였다. 그린필드에 의하면 교육행정에서의 연구대상이라고 할 수 있는 조직은 단일하게 존재하는 실재가 아니라 조직을 구성하는 인간 개개인에 의해 형성되고 변화하며 인식되는 주관적인 실재다. 따라서 교육행정에서는 인간 개개인의 주관성에 의해 다양하게 인식되고 지각되는 의미와 가치, 느낌, 해석들을 중요하게 고려해야 한다고 보았다.

2) 비판주의 교육행정이론

전통적인 행정이론은 영국, 독일, 프랑스의 비판주의 사상가들에 의해서 또 다른 측면에서 도전을 받기 시작하였는데, 우리는 이 교육행정이론을 비판주의적 교육행정이론이라 분류한다. 비판주의 교육행정이론은 네 가지 이론적인 토대를 가지고 전통적 교육행정이론을 비판하면서 한 부류의 교육행정이론으로 구축되었다. 첫째는 실증주의에 대한 비판으로 전통적 교육행정이론이 지나치게 객관적인 과학영역에만 국한하고 있다는 것이다. 둘째는 사실과 가치의 분리에 관한 것으로 전통적 교육행정이론이 사실과 가치를 분리하여 가치의 차원을 고려하지 않는 것은 잘못이라는 비판이다. 셋째는 합리성에 관한 문제로 전통적 교육행정이론이 조직에 합리성을 위임하는 것에 대한 부정이다. 넷째로 비판주의에서는 권력과 해방이라는 개념에 관심을 집중하고 있다. 이와 같은 이론적 토대를 가지고 있는 비판주의 교육행정이론은 1980년대부터 본격적으로 시작된다. 대표적인 학자로는 호주의 베이츠(Richard Bates)와 미국의 포스터(William Foster)를 들 수 있다. 두 학자 모두 비판주의 교육행정이론에 기여한 바가 크지만 포스터보다는 베이츠가 보다 체계적인 이론적 틀을 형성하였다고 평가받고 있다. 따라서 베이츠의 연구를 중심으로 비판주의 교육행정이론을 살펴보기로 하겠다.

베이츠는 영국의 지식사회학, 영(Michael F. D. Young)의 『지식과 통제

(Knowledge and Control)』에서 이론적인 출발을 하였다. 『지식과 통제』에서 영은 학교에서 가르치는 지식의 구조와 사회권력 사이에 존재하는 관계를 이해하기 위해서 지식을 특정한 시대의 사회적, 역사적 산물로 간주하는 현상학적 접근이 필요하다고 보았다. 따라서 초기에 베이츠는 지식의 구조와 통제구조 간의 관계성을 규명하기 위해 노력하였지만, 영이 제시한 현상학적 접근방법은 인식론적 상대주의에 빠지게 되어 사회구조에 대한 거시적 측면과 교육에 대한 구조적 영향력을 충분하게 설명하지 못한다고 보게 된다(박선형, 2002). 이런 현상학적 접근의 한계를 극복하기 위해 베이츠는 하버마스(Jürgen Habermas)의 이론을 받아들인다. 베이츠가 수용한 하버마스의 내용은 다음 세 가지다.

첫째는 자본주의 발달이 다양한 국가 위기 상황을 낳은 것처럼 교육체제도 국가의 위기 상황을 낳을 수 있다는 것이다. 베이츠는 이에 대한 이유를 다음의 세 가지로 설명하고 있다.

(1) 교육체제는 형평, 정의, 기회의 원리를 촉진하고 이러한 원리들에 의하여 교육이 정당화되는 데 반하여 문화적, 교육적 자원을 향유할 기회뿐만 아니라 부의 분배에서 심각한 불평등이 총체적으로 증가하고 있다.
(2) 계급상승을 위한 사회적 이동 기회는 노동시장의 구조와 특권층의 정치에 의해서 대부분 결정되기 때문에 교육조직으로서의 학교는 사회계급에서의 상층이동을 위한 실질적인 주요 기회를 제공하지 못하고 있다.
(3) 학교가 의존하고 있는 업적주의의 원리는 모든 사람을 위한 기회의 평등을 제시하지만 결과는 그 반대로 나타난다. 즉, 이미 유리한 위치에 있는 소수집단은 성공할 수밖에 없으며 그들의 성공은 이미 불리한 위치에 있는 대다수의 집단의 실패를 담보로 하고 있다(박선형, 2002).

여기서 알 수 있듯이 베이츠는 학교 교육체제가 어떻게 사회적 불평등을 심화시키고 학교에서 가르쳐지고 있는 지식들이 어떻게 기득권층의 특권을 지속적으로 보호하고 있는지를 설명하고 있다. 학교 교육체제가 비록 표면적으로는 사회의 정의와 평등을 기반으로 하여 사회 구성원들에게 계층 상승을 위한 기회를 공평하게 제공하는 기능을 수행한다고 하지만, 본질적으로는 이와 같은 표면적인 기능을 제대로 수행하지 못하고 오히려 학교에서 가르쳐지고 있는 지식이 기존의 기득권층에 의한, 기득권층을 위한 것이어서 사회의 불평등을 심화하고 있다고 본다. 즉, 학교 교육체제는 단지 사회의 계층을 순환적으로 재생산하는 데 기여할 뿐이라는 것이다.

베이츠가 하버마스에게서 수용한 두 번째 이론적 내용은 '이상적 담론 상황(the ideal speech situation)'이라는 개념에 기반을 둔 의사소통이론이다. 베버의 관심은 지나치게 경제관계에 치중되어 있는 한계를 지닌다고 보고 하버마스는 언어에 주된 관심을 두었다. 이는 언어가 의사소통의 수단이 되기도 하지만 왜곡의 수단이 되기도 하고 동시에 진리를 밝히는 것이 되기도 하기 때문이라고 하였다. 하버마스는 인간은 말을 할 때 은연중에 다음의 네 가지 타당성을 주장한다고 하였다. 첫째 이해 가능하고(해득 가능하고 공유하는 언어로 되어 있고), 둘째 진이고(현실과 부합되고), 셋째 올바르고(발언을 하는 맥락에 합법적이고 적절하며), 넷째 진실하다(진실하게 말한 것이다.)(김회수, 이지헌 역, 1989).

이런 네 가지 타당성은 이상적 담론 상황에서만 완전하게 실현된다고 한다. 이상적 담론 상황은 지배가 없는 상황을 일컬으며 주장하고 질문하고 토론할 수 있는 권리가 있을 때 비로소 실현된다. 이와 같은 평등한 권리가 주어지지 않은 상황에서 인간의 의사소통은 왜곡된 의사소통이 되고 만다. 이와 같은 이상적 담론 상황이라는 아이디어에서 비롯된 의사소통이론에서 베이츠는 민주주의와 인간 해방의 과정을 촉진할 것을 목표로 하고 있는 기관들, 즉 학교와 같은 기관들의 재구조화는 왜곡된 의사소통의 구조를 수정하는 데 관심을 집중하여야 한다고 한다. 왜냐하면 학교조직과 같은 기관에서의 의사소통은 단순히 개인의 뜻을 전달하고 타인의 뜻을 이해하는 개인적 차원의 의사소통뿐만 아니라 통제를 위한 기제로 작용하기 때문이다. 이상적 담론 상황의 도출과정은 [그림 4-2]에 제시되어 있다.

베이츠가 하버마스에게서 수용한 세 번째 이론적 내용은 인식론적 관점이다. 하버마스는 인류의 역사적 발전단계에서 지식은 인간의 관심에 의하여 세 가지 특정한 양식으로 발전하였다고 보았다. 이 세 가지 지식양식은, 첫째 기술적 인지관심으로서 경험적, 분석적 과학을 통하여 발전한 것이다. 이것은 전통적인 교육행정이론에서 추구하고 있는 것이다. 둘째는 실제적 관심으로서 역사적, 해석학적 과학을 통하여 발전하였다. 셋째는 해방적 관심으로서 비판적 과학을 통하여 발전한 것으로 비판주의 교육행정이론에서 궁극적으로 추구하고 있다. 베이츠는 비판적 과학을 통하여 발전하는 해방적 관심이 전통적 교육행정이론에서 추구하는 기술적 지식과 해석학적 지식의 한계를 극복할 수 있다고 본다.

베이츠는 교육행정이론의 궁극적인 목적은 논리실증주의에 입각하여 효율성과 효과성을 제고하는 것이 아니라, 보다 나은 사회건설과 정의의 실현을 위해 인간 개개인의 해방과 참된 민주주의의 실현과 같은 집합적인 사회적 가치의 구현에 있다고 보고 이를 위해서는 비판적인 접근을 시도해야 한다고 보았다. 또한 이런 가치의 문제는 경제체제나 정치체제와 같은 사회적 요인들을 고려하지 않고는 올바르게 설명될 수 없다고 여기고, 교육행정이론에서 사회구조적 요인과 개인적 요인을 통합하는 접근이 필요하며 이의 실현을 위해서는 비판적인 접근이 가장 적절하다고 여긴다.

일상 언어에서 의사소통을 할 수 있는 능력

↓

적어도 대화에 참여하는 2인의 화자가 상호 이해와 합의에 도달할 것을 전제

↓

상호 이해와 합의 도출은 진정한 이해/합의와 거짓된 이해/합의의 구분이 가능할 것을 전제

↓

진정한 이해와 동의는 '보다 나은 논증'을 성취하기 위한 설득적 힘을 가정

↓

'보다 나은 논증'을 달성하기 위한 설득적 힘은 숨겨진 어떠한 제약조건으로부터도 자유로운 의사소통 전제

↓

제약조건으로부터 자유로운 의사소통은 대화행위 참여를 위한 공평한 기회분배가 청중에게 제공되는 것을 전제

↓

이러한 조건은 '이상적 담론 상황'을 전제

↓

자유, 진리, 정의를 추구하고자 하는 '이상적 담론상황'은 체계적으로 왜곡된 의사소통체제로서의 이데올로기를 비판하는 것을 전제

[그림 4-2] 이상적 담론 상황의 도출과정

출처: 박선형(2002). 교육행정 이론발달의 철학적 연원에 대한 고찰. **교육행정학연구**, 20(4), p. 145.

3) 포스트모더니즘 교육행정이론

포스트모더니즘 교육행정이론은 포스트모더니즘이라는 철학에 기반을 두고 있다. 포스트모더니즘은 현대 사회의 여러 분야에서 일어나고 있는 변화에 발맞추어 나타난 철학적 기저로 지식에 대한 상대주의, 다원주의, 해체 등과 같은 개념으로 대변된다. 이와 같은 철학적 입장을 교육행정이론에 접목시킨 것이 포스트모더니즘 교육행정이론이라고 할 수 있다. 현대에 이르러 교육현장에서는 기존의 전통적 교육행정이론에서 철저하게 신봉하고 있던 단일한 조직의 효율성 관리와 조직목적 달성을 위한 교육행정의 노력이 실제에서 실패로 나타나고 있다. 이것은 이론과 현실의 부조리를 보여 주게 되었고 이론이 현실을 설명할 수 있어야 한다는 비판에 부딪히게 되었다. 이에 대해 교육행정을 보다 새로운 관점에서 바라보고 연구하고자 하는 노력이 시작되었는데 이것이 바로 포스트모더니즘 행정관이다. 포스트모더니즘 행정관은 현대에 보이고 있는 교육현장의 실제에 보다 체계적이고 합리적이며 보다 현실과 부합하는 설명을 제공하고 예측을 제공하기 위해 노력한다. 이와 같은 포스트모더니즘 교육행정관이 교육행정학에서 논의되기 시작한 것은 1980년대 후반부터로 주요 영역은 지도성 이론과 학교행정이다. 비록 포스트모더니즘 교육행정이론이 아직까지는 완성된 체계를 이룩하지 못하였다고는 하지만 계속적인 연구와 논의 과정에 있다. 지금까지 주로 논의되어 온 포스트모더니즘의 철학적 기초를 살펴보기로 하겠다.

첫째, 포스트모더니즘은 사회적 상대주의에 기초하고 있다. 사회적 상대주의는 포스트모던 교육행정의 인식론으로 스케우리치(Scheurich)가 대표적인 학자다. 스케우리치는 논리실증주의에서의 실재와 실재를 표현하는 연구 사이의 일대일 대응관계를 규명하고자 하는 노력과 이를 위해 엄격한 과학 법칙을 찾고자 하는 노력을 부정한다. 이 부정의 기저는 포스트실증주의자들의 철학을 기반으로 하고 있다. 푸코(Foucault)의 예를 들자면, 그는 “실체란 어떤 사람의 눈 혹은 시각에 비쳐진 투영체에 불과하다.”(신현석, 1996)라고 하여 전통적인 논리실증주의자들의 인식론을 비판하고 있다.

스케우리치가 주장하는 사회적 상대주의는 사회과학의 어떠한 실재론도 거부한 채 모든 인식론과 존재론 그리고 이들을 야기하는 모든 사유방법들이 사회적으로 조건화된 것이고 역사적으로 상대적이며 맥락적인 것을 인정한다. 따라서 이런 관점에서 인식의 과정은 본질적으로 문화의 영향을 받을 수밖에 없고, 이런 이유로 지식을 사회적으로 구성할 수밖에 없다고 한다. 또한 사회적 상대주의는 객관적인 지식을 부정한다. 순수하게 객관적이고 중립적인 관점은 있을 수 없기 때문이다. 이와 같은 입지에 있는 사회적 상대주의는 전통적인 논리실증주의에서 추구하고 있는 객관적인 진리를 부정하고, 세계에 존재하는 모든 실재는 그것이 속한 사회와 문화, 역사의 산물이고 이를 제대로 이해하기 위해서는 이 모든 맥락을 함께 고려하여야 한다고 한다.

신현석(1996)은 이와 같은 사회적 상대주의가 두 가지 측면에서 의의를 갖는다고 한다. 첫째로 사회적 상대주의는 전통적인 교육행정이론에 대응하는 주관주의, 비판주의와 같은 패러다임을 갖고 이론적인 틀을 형성하고 있지는 않지만 이들 대안적 교육행정이론의 계보를 이어받는 데 의의가 있다는 것이다. 둘째로 사회적 상대주의는 포스트모던 교육행정학의 학문적 정립을 위한 철학적 문제 해결의 근거를 제공하고 있다는 것이다. 즉, 사회적 상대주의의 인식론은 다원주의와 경계교육학의 인식론을 포섭할 수 있다.

둘째, 다원적 인식론이다. 다원적 인식론의 대표 학자는 벤하빕(Benhabib)으로, 그는 리오타르(Lyotard)의 인식론에 대해 동조한다. 리오타르는 『포스트모던의 조건(The Post-mordern Condition)』에서 거대서사(ground narrative)의 종말과 대표 인식론의 붕괴에 대해 말하면서 포스트모던 시대에는 대표적인 어느 한 가지 인식론이 존재하는 것이 아니라 다양한 복수의 인식론이 존재한다고 주장하였다. 이에 대해 벤하빕도 인식을 같이 하면서 포스트모더니즘 시대에는 다양한 방식으로 인식방법이 구성되어야 한다고 주장한다. 모더니즘 시대를 대표하였던 이성과 합리성에 입각한 과학적 인식방법은 복잡하고 다양한 양상으로 변화하는 포스트모던 시대에는 적합한 인식방법이 아니기 때문에 더 이상 실재를 투영할 수 있는 인식방법이 아니라고 말한다. 복잡한 양상을 보이는 포스트모던 시대에서 앎의 방식은 불연속적이고 다양하고 역설적인 방식으로 가능하다고 본다.

셋째, 경계교육학의 원리다. 지루(Giroux)는 포스트모더니즘 시대의 저항논리를 중심으로 비판적 교육학의 가장 유용하면서도 변혁적인 측면을 발전시켜 경계교육학을 제시하였다(신현석, 1996). 경계교육학의 중심 관점은 권력과 지식의 유동적인 경계, 민주사회를 위한 실질적 투쟁, 저항적 포스트모더니즘의 세 가지와 기존의 모더니즘 해방개념을 연계하고자 시도하는 것이다. 지루는 포스트모더니즘의 특징을 네 가지로 말하고 있다. 첫째로 포스트모더니즘은 모더니즘에서 개발되었던 경계들에 대한 도전이자 이탈의 문화이며 이탈의 정치다. 즉, 지배나 전체화, 재현성, 역사와 같은 담론에 대해 도전하는 것이다. 둘째로 서구의 전통적인 철학이라고 할 수 있는 보편적인 이성을 거부하고 그 대안으로 부분적, 역사적, 사회적 성격의 앎, 인식을 제시한다. 셋째로 역사의 관점을 심문하고 개인과 집단의 경험이 어떻게 이해되고 형성되는지를 재고하게 하는 단초를 마련한다. 넷째로 일률적이고 연대기적인 기술로 역사를 나타내는 담론을 거부하고 대신 역사의 관점에서 탈중심화, 비연속성, 분화적, 복수적 형태를 추구한다. 이와 같은 포스트모더니즘의 원리를 교육학에 적용한 것이 경계교육학의 핵심 원리가 된다. 이런 원리를 바탕으로 교육 실제에 적용할 수 있는 특징은 다음과 같다.

(1) 경계교육학의 관점은 학생들에게 서로 다른 문화적 규약, 경험, 언어를 구성하는 다중의 참고물을 접할 수 있는 기회를 제공한다.
(2) 포스트모던 저항의 경계교육학은 학생들에게 소수 계급의 중심에 근거한 주류서사에 대한 이데올로기적 수술을 가하게 하는 것보다 더 많은 것을 하게끔 해야 한다.
(3) 경계교육학은 학생들에게 자신들의 정체성에 의거하여 자신이 경험한 것을 토대로 느낌을 표현할 수 있는 기회를 제공한다.
(4) 교육자들은 일상생활에서 겪는 주변인으로서의 경험이 어떻게 변혁적이고 반동적인 의식 형성에 투영되는지를 이해할 필요가 있다.
(5) 교육자들은 구조적, 이데올로기적 힘으로서의 인종차별뿐만 아니라 그것이 역사적으로 특수하게 나타나는 방식에 대해서도 분석할 필요가 있다.
(6) 경계교육학은 문화적 생산이 이루어지는 다양한 장소에서 권력의 순환이 이루어지는 방식을 분명히 이해할 필요가 있다.
(7) 경계교육학은 교사들이 그들의 교실, 학교, 지역사회에서 야기될 수 있는 중요한 문제에 대해 헌신하는 역할에 관한 교육적 쟁점들을 중심 과제로 삼아야 한다(신현석, 1996).

포스트모더니즘 교육행정이론은 전통적 교육행정이론에서 현실과 이론 간의 일대일 대응적인 설명과 조직 속의 개인이나 하위 영역과 같은 부분을 무시하고 단일한 조직 전체의 효율성과 효과성을 강조하였던 점에 대한 대안으로 출현된 것이다. 또한 객관적 지식과 자연과학적인 방법만을 지나치게 강조하여 왔던 것에 대한 도전이자 저항이라고 할 수 있다. 그렇기에 포스트모더니즘 교육행정이론은 인식에 대한 다양한 방법을 중시하고 지식의 객관적 절대성을 부정하며 그 대안으로 지식을 사회적, 문화적, 역사적 산물로 보고 맥락적으로 파악할 것을 강조한다. 또한 전통이론에서 강조한 경계 지음에 대한 해체를 강조한다고 할 수 있다.

3. 대안적 교육행정이론의 한계와 의의

지금까지 전통적 교육행정이론에 대비되는 대안적 교육행정이론에 대하여 알아보았다. 이상 살펴본 대안적 교육행정이론들은 전통적 교육행정이론이 갖는 한계를 극복하고 보다 발전적인 대안을 제시하고 있지만 이 이론들 역시 전통적 교육행정이론처럼 각기 한계를 지닌다고 할 수 있다. 이 절에서는 이러한 대안적 교육행정이론 각기 한계를 간략하게 살펴보고 한계성 속에서도 이들 이론이 갖고 있는 의의를 살펴보고자 한다.

1) 대안적 교육행정이론의 한계

그린필드의 주관주의는 전통적 교육행정이론에서 기반으로 하는 실재에 대한 객관성을 부정하고 인간의 주관적인 인식에 의한 실재를 강조한다고 하였다. 다시 말해, 객관적인 세계가 존재할지라도 그것은 인간의 주관적인 인식활동을 통해서만 실재하는 것이다. 이런 기본적인 명제에 뿌리를 두고 있는 주관주의는 다음과 같은 한계를 지닌다.

첫째, 그린필드의 주관주의는 개개인의 주관성에 따른 인식을 강조함으로써 인식론적 상대주의에 빠지게 되며 서로 다른 인식에서 비롯되는 다양한 가치들의 갈등문제를 피할 수 없게 된다. 인간은 저마다 서로 다른 가치체계와 그에 따른 서로 다른 판단의 결과를 산출한다. 따라서 동일한 대상을 놓고 개개의 사람들은 서로 다른 지각과 가치판단을 하므로 이런 결과는 서로 상충하고 갈등을 일으키게 한다.

둘째, 세계의 존재, 실재에 대한 측면에서의 한계다. 그린필드의 주관주의는 세계가 객관적인 방식으로 존재한다는 것을 인정은 한다. 하지만 세계가 객관적으로 존재한다고 하더라도 세계를 인식하고 지각하는 인간의 주관성이 더 중요하며, 실재는 인간의 주관적인 틀에 의존하고 있기 때문에 객관적인 방식으로 세계가 존재한다고 하는 것은 의미를 갖지 못한다고 한다. 이와 같은 논지는 과학적 실재론자들에게 비판이 된다. 과학적 실재론자들에 의하면 인간의 인식과는 별도로 세계는 독자적으로 존재한다. 실재와 경험적 증거들이 오히려 인간 인식의 옳고 그름을 판별하게 하여 인간을 옳은 방식으로 사유할 수 있도록 한다는 것이다. 대표적인 예로 천동설과 지동설을 들 수 있다. 코페르니쿠스 이전에 인간은 천동설을 굳게 믿었다. 그러나 먼 천체 사이로 별이 6개월을 주기로 왔다갔다 하는 것처럼 보이는 연주시차와 같은 자연 현상은 천동설을 믿고 있는 인간의 인식이 그릇된 것임을 증명한다. 이와 같은 예를 통하여 어떤 경우에는 오히려 인간의 주관성은 세계에 대하여 천동설과 같은 그릇된 인식을 산출할 수도 있고 인간의 인식과는 별도로 이 세계가 존재한다는 것을 알 수 있다.

셋째, 현대의 눈부신 과학의 발달로 인류가 인간의 뇌에서 일어나고 있는 인지작용에 대해 과학적으로 증명하기 위해 노력하는 데서 비롯된 인간 인지작용의 주관성의 한계다. 이와 같은 노력은 인간의 정신활동에 대해서 객관적으로 설명하는 것을 가능하게 하였고 이로써 '실재의 객관성' 대 '인간 정신활동의 주관성' 이라는 이원적 분리에 대한 토대가 흔들리게 되었다. 그린필드가 객관적인 실재와 구별되는 독자적인 영역으로 여긴 인간 정신활동이 과학적으로 증명되는 것은 결국 그의 이론을 떠받치고 있는 가장 핵심적인 아이디어가 손상되는 것을 의미한다고 할 수 있다. 즉, 그린필드가 객관성과 대별되는 개념으로 내세운 주관성이라는 것도 실제적, 과학적으로 증명이 가능한 객관적 실재에 불과하다는 것이다. 이로써 객관성과 주관성은 서로 상반되는 별개의 개념이라기보다는 동전의 앞뒷면과 같은 통합적인 개념이라고 할 수 있을 것이다.

비판적 교육행정이론은 주관주의와는 달리 거시적인 관점에서 교육행정을 바라본다고 할 수 있다. 주관주의가 인간 개개인의 주관성에 관심을 두었다면 비판주의는 교육행정을 사회와 문화라는 커다란 틀에서 바라본다. 이와 같은 비판적 교육행정이론은 다음과 같은 한계를 지닌다고 할 수 있다.

첫째, 교육 자체의 근원적인 성질이나 기능 및 목적을 지나치게 무시하고 있다. 비판주의는 사회의 요소로 사회구조와 문화의 재생산이라는 거시적인 관점에서 교육을 바라보기 때문에 교육이 사회의 제도로 기능하는 측면만을 부각한다. 이런 교육의 사회제도적 역할 및 기능을 간과할 수는 없지만 교육활동 자체는 현 상황에서 개개인의 생활에 영향력을 행사하기도 한다. 교육활동을 미시적인 관점에서 바라본다면 개인은 교육을 받음으로써 자신의 기능을 연마하기도 하고 사고력을 발전시키기도 하며, 자신만의 독특한 세계관이나 가치관을 형성함으로써 자신의 일상생활과 삶을 향유하기도 한다. 또한 이와 같은 교육과정 속에서 배우는 즐거움과 자아실현의 기쁨도 누린다. 이런 교육의 과정과 영향력은 지극히 개인적인 것이고 가장 직접적인 것이기도 하다. 그러나 비판주의에서는 이와 같은 현상을 간과하고 무시하고 있으며 교육을 지나치게 수단적 가치로만 평가하고 있다. 즉, 교육행정을 보다 포괄적, 통합적으로 보지 못하고 편파적으로 일부를 보는 것에 머문다고 할 수 있다.

둘째, 갈등주의적인 입장에서 교육의 부정적인 측면을 강조함으로써 교육이 갖고 있는 긍정적 측면을 소홀히 하고 있다. 교육은 개인에게 몰랐던 사실을 알게 하고 새로운 관점에서 사유할 수 있도록 하며 개인이 사회에서 기능하며 살 수 있도록 한다. 또한 배우는 즐거움과 자기 발전의 쾌락을 제공하기도 한다. 이로써 교육은 인간이 사회에서 행복한 삶을 영위할 수 있는 토대를 제공하는 기능도 동시에 작용한다고 할 수 있다. 비판주의적 교육행정이론에서는 이와 같은 교육의 긍정적 측면을 사회제도의 측면에서 바라보는 입장에서 소홀히 다루고 있다고 하겠다.

포스트모더니즘 교육행정이론은 상대성, 다원주의, 해체로 대변된다. 그러므로 이러한 포스트모더니즘 교육행정이론은 먼저 교육행정이 지나치게 분할될 수 있다는 우려를 안고 있다고 하겠다. 교육행정이 이루어지는 단위마다 서로 행정을 요구하기 때문에 각 상황에 적합할 수 있다 하더라도 지나치게 세분화되는 교육행정 행위는 실현하기 어려울 것으로 보인다. 또한 이와 같은 교육행정을 위해서는 많은 인적, 물적 자원이 요구될 것으로 여겨진다. 포스트모던 교육행정이론은 한창 이론화가 진행 중이므로 아직 통일되고 일관된 이론 정립이 이루어지지 못하고 있기 때문에 포스트모던 교육행정에 대한 철학적 기초에 관한 연구와 이를 현실에 적용하고 검증하는 연구가 절실히 필요하다고 할 수 있다.

2) 대안적 교육행정이론의 의의

앞에서는 각각의 대안적 교육행정이론들이 갖고 있는 한계에 대하여 살펴보았다. 그러한 한계들을 지닌다고 하더라도 대안적 교육행정이론들은 적어도 다음의 세 가지 측면에서 중요한 의의를 가진다고 할 수 있다.

첫째, 대안적 교육행정이론은 논리실증주의에 기반을 두고 뿌리 깊게 이어져 온 전통적 교육행정이론과는 차별되는 새로운 관점을 제시하였다는 점이다. 이들 이론들은 각각 객관적으로 증명할 수 있을 때만 세계를 설명할 수 있는 것으로 여겨져 왔던 교육행정학계의 기본 입장에 반론을 제기하였다. 객관적인 것만이 이론으로 설득력이 있으며 가설 연역적 연구만이 타당하고 신뢰할 수 있는 방법이라는 믿음은 화석과 같이 굳은 것이었다. 그러나 대안적 교육행정이론은 그 믿음이 그릇된 것일 수도 있다는 것을 보여 주었다. 이와 같은 전통적 교육행정이론에 대한 반론은 학계에서 신선한 충격이었고 그동안 의심의 여지없이 믿어왔던 믿음에 의문을 던지게 하였다. 이런 새로운 인식의 전환은 교육행정이론의 발전에 새로운 지평을

열 수 있는 계기를 마련하였다고 할 수 있다.

둘째, 대안적 교육행정이론은 전통적 교육행정이론에서 소외되었던 부분에 관심을 갖고 그것을 과감하게 연구영역으로 끌어들였다는 데 그 의의를 찾을 수 있을 것이다. 전통적 교육행정이론의 기본적인 토대가 객관성, 논리성, 실증성이었기 때문에 이와 같은 성향에서 벗어난 부분들은 당연히 연구대상에서 제외될 수밖에 없었다. 그러나 대안적 교육행정이론들은 전통적 교육행정이론에서 비객관적이고 비실증적이라는 이유로 제외되었던 부분들에 관심을 보이고 있으며 그것을 영향력 있는 주요한 요인으로 다루고 있다. 즉, 주관주의적 교육행정이론에서의 인간의 주관성이나 비판주의에서 보이고 있는 사회나 문화의 요소로 기능하는 교육행정이 그러한 예가 될 수 있을 것이다. 개인이나 사회, 문화 등과 같은 문제들은 실질적으로 교육행정에 보이지 않는 많은 영향을 미칠 것으로 여겨져 왔으나 이들에 대해 설명할 근간을 전통적 교육행정이론은 갖고 있지 못하였다. 그러나 대안적 교육행정이론들은 이들에 대한 체계적이고 타당한 이론적 근거를 마련하고 이를 설명할 수 있는 체계를 확립하였다고 할 수 있다.

셋째, 대안적 교육행정이론은 실재에 대해 보다 현실적이고 생생하게 설명하려는 이론적인 노력이라고 할 수 있다. 전통적 교육행정이론은 이론으로서 실재를 설명하는 데 매우 정련되었다. 그러나 이런 정련된 이론으로 복잡한 현실과 실재를 충분히 설명하기에는 부족함이 많았다. 또한 우리가 살고 있는 세계가 급속도로 변화함으로써 이런 변화된 현실을 설명하기는 더욱더 어려운 일이었다. 대안적 교육행정이론은 다양한 요소들이 복합적으로 작용하고 있는 현실과 과학과 통신의 발달로 인한 변화하는 세계를 보다 세밀하고 생생하게 설명하고자 노력한다. 즉, 보다 현실에 가깝고 보다 현실을 잘 반영하며 이를 통하여 현실에 더 잘 적용할 수 있는 이론을 정립하고자 노력하였다고 할 수 있다.

전통적 교육행정이론이 갖고 있는 한계를 극복하려 하고 또 그에 대한 반론에서 비롯된 대안적 교육행정이론은 이처럼 교육행정이론의 관점을 보다 확대하여 현실을 보다 포괄적으로 다룰 수 있게 함으로써 교육행정의 이론에 획기적인 발전을 가져다주었다고 할 수 있다. 그러나 이와 같은 대안적 교육행정이론의 의의가 전면적으로 전통적 교육행정이론을 부정하고 대안적 교육행정이론으로 대체해야 한다는 것을 의미하지는 않는다. 질적으로 서로 다른 길을 가고 있는 교육행정이론의 이 양대 산맥은 어느 하나를 제쳐놔야 하는 것이 아니라 상생하며 상호 보완해야 하는 입장에 있다고 해야 할 것이다. 그리고 이것이 잘 이루어질 때 교육행정이론은 더욱 발전하게 될 것이다.

4. 교육행정의 이론과 연구의 발전

우리는 지금까지 전통적 교육행정이론과 이에 대한 비판으로 대두된 대안적 교육행정이론에 대하여 살펴보았다. 우리는 미국에서의 1950년대 교육행정의 이론화운동에 의한 교육행정의 과학화 이론을 전통적 교육행정이론이라고 하였다. 그러면 그 전에는 이론이 전연 없는 상태에서 교육행정이 이루어졌단 말인가? 그렇지 않을 것이다. 그 전에는 오히려 1970년대 이후에 대두되기 시작한 주관주의에 가까운 이론에 의하여 교육행정이 이루어진 것으로 보아야 할 것이다.

우리나라 교육에서도 1960년대 객관식과 서양의 교육행정이론이 소개되기 이전에는 오히려 이미 주관식 평가와 주관을 중시하는 교육과 교육행정이 이루어지고 있었다. 그래서 정확하게 무엇이 '전통적' 이고 무엇이 '대안적' 인지는 구별하기 어렵고 이름 붙이기 나름이라고 할 수 있다. 오히려 미국에서 1950년대에 대두한 교육행정의 과학화를 '대안' 이라고 이름 붙일 수도 있을 것이다. 그래서 우리는 역사와 철학은 돌고 돈다고 할 수 있다. 또한 전통과 대안은 돌고 돈다고 할 수 있다. 지금은 '대안이론'이 대두되었지만 '대안에 대한 대안'이 다시 나올 때는 정확하게 과거로 돌아가지는 않지만 어느 정도 과거의 철학에 접근하게 되거나 과거와 조화를 이루고자 한다. 즉, 정(正)-반(反)-합(合)의 과정을 거치면서 이론과 철학이 발전하게 되는 것이다.

교육행정학의 이론의 발전과 함께 교육행정학 연구방법의 발전을 연결시켜 볼 필요가 있다. 우리는 교육행정학 이론의 발전과정을 전통적 교육행정이론과 대안적 교육행정이론으로 대별하였으나 좀 더 세분하면 (1) 1900~1930년대의 과학적 관리시대, (2) 1930~1950년대의 인간관계 시대, (3) 1950~1970년대의 행동과학 또는 이론화운동의 시대로 분류할 수 있다. 그리고 (4) 1970~현재는 체제론의 시대로 분류하거나 아직 확실히 하나의 이름을 붙여 제4기를 분류하기를 주저하는 학자도 있고(Owens, 1981: 27-35), 또 체제론 다음에 상황조건적 접근(contingency approach)을 제5세대로 명명하는 사람도 있다(Wren, 1979). 앞의 세 단계에 대하여는 대개 학자들 간에 의견이 일치하나[Kimbrough와 Nunnery(1976)는 전통기로 과학적 관리와 관료제 모형, 이동기로 인간관계와 행동과학, 현재의 일반체제와 사회체제를 들고 있음], 1970년대는 동요의 시기로 심각한 비판이 대두되었고 몇 개의 이론들이 경쟁하면서 새로운 질서를 기다리고 있다. 그래서 이를 '비판의지 시대(critical consciousness period)' (Gibson, 1979)라고 한다. 앞에서 (3) 1950~1970년대를 전통적 교육행정이론의 시대로 보고 그 이후를 대안적 교육행정이론의 시대로 본 것이다. 이제 시대별로 교육행정학의 연구방법과 연결시켜 살펴보기로 한다.

테일러(Taylor)를 중심으로 한 과학적 관리시대는 능률, 합리 위계, 노사분리 등이 주요 개념이었고 타학문에서는 심리학이 강력하게 작용하였을 것으로 본다. 게젤스-구바(Getzels-Guba) 모형으로 보면 확실히 조직 규범적 측면보다 개인 특유적 측면에 강조점이 주어졌다. 지도성에서도 과업 · 생산 · 구조 등이 강조되었다.

당시의 연구가 얼마나 활발하였는지는 정확히 모르나 심리학의 영향으로 지도성에 관한 초기의 연구는 개인의 독특성에 초점을 두어 인성연구를 강조하였고, 방법 면에서는 기술적인 것이 많았을 것으로 본다. 당시는 전통적 가치로 개인주의, 직업적 출세, 미래지향, 청교도 도덕성이 뒷받침해 주고 그 밑에는 항존주의가 떠받치고 있었다.

폴렛, 메이오 등을 중심으로 한 인간관계 시대는 사기, 집단규범, 집단과정, 참여, 갈등관리, 집단역학, 역할이 주요 개념이었으며 사회학이 많은 영향을 주었다. 게젤스-구바 모형으로 보면 조직규범적 측면을 인식하고, 지도성에서 보면 배려, 사려, 종업원, 관계성을 강조한 셈이다. 여기서는 환경과 집단 속의 개인을 파악한 셈이며 이때부터 새로운 부상적 가치로 순응성, 사회성, 현실지향, 도덕적 상대주의가 나타나고 진보주의가 이를 떠받친 것으로 파악할 수 있다.

당시의 연구는 사회학적인 방법이 많이 동원되었을 것으로 보며 전 시대에 이어서 기술적이고 분석적인 방법이었다(Gibson, 1979). 기술적이고 구체적이고 특수적인 것에서 좀 더 분석적이고 개념적이고 보편적인 방향으로 옮겨가는 싹이 트이기 시작한다.

교육행정의 제3기는 우리가 앞에서 전통적 교육행정이론의 시대라고 했던, 대개 사이먼(Simon)과 버나드(Bernard)의 이론을 중심으로 한 행동과학의 시대다. 나타난 행정가의 행동에 이론과 연구의 초점이 모여지고 타학문에서는 사회심리학적 접근의 도움을 받게 되었다. 앞의 두 시대의 생각을 다 인정하는 통합의 시대며 교육행정을 학문으로 발전시키기 위한 이론화운동의 시대다. 게젤스-구바 모형으로 보면 나타난 사회적 운동에 강조점이 주어지고, 지도성 이론으로 보면 지도자 행위에 관한 연구가 많았다.

연구의 측면에서는 이론지향적 · 과학적 연구로 객관적 · 계량적 연구에 열을 올리게 되었다. 구조주의, 본질주의가 표면으로 솟아오르기 시작하였다.

그러다가 1970년대에는 교육행정학의 이론과 연구, 실제에 심각한 비판과 반성이 제기되었다. 지금까지 획일화되다시피 한 이론과 연구에 대안이 제시되고 자연법칙에 기초를 둔 연구방법에 도전하는 집단이 대두되었다. 그린필드를 중심으로 한 영국, 캐나다, 오스트레일리아 등 유럽 계통의 현상학에 대한 이론과 연구가 논리실증주의에 근거한 이론과 연구에 도전한 것이다. 그래서 깁슨(Gibson)은 이 시대를 비판의식 시대라고 하였고, 우리는 지금까지 대안적 교육행정이론의 시대라고 했던 것이다. 그래서 한쪽에서는 체제론에 의한 일반화의 방향으로 나아가는가 하면, 한쪽에서는 현상학과 연결되는 행정철학(신행정학)파가 생겨나고 도덕성과 책무성, 상황조건론 (contingency), 인간자원론이 1970년대 말부터 강력하게 대두되고 있다. 또 행정의 과학성 못지않게 기예적 측면이 강조되어 기예적 장학, 기예적 평가, 감식안(connoisseurship) 등이 나온다. 수학적 · 계량적 연구와 함께 비교 · 분석, 해석적 연구방법이 고개를 들기 시작하였다. 이를 뒷받침하는 새로운 가치는 부상후가치라고 하여 확실성, 사회적 책임성, 생존지향, 도덕적 절충주의가 된다. 낭만주의, 진보주의가 들고 일어나지만 아직 본질주의의 뿌리도 공존하고 있다. 앞의 세 시대를 정, 반, 합으로 본다면 새로운 '정'의 탄생을 위한 몸부림의 시기라 할 수 있다.

연구 면에서는 기술-분석 시대(1900~1950)에서 이론화-과학화 시대(1950~1970)를 거쳐 주관주의, 비판적 의식시대(1970~현재)로 걸어왔다고 요약할 수 있다(Gibson, 1979). 인간의 사고는 특수주의, 구체성, 사례중심에서 보편주의, 일반화, 추상으로 서서히 옮겨간 것으로 볼 수 있다. 이러한 사고의 변화를 우리는 흔히 포스트모던이라고도 할 수 있다([그림 4-3]의 Y축). 이러한 교육행정학의 발전과정에 따른 연구의 경향을 압축하여 나타내면 [그림 4-3]과 같다. 이는 깁슨의 교육행정의 패러다임 변화라

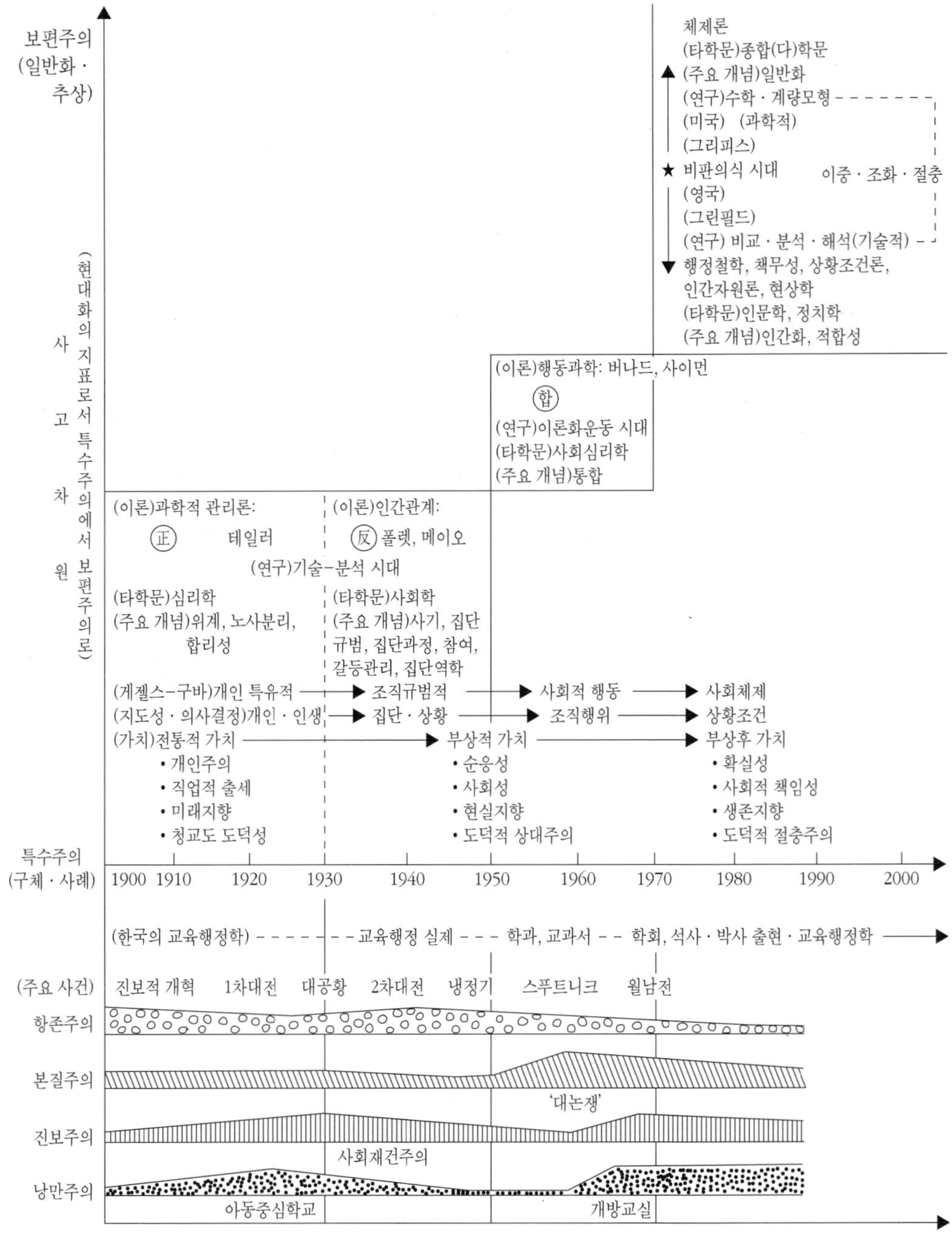

[그림 4-3] 교육행정철학의 변화와 이론 · 연구의 발전

는 그림에 바탕을 두고 리팜(Lipham) 등(1985)의 가치와 랩(Lapp, 1975)의 철학을 붙이며 발전단계, 영향을 준 주요 학문, 주요 개념, 주요 이론을 대입시켜 종합·발전시킨 것이다.

우리나라의 교육행정학은 미국에서 이론화와 과학화에 열을 올리던 시기에 교육행정 전공학과와 교과서가 나타나기 시작하고 1967년에 학회가 성립되고 석·박사논문이 출현하면서 발전해 왔다. 연구방법 면에서는 1960년대 이전에는 확실히 현상학에 바탕을 둔 귀납적인 철학적, 역사적, 비교 연구가 주종을 이루었을 것으로 추측된다. 그러나 1960년대 이후 미국의 영향으로 인해 으레 조사, 수량화, 통계적 처리를 하는 소위 과학적 연구로 치우쳐 온 감이 있다. 이에 대하여는 그동안 비판의 소리도 계속되어 왔지만 학회 설립 40주년을 맞는 이 시점에서 다시 한 번 심각하게 생각해 보아야 할 것이다.

그리고 지난 40년간 한국의 교육행정학은 외국 이론의 소개와 흡수에 있었다고 표현해도 무리는 아니었고 미국 이론의 검증 또는 확인과 반복연구가 대부분이었다. 이는 그동안에 발표된 논문과 출판된 교과서를 분석해 보아도 금방 발견되는 사실이다.

5. 교육행정학 연구의 두 접근

여기서는 1970년대 비판의식 시대를 중심으로 한 두 연구접근의 논쟁점에 대하여 대조적으로 살펴보고 최근의 연구경향 몇 가지를 지적하고자 한다.

미국에서나 우리나라에서나 연구의 대부분은 실험연구 또는 준실험연구로 수학적, 계량적 방법으로 논리실증주의에 바탕을 둔 것이었다. 이것은 사실로부터 많은 자료를 수집하여 일반화를 추출해 내려는 것으로 가설 연역적 방법이라 할 수 있다. 그러나 동양인의 밑바닥에도 귀납적 사고가 깔려 있고, 현상을 설명하고 해석하고 분석하는 전통을 가지고 있어서 미국에서 몰려온 소위 과학적 연구 일색에 대하여 우려와 비판도 있었다. 그러나 워낙 물결이 거세었고 과학을 앞세우는 데 그 비판의 목소리는 낮을 수밖에 없었다.

그러나 앞에서 우리가 대안적 교육행정이론이라고 했던 현상학, 해석학, 신사회학, 갈등론, 네오마르크시즘 등의 흐름이 유럽 쪽에서 거세게 도전해 오면서 교육행정학의 연구에도 비판이 일지 않을 수 없었던 것이다.

이들 논쟁의 근본적인 뿌리는 사회 실재(social reality)가 무엇이냐는 질문에 대한 해답의 차이에 있다. 하나는 사회 실재를 자연법칙에 의하여 움직이는 자연체제로 본 반면, 다른 하나는 인간 법칙과 도덕적 법칙에 의하여 돌아가는 인간이 고안해 낸 인간 고안체제로 본 것이다. 이러한 세상을 보는 눈의 차이는 현실주의와 이상주의라는 철학의 차를 만들어 냈다. 따라서 사회과학에서도 하나는 사회와 인간 행동에 대한 보편적인 법칙을 발견하기 위해 수많은 실재에서 일반적인 것을 추출해 내려고 하였다. 그래서 실험적 또는 준실험적 연구를 위해 객관적이고 과학적이라는 수학적, 계량적, 통계적 방법을 동원하였던 것이다.

반대로 사회 실재를 인간 고안체제로 본 이상주의에 대한 사회과학의 접근은 실재하는 세계를 인간이 어떻게 달리 해석하는지를 발현하기 위해 의미 있는 관계성을 탐구하고 인간 행동의 결과가 어떻게 되는지 발현하기 위한 연구로 사실을 설명하고 언어와 의미를 분석하는 방법을 사용하는 것이다.

교육행정학에서 많이 다루고 있는 '사회' '조직' '조직병리' '조직병리의 처방' 에 대하여도 양자는 〈표 4-1〉과 같이 의견을 달리하고 있다.

〈표 4-1〉 사회 실재에 대한 해석의 두 기반(Greenfield, 1975: 77-78)

비교차원		철 학	사회과학의 역할	사회 실재의 기본 단위	해석방법	이론	연구	방법론	사회	조직	조직병리	조직병리 처방
사회 실재란 무엇인가?	자연체제	현실주의: 세계는 존재하고, 존재하는 대로 알려진다. 조직은 자체의 생명을 갖고 있는 실재다.	사회와 인간 행동의 보편적 법칙의 발견	집단성: 사회 또는 조직	집단으로 존재하게 하는 조건 위하여 과학자인이 조건과 관계성이 무엇인지 밝힘	인간행동을 설명하기 위하여 과학자가 만들어 놓은 합리적 체계	이론에 대한 실험적 또는 준실험적 확인	실재로부터 추출. 특히, 수학적 모형과 계량적 분석에 의한 방법	질서 있고 일정한 가치에 의하여 지배되고 그 가치만이 가능한 사회	사회 가치 향. 인간의 독립성. 사회와 개인 양자를 위한 사회 내 질서를 위한 수단	사회 가치와 개인 욕구와 함께 조직의 나쁜 상태	사회 가치와 개인의 욕구를 충족시켜 주기 위해 조직의 구조 변경
	인간 고안 체제	이상주의: 세계는 존재하지만 사람에 따라 다르게 해석된다.	인간이 세계를 어떻게 달리 해석하는지를 발견	단독 또는 함께 행동하는 개인	개인이 행동하는 주관적 의미에 대한 해석. 그런 행동의 주관적 규칙 발견	인간 세계와 인간 행동의 의미를 이해하기 위하여 사용하는 일단의 의미	의미 있는 관계성의 탐구와 행동의 결과 발견	비교목적을 위한 사실의 설명. 언어와 의미의 분석	갈등하고, 권력에 접근하는 사람의 가치에 의하여 지배되는 사회	인간과 인간의 목표에 의존. 소수가 통제하고 또 소수에게 좋은 목표 달성을 위해 사용할 수 있는 권력의 수단	인간의 목표가 다양하면 목표를 추구하는 인간들 사이에는 항상 갈등이 있다.	조직 행동 내에서 구체화된 가치가 무엇이며 누구의 가치인지 발견. 인간을 바꾸거나 할 수 있다면 가치를 변경

현상학적 연구는 논리실증주의적 연구와 달리 구체적 상황 속에 있는 인간의 직접 경험을 다룬다. 그래서 사례연구와 비교 방법, 역사적 방법이 좋은 분석수단이 된다. 그래서 계량화할 필요도 없고, 복잡한 수학적 모형을 빌려 오려고도 하지 않으며, 많은 수를 확보하여 용량이 큰 컴퓨터를 돌릴 필요도 없다. 오히려 이들을 '수량 광신증(quantophreinia)' 환자라고 비난한다.

이들 두 접근 사이에 승부의 결판이 나기는 어렵다. 그러나 현상학파의 도전으로 최소한 교육행정학 연구는 어떤 획일에서 벗어날 수 있는 계기가 되었다. 현상학, 해석학적 연구방법도 교육행정학 연구에 유용하다는 새로운 인식을 갖게 된 것이다. 많은 수를 대상으로 하는 조사연구나 계량적 연구도 필요하겠지만 적은 수를 집중 연구하는 사례연구나 민속학적 연구(ethnography)도 좋은 교육행정학 연구방법이 된다는 것을 인정하게 되었다. 예를 들면, 월콧(Wolcott)의 『교장실의 사람(The Man in the Principal's Office)』(1973)이라는 책은 에드 벨이라는 미국 초등학교 교장을 수개월 동안 그림자처럼 따라다니며 묘사한 민속학적 연구의 대표적인 예다.

이러한 비판의식 시대의 도래로 현재 두 개의 흐름이 병존하고 있는 것 같다. 논리실증주의에 바탕을 둔 과학적 연구는 보편적 일반화의 방향으로, 나아가 일반체제적 접근으로 계속 발전하고 있고, 동시에 현상학적 접근의 경향도 몇 가지로 나누어져 나타나는 것을 감지할 수 있다. 그 하나는 일반행정에서 1960년대 말 1970년대 초에 가치 배제적인 논리실증주의에 반기를 들고 나타난 신행정학파다. 이들은 가치와 도덕, 철학, 윤리를 제일의 명제로 삼고자 하며, 호지킨슨의 『행정철학(Towards a Philosophy of Administration)』(1978)도 같은 맥락에서 나온 것이라 볼 수 있다.

또 하나의 움직임은 인간관계론에서 변형·발전된 레이몬드 마일스(Raymond Miles, 1965, 1975)의 인간자원론(Human Resources)인데, 이 역시 종래의 과학적 접근과는 다른 맥이다. 교육행정에서는 서지오바니

(Sergiovanni)가 장학론(1983)에서 활용하였으며 『새로운 학교 집행자(The New School Executive)』(1980)에도 직관적 측면과 신념과 철학적 측면이 많이 스며들어 있다.

의사결정과 지도성에서 상황조건적 접근(contigency approach)은 획일적, 보편적으로 지도성 행위에 접근하던 데서 벗어나 특수한 상황과 조건에 비추어 보려는 것으로 현상학적 흐름과 맥을 같이하려는 것으로 본다.

서지오바니의 「교육정책과 행정의 이론과 실제: 해석학적 관점(Theory and Practice in Education Policy and Admi-nistration: An Hermeneutics Perspective)」(1981)은 바로 논리실증주의에 대한 현상학과 해석학의 비판이 그대로 반영되어 나온 논문이라고 볼 수 있다. 특히, 그의 또 다른 논문에서(1987) 문화지도성(cultural leadership)의 개념을 도입한 것은 바로 현상학적 관점인데, 그 자신이 중요한 변화(significant changes)라고 말하고 있다. 다른 사람에 대한 지도자의 행위와 지도성 사건보다 다른 사람에 대한 지도성 행위와 지도성 사건의 의미가 더 중요하다는 관점이 새로운 변화의 핵심이다. 지도성도 문화 속에서 사회적으로 형성된 실재(socially constructed reality)일진대, 이에 대한 연구도 객관적으로 기술되고 조심스럽게 수집된(carefully documented) 무의미의 원자료(brute data)보다 어떤 사건이 사람에게 의미가 있으며, 사람이 사건에 어떻게 접하고, 그 사건에 어떤 의미를 부여하느냐에서 나온 유의미 자료(sense data)를 가지고 연구해야 할 것이다.

영국 계통이기는 해도 교육행정을 발전도상국에 이식시킬 수 있느냐의 관점에서 쓴 리펠(Riffel)의 「교육행정 연구: 발전론적 관점(The Study of Educational Administration: A Developmental Point of View)」(1985)도 새로운 도전이 표출된 논문이라고 할 수 있다. 교육행정도 특수주의의 문화적 맥락에서 이해할 것을 강조하고 있다. 객관성과 동시에 주관성도, 이론으로부터 형성된 가설과 함께 경험과 반성을 통해서 얻은 명제도, 계량적 접근과 함께 질적 접근도 인정하는 이중성이 요구된다. 논리와 반성, 발전과 문화, 정치윤리 속에서 교육행정도 성장하기 때문에 이를 무시한 채 선진국의 교육행정을 발전도상국에 복사판처럼 이식하기는 어려울 것이다.

그리고 교육행정학 연구에서도 이론연구(theory-based research) 못지않게 현장연구(field-based research) 또는 응용연구(applied research)의 중요성이 점점 더 강조되는 경향도 있다.

이러한 여러 조짐으로 보아 논리실증주의와 현실주의의 꽃을 피우고 있는 미국의 교육행정학에도 조용히 여러 면에서 변화가 일어나고 있음에 틀림없다. 그러나 이런 변화는 어느 한쪽의 패배나 몰락이라기보다는 상호보완과 조화이며 이중성에 의한 발전이라고 본다. 이를 통해서도 한국 교육행정학의 발전 방향을 시사받을 수 있을 것이다.

참고문헌

김회수, 이지헌 역(1989). **비판이론과 교육**. 서울: 성원사.

박선형(1999). 주관주의적 교육행정이론에 대한 비판적 고찰. **교육행정학연구, 17**(3), 217-249.

박선형(2000). 자연론적 정합론의 인식론적 함의 및 교육학적 의의. **교육행정학연구, 18**(4), 139-157.

박선형(2002). 교육행정 이론발달의 철학적 연원에 대한 고찰. **교육행정학연구, 20**(4), 133-157.

신현석(1996). 포스트모더니즘 시대의 교육행정학(I): 포스트모던 교육행정학의 철학적 기초에 대한 탐색을 중심으로. **교육행정학연구, 14**(4), 202-226.

신현석(2000). 세기적 대전환과 미래지향적 교육행정의 탐색. **교육행정학연구, 18**(3), 111-132.

윤종건(1996). 포스트모더니즘의 교육적 재해석과 학교경영에의 시사점. **교육행정학연구, 14**(2), 280-297.

주삼환, 신붕섭, 이석열, 이명주, 조상일, 명제창 역(2005). **대안적 교육행정학**. 경기: 한국학술정보(주).

허병기(2000). 교육행정의 새로운 패러다임 탐색. **교육행정학연구**, 18(1), 205-232.

Bate, R. (1993). On Knwing: Cultural and Critical Approaches to Etucational Administration. *Educational Management and Administration, 21*(3): 171-176.

Foster, William (1986). *Paradigms and Promises: New Approaches to Educational Administration*. Buffalo, New York: Promethens Books.

Getzels, Jacob W. (1979). "Problem-Finding and Research in Educational Administration" in Glenn L. Immegart and William Lowe Boyd(eds.), *Problem-Finding in Educational Administration: Trends in Research and Theory*. Lexington, Massachusetts: Lexington Books.

Gibson, R. Oliver (1979). "An Approach to Paradigm Shift in Educational Administration." in Immegard and Boyd(eds.), *Problem-Finding in Educational Administration: Trends in Research and Theory*. Lexington, Massachusetts: Lexington Books.

Greenfield, Thomas Barr (1975). "Theory about Organization: A New Perspective and its Implications for Schools," in Meredydd Hughes(ed.), *Administering Education: International Challenge*. London: The Athlone Press of the University of London.

Kimbrough, Ralph B., & Nunnery, Michael Y. (1976). *Educational Administration: An Introduction*. N.Y.: MaCmillan Publishing Co.

Lapp, Diane & Others (1975). *Teaching and Learning Philosophical, Psychological, Curricular Applications*. N.Y.: Macmillan Publishing Co.

Lipham, James M., Rankin, Robb E., & Hoeh, James A. Jr. (1985). *The Principalship: Concepts, Competencies, and Cases*. N.Y.: Longman.

Miles, Raymond (1965). "Human Relations or Human Resources?" *Harvard Business Review*(July-Aug)

Miles, Raymond (1975). *Theories of Management: Implications for Organiza-*

tional Behavior and Development. N.Y.: McGraw-Hill Book Co.

Owens, Robert G. (1981). *Organizational Behavior in Education*(2nd ed.). Englewood Cliffs, N.J.: Prentice-Hall.

Riffel, J. Anthony (1985). "The Study of Educational Administration: A Developmental Point of View," The Professional Preparation and Development of Educational Administrators in Commonwealth Developing Areas. A Symposium(Barbados, August 26-30).

Scheurich, J. J. (1994). "Social Relativism: A Post-modernist Epistomology for Educational Administration." In S. J. Maxcy (ed.), *Post-modern School Leadership: Meeting the Crisis in Educational Administration*. Westport, CO: Praeger.

Sergiovanni, Thomas J., & Starratt, Robert J. (1983). *Supervision: Human Perspectives*, 3rd ed. McGraw-Hill Book Co.

Sergiovanni, Thomas J. (1981). "Theory and Practice in Education Policy and Administration: An Hermeneutics Perspective," Paper Presented at the Annual Meeting of the American Educational Research Association. Los Angeles, CA. (April 13-17, 1981)

Sergiovanni, Thomas J., & Carver, Fred D. (1980). *The New School Executive: A Theory of Administaration*(2nd ed.). Harper & Row.

Wolcott, Harry F. (1973). *The Man in the Principal' s Office: An Ethnography*. N.Y.: Holt, Rinehart and Winston.

Wren, Daniel A. (1979). *The Evolution of Management Thought*. N.Y.: John Wiley and Sons.

제 3 부

교육행정과 가치론

제3부 교육행정과 가치론에서는 교육행정과 가치, 교육행정의 지향가치, 관료제와 교육적 가치의 문제를 다루게 된다.

제5장 교육행정과 가치
제6장 교육행정의 지향가치
제7장 관료제와 교육적 가치

제5장 교육행정과 가치

교육행정은 일반행정과 마찬가지로 가치 개입적인 활동이며, 행정적인 기능과 행위들은 가치에 의해서 많은 영향을 받게 된다. 따라서 교육행정이 추구해야 할 가치들은 서로 자신의 가치를 더 중요하게 여겨 달라고 경쟁하면서 갈등 상황이 나타나게 된다. 이런 상황에서 어떤 가치를 추구해야 하는가에 대한 가치의 규명이 필요하다. 따라서 이 장에서는 가치의 본질과 가치의 유형을 알아본 후에 교육행정에서 추구해야 하는 가치에 대하여 기술하고자 한다.

1. 가치의 본질

우리는 모두 가치판단을 한다. 가치판단을 하지 않고는 살아갈 수 없다. 이는 인간의 본질인 것이다. 어떤 대상의 가치성은 가치로 생각된다. 그러므로 인류가 시작되면서부터 가치의 문제는 추구되어 오고 있다. 인간은 자신이 처해 있는 환경과 접하게 되는 여러 가지 대상과 관계를 맺으며 살게 마련이다. 이런 삶의 과정에서 그 대상과 사건들이 반응할 때 그것을 그냥 인지하지 않고 '좋다' '나쁘다' 또는 '옳다' '옳지 않다' 등으로 평가하면서 살고 있다. 학문이 아닌 일상적인 세상은 단순히 존재하는 세계가 아니라 좋게 또는 나쁘게 있는 세계다. 어떤 철학자는 우리는 "어떤 면에서 세계를 평가함이 없이는 아무것도 기술할 수 없다."라고 주장한다. '가치란 무엇인가?' 라는 문제는 '존재란 무엇인가?' 라는 질문과 마찬가지로 막상 얼른 정연한 대답을 하기 어려운 문제다. 그러므로 올바른 가치관을 갖기 위해서는 먼저 가치에 대한 올바른 이해가 전제되어야 한다. 이 장에서는 가치에 대한 개념, 가치와 사실 가치, 존재와 본질의 관계, 가치개념의 분석적 모형 등에 대하여 살펴보고자 한다.

1) 가치의 개념

가치는 인간의 지각과 밀접한 관계가 있다. 그러므로 인간의 지각을 떠난 세계에서 가치를 생각한다는 것은 있을 수 없는 일이다. 인간은 보이는 세상과 상호작용을 하면서 사실을 발견하고 그 사실에 가치를 부여한다. 사실의 세계는 주어지는 것이고, 가치의 세계는 만들어지는 것이다. 인간이 주어지는 사실을 발견하는 것과 그에 대하여 인식하고 가치를 부여하는 두 작용은 서로 결합되어 상호 영향을 주고받는다. 사실의 발견이 인간의 가치 부여를 바꿀 수 있고 가치의 유형에 따라서 발견될 사실이 달라질 수 있다. 그러나 인간에 의하여 가치가 부여되지 않는 사실의 세계는 가치가 있을 수 없는 것이다. 어떤 사물이 가치가 있다고 하는 것은 그것이 가치를 가지고 있는 것이 아니라 우리가 그것에 가치를 부여하는 것이다. 가치가 말로 표현되거나 관찰대상으로 만들어지게 되면 그것은 사실적인 것이 되는 것이다.

이러한 논의에 대하여 좀 더 형상학적인 관점에서 예를 들어 보자. 우리는 다양한 사물들을 평가한다. 물, 음식, 옷, 건강, 행동 같은 것들은 우리들에 의해서 가치를 갖게 된다. '어떤 것은 가치가 있다.' 고 하는 것은 무엇을 의미하는가? 그 대답은 앞에서 언급한 예를 생각하면 그렇게 어려운 일이 아니다. 내가 음식에 가치를 부여한다면 그것이 나의 배고픔을 달래 주기 때문이다. 또한 나에게 옷이 가치가 있다면 그것이 추위로부터 나를 따뜻하게 또는 예쁘게 해 주기 때문이라고 말할 수 있다. 이 두 가지 사실에서 음식과 옷은 나에게 기초적이고 중요한 욕구를 채워 준 것이 되기 때문에 가치 있는 것이다. 그래서 우리는 가치를 우리의 욕구를 충족시켜 주는 어떤 것이라고 할 수 있다. 즉, 특별한 욕구를 충족시켜 주는 데 적합한 모든 것을 '가치' 라고 할 수 있다.

앞에서는 자연적인 영역에서의 가치를 살펴보았다. 그렇다면 정신적인 영역에서도 위와 같이 가치를 적용할 수 있을까? 이 질문의 답은 정신적인 가치들을 통해 인간에 내재한 욕구들이 충족될 수 있기 때문에 긍정적이다. 정신적인 욕구들은 인간 내부의 욕구들이기 때문에 윤리적인 가치는 인간 안에 있는 윤리적인 욕구를 충족시켜 주는 모든 것이다. 여기서 말한 가치를 판단하고자 할 때는 어떠한가? 하나의 그림을 예로 들어 보자. 그 그림은 그림의 미학적 가치를 넘어 그 무언가를 말해 주고 있으며 어떤 미학적 가치의 질이 그 그림에 맞는다고 할 수 있을 것이다. 그러나 가치 규정은 모든 존재 규정과 분명히 구별된다. 그림의 크기, 형태, 재료, 색깔은 존재 규정들이다. 이것들은 관찰과 측정에 의해 객관적으로 확인되는 것이다. 그러나 가치의 질은 여러 주관들이 그 그림을 관찰하고 평가하기 때문에 그 그림의 가치의 질에 관해서 여러 의견이 있을 수 있으며 완전한 합의가 이루어지는 것은 불가능하기 때문에 존재 규정에 대한 완전한 동의가 이루어지지 않는다.

이 예는 어떤 대상의 가치 규정은 객관적인 존재 규정보다는 인식하고 있는 주관과 더 밀접한 관계를 가지고 있음을 시사해 준다. 그렇다고 가치와 가치판단이 그때그때 평가하는 주관에만 해당하는 것은 아니다. 그렇다면 가치의 질에 대하여 어떻게 이야기해야 하는가? 그것은 존재 자체, 즉 순수한 사실성은 가치와 무관하다는 것이다. 순수한 사실성은 어떤 가치를 느끼고 있는 의식과 관계를 맺게 될 때 비로소 가치 성격을 획득하며, 그것의 가치 특성들이 비로소 빛을 발하게 되는 것이다.

앞의 논의는 가치의 현상학적인 관점과 이론적 규정의 차원에서 언급하였다. 이제부터는 가치의 정의에 대하여 논하고 일반적인 가치에 대하여 기술하고자 한다. 우선 가치개념에 대한 주요 논자들의 말을 언급하면 다음과 같다(오홍석, 1995: 23-24).

클럭혼(Clyde Kluckhohn)은 "가치란 바람직한 것에 관한 명시적 또는 묵시적 관념이다. 가치는 행동의 양태, 수단 및 목표를 선택하는 데 영향을 미친다. 가치는 개인에 따라, 그리고 집단의 성격에 따라 다르다."라고 말한다. 프랑케나(William Frankena)는 "가치라는 말을 좁은 의미로 쓸 때에는 좋다, 바람직하다, 중요하다고 생각되는 것을 지칭한다. 넓은 의미의 가치는 모든 종류의 올바름, 의무, 선행, 아름다움, 진실, 신성함을 지칭한다."라고 하였다. 호지킨슨(Christopher Hodgkinson)은 "가치란 바람직한 것에 관한 관념으로서 동기유발의 힘을 가진다. 가치는 바람직한 것, 바람직한 상태, 또는 있어야 할 상태에 관한 생각을 지칭하는 것이다. 가치는 가치를 가지는 사람의 마음속에만 존재하는 것이다."라고 하였다. 맥컬로(Thomas E. McCullough)는 "가치는 공동체적(communal)이다. 가치는 개인의 취향을 초월하는 것이며 공동체에 의해 승인되는 요구를 담고 있기 때문에 공적인 것이다. 가치는 합리적 의견교환으로 논의되고 분석되고 정리되고 정당화될 수 있다."라고 하여 공동체적 가치를 강조한다. 바버(Ian G. Barbour)는 "가치는 어떤 사람이 호감을 가지고 보거나, 이익이 된다고 믿거나 증진시키기 위해 행동하려는 어떤 대상 또는 상태의 일반적인 성격이라고 정의할 수 있다. 가치를 가진다는 것은 그 실현에 호의적인 태도를 갖는다는 뜻이다."라고 하여 가치를 호의성 측면에서 보고 있다. 왈도(Dwight Waldo)는 "가치문제는 목표 간의 선택문제며 목표성취 수단 간의 선택문제다. 이것은 해야 하는 것(the should or the ought)의 문제"라고 하여 목표와 수단의 선택 측면에서 보고 있다.

우리나라 학자들의 견해를 보면, 이대희는 "가치란 주관의 의지나 감정의 요구를 충족시켜 주는 실재적 또는 관념적 대상의 위계"(이대희, 2001: 13)라고 하였다. 김영종은 "가치는 개인의 내적 경험의 현상학적이고 주관적인 것이므로 개인의 의식과 정신두뇌의 작용으로 형성된다. 가치는 사람, 물건, 사건, 행동과 같은 대상에 각 개인의 주관이 부여되는 것으로 윤리학, 미학, 정치학, 경제학, 정신분석학과 같은 다양한 지식과 경험들에 영향을 준다."(김영종, 2000: 51)라고 하였다.

이상 가치의 정의에서 나타나듯이 가치의 세계는 인간의 머리속에 있는 관념이다. 따라서 가치는 '좋은 것'과 '나쁜 것', '옳은 것'과 '그른 것' 등에 대한 관념이다. 또한 가치는 바람직한 것에 관한 사람들의 관념으로서 사람들의 행동에 영향을 미치는 힘을 지니는 것이다. 가치는 '해야 하는 것'과 '해서는 안 되는 것' 또는 '있어야 하는 것'과 '있어서는 안 되는 것'에 대한 관념이라고도 규정된다(오홍석, 1995: 21). 가치는 일반적, 포괄적(comprehensive) 방법으로 정의되기도 하고 제한적(restrictive) 방법으로 정의되기도 한다. 포괄적인 면에서의 가치의 개념은 선호, 욕구, 소망, 쾌락, 관심, 의무 등을 포괄한다(Pepper, 1958: 7). 포괄적인 개념으로서의 가치는 인간관계나 사회적 · 정치적 관계의 기반이 되는 인간의 이상, 신념, 태도의 핵심으로 작용하여 개인적 · 집단적 · 사회적 행동의 규범적 기준이 된다. 제한적 의미의 가치개념은 판단기준으로서의 가치(value-as-criterion)를 의미하는 것으로 평가적 · 창조적(assumption), 결정규칙(decision-rule)

및 기타의 기준 등을 의미한다(김항규, 1998: 147).

일반적으로 가치는 그것을 소유하는 인간들의 마음속에 존재하는 것으로 바람직한 것에 대한 어떤 관념이나 일의 선호 상태 또는 꼭 해야 하는 당위의 한 조건이다. 즉, 무엇이 옳고 공정하며 정당하고 바람직한지에 대한 개인 선호 결정인 것이다. 따라서 가치는 우리의 양심에 하나의 정언명령으로 주어진다. 그 명제는 정언적인 것으로서 우리가 그 이유를 따지지 말고 무조건 지키고 행해야 하는 지상명령인 것이다(이도형, 2004: 114). 또한 가치는 사람들마다 추구하는 것이 다르기 때문에 개인 간에 갈등이 생길 수도 있으며, 사람들의 마음속에서 존재하기 때문에 한 개인에게서 내적 갈등을 초래할 수도 있다. 어느 정도의 가치갈등은 정상적인 인간조건이다. 따라서 가치란 어떤 대상에 대해 인간이 갖는 욕구나 태도, 선호들을 의미한다.

이상의 여러 가치개념의 논의를 종합하면, 가치는 인간의 마음속에 존재하여 '옳음'과 '그름', '해야 하는 것'과 '해서는 안 되는 것', '있어야 하는 것'과 '있어서는 안 되는 것'에 대한 관념과 바람직한 것에 대한 관념으로서, 어떠한 행동을 일으키게 할 수 있는 근원이 되게 하는 우리의 양심에 하나의 정언적인 명령으로 우리가 이유를 따지지 말고 무조건적으로 지켜야 하는 지상명령이라고 할 수 있다.

2) 가치와 사실

사이먼은 "사실적 명제는 관찰 가능한 세계에 관한 진술이며 실제 운영하는 방법에 관한 진술이다."라고 하였다(Simon, 1976). 이 말에 의하면 세계는 측정 가능하고 동의 가능하며 색깔, 모양, 소리 등 평범한 언어로 된 적절한 이름을 붙일 수 있고, 그 이름으로 확인할 수 있는 공적으로 검증하는 경험의 영역을 의미한다. 사실은 의사결정의 지식적 기초가 되는 원자료(生資料, raw data)다. 여기서 무엇이 사실이며 사실이 어떻게 활용될 수 있는가에 대한 논란의 여지가 있을 수 있다. 그러나 일단 사실이 사실로서 인정되면 그에 대한 갈등은 없게 된다. 오로지 사실만이 존재하게 되는 것이다. 사실의 문제는 '이다(is)'와 '아니다(is not)'의 문제이며 '맞다(true)'와 '틀리다(false)'의 문제다.

가치와 사실의 차이점을 명확하게 하기 위하여 이 둘에 대한 정의를 비교하면 다음과 같다.

첫째, '사실'이라고 하는 것은 주관의 평가의식이 들어 있지 않는 현상을 말한다. 이에 반하여 '가치'는 반드시 주관의 평가의식이 들어가야만 한다.

둘째, 사실의 세계가 '주어지는 것(given)'이라면, 가치는 '만들어지는 (made)' 것이다. 또한 사실의 세계의 특징은 공개적으로 검증 가능하고 논리적으로 일관성이 있다는 점이다. '하나 더하기 하나는 둘'이라는 산술적 공리(axiom)와 전제가 주어지면 이 명제는 개념적이거나 지적인 사실이 된다(Hodgkinson 저, 주삼환 역편, 1985: 134-135).

셋째, 사실판단은 실제 세계에 있는 사건과 대상에 대한 진술로서 그 진위가 경험적으로 검증될 수 있는 명제들을 일컫는 데 반해, 가치판단은 행해야 하거나 행하지 말아야 하는 것에 대한 진술, 혹은 어떤 것이 좋거나 바람직하거나 옳다는 주장을 지칭하는 것이다(Paul, 김영진 역, 1985: 236). 즉, 가치란 어떤 상태 또는 목적에 도달하고자 하는 원망(願望, wishes)이나 그것을 배척하거나 피하려고 하는 원망의 표현이라 할 수 있다.

넷째, 가치는 선과 악(good and bad), 옳음과 그름(right and wrong) 등의 주관적 용어와 관련되고, 사실은 참과 거짓(true and false) 등의 객관적 용어와 관련된다. 따라서 가치는 사실에 대한 평가이므로 진(truth)의 질(quality)이다(Hodgkinson 저, 주삼환 역편, 1985: 133).

다섯째, 사실은 관찰 가능한 체계의 형태로서 우리 앞에 존재한다. 가치는 일종의 사실(facts of a kind)이며 개념들로 주관적이다(Hodgkinson 저, 주삼환 역편, 1985: 134).

여섯째, 가치란 사회행동의 궁극적인 목표나 의도로서 존재에 대치되는 당위에 관한 것이며, 사실은 존재에 대한 것이다.

일곱째, 가치판단에는 그 판단의 출현을 가능케 하는 일정한 근거로서의 전제가 있다. 이 근거에는 전통적인 규범, 각종의 종교적 교리 및 다양한 이상적 사상들까지 포함될 수 있다.

이상의 가치와 사실의 정의에 대하여 가치와 사실의 관계를 세 가지로 언급할 수 있다.

첫째, 가치는 결코 참과 거짓으로 구분할 수 없기 때문에 진에 대한 질의를 통해 사실과 가치를 가장 분명하게 구별하게 된다. 가치는 일종의 사실이며, 개념적이고 주관적이며, 머릿속에서만 존재하면서 동기유발의 힘(motivating)을 가지는 바람직한 개념이다. 가치는 특별한 종류의 사실(special kind of facts)로 생각되는 반면 논리적으로 구별할 수 있다. 또한 가치의 세계는 공존하면서 겹쳐지기도 하지만 사실의 세계와는 완전히 다른 것이다(Hodgkinson 저, 주삼환 역편, 1985: 134-135).

둘째, 가치는 사실과 구별되는 속성을 지닌다. 인간은 가치와 사실로 구성된 세계를 살아가고 있다. 가치와 사실은 서로 동떨어져 있는 것이 아니고 서로 결부되고 중첩되어 존재하지만, 가치의 세계와 사실의 세계는 관념적으로 구별된다. 가치와 사실은 의사결정에서 본질적으로 구별되는 역할을 한다(오홍석, 1995: 22).

셋째, 인간의 지각과 분리된 세계는 가치가 없다. 세계와 인간의 상호작용은 사실을 발견하고 가치를 부여한다. 이 두 활동은 서로 합쳐지지만 사실의 발견은 사람들로 하여금 그들의 가치 부여를 다르게 만들고 가치 형태는 발견된 사실을 결정한다. 아무리 많은 경험적 지식이나 논리라도 객관적 의미에서 가치를 증명하거나 판단한다고 정당화할 수 없다(Hodgkinson 저,

주삼환 역편, 1985: 135).

3) 가치와 존재, 본질의 관계

가치와 존재 그리고 본질은 서로 독립된 영역이다. 가치는 오성으로 파악되는 존재와는 전혀 다른 양상을 띠는 정신적인 느낌으로 파악되지만 가치는 결코 존재와 양분된 것이 아닌 통합된 모습으로 나타나게 된다. 또한 가치는 존재의 본질의 내면적인 상태이기도 하다. 이러한 관점에서 이 부분에서는 가치와 존재 그리고 본질 간의 관계에 대하여 기술해 보고자 한다.

(1) 가치와 존재의 관계

가치는 존재 및 본질과 어떠한 관계가 있는가? 근대 가치철학의 실제적인 창시자인 로체(H. Lotze)는 가치와 존재를 구분하면서 존재의 영역에 가치의 영역을 대립시켰다. 존재는 오성으로 파악할 수 있고, 가치는 정신적인 느낌으로 파악할 수 있다. 이런 점에서 로체는 존재와 가치가 그 본질상 공존관계에 있다는 것과 실재성이 형이상학적 가치내용과 일치한다고 했다(Hessen 저, 진교훈 역, 1997: 22-23).

프르치바라(E. Przywara)에 따르면, 가치는 "자기 안에서 관계없는 그때그때의 존재의 본질(Seinswesen) 자체의 고유한 규정성이다. 모든 존재의 본질은 그의 특수한 성질로서 '가치' 를 드러내 보여 준다." 가치는 "물리적인 것과 마찬가지로 존재의 본질의 내면적인 사태이기도 하다." 그러므로 가치는 "하나의 존재의 태도다." 여기에 "존재와 가치의 내면적 통일" 의 근거가 된다. 따라서 '가치들의 서열' 이 '존재의 본질' 의 서열 속에 정초된다(Hessen 저, 진교훈 역, 1997: 60-61).

로츠(J. B. Lotz)는 존재와 가치의 통일을 모색하면서 다음과 같이 기술하고 있다.

> 가치들을 객관적인 구성물이라고 말한 것은 맞는 말이다. 가치들은 주관의 평가와 일치하지 않으며 적어도 쾌(快)와 불쾌(不快)와 일치하지 않는다. 오히려 가치들은 모든 평가를 하는 활동과는 독립하여 성립한다. 어떤 것은 평가되기 때문에 가치 있는 것이 아니라 가치 있기 때문에 평가된다. 이와 같은 명백한 가치 객관주의는 존재와 가치의 본질의 통일(Wesenseinheit)에서 생겨 나온다. 가치는 한편으로는 특징이나 성질로서 존재와 구별되고, 다른 한편으로는 존재 자체와 함께 설정되기도 한다. 내적인 규정성으로서 가치는 존재로부터 결과한다(Hessen 저, 진교훈 역, 1997: 61).

이상의 내용을 근거로 하여 이도형은 가치와 존재의 관계를 다음과 같이 기술하고 있다.

> 가치는 독립적 존재, 즉 실재로서 존재하는 것이 아니라 비독립적 존재, 즉 가치 질로서 존재한다. 따라서 실제와 가치는 존재적인 것과 존재 당위적인 것으로 서로 대립된다. 그러나 가치는 자체 안에서 실현을 향한 충동을 지니고 실제에 향하려고 한다. 가치는 존재로 환원될 수 없지만, 존재는 가치를 위해 정초되며 가치를 받아들일 수 있다. 가치의 성질을 뜻하는 가치의 질은 그것의 운반자인 가치 담지자와 그의 결정에 의해 명백히 나타난다. 이런 점에서 가치와 실제는 분명히 관련되어 있다(이도형, 2004: 115).

결국 가치는 존재 당위, 즉 마땅히 있어야 하는 그 어떤 것이다. 가치는 존재 당위의 내용, 즉 어떤 것에 대한 지향인 것이다. 존재 당위는 인간이 자기의 본질을 완성하려 하고 자아를 실현할 때 인간이 실현하지 않으면 안 되는 가치의 요청과 요구다. 따라서 가치는 인간 정신생활의 중추로서 인간 활동의 근본원리이자 인간 행동의 기본원리로 작용하며, 가치 추구적 존재인 인간으로 하여금 좀 더 나은 것, 좀 더 좋은 것을 지향하게 한다.

(2) 존재와 본질의 관계

존재론은 존재자 일반에 관한 학문으로, 존재에 대한 개념은 크게 세 가지 관점으로 분류할 수 있다. 첫째, 존재는 실존(existence)과 같다. 둘째, 존재는 본질(substance)과 같다. 셋째, 존재는 실존과 본질의 합이다. 각각의 관점에 대하여 살펴보면, 먼저 존재는 실존과 같다는 관점은 존재자의 선악을 간주하는 선입견을 버리고 사물의 존재를 있는 그대로 보며 그 대상 전체를 파악하는 것으로, 존재의 외양을 있는 그대로 연구하면서 존재의 구조와 존재법칙을 주로 분석한다. 여기서 실존은 본질에 앞선다.

존재는 본질과 같다는 관점은 존재는 실존과 같다고 하는 입장과는 달리 단순히 존재하는 실존을 배제하고 참된 존재인 본질을 추구하려고 하는 것이다. 그러므로 사물의 본질이 그 실존의 근거로서 강조되며, 본질이 실존에 앞서게 된다.

존재는 실존과 본질의 합이라고 보는 관점은 위의 두 가지 관점을 종합한 견해다. 이 입장은 위의 두 존재론이 유기적으로 결합해 우주자연의 본질원리와 그 형상적 전개 양상을 다함께 논의하는 것이 된다. 즉, 실체가 본질적으로 무엇인가라는 문제에 대한 형이상학적 존재론, 그 실체가 현상세계에서 자신을 전개하는 변화 방식에 대한 형이상학적 존재론과 그 실체가 현상세계에서 자신을 전개하는 변화 방식에 대한 현상학적 존재론을 애써 구별하지 않고 양자를 결합해 함께 존재론으로 표현해도 무방하다는 입장이다(이수윤, 1996: 56-64).

4) 가치개념의 분석적 모형

호지킨슨은 가치개념의 분석 모델을 〈표 5-1〉과 같이 제시하고 있다.

〈표 5-1〉 가치개념의 분석적 모형

가치국면	근거	심리적 상응	철학적 상응	가치의 유형	행정이론 발췌	
					맥락단계/ 분석 수준	연구대상
의무론적-법칙적-규율적 국면	옳은 것	원리(I)	종교주의 실존주의 이념주의	I유형: 초합리적	상위 맥락; 범사회적 수준	합의된 문화적 가치; 이데올로기; 역사와 사회제도
		결과(IIa) 합의(IIb)	인간주의 실용주의 공리주의	II유형: 합리적	중간 맥락; 조직적 수준	이론적 패러다임; 관료조직의 성격; 근대조직
가치론적-개별 특수적-탐닉적 국면	좋은 것	선호(III)	논리실증주의 형태주의 쾌락주의	III유형: 합리 이하	구성부분; 개인적 수준	의식, 선호, 사고, 행동, 형태, 행위

출처: Hodgkinson, C. 저, 주삼환 역편(2006). **교육행정철학**. 한국학술정보(주). 그림 11을 표로 변형시켰음.

표에 나타낸 것을 간단하게 고찰하면, 가치의 근거 면에서는 합리 이하의 가치들은 개인의 감정에 근거를 두고 있고 개인의 선호구조(preference structure)를 만들기 때문에 자아판단적이다. 있는 그대로의 세계를 말하며, 다른 것이 아니기 때문에 정당화된다. 합리적 가치에서 만일 하나의 가치가 주어진 집합체의 의지에 부합한다면 합의를 근거로 하는 제IIb 유형의 가치를 만들어 낸다. 고려되고 있는 가치판단이 가져올 결과를 순리대로 분석한 후에 거기서 생겨나는 미래의 상태가 소망스럽다고 보이는 경우가 제IIa 유형의 가치들이다. 유형 II의 가치는 이성, 인지적 영역을 포함하고 그 기반은 집단성과 집단적 판단에 의존하므로 사회적이다. 초합리적 가치의 근거는 형이상학적이기 때문에 원리들은 윤리적 규범, 명령 또는 계명의 형태를 취한다. '살인을 해서는 안 된다.' 와 같은 윤리강령이나 명령 형태의 것들로서 과학적 기술로는 검증될 수 없는 단순한 논리적 주장으로 정당화될 수 있다.

심리적 상태의 면에서 합리 이하의 가치들은 감정적 구조에 뿌리를 두고 있다. 그들은 정서적이고 개인 특수적이며 개별적이고 직접적이다. 그러므로 기본적으로 반사회적이고 쾌락주의적이다. 합리적 가치들은 이성적 능력을 필요로 한다. 그들은 뚜렷하게 합리적이고 인지적이며 집합적이고 사회적이다. 초합리적 가치들은 의지를 요구한다. 또한 헌신의 행위가 필요하다. 이런 행위는 개인적 근거에서만 가능하며 고도로 개별 특수적이다.

이들 가치 유형의 분류가 완벽한 것은 아니라고 하더라도 교육행정에서 어떤 가치를 추구할 것인가에 대해서는 심각하게 고민해야 할 것이다. 교육행정가나 정책 결정권자가 자신의 이익이나 욕구를 채우는 데 비중을 둔다면 아마도 제III 유형을 먼저 고려할 것이다. 그러나 법에 어긋나지 않게 하고 관료주의에 충실하고자 한다면 제II 유형에서 IIa나 IIb를 선택하게 될 것이다. 그러나 더 높은 수준에서 인류를 생각하고 도덕과 문화의 입장에서 중요한 결정을 하고자 한다면 제I 유형의 가치를 선택하게 될 것이다.

2. 교육행정 가치의 유형

1) 가치의 유형

가치는 다양하게 분류될 수 있다. 그러하기에 가치의 개념을 깊이 있게 분석하게 되면 좀 더 복잡하고 미묘해진다. 실러(Schiller, 1981)는 가치에는 쾌락적 가치(기쁨과 고통), 심미적 가치(아름다움과 추함), 효용가치(좋고 나쁨), 윤리적 가치(선과 악, 옳고 그름), 종교적 가치(성(聖)과 악), 논리적 가치(참과 거짓)가 있다고 하였다. 또한 프랑케나(Frankena, 1978)는 학문적 연구 성격에 따르면 가치는 효용가치, 수단적 가치, 본래적 가치(좋음), 내적 가치(바람직한 것), 기여적 가치, 도덕적 가치 등으로 나뉜다고 하였다. 호지킨슨은 앞서 가치개념의 분석적 모형에서도 나타났듯이 가치의 유형을 초합리적 가치, 합리적 가치, 합리 이하의 가치의 세 가지로 구분하였다(Bozeman, 1979).

이에 대하여 좀 더 자세히 살펴보면, 먼저 초합리적 가치는 형이상학적 또는 합리 이상의 가치로서 이성을 초월한 가치를 말한다. 따라서 이러한 가치들은 종교적 체제에서 등장하는 것으로 종교적 신념으로서 확신성을 갖고 교리화되어 있는 것이다. 불교의 '자비', 기독교의 '사랑'과 같은 것이다. 즉, 개인의 종교적 신앙이나 의지에 기초를 두고 있어, 성경이나 불경에 "살인하지 말라."고 쓰여 있기 때문에 살인이라는 사실이 옳지 못한 것이 된다. 행정공무원에게는 정직과 청빈이 법률 제정 이전에 윤리적 규범으로 생각되기 때문에 올바른 가치다. 옳거나 그른 것을 판단하는 차원의 성격을 지니고 있는 초합리적 가치는 개인에 따라서 이것을 가질 수도 있고 가지지 않을 수도 있으며 또 서로 다른 가치를 소유할 수도 있다. 그러나 행정을 수행하는 공무원이 가지는 초합리적 가치라고 할 수 있는 정의와 공익 등은 시간과 장소에 관계없이 대동소이한 것이라고 할 수 있다.

두 번째로 합리적 가치들은 인간주의, 공리주의 그리고 실용주의와 같은 철학적 입장에 상응한다. 이러한 가치들은 일정한 문화 내의 현상 유지세력, 분위기, 법률, 관습, 전통 등에 의하여 강화된다. 일반적으로 이성과 타협은 존중되고 분별력과 편의성에 대한 인정 때문에 이러한 철학적 입장은 행정가에게 매우 매력적이다(강신택, 2003: 134-135). 가치 중에서는 절차나 결과의 합리성이 있기 때문에 정당화되는 것이 있다. 민주적 정치제도의 하나인 '선거제도'는 입법적 절차에 의하여 마련된 법률에 규정된 것이기 때문에 가치가 있고, 노사 간의 협상에 의하여 임금을 결정하는 제도는 사회적 합의에 의하여 그런 절차가 마련되었기 때문에 존중되어야 하는 것이다. 이 경우 절차적 합리성은 개인적 선호의 총량화, 평균화, 합산 등에 의하여 계산하게 된다. 탈세나 공직자에 대한 뇌물 수수가 옳지 못한 가치로 평가되는 것은 그런 행위의 결과가 국민들의 도덕을 파괴하고 국민에게 돌아갈 수 있는 서비스를 감소시키기 때문이다. 공리주의, 자유민주주의라고 하는 철학적 바탕 위에서 논리적 사고와 이성적 판단에 의하여 결정되는 합리적 가치가 행정의 영역에서 차지하는 비중은 상당히 크다고 할 수 있다.

마지막으로 합리 이하의 가치는 실증주의와 형태론에 환원될 수 있는 것들이다. 극단적인 경우 우리는 모든 가치는 그저 개인의 감정적 선호를 나타내는 것뿐이라고 주장할 수 있다(강신택, 2003: 134). 또한 감정이나 느낌상 좋기 때문에 정당성이 인정되는 가치가 있다. 쾌락주의, 행동주의에 바탕을 두는 이런 가치는 인간뿐만 아니라 다른 동물에게도 흔히 존재할 수 있다. 인간에게는 사람마다 취향이 다르고 선호체계가 상이하기 때문에 정서적 가치가 당연히 달라질 수 있다. 어떤 사람은 차를 좋아하고 또 어떤 사람은 커피를 좋아한다. 어떤 사람은 둥근 얼굴을 예쁘다고 하고 또 어떤 사람은 타원형 얼굴을 아름답다고 한다.

행정서비스에서도 어떤 시민은 엄격하게 법규를 지키는 공무원을 좋아하는 반면, 또 다른 시민은 융통성과 탄력성을 가진 사람을 더 좋아한다. 정서적 가치는 행정의 영역에서도 시소(時所)에 따라 상당한 차이가 있을 수 있다. 따라서 정부와 기업은 행정의 효율성과 매출의 증대를 위하여 국민과 고객이 자신들에게 유리한 선호체계를 가지거나 변경하도록 유도하기도 한다.

2) 행정가치의 유형

행정의 가치로서 제시될 수 있는 것들로는 민주성, 합법성, 능률성, 효과성, 사회적 형평성 등이 국가에서 추구하는 보편적인 행정가치며, 자유와 평등, 정의와 복지, 경제사회 발전 등은 국가와 시대에 따라서 비중은 조금씩 다를 수 있지만 공공행정에서 귀중한 가치라 할 수 있다. 행정의 가치들은 서로 동반자적인 관계에 있기도 하고 때로는 서로 정책의 결정과 집행과정에서의 가치선택에서 경쟁과 대립관계에 있기도 하다. 예를 들면, 능률성과 효과성은 같은 방향으로 진행되며 발전의 기초가 된다. 그러나 민주성과 합법성을 강조하면 능률성과 효과성이 떨어질 수도 있고, 자유를 존중하면 평등과 복지가 훼손당할 가능성이 증대된다.

이와 같은 복잡한 상관관계에서 행정가치는 위계를 가지고 있다. 이 위계는 여러 계층으로 구분될 수 있지만 김영종은 그 위계를 행정의 초가치, 행정의 목표가치, 행정의 수단가치로 나누고 있다.

행정의 초가치는 논란의 시비가 없는 행정주체나 국민들이 누구나 받아들이는 행정가치다. 민주사회, 복지사회 구현이나 국가 또는 행정조직의 '유지, 발전'이라는 것들은 개인이나 국가에게도 바람직한 것이다. 이런 것들은 행정의 존재이유이고 누구나 동의하지 않으면 안 되는 무조건적인 가치다.

행정의 목적가치는 초가치를 실현하기 위하여 행정이 추구해야 하는 것으로 자유와 평등, 정의와 공익 같은 것이 해당된다.

행정의 수단적 가치는 합리성을 기반으로 한다고 할 수 있다. 그에 반해 행정의 목적가치는 도덕성에 의존한다. 도덕성과 합리성은 서로 불가분의 관계가 있다. 따라서 행정가는 때로는 정치가이며, 때로는 철학자이며, 때로는 지도자다. 행정가가 조직적 차원에서, 그리고 개인적 입장에서 다양한 역할을 수행하기 위해서는 도덕적 가치와 합리적 가치를 동시에 추구해야 한다.

위의 논의에서 가치의 유형과 행정가치의 유형에 대하여 언급하였다. 여기서 한 가지 다루고 넘어가야 할 부분이 교육행정에서의 가치 유형이다. 교육행정을 일반행정의 한 부분으로 보는 분류체계론의 관점(윤정일, 송기창, 조동섭, 김병주 공저, 2002: 17)에서 본다면, 교육행정의 가치 유형 또한 행정가치 유형과 마찬가지로 교육행정의 초가치, 교육행정의 목표가치, 교육행정의 수단가치로 분류할 수 있을 것이다.

3. 행정가치의 체계화

1) 가치의 분류

가치들은 이중적인 관점에서 형식적인 가치와 실질적인 가치로 나누어 볼 수 있다. 형식적인 관점에서의 가치들은 적극적 가치와 소극적 가치, 인격가치와 사물가치, 자기가치와 파생가치로 나누어진다. 적극적인 가치는 우리가 이상적으로 말하는 '가치'를 나타내며, 소극적인 가치는 '무가치'라고 불리는 것이다. 인격가치는 인격적인 본질에만 부여되는 가치로서 윤리적인 가치가 해당된다. 사물가치는 비인격적인 대상의 가치로서 '재화'라고 불리는 가치를 들 수 있다. 자기가치는 자기 자신 때문에 가치를 지니게 되는 모든 것을 의미한다. 그리고 파생적 가치는 목적에 이르는 수단이 되며 유용한 모든 것을 말한다.

실질적인 면에서 가치를 살펴보면 상이한 가치 양태들이 나타나게 된다. 이것은 모든 가치는 저급한 또는 감각적인 가치들과 고급스러운 또는 정신적인 가치들의 두 부류로 나누어진다. 감각적인 가치들은 감각존재 또는 자연존재로서의 인간과 상관되고, 정신적 가치들은 정신적 존재로서의 인간과 상관된다. 저급한 가치들은 물질적인 양태로 되어 있으며, 고급스러운 가치들은 비물질적인 양태로 되어 있다. 감각적 가치가 단지 주관적이고 상대적인 가치라고 한다면, 정신적 가치는 객관적이고 절대적인 가치다.

감각적인 가치에는 쾌락가치, 삶의 가치 또는 생명, 유용가치가 있다. 정신적 가치에는 논리적 가치, 윤리적 가치, 심미학적 가치 또는 아름다운 것의 가치, 종교적 가치 또는 거룩한 가치가 있다.

앞서 언급한 것처럼 호지킨슨은 가치들의 종류를 분류하고 여러 가지 가치들 간의 혼란을 방지하고 갈등을 해소할 수 있는 기초를 제공하기 위한 가치개념의 분석적 모형을 제안하고 있다.

〈표 5-2〉 가치의 분류

좋은 것(선한 것, good)	옳은 것(정당한 것, right)
소망하는 것(desired)	소망스러운 것(desirable)
가치론적인 것(axiological/good)	도의론적인 것(deontological/right)

이 가치 모형에서 제시하는 가치의 기초 개념을 김항규(1998)는 다음과 같이 기술하고 있다.

가치론은 즐길 수 있는 것, 좋아할 수 있는 것, 유쾌한 것에 해당되고, 의무론은 정당한 것, 도덕적인 것, 의무적인 것 또는 단순히 당위적인 것(ought to be)에 해당된다. 좋은 것에 대한 지식은 충동 또는 직접적 내관에서 자동적으로 나오는 것으로 우리가 다른 동물과 공통으로 가지고 있는 일종의 가치 경험이다. 이에 대해 옳음의 측면은 고통의 원인이 되는 것이기도 하므로 좋은 것과는 논리적으로 다르다.

> 가치의 또 다른 국면을 이해하기는 쉽지 않다. 우리들은 도덕적 감각 또는 집단적 책임감, 양심, 또는 심리적으로 말한다면 '초자아'를 가지고 있을 것이다.

> 이것은 개인적 수준에서 일종의 내부적인 갈등을 일으키게 된다. 즉, 자아의 마음속에서 두 가지 소망스러운 것들끼리 싸우는 경우다. 한쪽으로는 정서적으로 이끌리고 다른 한쪽으로는 상황의 요구 또는 마땅히 해야만 하는 일의 요구로 이끌린다. 이것은 더 규범적인 요구를 받아들이기 위하여 자기 탐닉적인 욕망을 삼가기도 하는 우리의 일상적인 규율에서 흔히 경험하는 일이다(강신택, 2003: 130).

이러한 요구는 어떻게 정당화해야 하는가? 또는 어떤 근거에서 우리의 정서적 요구와의 충돌을 극복할 수 있는가? 이것은 가치와 관련된 행정가와 철학자 모두에게 주어지는 근본적인 문제인 것이다.

2) 가치의 서열

여러 가치들은 서로 구별될 뿐만 아니라 어떤 일정한 서열을 이루고 있으며 하나의 위계적 구조를 가지고 있다. 가치의 서열은 가치에 어떤 단계, 질서 또는 순서가 있다는 의미다. 여기서는 셸러(Scheler, 1916)의 가치 서열의 기준과 헤센(J. Hessen)의 가치들의 서열을 결정하는 데 필요한 일반적인 명제에 대하여 다루고자 한다.

셸러(Scheler, 1916)는 가치 서열의 문제에 대하여 상세하게 파악했으며 가치 서열기준을 다섯 가지 형태로 제시하고 있다. 첫째, 가치는 더 오래 지속될수록 더 높아지는 가치들이다. 둘째, 가치들은 적게 분할될수록 더 높은 가치다. 셋째, 설립하는 가치는 설립되는 가치에 비하여 더 높은 가치다. 넷째, 성취를 가져오는 만족도가 클수록 가치들은 더욱더 높은 가치다. 다섯째, 어떤 가치의 높이의 최종적 기준은 그 가치의 상대성의 정도에 놓여 있다. 이런 셸러의 가치 서열기준으로는 큰 가치 등급 내에서의 미세한 고도의 차이들을 식별해 낼 수 없을 것이라고 하르트만(Hartmann, 1926)

은 지적하고 있다.

개별적인 가치 등급 내에 서열 차이가 존재한다는 것은 쉽게 부인될 수 없는 것이다. 따라서 헤센은 우리가 가치들에 대한 서열을 결정함에 있어 첫째는 "정신적 가치들은 감각적 가치들보다 우위에 있다."라는 것이고, 둘째는 "정신적 가치들의 등급 내에서 윤리적 가치들이 논리적 가치들에 대해서와 마찬가지로 심미학적 가치들에 대해서도 더 높은 가치로 나타나는 한 윤리적 가치들은 최상의 지위를 차지한다."라고 한다. 셋째는 "최고의 가치들은 거룩한 것의 가치 또는 종교적 가치들이다. 왜냐하면 그 밖에 모든 가치는 거룩한 가치들 속에서 설립되기 때문이다."라고 가장 일반적인 명제를 제시하고 있다.

3) 행정가치의 체계화

가치들은 그것들 간의 상대적인 중요도를 나타내는 하나의 척도 및 계층제 속에서 존재하게 되는데 그것을 가치체계(value system)라고 한다(김영종 외, 1987: 208).

네이겔(Nagel, 2001)은 가치를 (1) 본질적 측면(substantive goal), (2) 과정적 측면(process goal)으로 나누고, 본질적 측면이 과정적 측면으로 보완되어야 한다고 본다. 도널드슨(Donaldson, 1995)도 비슷한 시각에서 가치를 (1) 보편적 수용가치(widely-accepted values), (2) 절차적(수단적) 가치로 나누어 설명한다. 수용가치는 1차적 가치(first order value)로서 능률성(efficiency), 효과성(effectiveness), 윤리(ethics)가 포함된다. 절차적 가치는 2차적 가치(second order of values)로서 전자의 방법론적 · 수단적 구현과 관련된다.

이런 논의들을 행정가치의 체계화에 대입해 보면, (1) 본질적인 가치(inherent value)개념, (2) 절차적 가치(procedural value)개념, (3) 행정관리적 가치(managerial value)개념으로 나눌 수 있다. 이 세 가지의 가치에 대하여 안성호(1988: 50)는 다음과 같이 기술하고 있다.

(1) 본질적 가치개념은 공동생활을 통해 달성하고자 하는 궁극적인 가치로 규정할 경우 정의, 공익, 자유, 복지 등의 개념이 포함될 수 있다. 물론 이 경우 정의, 공익 등의 개념을 조작하여 정의를 평등 또는 형평의 개념으로 환원하거나 공익을 정치결정 과정에 관한 절차적 개념으로 이해할 경우 이 개념들은 절차적 가치개념으로 환원될 수 있다.
(2) 절차적 가치개념은 이상적인 사회질서, 즉 사회적 가치의 분배절차 또는 원리에 관한 개념으로 규정할 수 있다. 이 경우 평등, 형평, 민주성의 개념이 속할 것이다. 그러나 여기서 형평의 개념을 정의와 동일시하거나 민주성 이념을 그 본질에서 개인가치의 존중을 의미하는 것으로 이해하는 경우 이 개념들은 본질적 가치개념으로 분류될 수 있다.
(3) 행정관리적 가치개념은 실제적인 행정과정에서 구체적 지침이 될 수 있는 가치개념으로 규정할 수 있다. 합리성, 능률성과 효과성의 이념이 여기에 속한다.

행정적 가치개념의 체계를 이와 같이 세 범주로 나누어 볼 때 본질적인 가치개념에서 절차적 가치개념을 거쳐 행정관리적 가치개념으로 내려올수록 정의적 요소는 옅어지는 대신 서술적 의미가 구체화되고 있다.

4. 교육행정의 가치

1) 행정가치론

행정가치론은 정부의 목적 또는 그 목적을 달성하는 데 가장 바람직하다고 여겨지는 행정활동의 기준과 원리에 관한 것을 다루는 분야다. 다시 말해, 현실을 보는 관점을 존재당위론의 차원에서 사람들이 살아가는 데 가장 필요한 정부활동의 기준과 원리에 관한 가치를 다루는 것이다.

행정현실 또는 행정질서의 올바른 상태는 무엇인가? 행정행위에 지표가 되는 기준이나 원리는 무엇인가?(원하식, 1992) 행정의 궁극적인 목적은 무엇인가? 행정에 관련된 주요 개념들의 의미는 무엇인가?(김만기, 1994) 이와 같은 질문에 대한 답을 구하는 것이다. 그럼으로써 정부실패라는 악(惡)의 행정세계를 정부의 본질 구현이라는 명(明)의 행정세계로 유도하기 위해, 옳은 행정, 바람직하고 가치 있는 행정의 구현 등 현실 행정가치들의 실천 전략을 신 노하우(new know-how)라는 각도에서 추구한다(이도형, 2004: 30).

2) 교육행정의 가치

행정의 가치는 행정의 개념요소 중 어디에 초점을 맞추느냐에 따라 두 가지로 구분된다. 행정의 목적에 초점을 맞출 때 행정이 추구하는 주요 가치는 정의, 자유, 공익, 복지, 발전 등이 된다. 수단으로서의 행정에 초점을 둘 때 행정의 주요 가치는 민주성, 합법성, 능률성, 형평성 등이 된다. 그러나 실제 행정과정에서 비중과 사회적 평가가 언제 어디서나 같은 것은 아니므로, 선진국에서 자유, 복지, 형평성 등이 중시된다면 개발도상국의 행정에서는 발전성, 합법성, 능률성 등이 상대적으로 중요한 행정가치로 인식된다(김영종, 2000: 30).

교육행정의 가치는 교육행정의 개념과 원리를 어떻게 규정하느냐에 따라서 행정의 가치에 대한 관념이 다소 달라진다. 그러므로 교육행정의 원론적인 내용에 나타나 있는 교육행정의 개념과 교육행정의 원리를 살펴보고자 한다.

교육행정의 개념에는 조건정비론, 행정과정론, 사회과정론, 협동행위론, 분류체계론 등이 있다. 조건정비론은 교육행정이 교육목표를 효율적으로 달성하기 위하여 필요한 인적 · 물적 제 조건을 정비 · 확립하는 수단적 · 봉사적 활동이라고 보는 견해다. 행정과정론은 행정가의 일반적 기능이 무엇이며, 행정은 어떠한 순환적 경로를 밟아 이루어지고 있는가에 초점을 둔다. 행정과정이란 계획수립부터 실천 · 평가에 이르는 행정의 전체 경로를 말함과 동시에 이 경로 속에서 이루어지는 행정작용의 제 구성요소를 의미한다. 사회과정론은 교육행정을 하나의 사회적 과정으로 보는 입장이다. 협동행위론은 합리성을 토대로 한 집단적 협동행위로 보는 견해로서 주로 행정행위에 초점을 두며, 특히 의사결정 과정에 역점을 둔다. 마지막으로 분류체계론은 교육행정을 일반행정의 한 부분으로 생각해서 '교육에 관한 행정'이라고 보는 입장이다. 즉, 국가통치권 작용 가운데서 입법 · 사법을 제외한 행정작용을 내무 · 외무 · 군무 · 법무 · 재무의 다섯으로 분류하고, 여기서 내무행정을 다시 보육행정과 경찰행정으로 분류하여 전자인 보육행정 중에 '교육에 관한 행정' 인 교육행정을 포함시키는 것이다.

교육행정의 기본 원리에는 (1) 민주성의 원리, (2) 효율성의 원리, (3) 합법성의 원리, (4) 기회균등의 원리, (5) 지방분권의 원리, (6) 자주성 존중의 원리, (7) 안정성 유지의 원리, (8) 전문성 보장의 원리 등이 있다(윤정일 외, 2002: 26-32).

각 원리에 대한 설명을 하자면, (1) 민주성의 원리란 교육행정기관은 국민과의 관계에서 행정권의 남용을 최대한 통제하고 국민에 대한 책무성을 확보하는 데 초점을 둔다는 것이다. (2) 효율성의 원리란 효과성과 능률성을 동시에 표현하는 말로서 가장 능률적인 방법으로 최대의 목표를 달성하는 것을 말한다. (3) 합법성의 원리란 교육행정의 모든 활동이 합법적으로 제정된 법령 · 규칙 · 조례 등에 따라야 하는 법률 적합성을 가져야 함을 의미하며, 모든 행정은 법률에 위반되어서는 안 되고 법률의 근거가 필요하며 실정법에 맞는 집행을 해야 함을 말한다. (4) 기회균등의 원리란 민주주의의 기본 원리로서 특히 교육행정에서 가장 강력하게 요청되는 원리다. (5) 지방분권의 원리란 교육이 외부의 부당한 지배를 받지 아니하며, 주민의 적극적인 참여와 더불어 지역실정에 따라 그 지역주민의 공정한 통제에 의하는 것이 특징으로 이의 표현이 교육자치제의 실시다. (6) 자주성 존중의 원리란 교육이 그 본질을 추구하기 위하여 일반행정에서 분리 · 독립되고 정치와 종교로부터 중립성을 유지해야 한다는 것이다. (7) 안정성 유지의 원리란 일단 국민적 합의과정을 거쳐 수립 · 시행되는 교육정책이나 프로그램은 장기적인 안목에서 계속성과 일관성을 유지해야 한다는 것이다. (8) 전문성 보장의 원리란 교육행정은 교육을 위한 행정이므로 교육활동의 본질을 이해하고, 교육의 특수성을 스스로 체험하며, 교육행정에 관한 이론과 기술을 습득한, 훈련을 쌓은 전문가가 담당하여야 한다는 것이다.

이상에서 교육행정의 개념과 원리에 비추어 본다면, 교육행정이 추구하는 주요 가치들로는 본질적인 면에서는 정의 · 공익 · 자유 · 복지가 있으며, 절차적인 면에서는 민주성, 형평성, 평등성이 있고, 행정관리적 차원에서는 합리성, 능률성, 효과성, 전문성, 안정성이 있다고 할 수 있다(이도형, 2004: 117).

이들 가치들이 모두 교육행정에서도 추구해야 할 중요한 교육행정가치라고 할 수 있다. 다만 이들 가치들이 서로 중요하다고 주장하며 자신에 비중을 두고 자기를 선택해 달라고 강력하게 요구한다는 데 교육행정의 가치 선택의 어려움이 있다. 근본적으로는 본질가치를 추구하는 과정에서 절차 가치를 지키고, 구체적으로는 행정관리의 가치를 무시하지 말아야 한다는 점이다. 그런데 교육행정에서 겉으로 드러나는 관리적 가치에 치우친 나머지 절차적 가치를 무시하거나 생략해 버리고 눈에 보이지 않는다고 하여 본질적 가치를 잊는 경우가 많다는 점이다. 궁극적으로는 교육과 교육행정의 본질적 가치를 추구해야 한다는 것을 잊지 말아야 한다. 본질적 가치들도 서로 경쟁을 하게 되는데, 여기서 가치의 우선순위와 균형을 정하는 가치판단이 중요한 것이다.

참고문헌

강신택(2003). **행정학의 논리**. 서울: 박영사.

김만기(1994). 행정철학의 연구대상 및 범위에 관한 탐색적 연구. **공공정책 연구, 제12권**.

김영종(1987). 행정철학의 근본 문제. 김영종 외, **관료제와 행정철학**. 서울: 법문사.

김영종(2000). **행정철학**. 서울: 법문사.

김항규(1998). **행정철학**. 서울: 대영문화사.

안성호 외(1988). **행정과 가치**. 서울: 법문사.

원하식(1992). 행정철학의 방향 정립을 위한 시론. **한국행정학보**.

오홍석(1995). 행정과 가치. **서울대학교 행정논총, 33**(2).

윤정일, 송기창, 조동섭, 김병주 공저(2002). **교육행정학원론**(개정3판). 서울: 학지사.

이대희(2001). **가치론의 문제와 역사**. 서울: 정림사.

이도형(2004). **행정철학**. 서울: 대영문화사.

이수윤(1996). **철학개론**. 서울: 법문사.

Hessen, J. 저, 진교훈 역(1997). **가치론**. 서울: 서광사.

Hodgkinson, C. 저, 주삼환 역편(1985). **행정철학**. 서울: 법문사.

Hodgkinson, C. 저, 주삼환 역편(2006). **교육행정철학**. 경기: 한국학술정보(주).

Taylor, P. W. 저, 김영진 역(1985). **윤리학의 기본원리**. 서울: 서광사.

Bozeman, B. (1979). *Public Management and Policy Analysis*. N.Y.: st. Martin' s Press.

Donaldson, John (1995). "Really reinventing Government." *The Atlantic Monthly*, February.

Frankena, W. K. (1978). "Value and Valuation." In P. Edwards et al.(eds.), *The Encyclopedia of Philosophy, Vol. 8*. Crowell Collier and Macmillan.

Hartmann, N. (1926). *Ethik*. Berlin und Leipzig.

Nagel, Stuart S. (2001). "Win-Win Public Management." In K. T. Liou(ed.), *Handbook of Public Management Practice and Reform*. Marcel and Dekker.

Pepper, S. C. (1958). *The Source of Value*. University of California Press.

Scheler, M. (1916). *Der Formalismus in der Ethik und die marteriale Wertethik*. Halle.

Schiller, F. C. (1981). "Value." In J. Hastings(ed.), *Encyclopedia of Religion and Ethics*, Vol. XII. T. & T. Clark.

Simon, Herbert A. (1976). *Administrative Behavior: A Study of Decision-Making Process in Administratire Organization*, 3rd ed. New York: Free Press.

제6장
교육행정의 지향가치

앞 장에서 우리는 교육행정과 가치에 관해 알아보았다. 이 장에서는 교육행정이 지향해야 할 주요 가치에 대하여 알아보도록 한다. 제1절에서는 교육행정의 개념과 행정가치의 속성을 통해 교육행정 가치를 살펴본 다음 교육행정이 지향해야 할 가치를 알아보고, 제2절에서는 실제 사례를 통해 지향가치와 현실의 접점을 살펴보게 될 것이다.

1. 교육행정의 가치

1) 교육행정과 가치

(1) 교육행정의 개념 정의

교육행정의 개념은 여러 가지로 정의할 수 있으나 교육행정을 바라보는 입장에 따라 크게 네 가지로 나누어 볼 수 있다(남정걸, 2003).

첫째, 법규해석적 입장이다. 법규해석적인 정의는 공권설이라고도 하는데, 여기서 교육행정은 법을 잘 해석하여 제대로 적용하는 것이라고 보는 입장이다. 그래서 이를 '교육에 관한 행정'이라고 한다. 공권설에 의하면 교육행정은 교육정책을 실현하는 수단으로써 법규에 따라 교육활동을 지도 · 감독하는 것이라고 본다. 이는 교육행정을 국가통치권의 작용으로 보는 견해로서 공권적 해석 또는 법규적 해석의 적용이라고 보는 것이다. 교육행정에 대한 공권설적 견해는 교육행정이 지방자치단체에 의해 수행된다 하더라도 그것은 국가가 그의 업무를 일시적으로 위임하는 것에 불과하다고 보는 것이다. 법규해석적 접근에서의 교육행정은 법률이 규정해 놓은 바에 따라 교육의 이념 구현을 목표로 하고 교육과정을 마련하며 교육조건을 정비하여 교육활동을 지도 · 감독하는 것이 된다. 그러므로 교육행정의 공권적 작용은 교육운영을 중앙집권적이며 관료적인 통제하에 두기 때문에 교육활동의 자율성과 독창성을 위축시킬 수 있다.

둘째, 지원행정적 입장이다. 지원행정적 입장은 조건정비설 또는 기능설이라고도 하는데, 이는 교육이 잘되도록 조건을 정비해 주는 것(환경, 교원 등), 밑에서 여건(조건)을 지원해 주고 조성해 주며 민주적인 분위기의 지방분권적 민주교육을 실현할 수 있는 환경을 만들어 주는 것이다. 기능설에서 교육행정은 교수-학습 활동을 잘하도록 도와주는 활동을 한다는 입장이다. 그래서 이를 '교육을 위한 행정'이라고 한다. 따라서 이 이론은 교육과 행정을 분리한 것이다. 교육행정에서는 교육목표 달성을 위하여 필요한 조건을 마련해 주는 조장적 활동을 하게 된다. 조건 정비적 교육행정에서는 행정행위가 교육활동을 위한 수단으로 작용하기 때문에 행정은 어디까지나 지원 또는 봉사활동으로 작용해야 한다는 것이다. 조건정비설은 행정이 교육을 떠받치는 밑에서 위로의 민주적인 발상에서 이해하려는 입장이다. 그러나 교육행정의 목적이 학생들의 성장 발달을 위하여 마련되는 교수-학습 활동을 도와주는 것에 있다는 점을 강조한 나머지 행정의 목표 관리활동을 소홀히 할 가능성을 배제할 수 없다.

셋째, 조정행정적 입장이다. 이는 경영설, 행정행위설이라고도 하는데, 여기서 교육행정은 교육에 참여하고 있는 여러 집단(교사, 교육행정가 등)이 상호 의존하면서 이루어 나가는 협동적인 집단행위며 교육조직의 공동목표를 이루기 위한 합리적인 행위다. 경영설에서 교육행정은 교육의 목표 달성 활동이라는 입장이다. 그래서 이를 '교육의 행정'이라고 한다. 이 경우는 행정과 교육을 분리시킬 수 없다는 입장이다. 경영설에 의하면 교육행정은 교육목표 달성을 위하여 필요한 교육조건을 갖추어 교육활동의 전 과정을 합리적으로 관리하는 활동이라고 본다. 성립 배경은 산업사회의 경영학적 지식을 교육행정에 적용하여 체계적이며 합리적인 교육경영을 하려는 노력에서 출발하였다. 교육경영의 입장에서는 교육경영을 위한 계층적 조직이 중요한 역할을 하지만, 그것은 어디까지나 목표 달성을 위한 활동으로서 자기 일에 자기가 책임을 지는 등 자기 관리를 하는 데 중점을 두게 된다.

넷째, 정책실현설이다. 교육행정을 교육정책을 실현하기 위한 활동으로 보는 것이다. 공교육에서의 교육이념은 국가의 이념, 국가가 설정한 교육이념을 실현시키는 기관이 된다.

이상 살펴본 바와 같이 교육행정은 관점에 따라 여러 가지로 정의할 수 있을 것이다. 이러한 관점을 포괄하여 살펴보면, 교육행정은 교육의 목적을 달성하는 데 필요한 법적, 물적, 인적 자원을 확보하여 교육활동을 지원하고 조장하는 활동이라고 규정할 수 있을 것이다. 개념에서 살펴본 바와 같이 교육행정이 궁극적으로 지향해야 할 것은 교육의 목적이라고 할 수 있다. 여기서 교육의 목적은 앞서 언급한 것처럼 가치지향적인 활동이기 때문에 교육행정도 가치지향적인 활동이 될 수밖에 없는 것이다.

그렇다면 행정가치는 어떠한 속성을 가지고 있는지 살펴보도록 하겠다.

(2) 행정가치의 속성

행정가치는 바람직한 행정이 무엇인지를 규명하는 윤리적 척도로서 크게 다음과 같은 세 가지 기본 속성을 지니고 있다(김호섭, 1998).

첫째, 주어진(given) 사실이 아니라 만들어진(made) 규범이다. 즉, 행정가치는 진위에 관한 것이 아니라 옳고 그름 혹은 좋고 나쁨에 관한 것이다. 행정가치는 종종 공무원의 동기나 인격, 행정행위 그리고 정책의 옳고 그름을(혹은 좋고 나쁨을) 묘사하는 데 쓰이기도 하고, 개인이나 조직의 성격 및 행동을 묘사 · 장려 · 비판하는 데 사용되기도 한다. 그러나 이들은 행정가치에 대한 올바른 용례가 아니다. 행정가치는 개인이나 조직의 행위, 그리고 이러한 행위가 지닌 '규범적 특질'을 지칭하는 것이 아니라 개인이나 조직이 추구하는 '규범적 원리'를 지칭하기 때문이다. 즉, 행정가치는 공무원이나 행정조직이 지닌 '사실' 그대로의 모습—즉, 유형(pattern)이나 특질(quality)—이 아닌 그들이 소유하거나 헌신하고 있는 일련의 규범적 신념을 지칭하는 것이다. 이러한 맥락에서 행정가치는 인간사회에 다양한 예의범절이나 법, 종교가 존재하듯이 다양한 형태로 존재할 수 있고(예: 능률, 사회적 형평, 평등, 책임 등) 서로 다른 시간과 장소에서 유행하고 변할 수 있다.

둘째, 행정가치는 가정(假定)이나 규칙, 원리 그리고 기타의 평가기준의 형태를 띠면서 특정 행정행위를 유도 · 평가 · 장려하는 행동지침으로 기능한다. 즉, 행정가치는 행위나 인격 형성, 공공생활 등에 관한 일종의 기준으로서 공무원이나 정부조직이 특정 상황에서 자신들의 행위나 모습이 어떠해야 하는가를 당위적으로 결정하는 데 도움을 준다. 이럴 경우 행정가치는 진위가 아닌 옳고 그름에 관한 신념에 근거를 둔 평가를 허락하는 한 어떠한 형태도 무방하다. 일반적 의미의 규범적 진술은 물론이고 모든 종류의 규칙이나 원리 또는 이상 등을 지칭할 수 있는 것이다.

셋째, 행정가치는 이기적이 아니라 이타적(altruistic)이다. 공무원이나 정부조직의 행위를 유도하는 행정가치는 법이나 사려분별(prudence), 예의범절, 종교와 같이 타산적 혹은 심미적(aesthetic) 사유로 정당화되는 일반적 생활지침과 구별된다. 행정가치가 중시하는 것은 이러한 사유가 아니라 일종의 이성과 같은 것이고, 이 이성이 국민에게 미치는 파급효과를 고려한다. 이런 맥락에서 행정가치는 공통적으로 공무원이나 정부조직에서 '타인(other)' 들과의 관계를 어떻게 유지하는 것이 바람직한가를 규범적으로 알려주고, 이를 통해 다른 가치와는 달리 '자아(self)' 에 대한 관심을 효과적으로 배제한다.

(3) 교육행정 가치

행정철학, 행정이념, 행정윤리 등의 용어는 행정행위의 원칙과 기준을 제시하고 모색하는 가치지향적인 개념이다. 여기서 철학이 가능한 모든 보편적인 행동의 기준을 모색하는 것이라면, 이념은 그중에서도 바람직한 행동의 기준을 추구하며, 또 윤리는 그중에서도 문화적인 맥락 속에서 타당한 행동의 기준을 추구하는 가치를 내포하는 개념으로 구분할 수 있다(박영기, 1990).

행정행위의 바람직한 기준을 추구하는 행정이념으로 주장되는 가치들은 상당히 다양하다. 합리성(rationality), 민주성(democracy), 생산성(productivity), 대표성(representativeness), 대응성(responsiveness), 책임성(responsibility), 책무성(accountability), 공개성(openness), 능률성(efficiency), 효과성(effectiveness), 효율성, 합법성(legality), 경제성(economy), 정치적 가능성(political feasibility), 정치적 중립성(political neutrality), 사회적 형평성(social equity), 자기 정체성(self-identity), 자주성, 독자성, 주체성, 윤리성(ethics), 도덕성(morality), 친절성(friendliness), 서비스 정신, 고객 제일주의(customer first), 고객 감동주의, 자율성(self-control), 인도주의, 자유주의, 평등주의, 공리주의, 다원주의(pluralism),

성실성(integrity), 공공성(publicness), 청렴성, 공정성(fairness), 공익성(public interest) 등 실로 가치를 담은 행정이념은 철학과 이념 및 윤리의 스펙트럼만큼이나 다양하다.

이상의 이념들은 행정이 공익을 추구할 때 견지하고 추구하는 행동의 기준으로서 상호 배타적인 것이 아니라 상호 보완적인 것이다. 즉, 합리성, 민주성 및 자주성이 상충하는 것이 아니라, 합리성은 비합리적인 계산과 상충하고, 민주성은 비민주적인 합의와 상충하고, 자주성은 비자주적의존적 입장과 상충하는 것이다. 그리고 각각의 이념들은 상황에 따라서 동등하게 적용되거나 우선순위를 달리하여 적용되는 것이다.

2) 교육행정의 지향가치

교육행정의 지향가치는 교육행정이 지향하는 최고 가치, 이상적인 미래상 또는 행정철학, 행정의 지도정신, 나아가 교육행정을 행하는 모든 구성원의 행동 지침 및 방향을 의미한다. 교육행정이 추구하는 가치는 교육행정 활동에서 직면하게 되는 의사결정 과정에서 합리적인 가치판단 기준으로 작용하며, 그 우선순위를 엄격히 구별할 수 있는 것이 아니라 상호 보완적·상대적 성격을 띠고 있다. 그리고 역사적·정치적·상황적 요인에 따라 그 평가기준은 달라진다. 여기서는 교육행정의 지향가치를 교육행정에서 지향해야 할 본질적인 가치와 사회가치의 배분원리와 관련된 절차적 가치, 그리고 행정과정에서 구체적인 사항을 처리할 때 사용되는 행정관리적 가치로 나누어 살펴보도록 하겠다(이도형, 2004).

(1) 교육행정 본질적인 가치

교육행정에서 지향해야 할 가장 본질적인 가치로는 (1) 정의, (2) 공익, (3) 복지가 있다(이도형, 2004).

정의

이념과 가치는 인간에 의하여 필연적으로 의지하는 것이다. 사람들은 그 자신에게 기초를 두고, 다른 어떠한 고차적 이념이나 가치로부터도 흔들리지 않는 것으로 진리, 선, 정의에 관하여 말한다. 진리는 인간 생활의 순수한 이론적 측면으로 나타나며, 이에 대하여 선·정의는 인간 생활의 실천적 측면으로 나타난다. 또한 실천적 측면 가운데 내적 측면으로 나타나는 것이 선, 외적 측면으로 나타나는 것이 정의다.

물론 인간의 현실생활에서 이론과 실천, 내면과 외면이 불가분의 관계가 있는 것과 같이 진리, 선, 정의도 서로 관련되어 있다. 흔히 정의의 개념은 (1) 주관적 정의, (2) 객관적 정의로 나누어진다. '주관적 정의'는 옛날부터 덕으로서, 인간의 성정(性情)으로서의 정의를 들어 말하는 것이다. 예를 들면, 울피아누스(Ulpianus)는 "정의란 각 사람에게 그의 권리를 향유하게 하는 끊임없는 의지가 있다."라고 정의하였다. '올바른 재판관'이라는 용어도 그러한 예다. 이에 대하여 인간의 상호관계, 사회관계에서 옳고 그름을 말하는 것이 '객관적 정의'다. '공정한 가격'이라는 용어가 그러한 예다. 주관적 정의는 객관적 정의를 실현시키고자 하는 성정으로 성실이 진리와 짝이 되는 것과 같은 관계에 있다.

공익

일반적·추상적으로는 사회공공의 이익이나 불특정다수인(不特定多數人)의 이익이 공익이고 특정 개인의 이익이 사익이라고 할 수 있다. 공사(公私)의 한계가 상대적·유동적인 지금 양자의 구별은 명확하지 않고, 공익이면서 동시에 사익인 것 같은 이익 상태, 또는 공익에 어느 정도 사익이 포함되어 있는 것 같은 이익 상태, 어떤 경우는 그 반대의 이익 상태 등 여러 가지를 생각할 수 있다.

복지

복지(福祉)의 사전적 정의는 만족할 만한 생활환경이다. 복지의 가치가 대두되게 된 이유를 살펴보면 다음과 같다.

첫째, 오늘날과 같은 급속한 성장이나 발전하는 경제사회 아래서는 격렬한 경제성장에서 몰락해 가는 사람들과 번영에서 버림받게 된 계층의 출현이 이미 무시할 수 없을 정도로 부상하고 있다. 이에 대하여 현대 정부와 사회는 연대주의 이념에 입각하여 도움의 손길을 뻗쳐 나가야 한다는 구빈정책이 복지정책의 시작이었다고 말할 수 있다. 이것은 평등화 정책을 지향한 정부의 개입이라고 할 수 있다.

둘째, 자본주의 발달과 더불어 경기변동이 격화 · 심화되고 인플레이션과 불황이 국민생활을 불안하게 하여 경제적으로 약한 사람에게는 큰 고통을 주고 있다. 말하자면 도산과 실업의 발생을 방지해야 하는 것이 정부의 책임이라는 인식을 하게 되어 이와 같은 것을 안정을 지표로 한 정부 개입의 하나로 보게 된 것이다.

이렇게 성장, 평등, 안정이라는 측면에서 복지 수준을 증진해 나가려는 견해가 생겨나게 되었다. 또한 경제생활의 향상과 생활 수준의 상승, 물질적 생활수단에 대한 욕구가 점차로 충족됨에 따라 사람들의 비경제적인 욕구까지도 충족시켜 나가려는 경향이 생겨 그 대상이 되고 있다(최종인, 2004).

(2) 교육행정 절차적 가치

절차적 가치란 사회의 본질적인 가치를 배분하는 과정에서 그 원리와 관련되는 가치로 (1) 민주성, (2) 형평성, (3) 평등성이 있다(이도형, 2004).

민주성

행정의 민주성이란 민주적인 행정으로서 모든 시대에 강조되었던 중요한 행정의 이념이다. 민주적인 교육행정이 되기 위해서는 정치의 민주화가 필요하며, 전체 국민의 복리를 위하여 국민의 의사를 충실히 행정에 반영하고 국민의 참여를 높이며, 행정규제를 통하여 책임 있는 행정을 하고 국민을 위하여 봉사하는 행정이 이룩되어야 하는 것이다. 민주성은 조직 내적 민주성과 조직 외적 민주성으로 나누어 설명하기도 한다(유종해, 2001).

'조직에서의 민주성'이란 조직 내에서의 계급과 권력에 관계없이 충분하고 자유스러운 의사전달을 하고, 강제보다는 오히려 중지에 의존하며, 기술적인 지식과 능력(technical knowledge and competence)에 근거한 영향을 받아들인다. 그리고 업무지향적 행위(task-oriented acts)뿐만 아니라 감정적 표현(emotional expression)까지도 받아들이는 분위기며, 기본적으로 인간적 편견(human bias)을 배제하고 있는 가치체계다.

마리니(F. Marini)는 조직 내적 민주성의 한 요소로서 자기실현을 강조하고 있다. 그는 이외에도 개방적이고 솔직한 행위(open and honest behavior)를 지적하고 있다. 빌러(R. Biller)는 조직 내적 민주성의 기본적 요소로서 자율성(autonomy), 상호의존성(interdependence), 개인적 자유(individual freedom), 소수와 다수의 권리(minority and majority rights) 등을 지적하고 있다. 이러한 조직 내적 민주성에 관한 학자들의 견해를 토대로 하여 조직 내적 민주성의 개념을 구성하고 있는 요소들을 추출하여 정리해 보면, (1) 조직 내적 참여와 결정에의 참여 욕구 중시, (2) 자율적 업무처리, (3) 자기실현감, (4) 다수 의사와 동등한 수준의 소수 의사존중, (5) 결정권한의 하부 위임, (6) 합의에 의한 결정, (7) 평등성, (8) 타인 의견의 존중, (9) 우호적 분위기 등이 있다.

행정에서의 '조직 외적 민주성'이란 바로 이러한 대국민 또는 대공적(對公的) 수혜자와의 관계에서 나타나는 개념이다. 왈도(D. Waldo)의 경우에는 조직 외적 참여, 즉 공식적 행정조직 외부에 위치한 수혜자 또는 그에 영향을 받는 사람들이 행정조직의 목표설정과 계획 수행에 관여하려는 일체의 행위를 증진시킴으로써 전통적 행정조직의 특정인 권위주의성, 계층성, 원리원칙성, 역할의 특정성(role specificity)에서 탈피하여 민주주의의 목표에 부응할 수 있다고 주장한다. 프레데릭슨(H. Frederickson)은 보수적 또는 전통적 행정의 주요 관심은 가용자원을 가지고 어떻게 하면 보다 많거나 보다 나은 서비스를 제공할 수 있느냐 하는 능률성의 문제와 보다 적은 돈으로 어떻게 하면 서비스 수준을 유지하느냐 하는 경영성의 문제였다고 본다. 그리고 오늘날 행정의 관심사는 이러한 서비스를 어떻게 하면 사회적 형평(social equity)을 높이는 방향으로 유도할 수 있느냐 하는 데 있다고 한다.

형평성

형평성이란 사회정의, 평등과 유사한 것으로 행정인(行政人)은 사회적 불평등을 제거해야 할 의무가 있으므로 부유층이나 특정 집단 대신 사회적 · 경제적 · 정치적으로 불리한 입장에 있는 계층을 위하여 국가의 특별한 배려에 의해 서비스 배분에서 공평성과 평등성을 보장하는 것을 말한다. 즉, 동등한 것을 동등한 자에게, 동등하지 않은 것을 동등하지 않은 자에게 처방하는 것이다. 행정의 주요한 과제는 가능한 사회적 · 경제적 혜택의 배분을 균등화시키고 국민이 받는 행정서비스의 형평성을 확보하는 것이라 할 수 있다. 오늘날에는 계속 팽창하고 있는 행정수요를 충족시킬 수 있는 가용자원의 제약으로 인해 자원배분의 형평성 확보가 중요시되고 있다. 특히, 사회적 형평성이 행정학에서 관심을 끌게 된 이유는 미국에서의 신행정론의 대두와 밀접한 관계가 있다. 신행정론자들은 전통적 이론이 능률지상주의와 조직의 대내적 측면만을 강조하였을 뿐 사회적 · 경제적 소수파를 고려하지 않았다고 비판하였다. 이에 행정학의 자기비판으로서 사회적 형평성을 강조하였으며, 그 이론적 근거를 롤스(Rawls)의 '정의론' 에서 찾고 있다. 이러한 형평성의 이념은 그동안 성장거점식의 경제개발 과정으로 지역 간, 계층 간의 격차가 악화된 우리나라에서도 중요한 교육행정 이념으로 대두하고 있다.

그간 급속한 경제성장으로 인한 빈부의 격차, 지역 차별적 경제정책으로부터 민주화에 대한 요구의 증대는 형평화에 대한 수요를 현저하게 표출시킬 것이므로, 종래 효과성 · 기계적 능률에 입각한 행정에서 민주성 · 형평성 중시의 행정으로의 변화가 요구된다. 형평성이 일견 능률성과 상호 모순 되는 것처럼 보이지만, 능률성을 사회적 능률개념으로 확장해 보면 형평성과 일맥상통하는 바가 있으며 상호 보완적 관계로 파악할 수 있다. 즉, 사회적 형평에 기초하지 않은 능률은 가진 자의 맹목적(盲目的) 능률이며, 능률의 뒷받침 없는 사회적 형평은 낮은 수준으로의 허례적(虛禮的) 형평이라 할 것이다. 최근 일고 있는 교육의 양극화 현상은 형평성의 문제에서 따져봐야 할 일이다.

평등성

평등은 민주주의가 추구하는 보편적 가치로서 인간의 기본권을 대변한다. 그러나 평등에 관한 전통적 묘사나 개념 구성은 가끔 가상적 가치판단이나 공허한 명제에 지나지 않는다. 예컨대, X=Y라는 공식은 무엇이 누구에게, 얼마만큼, 그리고 어떠한 기준에 의해서 배분되느냐에 대한 상세한 규정 없이는 그 자체가 시사하는 바는 거의 없다. 평등을 이해하기 위해서는 최소한 '누가' 동등한 몫을 얻고 '무엇이' 균등화되는가에 대한 규명이 이루어지고, 이를 바탕으로 동등한 배분이 측정될 수 있는 규칙이 설정되어야 한다(김호섭, 1991).

개념상 평등은 평등한 배분의 주체(수혜자)와 객체(대상)라는 두 구성요소를 지닌다. 이들은 고전철학에서 각각 인간이 지닌 공통적 '속성(properties)'과 인간이 받는 '대우(treatments)'를 반영한다. 전자에 의하면 인간이 평등하다고 하는 것은 그들이 어떤 특질을 공유하고 있음을 의미한다. 그러나 인간은 다양한 측면에서 다른 것이 현실이다. 인간은 천부적 재능에서 다르고, 제도적 변이에 따라 다르며, 연령, 힘, 지능, 권력, 소유 등 모든 사람들이 공통으로 지닌 속성에서 다르다. 따라서 인간이 동등하다고 하는 것은 일정한 속성에서 인간이 소유하고 있는 유사점이 차이점보다 더 중요하다는 의미일 뿐이다.

이에 비해 평등의 두 번째 속성은 인간이 비록 속성에서는 다를지라도 '동등한 가치'나 '존엄성'을 지녀야 한다는 의미다. 이와 같은 명제는 인간이 평등하게 취급되어야 할 자격이 있음을 강조하는 것으로서 규범적 의미를 수반한다. 그리고 개인이나 집단에 대한 동등한 대우는 그들에게 혜택이나 가치가 배분되는 방법에 따라 달라질 수 있는데, 이러한 혜택들은 실업수당이나 복지기금과 같이 '물질적'인 것일 수도 있고 정부가 특정 직위를 점유하는 것처럼 '기회'를 의미할 수도 있다.

교육과정의 평등은 곧 교육조건의 평등을 뜻한다. 이에 대해 콜먼(Coleman)이 적절하게 표현한 바가 있다. "교육기회의 평등은 단지 취학의 평등만이 아니라 평등하게 효과적인 학교에의 취학을 의미한다." 이는 다같이 중학교에 다니게 된 것만으로는 평등이 아니라는 것이다. 학교의 시설, 교사의 자질, 교육과정 등에서 학교 간의 차이가 없어야 평등이라는 것이다. 왜냐하면 학교 간의 차이는 그 자체도 문제지만, 상급학교 진학에 큰 차이를 가져오기 때문에 결국 상급학교 교육의 기회분배에 차이를 가져온다. 그러므로 학교의 교육 여건과 교육이 진행되는 모든 과정이 평등하게 되지 않으면 교육평등은 아직 실현되지 않은 것으로 본다.

(3) 교육행정 관리적 가치

관리적 가치는 행정과정에서 구체적인 사항을 처리할 때 사용되는 가치로 구체적인 실행지침이라 할 수 있다. 관리적 가치에는 (1) 합리성, (2) 능률성, (3) 효과성, (4) 전문성, (5) 안정성이 있다(이도형, 2004).

합리성

고전철학에서 합리성은 인간으로 하여금 사색하고 숙고하며 이성으로서 행위를 다스리게 하는 인간만이 지닌 하나의 고유한 특성이다. 이러한 의미에서 합리성은 인간사회의 형성을 위한 필수적 요소였고, 인간이 정의, 평등, 자유와 같은 방대한 문제에 관심을 갖도록 하였다. 그러나 이러한 합리성의 낭만적 시각은 합리성이 행정 행태의 규범적 근거가 되면서 극적으로 그 성격을 달리하게 되었다. 경제적 인간, 과학적 관리, 공학적 인간(engineering man) 등 고전적 인간관의 등장과 함께 합리성은 인간의 연민이나 감성을 배제한 냉철한 계산과정을 대변하는 개념이 된 것이다.

합리성이란 일반적으로 어떤 행위가 궁극적 목표 달성의 최적 수단이 되느냐의 여부를 가리는 개념으로, 목적과 수단, 원인과 결과 간의 관계에 관한 타당한 근거를 가지고 행동하는 것을 말한다. 그리고 수단의 합목적성에 입각한 목적 · 수단의 연결(means-ends chain) 내지 목적 · 수단의 계층제에 기초를 두고 있다. 물론 목적과 수단의 양자는 상대적인 차이가 있을 뿐이다. 즉, 수단은 목적에 대한 적합성에 따라 선택되는 것이며, 그 목적도 보다 고차적인 목적에의 적합성에 비추어서 선택할 수 있는 것이다. 교육행정기관이 추구하는 공공목적은 하나의 목적 · 수단의 계층제에 포용되지 않고 서로 밀접한 관련성과 경우에 따라서는 상승성을 띤 수많은 목적 · 수단의 계층제로 분산되고 있다. 또한 행정목적의 설정에는 행정의 수익자인 국민의 이해 관계, 행정관리자 간의 의견 대립, 가치판단 문제 등이 관련되므로 목적의 다원성이 불가피하다. 따라서 가치합리성과 관련되는 경우가 많으며 다수의 공공목적은 가치판단 문제를 내포하고 있다(김호섭, 1988).

능률성

능률성이라는 개념은 시대에 따라 학자마다 조금씩 다르기는 하지만 일반적인 의미는 어떤 목적을 달성하기 위하여 투입된 투입물과 그 결과 얻게 되는 산출물의 비율로 정의된다. 이런 의미에서 능률성은 흔히 생산성과도 동의어로 쓰이기도 한다. 우리가 사는 사회는 희소성이 지배하고 있고 이러한 이유 때문에 동서고금을 막론하고 능률성은 아주 중요한 가치 혹은 목표로 여겨져 왔다. 행정도 사회의 한 하위체제이기 때문에 능률성은 행정을 안내하는 하나의 주요 이념으로 되어 왔다. 좁은 의미로는 산출/투입의 크기를 측정하는 것으로 최소의 비용으로 최대의 산출을 나타내는 것을 의미한다. 그리고 넓은 의미로는 투입에 대한 효과의 비율을 의미한다. 즉, 능률성은 최소의 비용과 노력으로 최대의 효과를 가져오는 것을 말한다. 이때의 산출은 행정활동의 직접적인 결과로서 가시적이고 물리적인 것이다. 능률성을 이론적으로 뒷받침하는 기준으로는 파레토 최적 상태를 들 수 있다. 파레토 최적 상태란 다른 사람의 후생을 감소시키지 않고는 누구의 후생도 증대시키는 것이 불가능하도록 자원이 효율적으로 배분되어 있는 상태로, 자원배분의 효율성을 의미하지만 분배의 형평성을 확보해 주는 것은 아니라는 한계를 지닌다(박세정, 1993).

효과성

효과성은 발전행정의 중심 개념으로서 능률성보다 추상적이며, 수단·목표의 계층상에서 목표 달성도를 의미한다. 효과성은 실적을 교육행정 목표와 대비시킴으로써 파악될 수 있으므로 효과성의 측정·평가를 위해서는 교육행정기관의 목표가 명확하게 설정되어야 한다.

전문성

행정학에서 전문 직업화 또는 전문성이란 대개 다섯 가지 특색을 가지고 있는 것으로 볼 수 있을 것이다(박동서, 2001: 64).

첫째는 체계화된 전문 지식을 가지고 있을 것, 둘째는 장기간에 걸친 교육을 받았을 것, 셋째는 자율적으로 규정한 윤리헌장이 있을 것, 넷째는 고객에 대한 봉사가 우선이라는 규범적 목표를 가지고 있을 것, 다섯째는 자신의 봉사에 대한 보상이 사회적 신망을 누릴 수 있는 정도가 될 것 등이다. 교육행정의 전문성도 이와 같은 일반적 범주에서 크게 벗어나지는 않을 것이다.

안정성

이는 교육행정 활동에서 지속성과 일관성을 강조하려는 것이다. 모든 조직체는 그 자체의 존속을 위하여 전통을 계승하고 좋은 것을 보존하려는 보수주의도 필요로 한다. 이것은 조령모개로 무질서와 혼란을 초래하면 조직 자체의 존립을 위태롭게 할 수도 있기 때문이다. 이는 제도의 안정, 정책의 일관성, 인사 · 재정 등 운영에서의 시행착오나 급격한 변혁을 경계하려는 것이다. 수십 년 동안 교육개혁과 교육혁신이 외쳐지고 있는데, 이때 동시에 생각할 점은 바로 안정성의 가치라는 점에 유의해야 한다.

교육행정에서 지향해야 할 세 종류의 가치를 종합해서 묶어 놓으면 〈표 6-1〉과 같다.

〈표 6-1〉 교육행정 지향가치

본질적인 가치	절차적 가치	관리적 가치
(1) 정의, (2) 공익, (3) 복지	(1) 민주성, (2) 형평성, (3) 평등성	(1) 합리성, (2) 능률성, (3) 효과성, (4) 전문성, (5) 안정성

2. 교육행정 지향가치 접근의 실제

1) 교육행정 가치갈등

(1) 가치갈등의 원인

오늘날처럼 사회 변동의 속도가 빠르고 전통적인 것과 근대적인 것, 동양적인 것과 서양적인 것이 함께 공존하고 있는 상황에서 사람들은 그 어느 때보다도 가치의 갈등을 많이 경험하게 된다. 예를 들어, 교육의 기회균등이 하나의 슬로건으로 주장되고 있지만 현실에서는 교육의 기회가 균등하게 배분되고 있지 못하는 경우를 종종 발견하게 된다. 도시와 농촌의 교육 수준은 차이가 많으며, 돈이 없으면 학교에 다니기 힘들고 또 과외를 받기도 어렵다. 정치가들은 흔히 국가와 민족을 위하여 최선을 다한다고 하지만 부정부패에 연루된 정치가들이 매스컴에 오르내린다. 이와 같이 모순과 갈등이 많은 상황에서 사람들은 어떤 것을 믿고 따라야 할지 방황하게 되며 이것이 가치갈등의 원인이 된다.

(2) 가치갈등의 유형

우리 주변에서 제기되는 가치갈등의 현상과 그로 인해 파생되는 문제점을 살펴보면 다음과 같다. 첫째, 역사적 특수성에서 오는 가치갈등이다. 이것은 전통적 가치와 현대적 가치, 동양적 가치와 서양적 가치, 보수와 진보 또는 혁신 이데올로기 간의 갈등으로 우리나라의 역사적 특수성에서 발생되는 가치갈등을 일컫는 것이다. 둘째, 사회사상의 갈등이다. 이것은 근대화 이론과 종속이론, 균형론과 갈등론, 관념론과 유물론, 개인주의와 집단주의 간의 갈등과 같이 사회사상의 차이로 발생되는 가치갈등이다. 셋째, 집단 간의 갈등이다. 이것은 지역갈등, 계층갈등, 세대갈등, 남녀갈등과 같이 집단 사이에서 발생되는 갈등의 유형이다. 그 밖에 전인교육과 출세주의 교육 간의 갈등, 인간교육과 수단교육, 민족주의와 세계주의 교육 간의 갈등이 있을 수 있다. 이러한 갈등은 아노미 현상과 문화적 정체감과 위기를 가져올 수 있으며 문화단절과 부적응, 사회집단 간의 갈등과 대립과 같은 현상을 불러올 수 있다.

2) 교육행정의 지향가치 접근 – 교육행정정보시스템의 사례

(1) 가치갈등의 경과

2001년 전자정부 11대 과제 중 교육행정정보시스템(National Education Information System: 이하 NEIS)이 중점 과제로 선정됨에 따라 2002년부터 NEIS 설계 및 물적 기반이 본격적으로 이루어지게 되었다. 그리하여 2002년 9월부터 전국 267개 학교에서 시범운영을 거치게 되었고, 2003년 2월 전국교직원노동조합(이하 전교조)이 NEIS의 교무학사 영역을 인권침해를 이유로 국가인권위원회에 진정한 이후로 교육인적자원부(이하 교육부)의 교육행정 효율성 주장과 전교조의 정보인권보호 주장이 상호 대립하면서 NEIS의 시행 여부는 오랜 기간 동안 불투명한 상태였다. 2년여 동안의 두 집단의 갈등 상황은 NEIS의 본질적인 가치논란을 떠나 두 집단의 힘겨루기로 변질되어 결국 교육현장에 큰 혼란을 야기하였다.

NEIS는 행정 효율적 가치에서 출발하여 인권적 가치에 근거한 저항을 받으면서 공론화되었다. 'National'로 시작되는 이름 짓기를 했다는 것 자체만 봐도 이 시스템을 기획한 교육행정가들이 교육적 가치보다는 행정적 가치, 즉 행정의 효율성을 염두에 두고 도입했을 것이라 짐작할 수 있다. 이 시스템을 '나이스'라고 발음하는 이들은 시스템의 효율성을 강조하고, '네이스'라고 부르는 반대편은 그로 인한 인권침해의 문제를 강조하였다(김재춘, 2003: 5). 갈등의 전개과정을 개괄해 볼 때 이 시스템에 대한 찬반의 정당성을 주장하는 논거들의 대부분은 효율성과 정보인권 담론에서 파생되었다.

효율성 중심론의 경우 주로 교육부 쪽의 논리에서 발견되고 있다. 단위학교의 행정정보화는 구축되어 있는 반면 시·도 교육청과 교육부를 연계하는 정보유통체계는 구성되지 않아 학교 자료를 실시간으로 활용하는 시스템 구성이 시급하다는 점, 정보화의 물적 기반이 조성된 환경에서 기존의 장부문서 위주로의 행정을 디지털 행정으로 전환해 업무 생산성을 높여야 할 상황이라는 점, 제한된 교육행정 인력으로 교육정책 전반을 다룰 수 있는 정보화 환경조성으로 정책의 질을 제고한다는 점, 그리고 표준화 시스템 개발로 전국 단위의 정보유통 기반을 구축한다는 점을 NEIS 사업의 추진배경으로 설명하고 있다(교육인적자원부, 2001b). 그리고 NEIS 도입의 기대효과로 학부모의 알 권리 및 교육권 신장, 학교와 가정의 연계성 확대를 통한 교육목적의 효과적인 달성, 교원의 업무경감을 통한 교육목적의 효과적인 달성, 교원의 업무경감을 통한 교육의 충실화 도모, 대국민 서비스 제고 및 업무처리의 간소화, 기존 C/S시스템의 보안 취약성 보완 및 비용절감을 들고 있다(전자정부특별위원회, 2003: 212-214).

정보인권 중심론은 전교조 쪽의 논리에서 발견되고 있다. 학생과 학부모의 동의 없이 방대한 정보를 집적하고 있다는 점, 특히 교무학사, 입(진)학, 보건 영역의 정보 집적은 명백한 인권침해라는 점, 정보관리 주체가 학교장이 아닌 교육부와 시·도 교육청이어서 교육의 자주성을 훼손한다는 점, 보안기술이 해킹 기술을 제압한 적이 없으며, 통합시스템은 정보 유출로 인한 피해규모가 더욱 크다는 점을 들어 NEIS 시행을 반대했다(김학한, 2003: 8-10). 정보통신기술의 발달로 개인의 신상정보에 대한 집적·검색·유통이 용이해지면서, 프라이버시 개념은 '자신에 관한 정보를 통제할 수 있는 권리' 라는 적극적 개념으로 확대되어 왔다. 즉, 한 개인이 자신에 관한 정보를 언제, 어떻게, 어느 정도로 타인에게 유통시키느냐를 스스로 결정하는 권리로 이해되기 시작한 것이다. '역감시권(right to counter-surveillance)' 과 '자기정보 통제권' 등이 정보 프라이버시를 주창하는 개념으로 통용되고 있다(고려대학교 정보보호정책연구회, 2003: 246-247, 장우영, 2003: 148-150).

NEIS 갈등은 심화단계에 접어들면서 정보가치 갈등과 더불어 교단갈등이 중첩적으로 전개되었다. 교단갈등은 보수적 교원단체와 진보적 교원단체 간의 세력갈등의 양상을 띠게 되었다. 이러한 갈등 양상은 '효율성 대 정보인권' 을 '전교조 대 반전교조' 라는 비본질적 논쟁으로 변질시켰다.

여기에서는 제1절에서 살펴본 교육행정의 지향가치를 기준으로 다시 분석해 보도록 하겠다.

(2) 본질적 측면의 공익 대 인권

우선 양측의 주장을 살펴보면, 교육부의 논리는 NEIS는 지식정보화 사회에 맞는 교육행정 지원을 하기 위해 개발된 시스템으로 기존의 시스템들이 학교 내에서만 이루어지는 교사와 학생 사이의 모든 교육활동의 과정과 결과의 축적이었으며, NEIS는 학교 내의 교사와 학생 사이의 모든 교육활동의 과정과 결과의 축적이 학교 밖의 학부모, 교육청까지로 수혜가 확대된다고 생각한다. 즉, 여러 사람의 공익이 증가되는 것이라 보는 입장이다. 반면, NEIS를 반대하는 입장은 정부가 교육에 관한 개인정보를 수집하는 것이 인권침해에 해당하며, 현재 생활기록부와 건강기록부에 있는 250여 가지의 방대한 개인정보는 정부기관인 교육청 단위로 수집될 수 없는 개인의 사적인 영역에 해당하므로 인권을 침해한다는 주장이다.

공공기관의 개인정보 보호에 관한 법률에 의하면, 국가행정기관 등 공공기관이 생존하는 개인에 관한 정보로서 당해 정보에 포함되어 있는 성명·주민등록번호 등의 사항에 의하여 당해 개인을 식별할 수 있는 정보(당해 정보만으로는 특정 개인을 식별할 수 없더라도 다른 정보와 용이하게 결합하여 식별할 수 있는 것을 포함)를 수집할 때는 사상 · 신조 등 개인의 기본적 인권을 현저하게 침해할 우려가 있는 개인정보는 수집하여서는 안 된다. 다만 정보 주체의 동의가 있거나 다른 법률에 수집대상 개인정보가 명시되어 있는 경우에만 수집할 수 있는 것으로 규정되어 있다(공공기관의 개인정보 보호에 관한 법률 제4조). 그리고 공공기관은 소관업무를 수행하기 위하여 필요한 범위 안에서 개인정보를 보유할 수 있는 것으로 규정되어 있다(제5조).

정보의 수집, 관리 및 처리 등에서 정보를 주는 쪽과 받아 수집하는 쪽의 관계는 대등한 관계가 전제되어야 한다. 이는 '알려고 하는 자'의 적극적인 행동에 대하여 그 반대편에 선 '알리지 않으려는 자'의 지위가 보장 · 인정되어야 한다는 것이다. 자신의 정보를 알리지 않으려는 사람이 가지고 있는 자기 정보에 대한 지배력은 알려고 하는 자의 정보에 대한 욕구를 제한하는 유일한 안전장치로 기능해야 한다. 이는 헌법상 보장된 기본권에 근거한 것이다.

정보 주체 본인의 의사가 배제된 정보의 유출 또는 활용은 개인의 인격권과 프라이버시권, 양심과 사상의 자유를 왜곡하고 축소시키는 결과를 낳게 된다. 특히, 정보 활용의 주체가 국가와 같은 거대권력일 경우에는 개인을 전체에 복속시킴으로써 민주주의의 기본 정신을 황폐하게 만들 수 있는 위험이 발생한다. 정보가 어떤 개인이나 집단에게 집중적으로 전속될 경우 곧장 차별과 배제로 이어질 수 있다. 따라서 현대 민주주의 사회에서 개인정보의 수집이나 활용은 정보 주체 본인의 의사와 합치되는 한도 내에서 매우 제한적으로 이루어져야만 하는 원칙을 가질 수밖에 없다.

NEIS의 경우 가장 큰 문제점으로 지적되고 있는 것은 아동 또는 청소년의 개인정보가 지나치게 포괄적으로 수집되고 집중 관리됨으로써 프라이버시권의 침해를 유발할 수 있게 된다는 것이다. 무제한적인 정보의 수집 자체가 기본권 침해인 것이다. 그 정보가 꼭 유출되어야만 문제되는 것이 아니다. 아동 또는 청소년의 경우 자신의 정보가 어떠한 경로로 어떻게 이용될 수 있는가를 확인하는 작업을 통해 개인정보 제공 여부를 결정하기가 불가능하며, 정보의 수집을 거부할 수 있는 실질적인 권리 또는 기회가 주어지지 않는 결정적인 결함이 존재한다. 아동이나 청소년의 개인정보에 대하여는 법률상 특별한 보호를 하고 있는 상황에서 NEIS는 국민의 기본권 중의 하나인 프라이버시권을 통째로 파괴할 위험성을 가지고 있는 것이다.

그러나 빠르게 변화하는 사회 속에서 어느 한 부분만 변화를 고수하지 않고서는 다양하게 얽혀 있는 공동체 사회에 적응할 수 없는 것이 사실이다. 또한 새로운 정보화 작업이 적절하게 도입된다면 교육행정의 전산화를 통해 미래 교육환경을 획기적으로 바꿀 수 있는 많은 장점을 가진 제도임을 부인하지는 못한다. 그러나 이 NEIS 제도가 도입되는 과정은 권력을 가지고 있는 기관에서 자신의 권력을 이용하여 국민의 개인정보를 부당하게 수집하고자 하는 모습으로 보였고, 방법도 교육의 본래 목적과 상충되는 자본의 이윤추구 과정을 그대로 답습한 데서 더 큰 갈등을 일으켰다. 그렇다면 다음에서는 도입 과정에서의 갈등을 살펴보도록 하겠다.

(3) 도입과정에서의 가치갈등 효율성 대 민주성

1998년 전교조가 합법화되어 교육정책 결정 과정의 중요한 세력으로 등장하게 되면서 정책결정 시 교육부와 전교조 간의 견해와 시각 차이는 많은 갈등을 야기해 왔다. 새로운 교육정책이 제시될 때마다 반복적으로 드러나는 두 집단의 갈등이 교육계 전체에 미치는 영향을 고려해 볼 때, 갈등으로 인해 초래되는 외연적인 경제적 낭비와 시간의 소모뿐만 아니라 내연적으로 교육계 전체의 신뢰를 깨뜨리는 결과를 낳아왔다(송광용, 김수윤, 2004).

교육행정에서 추구해야 하는 가치는 가치 간에 상대적인 위치에 있는 것이 아니라 상호 보완적인 위치에 있는 것이다. 따라서 어떠한 경우의 가치갈등에서도 어느 한 가치가 다른 가치와 극단적으로 대립하는 양상을 띠는 것은 아니다. 여기서 가치갈등 시 가치판단의 어려움을 찾을 수 있는 것이다. 그러므로 가치갈등 시 판단을 내릴 때는 교육적으로 가장 우선이 되는 가치판단을 내려야 할 것이다.

(4) 교육행정에서 갈등하는 주요 가치들

교육행정에서는 최소한 사방으로 뛰어 달아나는 네 마리 토끼를 동시에 잡아야 한다. 이 네 마리 토끼, 즉 네 개의 가치는 모두 교육행정에서 추구해야 할 중요한 가치인데 불행하게도 서로 갈등을 일으키는 가치들이다([그림 6-1] 참조).

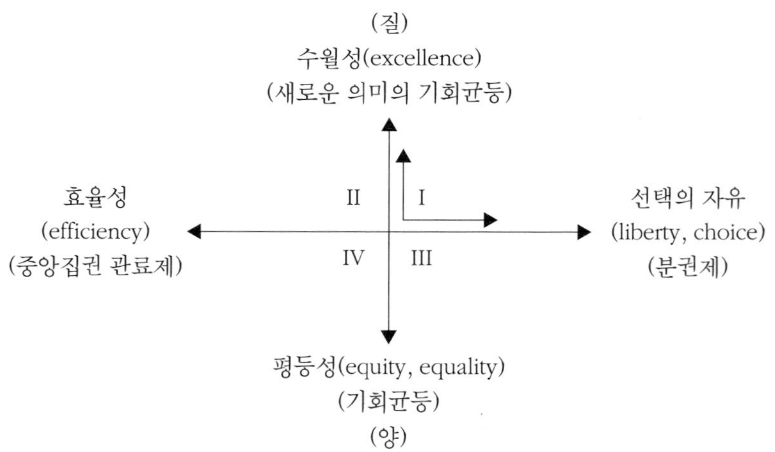

[그림 6-1] 교육행정에서 추구해야 할 갈등하는 가치들

효율성과 효과성 대 선택의 자유

합리성과 정당성, 합법성에 근거하여 교육행정을 효율적 · 효과적으로 해야 하고, 또 교육행정을 통해서 효율성과 효과성을 달성해야 한다. 효과성(effectiveness)은 목표 · 결과지향적인 것으로 양에 비중이 주어지는 개념이다. 교사 1명이 30명의 학생을 가르치는 것보다는 60명을 가르치면 더 효과적이라고 한다. 그런데 효율성(efficiency)은 과정에 비중이 주어지고

구성원의 만족감을 따진다. 또 비용에 대한 결과의 비율을 의미한다. 1만 원을 들여 3만 원을 얻으면 2만 원을 얻는 것보다 더 효율적이고, 2만 원을 들여 3만 원을 얻는 것보다는 1만 원을 들여 3만 원을 얻는 것이 더 효율적이다. 중앙집권적 관료제는 잘만 하면 효율성과 효과성을 추구하는 데 가장 바람직한 조직이다. 합리적, 합법적으로 정당하게 운영하면 적은 시간, 적은 돈으로 최대의 성과를 거둘 수 있다. 합리성을 사랑하는 프랑스인은 고도의 중앙집권적 교육행정체제를 운영하고 있다. 그러나 잘못 운영하면 획일성과 통제 위주의 부작용을 낳게 된다. 우리나라는 해방되자 적은 돈, 적은 시간으로 빨리 궤도에 올려놓기 위해서 중앙집권제를 쓰지 않을 수 없었는지도 모른다.

그런데 민주주의에서는 국민들이 선택의 자유(liberty, freedom of choices)를 가져야 한다. 인간의 욕구가 다 다르기 때문에 같은 값이면 각자가 원하는 것을 선택할 수 있는 자유가 있어야 한다. 중앙에서 남이 결정해 주는 것이 아니라 가까이서 가능한 한 나 자신이 결정할 수 있어야 한다. 다양성과 개성이 존중되고 자유경쟁의 시장원리가 보장되어야 한다. 교육도 다양성 속에서 교육 소비자들이 자유로이 선택할 권리를 가져야 한다는 주장이 강하게 작용하고 있다.

우리가 과거에 효율성과 효과성을 많이 강조하다가 교육 소비자의 선택의 자유를 등한시했다면 앞으로(21세기)는 다양성에 의한 선택의 자유를 보장하는 방향으로 교육행정이 나아가야 할 것이다(그래서 [그림 6-1]에서 X축의 위에 오른쪽으로 화살표 하나를 더 그려 놓았다.).

평등성 대 수월성

민주주의 국가에서는 모든 사람에게 공평하게 교육의 기회가 주어져야 한다. 그래서 우리는 일찍이 이 민주주의 평등성(equity, equality)이라는 교육이념을 실현하기 위하여 초등의무교육을 강조하고 중학교까지 의무교육을 실현했다. 거의 모든 사람이 고등학교를 졸업하게 되고 대학문호도 최대한 열려 있는 셈이다. 이는 우리나라의 높은 교육열의 결과이기도 하지만 어쨌든 교육의 기회는 많이 주어졌다고 보아야 할 것이다. 이것이 필자가 지난 반세기 동안의 우리 교육의 업적이라고 했던 점이다. 양적으로는 성공했다는 것이다. 그러다 보니 질적으로는 수준이 떨어졌다는 비난을 면치 못하고 있다. 적은 돈으로 짧은 기간 내에 많은 양의 교육을 해내자니 질적 보장을 하지 못했던 것이다.

수월성(excellence)이란 개인이나 기관 각자가 가지고 있는 능력의 한계선(boundary)까지 발휘할 수 있도록 하자는 것이다. 최저선(minimum requirement)의 통과로 만족하는 것이 아니라 능력을 최고도로 발휘하도록 하자는 것이 교육의 수월성 추구운동이라고 할 수 있다.

과거에 우리가 양에 의한 평등성 실현에 비중을 두는 정책을 추진했다면 21세기에는 질에 의한 수월성 추구에 더 열을 올려야 할 것이다(그래서 [그림 6-1]의 Y축의 상단 부분을 향하여 화살표를 하나 더 그었다.). 이것은 능력에 따라 교육받을 기회를 보장하는 한 차원 더 높은 수준의 교육의 기회균등 보장이라고 할 수 있다.

우리가 선택의 자유와 수월성의 가치를 강조한다고 해서 효율성과 평등성을 완전히 포기하자는 뜻은 아니다. 과거에 급하다 보니 효율성과 평등성에 치우쳤으니 과거에 경시되었던 선택의 자유와 수월성 추구에 더 노력하자는 뜻이다.

이러한 방향은 고도산업 · 정보사회, 개방화 · 국제화 사회, 민주 · 복지사회에도 잘 맞는 가치들이라고 본다. 미래 사회에 살아남기 위해서 다양성에 의한 선택의 자유 보장으로 교육 소비자의 욕구를 충족시켜 주고, 미래 사회의 질의 요구에 부응하기 위해 교육행정은 수월성 추구에 더 노력해야 한다.

참고문헌

고려대학교 정보보호정책연구회(2003). **정보보호를 위한 Cyberspace Space의 법과 기술**. 서울: 북카페.

교육인적자원부(2001a). 전자정부 구현을 위한 전국단위 교육행정정보시스템 구축계획.

교육인적자원부(2001b). 교육정보화촉진시행계획.

김재춘(2003). 교육행정정보시스템과 학생 정보의 수집 및 관리방안. 교육정보화위원회, 교육행정정보화 공청회 자료집: 학생정보 수집의 교육적 필요성 및 관리방안, 5.

김항규(1994). **행정철학**. 서울: 대영문화사.

김호섭(1998). 행정의 이원론적 가치체계: 인식론적 본질을 중심으로. **한국행정학보, 22**(2), 613-626.

김호섭(1991). 행정문화의 비판적 수용을 통하여 본 행정윤리의 방향. **한국행정학보, 24**(1), 57-88.

남정걸(2003). **교육행정 및 교육경영**. 서울: 교육과학사.

박동서(2001). **한국행정**. 서울: 법문사.

박세정(1993). 행정의 능률성 제고를 위한 소고. **한국행정연구, 2**(1), 한국행정연구원, 118-148.

박영기(1990). **현대행정이념**. 대전: 한남대학교 출판부.

송광용, 김수윤(2004). 교육행정정보시스템 도입과정에서 교육부와 전교조의 갈등 상황 분석. **교육행정학연구, 22**(4), 193-212, 교육행정학회.

장우영(2003). 가상공간의 멘탈리티와 대항담론: 정보자유주의의 형성과 발전, 사회과학원. **계간 사상 여름호**, 148-149. 서울: 나남출판.

정정길(2000). **행정학의 새로운 이해**. 서울: 대명출판사.

최종인(2004). 교육복지와 교육학과의 관계 모색-독일의 사회교육학을 중심으로. **교육철학, 31**, 185-198, 교육철학회.

Hodgkinson, C. 저, 주삼환 역편(2005). **교육행정철학**. 경기: 한국학술정보(주).

온라인 행정학 전자사전 http://www.epadic.com

제7장
관료제와 교육적 가치

관료제는 어느 사회에서나 가장 큰 조직체며 중요한 세력집단으로서 국가발전이라는 과업을 달성하기 위한 중대한 역할을 담당하고 있다. 교육 분야에서도 근대 이후 공교육제도의 확립과 대중교육의 보편화로 인해 그 규모가 커지고 기능이 다양해지면서 합리적인 조직운영의 방법으로 관료제가 보편적으로 채택되고 있다.

여기서는 베버(M. Weber)의 관료제에 대해 알아보고 앞에서 다룬 가치의 문제와 결부시켜 교육의 관료주의와 교육적 한계에 대해 살펴보고자 한다.

1. 관료제의 의미

관료제(bureaucracy)는 고어 불어의 'bure(사무실, 책상)' 와 'cratia(통치)' 의 합성어다. 관료제는 전제군주의 지배를 배격하고 개인의 자유와 권리를 보장하며 예측 가능하고 합리적인 행정을 추구하는 서구 산업사회의 산물이다(Merriam, 1945: 165). 이는 베버에 의해 체계화된 것으로서 운영의 합리성을 강조하는 조직구조다.

1) 베버의 관료제

베버는 관료제를 하나의 이념적인 이상조직의 형태로서 이론화하였는데, 이를 제대로 이해하기 위해서는 베버가 이해한 서구 근대화 과정에서의 합리성에 대한 이해가 선행되어야 한다. 베버는 서양 문명의 발전을 지배하는 것을 삶의 점진적인 합리화 현상으로 보고, 이 흐름을 '세계의 탈미신화(die Entzauberung der Welt)' 라고 규정했다. 합리화라는 말의 의미는 다음과 같은 베버의 말에서 드러난다.

> 합리화가 의미하는 바는 세계를 설명하는 데 더 이상 신비롭고 불가측한 힘에 의존하지 않아도 된다는 사실이다. 세계는 이제 탈미신화되었다. 야만인들은 신령들을 제어하거나 그들에게 간청하기 위해 마술적인 수단을 사용했지만 이제는 그럴 필요가 없다. 기술적 수단과 계산이 그 역할을 대신한다. 이것이 바로 합리화의 의미다(윤평중, 1996: 28, 재인용).

베버는 특정 양식의 행위, 결정 방식과 체계적 세계관을 지칭할 때 다양하게 합리성이라는 개념을 사용하였다. 그에 의하면 합리성은 성격 구조, 문화적 배경과 사회제도 속에 통합될 때 행동의 특징적 양태로 표출된다는 것이다. 합리성이 초래한 변화의 과정은 합리화로 명명되는데, 베버는 근대 서구 사회의 시장경제와 관료행정 영역에서 합목적적 사회행위라는 특수한 형태의 행동양식이 집중적으로 드러난다고 보았다.

베버는 삶의 점진적인 합리화를 서양 문명의 지배적인 과정이라고 규정하고, 합리화라는 말을 합목적적 행위의 의미로 사용했다. 베버는 자본주의의 경제제도와 근대국가 자체가 바로 합목적적 행위양식에 근거하고 있으며, 그러한 행위양식을 통해 서구적 합리주의가 전 사회적 차원으로 확산되었음을 암시하고 있다.

베버의 합리성을 대변하고 있는 합목적적 합리성의 개념은 인간 행위의 근원을 주어진 목표의 달성에서 찾기 때문에 행위의 결과로 기대되는 목적의 성취를 지향한다. 따라서 내재적 가치나 옳음을 강조하기보다는 주어진 목적과 수단을 강조하게 된다(구영철, 1997: 23). 이는 특정한 목표를 달성하기 위한 수단의 정교화에만 전념하게 되어 수단이 가지는 본래의 목적을 잃고 스스로 절대화되며 가치, 정의, 선의 영역은 배제될 우려를 낳는다.

베버는 관료제를 근대사회로의 이행과정에서 나타난 사회체제의 전반적인 합리화의 지향과 합목적적 행동양식이 가장 잘 드러나는 결집체로 이해하였다. 베버가 주장하는 합법적 규칙이 지배하는 관료제 조직의 원리는 다음과 같다.

(1) 공무는 계속성의 원칙에 따라 집행된다. 따라서 모든 활동은 표준화되고 등질화(等質化)된다.
(2) 공무는 다음의 특징을 지닌 행정조직 안에서 약속된 규정에 따라 수행된다. 각 관료의 일 또는 임무는 비인격적인 기준에 따라 한계가 정해진다. 관료에게는 주어진 일을 수행할 수 있는 권한이 주어진다. 관료가 임의로 할 수 있는 강제 수단의 사용은 극도로 제한되며, 정당한 관료의 임용조건이 명시된다.
(3) 직책들은 공식적인 명령 계통을 가진 위계적 질서 위에서 배열되며, 그들 사이에는 권한과 책임의 분명한 한계와 서열이 존재한다. 모든 관료의 책임과 권한은 권위 위계의 일부다.
(4) 관료와 말단 행정직은 자신들에게 부여된 임무를 수행하는 데 필요

한 자원을 소유하지는 않는다. 즉, 조직의 자원은 그 구성원이 사인(私人)으로서 가지는 자원과 확연히 구별된다. 그러나 이러한 자원의 사용에 대한 책임은 진다. 공무와 사무, 공공 수입과 사적 수입은 엄격히 구분된다.

(5) 공직은 그것을 맡고 있는 사람에 의해 사유의 개념으로 사고팔거나 유산으로 물려줄 수 있는 것이 아니다.

(6) 공무는 명문화된 규칙에 따라 집행된다. 작업 수행을 지배하는 규칙들은 기술적인 것일 수도 있고 법적인 것일 수도 있다. 어느 경우든 규칙의 적용이 완전히 합리적이려면 전문적인 훈련을 받은 사람들이 필요하다. 자격과 능력을 갖춘 자가 공식적인 시험이나 기타 합리적인 방법으로 선발되어 직무를 담당하게 되면, 관료에게는 임기가 보장되고 서열에 따른 승진의 가능성이 제공된다.

(7) 행정은 문서화된 기록에 기초하며, 이로 인해 사무실이 근대 조직의 중심지가 된다(Bendix, 1977: 424).

이와 같은 관료제의 특징으로는 분업과 전문화, 몰인정성, 권위의 계층, 규칙과 규정, 경력지향성 등을 들 수 있다.

첫째, 분업과 전문화는 조직의 과업을 보다 효율적으로 수행하기 위하여 직위 간에 직무를 적정하게 배분하고 전문화를 도모하는 것이다. 그러나 단순화와 단조로움으로 인해 권태감이 생기는 역기능을 초래할 수 있다.

둘째, 몰인정지향성은 개인적인 감정을 떠나서 원리원칙에 의해 조직을 운영하는 원리다. 사실이나 결과에 기초하여 차별 없이 균등하게 대우하고 의사결정을 함으로써 합리성이 높아질 수 있지만, 합리성만을 강조하다보면 조직 구성원의 사기를 저하시킬 수 있다.

셋째, 권위의 계층은 관료제에서 모든 직위가 공식적 명령 계통을 중심으로 계층구조를 가지고 있다는 것이다. 권위의 계층은 지휘 계통과 보고

체계가 확립되어 조직운영에서 상사의 지휘에 잘 순응하고 또 부서 및 개인의 활동을 조정하고 통제하는 데 용이하나, 지나치게 계층화가 강조될 경우 상향적 · 상호적 의사소통이 이루어지지 않는다.

넷째, 규칙과 규정은 과업 수행의 계속성과 일관성을 유지하도록 하고 구성원들의 행동에서 통일성과 안정성을 확보하도록 한다. 각종 법률과 그 시행령 및 각종 훈령, 각종 규칙과 세칙 등에 의하여 교육행정이 이루어지고 있다. 그러나 규칙과 규정에 지나치게 얽매이게 되면 융통성이 없어 조직운영이 경직되거나 목적 전도 현상이 일어나게 된다. 규칙과 규정도 목표를 성취하기 위한 수단에 불과하다.

다섯째, 경력지향성은 조직 구성원들의 직무경력을 중요하게 여기는 것이다. 경력지향성은 조직 구성원이 한 조직에 오랫동안 남게 하는 유인으로 작용하는 장점이 있으나, 조직 효과성을 고려할 때 실적 중심이 소홀히 다루어질 수도 있다는 문제점도 있다(주삼환 외, 2003: 61-62).

〈표 7-1〉 관료제의 순기능과 역기능

순기능		관료제 특징		역기능
숙련된 기술	←	분업	→	권태감
합리성	←	몰인정성	→	사기 저하
훈련된 준수와 조정	←	권위의 계층	→	의사소통 단절
계속성과 통일성	←	규칙과 규정	→	경직성과 본말 전도
유인	←	경력지향성	→	업적과 연공제 간의 갈등

관료제화(bureaucratization)란 곧 이러한 특징이 많아짐을 의미하는 것으로 합리적인 의사결정과 행정적 효율성을 극대화하는 특성을 지니고 있다고 할 수 있다.

2) 관료제의 비판

관료제의 장점을 살펴보면, 첫째 한 개인의 전문 영역에 대한 전문화를 가능하게 함으로써 능률을 높일 수 있다. 둘째, 구성원의 행위들 간의 합리적인 관계를 제공할 수 있다. 셋째, 규칙, 규정, 구조 등의 성격은 조직에 예측 가능성과 안정성을 부여한다. 다섯째, 관료제하에서는 개인에 대한 평가가 자의적이 아닌 기술적 능력에 의해 이루어지고 훈련, 선발의 기회가 공정하고 객관적으로 이루어지므로 어느 정도 민주성이 보장된다.

반면, 관료제의 역기능에 대하여 호이와 미스켈(Hoy & Miskel)은 다음과 같이 지적하고 있다. 첫째, 분업적 직무 수행이 장기화될 경우 직무에 대한 권태를 가져오기 쉽다. 둘째, 구성원 간의 몰인정지향성은 사기 저하를 가져올 수 있다. 셋째, 권한 위계의 엄격성으로 하의상달이 어려워진다. 넷째, 엄격한 규정과 규칙이 직무활동에 적용되므로 상황 변화에 따른 적응에 오히려 장애가 될 뿐 아니라 규정과 규칙을 지키는 것이 목표가 되어버리는 목표전환 현상이 일어난다. 다섯째, 경력지향성은 능력자와 다경력자 간의 갈등을 초래하게 된다(Hoy & Miskel, 1996: 49-50).

〈표 7-2〉 관료규칙의 양극성 (송화섭 역, 1999: 88)

순기능		역기능
설명 (explication)	↔	무관심 강화 (apathy reinforcement)
심사 (screening)	↔	목표 전도 (goal displacement)
처벌의 합법화(punishment-legitimizing)	↔	관료적 형식주의 (legalism)
자유재량의 폭 (leeway)	↔	방종(indulgency)

이처럼 관료제는 조직의 목표를 효율적으로 달성할 수 있으며, 부서별로 세분화된 업무 수행은 전문성을 가져올 수 있는 순기능이 있다. 그러나 의도하지 않는 제도상의 장애나 역기능이 종종 발생한다. 이러한 관료제의

병리란 "관료제의 구조나 기능에 의도하지 않은 변화가 생겨서 관료제의 목적 달성에 지장을 초래하는 현상"을 뜻한다(김운태, 1983: 158).

김운태는 관료제의 병리를 다음과 같이 요약하고 있다. (1) 형식주의, (2) 무사안일주의와 무관심주의, (3) 권위주의와 수단의 목적화, (4) 분파주의, (5) 변동에 대한 저항 등을 지적하고 있다. 그 외에도 계층주의, 비밀주의, 선례답습, 법만능, 획일주의, 세력 확장의 근성이 성행하고 있다. 특히, 관료제가 하급자를 어떤 예정된 기준에 맞도록 행동을 규제하려는 데서 병리가 생겨나는데, 상급자가 하급자를 통제하는 동기는 대체로 불안하기 때문이며, 더욱이 하급자를 비합리적으로 대하려는 데서 가장 큰 병리 현상이 발생한다고 주장한다.

교육조직에서도 그동안 지나친 관료제의 적용으로 운영에 있어 많은 병리현상을 가져와 조직의 경직화를 야기하였으며, 조직 구조와 기능을 정형화시킴으로써 의사결정 과정에 장애를 초래하고 교사와 학교행정가 간에 갈등을 심화시켰다는 비판을 받고 있다.

2. 교육과 관료제

베버는 관료제가 기계적, 합리적 능률만을 산출하는 것으로 보았으나, 현실적으로 볼 때 구성원들의 욕구, 합목적적 합리성의 추구, 조직 내의 인간관계 등에 의하여 관료제 내에서는 역기능 현상 또는 병리 현상이 필연적으로 나타나고 있다. 특히, 교육은 이윤 추구를 위해 합리성을 극대화한 기업체나 행정 능률을 강조하는 정부 등과는 달리 구성원들 간의 인간관계를 중시하며, 자아실현과 전인교육 실현을 궁극적 목적으로 하는 가운데 이루어진다. 이러한 교육적 가치와 합리적 능률과 합리성을 최대로 산출하기 위한 관료제는 수단과 목표의 도착이라는 관점에서 설명될 수 있다.

이 장에서는 학교조직의 관료화와 교육의 관료주의에 대한 고찰을 통해 관료주의적 합리성과 교육적 한계를 살펴보기로 한다.

1) 학교조직의 관료화

한국 사회의 조직원리에 대해서는 관료주의 또는 관료적 권위주의로 파악하는 것이 사회과학계의 일반적 인식이다. 현대 사회의 관료적 지배에 대해서는 상반된 평가가 있을 수 있다. 행정적 측면에서는 대체로 현재 조직사회의 관료화 현상에 대해 베버의 '합리성'의 관점에 의거하여 근본적인 의문을 제기하지는 않는 경향이다. 그러나 우리 사회의 정치권력의 실체와 국가의 성격을 민주화 혹은 시민사회와 연관 지어 파악하고자 할 때 관료주의는 극복되어야 할 부정적 현상으로 비치고 있다(한상진, 1988).

학교조직도 교육이라는 특정한 과업을 수행하기 위한 조직체로서 교육목표의 효율적 달성과 조직운영에 합리화를 기하기 위하여 관료제를 채택하여 왔다. 통제와 지휘가 최고행정가에게 집중되고 계층적 관계를 중시하는 피라미드형 조직으로 파악하고 있으며, 교무분장 조직이 학교조직의 구조의 중심을 이루고 있는 것이 그 예다. 그러나 지나친 관료화로 인해 학교조직의 사회 변화에 대한 적응력은 떨어지고 조직의 경직화와 의사결정의 장애를 초래하여 오히려 효율적인 교육목표 달성을 저해하였고, 조직구조의 기능을 정형화시킴으로써 교사의 불만족이 누적되어 교사와 학교행정기관 간에 갈등을 심화시켰다는 비판도 받고 있다.

학교의 관료제적 특성에 대하여 한국교육행정학회가 요약하여 정리한 내용은 다음과 같다.

(1) 학교조직은 분업화가 이루어져 있다. 학교 안에는 교무부, 학생부, 연구부, 교도부, 윤리부, 체육부, 서무과, 그리고 각 교과별 조직과

학년별 조직 등 교직원이 분담하는 부서들이 있다. 학교의 교무분장표가 이것을 잘 보여 준다.

(2) 비록 그 층이 많지는 않지만 학교조직의 위계화도 관료제의 특성을 나타내 준다. 교장, 교감, 교사 등 직무 수준을 달리 하여 학교 행정상의 명령과 복종의 관계에서 위계화되어 있다.

(3) 조직운영상의 몰인정성과 법규 중심의 학교운영도 관료제적인 특성을 보여 준다. 학교조직의 운영에서 개인적 사정이나 문제가 고려되기 어렵다. 그 대신 학교운영은 교육법(교육기본법, 초·중등교육법, 고등교육법), 교육공무원법, 사립학교법, 교육과정령, 교(학)칙, 각종 예규 및 지침 등 각종 법규에 기초하여 이루어진다.

(4) 전문성에 기초하여 교원이 충원된다. 교사는 4년간의 대학교육과 함께 교사 자격증을 소지하여야 하며, 교감과 교장이 되기 위해서는 각각 일정 기간의 교직 경력과 함께 자격 연수를 받아야 한다.

(5) 교사들의 승진이 대체로는 연공 서열에 따라 이루어지고 평생직으로 보장된다는 점도 학교가 지니고 있는 관료제의 특성 중 하나다.

(6) 공직으로서의 교직도 그것을 맡고 있는 교사에 의해 사유의 개념으로 사고팔거나 유산으로 물려줄 수 있는 것이 아니다(한국교육행정학회, 1995: 167-168).

그러나 학교의 관료제적인 특성은 정부조직이나 기업체와는 달리 그 원리가 엄격하게 적용되기는 어렵다. 예컨대, 교사는 전문적 훈련을 받은 전문가로서 자기 직무에 종사하고 있고 주로 일하는 공간이 독립된 교실이며, 교사의 직무에 대한 평가에서 획일적인 기준을 적용하기도 곤란하다. 학교가 관료제적인 특성을 가지고 있으면서도 관료제에 맞지 않는 측면이 있는 것은 학교가 가지고 있는 전문직적 조직의 성격 때문이다.

오늘날 학교는 하나의 사회체제로서의 성격을 지니고 있으며 전문화 조직과 관료제 조직의 양면을 공유한 복합조직이라 할 수 있다. 관료제의 기본적인 가정에 의하면 조직의 하급자는 상급자보다 모두 기술적, 전문적으로 뒤진다고 보고 있으나, 이러한 기본적인 가정이 교육조직에서는 성립되지 않는다. 현행의 조직 위계구조에 의하면 교사들은 행정가보다 직위가 낮으나 교사는 상급자보다도 더 많은 능력과 기술적인 전문성을 가지고 있는 경우가 흔히 있다. 따라서 학교조직은 관료적 특성과 전문적 조직의 특성을 갖고 있다. 그 이유는 역할, 관리, 의무, 위계가 명백히 규정되어 있으며 의사소통의 위계질서가 강조되기 때문이다. 또한 학교조직은 규칙과 규정을 중시하여 교사의 전문성과 기술적 능력이 간과되어 학교를 합리적인 조직으로 이끌어 가는 특징이 있다.

주삼환(1985)은 학교조직의 관료제적 요소를 다음과 같이 설명하고 있다.

첫째, 교육부→시 · 도 교육청→시 · 군 · 구 교육청→교장→교감→부장교사→교사로 이어져 내려오는 계층이 있고, 이 계층에 따른 권한이 있으며 권리와 의무관계가 있다. 그런데 이 위계질서는 더욱 강화되고 있는 현실이다.

둘째, 문서주의의 경향이 짙어지고 있다. 이에 따라 교사들은 사무처리에 많은 시간을 보내며, 장학 시에도 통계숫자와 문서의 근거를 따지는 경향이 있다.

셋째, 교사나 교장의 자율성은 낮아지고 지시나 명령, 규정에 얽매이는 경향이 있다. 학생의 좌석, 성적, 반장임명까지도 규제하려 한다.

넷째, 상급자의 의사결정권은 많고 대우를 받으며 권한을 갖고 있으므로 교사들은 상위계층으로 올라가기 위하여 관료지향이거나, 교사로서의 전문성을 찾기 위해서 갈등하고 투쟁하며 도전하는 전문지향의 두 가지 가능성이 있다.

이처럼 교사는 전문직이라는 점에서 권위지향적이라기보다는 동료지향적이며, 의사결정에서의 자율성을 지니고 조직의 통제에 순응하기보다는 자기가 설정한 기준에 따라 업무를 처리해 나감으로써 이에 따라 구조적 특징이 다르게 나타난다. 이렇게 보면 학교 관료제는 훈련과 통제를 기본으로 하는 관료적 지향성과 전문성과 자율성이 존중되는 지향성의 두 가지 뚜렷한 유형을 지니는 전문적 관료제라 할 수 있다.

계속해서 주삼환은 학교조직의 관료화를 촉진하는 근거를 학교 규모의 대형화, 학교 조직과 기능의 복잡화, 행정업무의 폭주, 상급기관의 단위학교에 대한 합력의 증가와 개개 학교의 획일화, 지역사회나 학부모들의 학교교육에 대한 불만불신이 커짐에 따라 학교정책의 수립과 수정 그리고 학교가 달성해야 할 책임성에 대한 평가에 깊이 참여하기를 원하는 것 등을 들고 있다.

학교조직이 관료화됨으로써 특히 문제시되고 있는 것은 지시와 통제 위주의 획일적인 교육행정이다. 교육부–교육청–단위학교로 이어지는 교육행정체계에서 정책결정의 권한과 기능이 과도하게 중앙에 집중되어 있고, 거의 모든 것이 중앙에서 결정되고 하급행정기관을 통하여 단위학교에 획일적으로 시달되고 있는 실정이다. 대부분의 학교들은 각급 교육행정 기관의 관료적 행태와 권위주의적 지시, 간섭에 시달리고 있으며, 이로 인해 상부의 지시와 시달에 따르려는 수동적인 태도가 형성되어 자율적이고 창의적인 학교경영이 이루어지지 않고 있다. 또한 학교 내에서도 학교장과 교사의 관계가 수직적이고 위계적으로 형성되어 서로 간에 충분한 의사결정의 기회를 가지지 못하고 있다.

행정기관 중심의 지시와 통제 일변도의 행정 추진은 교직의 전문성과 자율성을 점점 위축시키고 있다. 관료화로 빚어지는 문제점들을 해결하고 관료제가 주는 순기능을 살리기 위해서는 교육적 가치판단의 기준을 정하여 교직의 전문성 증진과 학교의 자율성을 보장하는 방안들을 모색하고 학교 조직 구조의 개선을 위한 정책 수립과 실행이 이루어져야 할 것이다.

2) 교육의 관료주의

'관료주의'는 흔히 한 조직에서의 업무 수행과정이 지나치게 '형식적'이거나 '비효율적'일 때 이를 꼬집어 비난하는 데에 사용되기도 한다. 여기서 관료주의란 베버의 이론에서 기술되고 있는 관료주의로서 서양의 근대 합리화의 역사와 맞물려 있다는 점에서 역사적 개념이기도 하다.

블라우와 마이어(Blau & Meyer, 1971)는 베버가 기술한 관료주의적 조직의 특성을 다음과 같이 요약하고 있다.

(1) 조직의 목적을 달성하기 위하여 요구되는 정규적인 활동이 공적 의무로서 고정된 방식으로 할당되어 있다.
(2) 관청들 간의 위계와 각각의 관청에 부여된 권위의 수준을 명시한 원칙들에 의하여 상급관청은 하급관청을 감독한다.
(3) 업무는 일관된 추상적 규칙의 체계에 의하여 통제되며, 개별 업무는 이러한 규칙을 특수한 사례에 적용함으로써 이루어진다. 조직 구성원 개인의 책임 한계와 그들 간의 관계는 명시적인 규칙과 규정에 의하여 한정된다.
(4) 이상적인 관리는 그의 업무처리 과정에 사사로운 감정을 개입시키지 않는다. 공적인 업무에서 사사로운 감정을 배격하는 것은 효율성과 더불어 형평성을 유지하기 위한 선결요건이다.
(5) 관료주의적 조직에서의 인사는 개인이 지닌 업무 수행능력을 토대로 이루어진다. 이는 또한 이미 고용된 관리가 임의로 해고당하는 일을 방지해 준다.
(6) 순수하게 관료주의적인 행정조직은 순수하게 기술적인 관점에서 본다면 최고도의 효율성을 보장할 수 있는 조직이다. 발달된 관료주의적 조직과 여타의 조직을 비교하는 일은 흡사 기계적 생산양식과 비

기계적 생산양식을 비교하는 일과 같다(Blau & Meyer, 1971: 18-21).

블라우와 마이어가 보기에 관료주의적 조직의 성격에 관한 이상과 같은 베버의 다양한 기술은 결국 관료주의를 행정적 효율성을 극대화하는 장치로 삼고자 하는 하나의 관점으로 귀착된다. 단지 개인의 수준에서 각자의 업무를 효율적으로 수행하는 일은 개인이 그에 필요한 기술을 구비하고 있어서 그것을 각기 합리적이고 정열적으로 적용하면 그만이지만, 한 조직을 효율적으로 운영하는 일에는 그 이상으로 개개의 전문가들이 발휘하는 합리적인 업무 수행능력을 조직 전체를 통괄하는 규칙의 체계와 감독원의 위계에 따라 통제하는 일이 필요하다는 것이다. 요컨대, 관료주의는 특정 조직 구성원들의 행위를 이와 같은 규칙의 체계를 통하여 그 조직의 목적을 가장 합리적으로 추구하는 데에 집중시키기 위하여 마련된 장치라는 것이다(Blau & Meyer, 1971: 22).

관료주의라는 용어 자체에는 상반된 정서가 함께 섞여 있다. 관료적 지배를 옹호하거나 소극적으로나마 지지하는 사람들은 관료제의 기술 합리성, 규정 준수, 무사성(無私性) 등이 조직관리의 근대성을 상징한다고 주장한다. 즉, 전통사회에서 사회적 지배가 지도자 개인의 권위나 인습적 권위를 중심으로 이루어져 안정성과 합리성을 기대하기 어려웠던 반면, 관료적 지배는 능력과 자격에 따른 선발, 훈련을 거친 인사들이 규정에 따라 공적 책무성을 원칙으로 업무를 수행하므로 근대적 합리성에 충실할 수 있다는 것이다.

그러나 역사적 현실로서의 관료적 지배에 주목하는 사람들은 관료적 합리성이 도구적 합리성에 불과하며, 정작 누구를 위해, 무엇을, 왜 해야 하는지에 무관심한 채 법과 규정의 준수 등 형식적 절차가 본질을 대신하는 비합리주의의 전형이라고 비판한다. 분명히 관료주의에는 이 두 측면이 함께 하며, 혹자는 전자가 관료주의의 이상적 모습이고 후자는 현실의 역기능이라고 구분하기도 한다. 그러나 이런 식의 구분 자체는 관료주의의 성격을 이해하는 데에 별 도움이 되지 않는다. 왜냐하면 우리에게 관료주의는 상상 속의 신화나 유토피아가 아니라 현대사회에서 제도와 조직운영의 원리로 실재하고 있기 때문이다. 그러므로 이 글에서의 관료주의 또한 근대 시민사회 이후 서구와 한국에서 실재해 온 관료주의, 즉 관료집단을 통해 공공조직과 공공의 이익이 관리되어 온 현상을 지칭하게 된다.

오늘날 한국 교육의 발전을 가로막는 근본적인 장애요인으로는 흔히 중앙집권주의, 권위주의, 관료주의 등이 거론된다. 여기서 관료주의는 그 형태상 중앙집권적이며, 관료 병리 현상의 하나인 권위주의로 흐르게 된다는 점에서 한국 교육의 문제는 관료주의로 모아질 수 있다. 많은 교육학자들이 한국 교육이 관료조직의 성격을 많이 가지고 있다고 진단하고, 갈수록 관료화 경향이 심화되고 있음을 우려하면서 그 병리 현상을 비판하고 있다.

신재철(1988)은 한국 교육조직의 성격을 관료적 권위주의로 파악하면서, 이런 상황에서는 관료제의 계서제가 상하급자 간의 주종관계로 대치되어 모든 권한이 상급자에게 집중되는 경향을 보인다고 하였다. 그리하여 대인관계에서 개인적 정실주의가 지배하고, 조직운영과 정책결정은 제한된 범위의 전문가 집단과 관료집단이 좌우하며, 국민대중의 이익이 걸린 교육문제들이 정치적 문제가 아닌 기술적 차원의 문제로 처리되게 된다는 것이다.

교육학계에서 관료주의를 대하는 태도는 행정적 불가피성을 내세워 인정하는 편이다. 또한 교육조직의 효율적 운영과 관리의 합리성을 위해 관료주의가 당연시되는 경향이 이어져 내려오고 있다. 과연 교육제도의 운영에서 관료주의는 최선의 방안이 될 수 있는가? 운영의 합리성을 추구하는 관료주의의 논리로 교육문제를 다루는 것이 교육적으로 가치 있을 수 있는가? 이런 의문들은 교육제도 운영원리로서 관료주의의 성격을 다시 바라보게 한다.

교육운영의 논리로 팽배해 있는 관료주의에 대해 살펴보면, 현대 사회에서 제도와 조직운영의 원리로 실재하고 있는 관료주의란 관료집단을 통해 공공조직과 공공의 이익이 관리되어 온 현장을 지칭한다(한기철, 1994). 물론 교육계도 예외는 아니다. 교육의 공적 관리가 보편화되고 국가 주도적 교육체제가 자리 잡으면서 교육관료의 비중은 교육행위 당사자의 비중을 압도하게 되었으며 교육제도 운영의 실질적 주체로 권위를 행사하기에 이르렀다(이은정, 1991). 이와 같이 교육활동의 자율적, 본질적 운영원리를 일반행정의 조직운영 원리가 지배하게 된 상황을 일컬어 교육 관료주의라고 한다면 교육관료주의는 가치의 차원에서 설명되어야 할 것이다. 공교육제도는 교사-학생의 관계를 중심축으로 하는 교육행위의 보편적, 공공적 실현을 위해 존재한다. 그러므로 인간다운 삶과 참된 가치가 우선되는 범위 안에서 교육관료의 존재를 인정해야 하며, 교육의 관료주의는 비대해진 제도교육의 틀 안에서 교육 본연의 의미를 확인하는 반성적 계기에서 비롯되어야 할 것이다.

3) 관료주의적 합리성과 교육적 한계

교육 그 자체를 하나의 사회적 제도로 파악한다는 말 속에는 그것을 공적 운영의 대상으로 취급한다는 의미가 포함되어 있다. 교육을 공적 운영의 대상으로 취급할 때는 관료주의적으로 운영되고 있는 현 교육제도의 운영 방향에 대해 심각하게 고려해 볼 필요가 있다. 교육제도가 관료주의적으로 운영된다는 말은 관료주의적 합리성에 의해 운영된다는 것을 의미한다. 문제는 과연 관료주의적 합리성이 교육제도 구성원들의 교육적 삶을 참으로 교육적으로 이끌고 있는가 하는 점이다.

모든 행정에서의 합리성 추구, 즉 교육행정에서 합리성의 의미, 좁게는 학교행정에서 합리성은 조직의 효율성과 효과성을 추구해야 하는 목표를 수행하는 과정에서 교육의 본질이 도외시되어 몰가치화, 나아가서는 합리화를 추구하려는 의도하에 본질적으로 비합리적인 방향으로 나아가고 있는 오류를 범하고 있었던 것이다.

교육제도를 관료주의적으로 운영하는 사람이 관료주의적 합리성을 제도 운영의 원리로 채택하고 있는 한, 교육제도 운영의 목적 자체에 대한 가치 있음은 배제될 우려가 있다. 이는 교육행위에 내재되어 있는 가치, 즉 '교육적 가치'와 상반되는 개념이라고 할 수 있다.

관료주의적 제도운영 원리는 제도적 행위로서의 교육행위에 내재된 가치를 부각시키지 못하는데도 교육제도 운영원리로 채택될 수밖에 없는 것일까? 교육제도 운영원리로서의 관료주의적 합리성이 지닌 한계를 깨닫는 일은 교육을 하는 사람과 교육을 받는 사람 모두 '가치 있는 것'을 실현하기 위한 끊임없는 노력에 의해서 이루어질 수 있으며, 이때야 비로소 합리적으로 교육제도가 운영된다고 할 수 있을 것이다.

교육을 위한 관료제의 도입이 무색할 만큼 관료제의 병폐가 교육계 내에 커다랗게 자리 잡고 있는 현실에서 관료제의 역기능을 최소화하고 순기능이 발휘될 수 있도록 하려면 교육적으로 가치 있는 방향에 대한 합의가 이루어져야 한다. 또한 이를 위해서는 행정관료들의 올바른 교육적 철학이 무엇보다 중요할 것이다.

그동안 관료제로 인한 교육의 관료주의적 합리성에 초점을 두었다면 이제는 교육을 위한 관료제의 도입이라는 측면에서 긍정적으로 나아가야 할 방향에 대해 진지하게 논의될 필요가 있다. 그리고 교육적 가치와 철학에 대한 세밀한 연구가 이루어져 행정담당자들 스스로 실천하려는 노력이 선행되어야 할 것이다. 무엇을 위한 제도의 운영인지, 수단으로서의 관료제가 교육적 측면에서 제대로 이해되고 있는지 이제부터라도 진지하게 고민해 볼 때다.

참고문헌

구영철(1997). 교육행정에 있어서 합리성의 비판적 고찰. 전남대학교대학원 박사학위논문.

김운태(1983). **행정조직론**. 서울: 한국방송통신대학교출판부.

나병현(1994). 교육조직의 특성과 관료제의 적합성. **한국교육학회 교육철학**, 12-2.

신재철(1998). 한국 교육조직의 관료적 권위주의. **교육행정학연구**, 16(1).

윤평중(1996). **푸코와 하버마스를 넘어서**. 서울: 교보문고.

이봉우(1999). 학교조직의 관료화 · 조직구조특성 · 조직효과성 간의 관계 연구. 인하대학교대학원 박사학위논문.

이성룡(2000). 학교조직의 이완결합 특성과 전문성 · 자율성 관계 연구. 한국교원대학교대학원 석사학위논문.

이은정(1991). 교육운동으로서 학부모운동에 관한 연구. 연세대학교대학원 석사학위논문.

조성대(1995). 한국 관료제의 발전방안에 관한 연구. **사회과학연구**, 제8호. 87-109.

조용주(2004). 학교조직의 관료성과 의사소통의 비합리성. 한국교원대학교대학원 석사학위논문.

주삼환(1985). **교육행정연구**. 서울: 성원사.

주삼환, 천세영, 명제창, 신붕섭, 이명주, 이석열(2005). **교육행정 및 교육경영**(개정2판). 서울: 학지사.

한국교육행정학회(1995). **학교 · 학급경영론**. 서울: 하우.

한기철(1994). 교육제도 운영원리로서의 관료주의적 합리성에 관한 연구. 서울대학교대학원 석사학위논문.

한상진(1988). **한국사회와 관료적 권위주의**. 서울: 문학과 지성사.

Bendix, R. (1977). *Max Weber: An Intellectual Portrait*. Berkeley, CA: University of California Press.

Blau, P. M., & Meyer, M. W. (1971). *Bureaucracy in Modern Society*, New

York: Random House.

Hodgkinson, C. 저, 주삼환 역편(2006). **교육행정철학**. 경기: 한국학술정보(주).

Hoy, W. K., & Miskel, C. G. (1996). *Educational Administration: Theory, Research, and Practice* (5th ed). New York: McGraw-hill, Inc.

Hoy, W. K., & Miskel, C. G. 공저, 송화섭 역(1999). **최신 교육행정의 이론탐색과 실제**. 서울: 학문사.

Merriam, C. E. (1945). *Systematic Politics*. Chicago, IL: University of Chicago Press.

제4부

교육행정과 윤리론

제4부 교육행정과 윤리론에서는 교육행정에서의 윤리의 문제, 도덕적 판단의 문제, 지도자의 윤리, 정보사회의 윤리문제를 다루게 된다.

제8장 교육행정과 윤리

교육행정은 교육행정 조직 속에서 교육행정인(人)에 의하여 교육행정 목표를 달성하고자 행정행위를 하기 때문에 필연적으로 도덕과 윤리가 내재된다. 그런데도 그동안 우리나라 교육행정에서 윤리의 문제를 중요하게 다루지 못했던 것은 유감스러운 일이다. 특히, 일반행정학에서는 오래전부터 『행정의 윤리』(신종순, 1971; 유종해, 1992)라는 전문서가 나오고, 많은 연구와 논문이 나오고 대학과 대학원, 공무원 교육원에서 행정윤리 과목이 개설되어 교육이 이루어지고 있는 데(윤태범, 2003) 비하여 교육행정에서는 이 문제에 대하여 별로 중요하게 다루지 못하고 있어 상대적으로 빈약하게 느껴진다. 일반행정보다 오히려 교육행정에서 먼저 이 분야에 더 관심을 기울였어야 한다고 본다. 교육에는 바람직한 방향으로의 교육이라는 가치와 윤리가 이미 내포되어 있기 때문이다. 그리고 윤리의 문제를 OECD나 서양 국가에서 점점 더 관심을 갖고 중요하게 다루는 데 비하여 우리나라에서는 그동안 경시한 느낌이 있다. 예를 들면, 외국 대학의 교육행정의 코스를 보면 교육행정윤리 과목이 많이 개설되어 있는 것을 볼 수 있다.

교육행정 조직은 여러 상호 의존적인 구성원으로 되어 있는데 구성원 개인이 윤리관, 가치관, 사고방식을 가지고 오기 때문에 근본적으로 윤리와 분리될 수 없다. 그리고 교육행정 조직은 사회환경에 영향을 주기도 하고 받기도 하기 때문에 사회윤리와 행정조직을 분리해서 생각하기 어렵다.

교육행정인이 결국 교육행정을 하는 것인데, 행정인 개인의 윤리관에 의하여 행정행위를 하게 되기 때문에 행정과 윤리를 분리하기는 어렵다고 본다. 교육행정 행위는 곧 행정가의 윤리적 행위라고 할 수 있다. 교육행정가의 윤리관에 의하여 적극적 행정윤리의 행정책임을 다하기도 하고 소극적 행정윤리인 부정부패와 연결되기도 한다. 교육행정인은 공직자이기 때문에 행정윤리 중에서도 특히 공직윤리가 강조되는 것이다.

또한 교육행정에서 달성하고자 하는 교육행정 목표 자체가 이념적이고 가치적인 것이어서 윤리적이라고 할 수 있기 때문에 행정과 윤리는 분리시킬 수 없을 정도로 밀접하다. 교육행정 목표는 이념을 추구하고 가치를 실현하고자 하기 때문에 교육행정에서 윤리를 배제할 수 없다.

그래서 이 장에서는 (1) 행정윤리와 공직윤리에 대하여 살펴보고, (2) 소극적 행정윤리로서의 부정부패와 적극적 행정윤리로서의 행정책임에 대하여 자세히 알아보면서 행정윤리의 확립방안에 대하여 생각해 보기로 한다. 마지막으로 (3) 행정윤리의 사례를 제시하고자 한다.

1. 행정윤리의 개념

사전에서 '윤리' 를 찾아보면 "사람이 지켜야 할 도리, 즉 실제의 도덕규범이 되는 원리"라고 되어 있다. 그리고 '도덕' 을 찾아보면 역시 "인간으로서 마땅히 지켜야 할 도리 및 그에 준하는 행위"라고 되어 있다. 그래서 사전상으로는 '윤리'와 '도덕'의 의미에 큰 차이가 없다고 할 수 있어 때로는 비슷한 말로 같이 섞어서 쓰기도 한다. 그러나 윤리와 도덕이 모두 인간이 지켜야 할 도리라고 했는데도 구태여 구별하자면, 도덕이 생활을 강조하는 것으로 만인이 지켜야 할 공통적인 규범이라고 한다면 윤리는 특정 부류에게 적용되는 도덕규범과 도리가 더 강조된다는 의미에서 차이가 있다. 교사나 교장이 규범에 어긋나면 교직윤리로 문제가 되어 책임을 묻게 되지만, 보통 사람, 다른 사람들이 그들과 같은 행동을 했다면 도덕적인 양심의 문제이지 윤리적 책임까지 져야 할 정도로 문제가 되지는 않는 경우가 있다. 보통 사람에게는 도덕적으로는 책임성(responsibility)으로 그치고 말지만, 교원에게는 윤리적인 문제가 될 때에는 더 엄한 윤리적 책무성(accountability)이 될 수 있다. 그래서 보통 사람들에게는 도덕이 되지만 교육행정인에게는 행정윤리의 문제가 된다. 일반인이 낙태를 원한다면 도덕적인 양심의 문제가 되지만 의사들에게는 의료윤리의 문제가 되어 윤리적으로 죄악이 된다는 것이다. 또 공직자가 배우자와 함께 남는 시간에 부업을 하는 것은 도덕적으로 큰 문제가 안 되지만 행정윤리와 공직윤리로는 문제가 된다(www.ks.ac.kr/~jhpark/3-96.htm).

그러면 행정윤리란 무엇인가? 쉽게 말하면 앞에서 말한 '윤리' 앞에 '행정'만 붙인 것으로 '사람이 지켜야 할 도리'라는 일반적인 윤리의 뜻에서 '사람' 대신 '행정인' '교육행정인'을 넣어 '행정인이 지켜야 할 도리' 또는 '행정에서 지켜야 할 도리'라고 하면 될 것이다. 그런데 좀 더 풀어서 윤리를 "어떤 공동체에서 인간 상호 간의 자율적이고 객관적인 행위를 위한 규범"(김영종, 1992: 338-339)이라고 한다면, 행정윤리는 "행정 이념과 가치를 바르게 실현하기 위한 규범적 가치기준"(김영종, 1992: 339)이라고 할 수 있다. 행정목표에는 이념과 가치가 내재되어 있고 이 이념과 가치가 내재된 목표를 바르게 달성하기 위하여 행동규범과 가치기준이 필요한데 이것이 바로 행정윤리인 것이다. 그래서 행정윤리는 이념과 가치 실현을 위한 행동기준인 동시에 행정행위의 규범적 가치기준이고, 행정인의 내재적 의식 상태의 의식 수준과 연결되는 성격을 갖고 있다.

앞의 행정윤리의 정의에서 보는 것처럼 행정윤리와 행정이념은 뗄래야 뗄 수 없는 관계이기 때문에 때로는 동일한 것으로 취급할 정도다. 행정이념과 가치를 실현하기 위한 기준이 바로 행정윤리이기 때문이다. 행정이념으로서 중요한 것은 정의(正義), 자유(自由), 평등(平等), 형평(衡平), 공익(公益), 능률(能率), 합법(合法), 책임(責任) 등을 들 수 있을 것이다. 어떻게 보면 행정에서 이런 이념의 문제를 다루고 이런 이념과 행정 간의 관계를 다루는 것이 행정철학의 중요한 내용이 될 것이다. 행정윤리가 행동규범을 직접적으로 다루는 데 비중을 두는 반면, 행정이념은 같은 행동규범을 좀 더 사고의 차원에서 사고방식을 간접적, 객관적으로 다룬다는 데서 약간의 차이가 있을 수 있다.

행정윤리와 공직윤리도 비슷한 말로 쓰이고 있다. '행정인' 이 지켜야 할 도리 대신에 '공직자' 가 지켜야 할 도리로 바꿀 수 있다. 그런데 행정인 대부분이 공직자이기 때문에 행정윤리와 공직윤리를 거의 같은 것으로 보는 경향이 있다. 공직윤리는 공직자에게 요구되는 일종의 직업윤리라고 할 수 있는데, 공직에 요구되는 공공성, 전문성, 봉사성이 강하게 작용하여 거의 공직의무에 가깝다고 할 수 있다. 공직에는 입법(정치), 사법, 행정이 다 포함되므로 공직윤리를 정치윤리, 법관의 윤리, 행정윤리로 나누어 부르는 경우도 있다.

공무원에게 요구되는 공직윤리는 대개 법령이나 규칙에 명시하고 있어 거의 공무원의 의무와 동일시되고 있다. 공무원의 의무로 대표적인 것은 (1) 선서의 의무, (2) 성실의 의무, (3) 복종의 의무, (4) 친절 · 공정의 의무, (5) 비밀엄수의 의무, (6) 청렴의 의무, (7) 품위유지의 의무, (8) 직장 이탈금지의 의무, (9) 영리업무 및 겸직 금지의 의무, (10) 정치운동 금지의 의무, (11) 집단행위 금지의 의무 등이다. 이들 공직의무는 교육행정인에게도 똑같이 적용된다. 또한 공직자는 공직자윤리법의 적용을 받게 되는데, 공직자윤리법은 공직자 및 공직후보자의 재산의 등록과 공개, 공직을 이용한 재산취득의 규제와 퇴직공직자의 취업제한 등을 정한 법률이다. 구체적으로 주요 내용은 공직자 및 공직후보자의 재산등록과 등록재산 공개를 제도화하고, 공직을 이용한 재산취득의 규제 · 공직자의 선물신고 · 퇴직공직자의 취업제한 등을 규정함으로써 공직자의 부정한 재산증식을 방지하고, 공무집행의 공정성을 확보하여 국민에 대한 봉사자로서의 공직자 윤리를 확립함을 목적으로 한다.

행정윤리는 행정행위의 자율적이고 객관적인 규범적 가치기준이기 때문에 이 기준에서 어긋날 경우에 책임이 따르게 되는데 이것이 행정책임이다. 행정윤리에 의한 행정책임은 법적 책임과 달리 자율적, 비강제적 성격을 띠게 된다. 앞서 언급한 공무원의 의무는 법적인 것이 많은데 법적 의무와 책임 외에 윤리적 의무와 책임도 중요시된다. 그래서 공무원 중에는 엄격한 의미의 법적 책임은 없어도 도의적, 윤리적 책임을 지고 공직에서 물러나는 경우가 있다. 이런 경우가 행정윤리에 의한 행정책임을 스스로, 자율적으로 자기 자신에게 적용한 것이다.

지금까지 윤리, 행정윤리, 행정윤리와 행정이념, 행정윤리와 공직윤리, 행정윤리와 행정책임에 대하여 살펴보면서 행정윤리의 개념을 밝히고자 하였다.

앞에서 살펴보는 동안 우리는 이념, 가치, 규범과 기준, 행위와 행동 등의 용어들이 나온 것을 의식했을 것이다. 이들은 윤리와 관련되는 지식으로 추상적인 사상 · 사고에 해당되는 것에서 구체적으로 실제 행동으로 실천으로 옮겨야 할 것에 이르기까지의 연속선 개념으로 생각할 수 있다.

최창현과 양창훈(2003)은 행정윤리에 관한 유사개념으로 행정정서

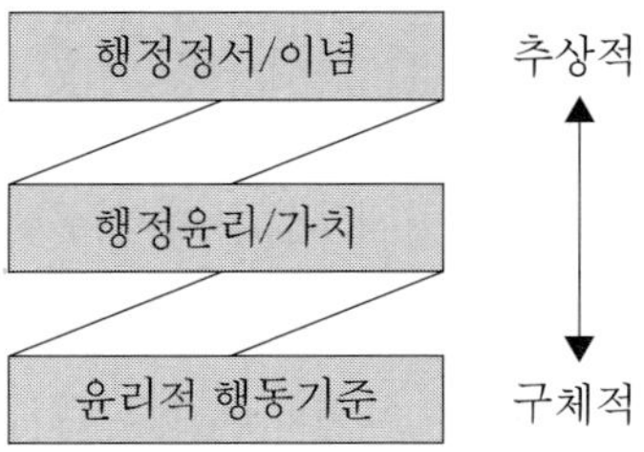

[그림 8-1] 윤리와 유사개념 간의 관계

(ethos)와 이념(ideology), 행정윤리와 가치(values), 행정행위와 행동(conduct, behavior, action)을 추상과 구체의 연속선으로 [그림 8-1]과 같이 나타내고 있다.

프레데릭슨과 월링(Frederickson & Walling, 2001: 53-55)은 크게 네 가지 행정윤리와 관련된 지식의 범주를 제시하였다. 즉, 행정연구에 대한 연구는 이 네 가지 범주의 지식을 위하여 이루어지는 것이 바람직하다는 것이다. 이들이 제시한 네 가지 행정윤리와 관련된 지식의 범주는 다음과 같다.

- 가치(values): 목적 혹은 수단으로서 소망스러운 것(생명, 정의, 평등, 인류애 등)
- 표준(standards): 적절하고 수용할 만한 행동을 안내 · 통제 · 규제할 수 있는 올바른 행동규칙
- 맥락(context): 윤리적 기준과 행태를 결정하는 강력한 결정요인으로서의 맥락
- 행태(behavior): 윤리성이 반영되는 구체적인 행동양태(윤태범, 2003: 10-11, 재인용)

행정이념과 가치는 엄격히 구별하여 제시하기는 어려우며 서로 중복되는 경향이 있다. OECD 국가들은 행정봉사의 핵심 가치(core values)로 중

립성(impartiality, 24개국), 합법성(legality, 22개국), 정직성(integrity, 18개국), 투명성(transparency, 14개국), 능률성(efficiency, 14개국), 평등성(equality, 11개국), 책임성(responsibility, 11개국), 정의(justice, 10개국)를 제시하고 있다(OECD, 2000).

이런 가치를 실현하기 위하여 행위(behavior, conduct)의 표준 또는 기준을 당위적으로 진술해 놓게 되는데 이런 기준이 행정윤리가 된다. 예를 들면, 미국 주교육감협의회(Council of Chief State School Officers)는 교육지도자의 기준(Standard For School Leaders)을 6개로 정하여 ISLLC(Interstate School Leaders Licensure Consortium)라 하였다. 여기서 Standard 5가 윤리기준에 해당되는데, "학교행정가는 정직성과 공정성, 윤리적 매너로 학생의 성공을 북돋우는 교육지도자다."라고 진술하고 이에 해당하는 지식기반(knowledge)과 성향(dispositions)을 구체적으로 제시하고 있다.

미국초등교장회(National Association of Elementary School Principals)도 학교행정가 윤리기준(Statement of Ethics for School Administrators)을 10개로 진술해 놓았는데 이는 다음과 같다.

(1) 의사결정과 행동에서 학생을 행복하게 하는 데 기본 가치를 둔다.
(2) 정직과 성실로 전문직적 책임을 완수한다.
(3) 모든 개인의 시민권과 인권을 보호하고 적법절차의 원리를 지지한다.
(4) 지방, 주, 국가 법을 준수한다.
(5) 교육정책과 행정 규정과 규칙을 지킨다.
(6) 건전한 교육목적과 일치하지 않는 이에 대해 법과 정책, 규정을 바로잡기 위해 적절한 조치를 취한다.
(7) 정책이나 사회적, 종교적, 경제적, 또는 다른 영향력을 통해 개인적 이익을 얻고자 직위를 사용하지 않는다.

(8) 정당하게 평가 · 인정받은 대학이나 기구를 통해서만 학위나 전문자 격증을 받는다.

(9) 연구와 계속적인 전문직적 발전을 통해서 전문직의 효과성을 향상시키고자 노력하고 그 기준을 유지한다.

(10) 모든 계약을 완수할 때까지 지키고 존중한다.

이렇게 행정윤리의 개념을 밝히면서 사례까지 제시하였다. 이와 같은 행정윤리에 대한 연구에는 (1) 사회철학적 접근, (2) 사회윤리적 접근, (3) 직업윤리적 접근, (4) 분석윤리적 접근 등 여러 접근이 있을 수 있다.

사회철학적 접근은 추상적이고 모호한 정의와 평등 등 중요한 사회적 가치의 문제를 구체적이고 명확한 사고와 행동의 기준으로 제시하여 개인으로 하여금 특정한 방향으로 행동하게 하려는 것이다. 사회적 가치로 자주 다뤄지는 것은 공리주의, 공동선, 자유와 평등, 도덕률 등이다. 또 좋은 정부와 행정은 무엇이며, 정부조직에 개인 행정인이 어떻게 조화시키고 일치시키느냐가 자주 이슈로 등장한다. 그리고 올바른 정치구조와 국민의 행동을 어떻게 규정하느냐도 사회철학적 연구의 주제가 된다.

사회윤리적 접근은 사회적으로 문제가 되는 것을 윤리적으로 다루어 분석하고 연구하려는 것이다. 예를 들면, 국가안보, 시민권, 전쟁, 임신중절, 횡령, 성차별, 기회균등, 동성연애 등의 사회문제를 윤리문제로 연구하려는 접근이다.

직업윤리적 접근은 행정인의 직업상의 규범적 가치를 집중적으로 분석하려는 것으로 공익과 사익, 공무와 사무 사이의 갈등을 주로 다루게 된다. 이는 행정윤리를 직업윤리로 생각하는 것이다. 직업인으로서 공평한 행정가가 되어야 하고, 다수에게 이익이 되도록 하는 공공성의 윤리, 공복으로서 행정을 해야 하는 '의식의 윤리', 행정목표 달성을 위하여 이바지해야 하는 '성숙의 윤리', 혁신적 아이디어로 일해야 하는 '창의성의 윤리' 등이 직업윤리에 포함된다.

분석윤리적 접근은 행정가치가 가지는 의미와 역할을 정책분석하는 것이다. 정책내용을 분석하고 평가하여 좋은 정책을 선택하고 정책목표를 달성하고자 하는 접근이다.

인간의 행동은 도덕성과 윤리를 떠나서는 조금도 생각할 수 없다. 교육행정 행위도 도덕과 윤리의 바탕 위에서 이루어지게 된다. 그런데 지금까지는 교육행정과 교육행정학에서 도덕과 윤리적 측면을 너무 등한시하고 또 행정가 양성이나 연수에서도 한마디 언급조차 없었던 실정이다. 그러면서 어떤 사고가 발생했을 때나 부정부패 현상이 벌어졌을 때나 '도의적 책임'이니 '교육자로서' 그럴 수 있느냐는 식으로 비난하기에만 바빴다.

윤리 · 도덕은 비슷한 말로 섞어 쓰기도 하고 같이 붙여 쓰기도 하지만 좀 구별하여 쓰기도 한다. 이를 구별하자면 도덕성(morality)은 인간으로서의 의무와 책임에 대하여 역사적으로 조건화되고 체제적으로 만들어진(개발된) 이론이다. 그래서 도덕성은 자기 이익에 중심을 둔 사회적으로 받아들인 규칙이라고 할 수 있다. 예를 들면, '청색 신호에 건너야 한다.' 와 같은 것이다. 이는 이성적 관념체계라기보다는 인간 사회의 일반적 생활양식이다.

이에 비하여 윤리는 인간 성장과 문제 상황에 적용되는 개인적 동의와 도덕이론의 비평이라고 할 수 있다. 그래서 윤리는 다른 사람을 고려한 규칙이다. 예를 들면, '자기 것이 아니면 갖지 말라.' 와 같은 것이다. 윤리라는 말은 'ethos' 에서 나온 것으로 사람이 지켜야 할 행위규범, 행위준거를 제공해 준다.

엄격한 의미에서 전문적, 학문적으로는 이렇게 구별되겠지만 여기서는 혼용해서 쓰기로 한다.

그동안 교육행정에서의 연구는 지나치게 논리실증주의에 빠져 있었다. 가치배제 또는 가치중립을 내세워 사실만이 믿을 수 있는 지식이고, 관찰 가능하고 측정 가능한 것만 지식이라고 생각하였다. 객관화, 과학화를 내세워 경험적으로 검증하는 일이 연구라고 했다. 경험주의에 의한 합리성 · 논리성을 강조하여 계량적 · 통계적 접근에 치우쳤다. 그리고 행정에서 눈에 보이는 기교에 편중되어 있었다.

그러다가 1960년대 말 1970년대 초 소장파 일반행정학자들이 이에 이의를 제기하고 나섰다. 행정에서 눈에 보이지 않는 가치, 신념, 철학, 윤리가 오히려 눈에 보이고 겉에 드러난 행위보다 더 중요하다는 주장이다. 행정철학과 행정윤리도 이런 흐름과 함께 강조되기 시작하였다. 논리실증주의에 대항하여 현상학이 강력하게 대두된 것이다. 일반행정학에서는 이를 신행정학(파)이라고 하였다. 그래서 객관적 연구가 아닌 주관적 접근, 질적 연구가 활발해지기 시작한 것이다. 이들은 통계적 · 수학적 접근만 하는 사람들을 통계광신병 환자라고 몰아부쳤다.

그런데 교육행정은 일반행정보다도 더 가치의 문제를 다루고 있는데도 일반행정에서의 이러한 변화와 흐름을 외면한 채 사실과 가치를 이분법에 의하여 분리하고 가치배제 · 가치중립적인 계량적 접근만 해 왔다는 반성이 있다.

이제 전자와 후자 간에 균형과 조화가 요구되고 있다. 필요에 따라 논리실증주의에 의한 가설 연역적 연구도 해야겠지만 현상학에 의한 사례연구, 비교연구, 역사적 연구로 질적 접근도 해야겠다. 행정윤리나 행정철학은 후자의 접근이 더 알맞을 것이다.

이렇게 행정윤리의 개념을 밝혀보고 연구방법을 염두에 두면서 행정윤리의 내용에 무엇이 담겨 있는지 알아보기로 한다.

2. 행정윤리의 내용

행정윤리에서 주로 관심을 갖고 다루는 내용은 무엇인가? 과거에는 주로 '부정부패' 의 문제를 다루어 행정윤리라고 하면 으레 부정과 부패를 하지 않는 공정하고 썩지 않은 깨끗한 태도와 행위라고 생각했다. 이것은 행정윤리를 좁게 보고 소극적 의미로 파악한 것이다. 그러다가 행정윤리를 더 넓게, 그리고 더 적극적으로 보고 다루게 되어 앞의 개념 정의에서 언급한 것처럼 행정윤리를 행정이념과 가치를 효과적으로 달성하기 위한 행정인의 의식과 태도, 행정행위, 행정책임으로 다루게 된 것이다.

그래서 여기서는 먼저 행정윤리의 소극적 측면에서 부정부패에 대하여 먼저 살펴보고 나서 적극적 측면에서 행정책임에 대하여 알아보기로 한다.

1) 부정부패

부정부패의 개념을 한마디로 명확하게 정의하기는 어렵다. 시대와 장소에 따라 변하기 때문이다. 십년 전에 부패로 처벌되던 것이 오늘날에는 부패로 간주되지 않을 수도 있고, 미국에서 부패로 처벌받는 것이 한국에서는 아무렇지도 않게 생각되기도 하기 때문이다. 그런데 이러한 부정부패를 공직 중심, 시장 중심, 공익 중심의 세 측면에서 정의하려는 노력을 하는데, (1) 공무자의 권한과 공무집행에 관련하여 남용하거나 바르게 하지 않는 행위, (2) 관료제와 공직자에 의하여 자연스러운 시장의 흐름과 시장질서를 파괴하고 사적인 이익을 추구하는 행위, (3) 의도적, 의식적으로 공익보다 사익, 특수이익을 우선시하는 행위로 보는 것이다. 어쨌든 행정윤리의 행동규범에서 벗어난 행위에 대한 반대급부로 어떤 종류의 재화가치를 얻는 행위를 부패 또는 비리라고 할 수 있다.

이런 부정부패와 비리의 종류는 아주 다양하고 점점 더 정교해지는데 이를 다음과 같이 몇 가지 유형으로 묶을 수 있다.

부패는 (1) 내용에 따라 계획상의 부정, 관리 · 보관상의 부정, 통제 또는 감독상의 부정, 인사상의 부정, 관료제 형식주의(red tape)에 따른 부정, 융자 또는 대부와 관련된 부정, 보조금 배당과 지급에 따른 부정, 세금에 수반되는 부정, 입찰에 따른 부정, 기타 대내적인 부정으로 나눌 수 있다. (2) 제도화된 부패와 우발적인 부패로 나누어 볼 수 있는데, 제도화된 부패는 장기간 성공적으로 이루어져 비공식적으로 관료화된 것이고 우발적인 부패는 단기적이고 덜 조직적이나 빈도가 잦아지면 제도화로 굳어진다는 것이다(김해동, 1976). 또한 조직적 부패와 개인적 부패로 나누어 보기도 하고, 관료제의 계층에 따라 고위층 부패와 하위층 부패로 나누어 보기도 한다. 그리고 이해관계와 공급자 수에 따라 시장부패와 후원조직, 연고주의, 위기 시 부패의 유형으로 나누어 보는 학자도 있다. 이런 유형과 종류에 따라 부정부패의 범위와 수준, 심각성이 각각 다를 것으로 본다(유종해, 1992).

부패의 수단과 목적에 따라 부패의 유형과 종류를 나누어 볼 수 있다. 부패를 수단으로 볼 때 생계형 부패와 권력형 부패로 나눌 수 있다. 생계형은 주로 하위직 행정인에게서 많이 이루어지는데 부패와 부정에 의한 소득을 생계에 주로 사용하는 경우다. 반면, 권력형 부패는 주로 생계의 위협을 받지 않는 고위직 공직자에게서 많이 발견되는 것으로 사익을 위하여 자기에게 부여된 권력을 남용하는 경우다. 이는 여기서 생긴 부정한 소득을 자신의 권력유지나 유사시에 대비하기 위한 수단으로 쓰는 경우가 많기 때문에 또 다른 제2의 부정과 부패를 낳게 된다는 데서 문제가 크다.

부정부패의 목적이 무엇이냐에 따라 나누어 보면 권력지향 부패와 거래적 부패로 나눌 수 있다. 권력지향 부패는 부정과 부패로 더 많은 권력을 획득하고 신장시키고자 하는 목적으로 보는 것이고, 거래적 부패는 주로 뇌물

수수 행위가 포함된다. 뇌물은 흔히 말하는 급행료, 기름치기 등이 있다.

지금까지의 부정부패는 모든 공직자에게 포함되어 교육행정의 일반행정직과 교육행정직에 해당되지만, 교원에게는 흔히 '촌지'라는 것이 많이 언급되고 있다.

또한 부정부패의 원인을 밝히기 위한 연구들도 많다. 이들 연구에서는 그 원인을 (1) 환경 · 상황적 측면, (2) 조직적 측면, (3) 개인적 측면으로 나누어 보고, 부정부패의 방지를 위한 노력도 부정부패의 원인을 제거하는 것이기 때문에 이 환경 · 상황, 조직, 개인의 측면에서 모색하는 경향이 있다.

환경 · 상황적 측면은 사회 전체의 특성에 해당되는 것으로 공직사회, 행정기관이나 조직 밖의 환경과 상황이 행정윤리에 영향을 주게 된다. 예를 들면, 사회 전체가 도덕성과 윤리성이 상실되어 부정부패가 만연되어 있는데 공직사회만 윤리의 의무를 강조하기 어렵고, 정치 · 경제가 불안정한 상황에서는 공직사회의 윤리성이 떨어지지 않을 수 없다. 부정부패의 원인이 될 수 있는 환경 · 상황적 요인으로는 (1) 정치 · 경제적 불안정, (2) 공동체 의식의 박약, (3) 상대적 박탈감, (4) 전통적인 행정문화를 들 수 있다(유종해, 1992).

정치 · 경제적 상황이 불안정하면 미래를 예측하기 어렵고 장기적 계획을 세울 수 없기 때문에 사람들이 불안을 느끼고 근시안적 태도를 느끼며 수단과 방법을 가리지 않게 되고, 사회적 규범을 무시하고 비정상적인 행동양식을 취하게 된다. 그리고 황금만능의 생각을 가지게 되는데, 특히 현금에 대한 의존도가 높아지게 된다. 행정인이나 공직자들도 예외일 수 없어 부정부패에 휩쓸리기 쉽다. 정치 · 경제적 상황과 환경요인이 부정부패의 간접적 요인이 될 수 있다.

공동체 의식이 박약해지면 공공의 문제에 관심이 적고 자신과 직접적으로 관련이 없는 문제에는 무관심하여 부정부패에 대한 고발정신도 희박해지는 반면, 자신의 개인적 이익을 최우선으로 챙기게 되고 이에 과도해지다 보면 부정부패와 부조리에 빠지게 된다.

상대적 박탈감이 크다 보면 부정부패가 만연하기 쉽다. 사기업체나 자영업, 변호사와 의사의 노력에 비하여 공직자나 행정인이 노력과 고생은 많이 하면서 보수나 연금, 대우나 명예마저 상대적으로 불리하고 박탈당했다고 느낀다면 사기는 떨어지고 윤리의식이 무감해져 부정부패로 빠지기 쉽다. 특히, 우리나라 사회처럼 경쟁의식, 상대적 비교의식이 강한 상황에서는 행정인들이 상대적 박탈감을 느끼기 쉽다.

권위주의, 가족주의, 정실주의, 형식주의, 의리주의와 우리나라 전통적인 행정문화가 때로는 순기능도 하지만 역기능을 할 때는 부정적인 행정행위의 원인이 되어 부정부패로 이끌리게 된다. 문화라는 것은 공기와 같아서 의식하지 못하는 상태에서 부정을 저지르게 되기 때문에 더 위험하다. 그래서 건전한 행정문화의 형성이 중요한 것이다.

두 번째로 조직적 · 제도적 차원에서는 (1) 낮은 보수, (2) 신분 불안정, (3) 비현실적인 행정규제와 관리 기준, (4) 재량권 남용이 부정부패의 요인으로 작용할 수 있다.

후진국에서는 공무원의 보수 수준이 낮고 생계비에도 못 미칠 정도로 비현실적이어서 부정부패의 원인이 될 수 있는데, 앞에서 말한 상대적 박탈감까지 작용하여 더욱 상승작용, 부채질하는 작용을 하게 된다.

정권 변동, 상황 변동, 구조조정 등으로 신분이 불안정하게 되면 단기적 전망을 하고 부정을 해서라도 재정적 기반을 마련하고자 하게 되며, 이보다 더 적극적으로 자신의 자리와 신분, 권력을 유지하기 위하여 부정한 행동을 하게 된다. 그래서 관료제에서도 경력 발전을 보장해 주고자 하여 철밥통이라는 말이 나오기도 하였으나 최근에는 우리나라 사회 도처에서 신분불안을 느끼고 있다. 심지어는 교육행정사회, 교직사회까지 업적주의, 경쟁제, 성과급제, 계약제 등이 도입되고 정년단축 등으로 신분 불안을 느끼게 되었는데 앞으로 이것이 부정부패와 어떻게 연결될지 모르는 상황이다.

비현실적인 각종 행정규제와 관리기준이 부조리의 원인으로 작용하는 예는 너무 많다. 경직된 예산편성과 집행기준 때문에 현실과 동떨어져 부정하지 않을 수 없다. 예를 들면, 비현실적 여비 규정, 강사료 지급 규정 때문에 부정하게 서류를 꾸며 현실화시킬 수밖에 없어서 5일 출장을 10일 출장으로, 2시간 강의를 4시간 강의로 서류를 꾸미게 되는데 이런 것이 바로 부정부패가 된다.

공직자의 자유재량권은 행정의 신축성과 유연성의 순기능을 위한 것인데 권력남용이 되면 부정부패의 요인으로 작용하게 된다.

마지막으로 개인적 차원은 행정인 개인의 인성, 자질, 태도, 능력, 기술 등에서 부정부패의 원인을 찾는 것이다. 부정직, 불성실, 무능 등 행정인 개인에게 문제가 있는 것을 배제하기는 어렵다. 아무리 환경과 상황, 조직과 제도가 어렵고, 잘못되고, 때로는 유혹을 하고, 부정부패의 여지를 줘도 부정부패에 빠지지 않고 올바르게 살아가고 행정행위를 하는 사람이 많은 것은 이런 개인에게서 그 요인을 찾을 수 있을 것이다.

부정부패를 방지하려면 앞에서 살펴본 부정부패의 원인을 제거하는 것이 근본적일 것이다. 부정부패를 방지하기 위해서는 전략적으로 대처해야 한다는 것이다. 이것을 요약하면 〈표 8-1〉과 같다.

앞에서 다룬 부정부패의 원인을 제거하는 의미에서 부패방지 전략을 좀 더 자세히 살펴볼 필요가 있다.

첫째, 환경 · 상황적 방지전략은 전 사회적이고 거시적인 것이기 때문에 그만큼 어렵다고 할 수 있다. 정치 · 경제적 불안을 제거하고, 평등사회를 건설하고, 전통적인 행정문화를 제거하는 전략은 쉬울 수가 없다. 표에서 제시한 여덟 가지 전략을 모두 동원한다 해도 방지하기 어려운 전략이 될 것이다. 그래도 시민문화적 발전전략, 범국민적 부패방지 전략이 가장 가까운 전략이 될 것이다. 무엇보다 상위층, 지도자들이 모범을 보이고 상대

〈표 8-1〉 행정부패 방지전략

방지내용/주요 내용	특 징
(1) 행정개혁 전략	행정조직의 구조적 변동, 제도적 개선, 공직자들의 가치관 변화, 부패방지위원회 설치, 보수의 적정화
(2) 행정윤리 교육과 훈련 전략	행정윤리 교육의 체계화, 제도화 및 강화, 미시적 도덕적 전략
(3) 행정조직 발전전략	행정조직 단위별 발전전략, 감시자, 구성원의 일체감
(4) 규범적 전략	통합적 부패방지법의 입법화를 통한 통제 강화, 재산공개 등을 통한 신뢰성 제고
(5) 시민문화적 발전전략	부패환경의 제거, 깨끗하고 합리적인 시민문화의 발전 추구
(6) 범국민적 부패방지 전략	부패추방운동의 생활화, 홍보의 강화, 교육의 강화, 민 · 관 · 군 · 경의 상호 연계성
(7) 작은 정부지향 전략 (행정의 분권과 자율성)	권력의 분산, 자율성의 강화, 하위조직에 행정권의 위임과 책임의 강화
(8) 행정평가 전략	행정청문회제도의 실시와 행정평가를 통한 통제전략

자료: 김영종(1988). 한국관료부패와 부패방지. **계간경향**, p. 156.

적 박탈감을 느끼게 하는 호화사치 생활자들에게 상대적으로 불리하게 하는 제도를 마련해야 할 것이다. 그리고 하위직 공직자를 배려하는 정책을 세워야 할 것이다.

둘째, 조직적 · 제도적 측면에서의 부패방지 전략으로는 표에서 제시한 행정개혁 전략, 행정조직 전략, 작은 정부지향 전략, 행정평가 전략들이 조직과 제도의 개선과 가장 가까운 전략이 될 것이다. 앞서 지적한 것처럼, 특히 하위직 공직자의 보수를 개선해 주고, 보수 못지않게 국민에게서 존경을 받을 수 있고 본인들이 자긍심을 갖게 해 주는 일이 중요하다고 본다. 신분을 보장해 주고 직무에 충실한 수많은 행정인과 공직자를 격려해 주는 대신, 실수가 아닌 의도적 · 계획적 부정부패자를 엄격히 처벌해 줘야 한다. 현실에 맞지 않는 행정규제와 관리기준을 현실화해야 한다. 그리고 권력남용의 여지를 근원적으로 해결하기 위하여 행정의 공개화, 투명화를 계속 추진해 나가야 한다.

셋째, 개인적 측면에서의 방지전략은 상기한 두 문제가 먼저 해결되어야 한다. 그래서 무엇보다 행정인과 공직자가 긍지와 명예, 자존심을 갖게 되어 우수인력이 행정인과 공직으로 몰려들 수 있도록 해야 한다. 그리고 교육행정인에 대한 철저한 교육과 재교육을 해야 한다. 특히, 행정철학과 행정윤리, 공직윤리의 프로그램을 개발하여 적용해야 할 것이다. 행정인뿐만 아니라 국민과 일반인에 대한 교육과 홍보도 중요할 것으로 본다. 공동체의식, 책임의식, 준법정신, 책임성의 교육은 행정인에게만 요구되는 것이 아니라 모든 국민에게도 요구되는 것이다.

2) 행정책임

행정책임(administrative responsibility)이란 행정인이나 행정조직이 윤리적 · 기술적 · 법적 기준에 따라 행동해야 하는 의무(Presthus, 1975)를 말한다. 이때 미달된 행정결과에 대하여는 불이익을 감수해야 한다. 이 행정책임을 객관적 책임과 주관적 책임, 소극적 책임과 적극적 책임, 내재적 책임과 외재적 책임으로 나누어 보면 좀 더 명확해질 것이다. 객관적 책임이란 쉽게 말하면 책임의 근원인 상위자와 임명권자에 대한 일종의 책무성(accountability), 책임원(responsibility, sources)에 대하여 설명할 수 있는 힘이라고 할 수 있다. 책임의 근원은 헌법과 법률을 비롯하여 공익에 대한 봉사의무, 조직규칙, 정책, 공식적 직무명세서, 전문직업적 표준에 의한 명령과 지시 등이다. 행정인은 이러한 책임원에 대하여 책임을 져야 한다. 이 객관적인 책임은 책임의 한계가 비교적 공식적이고 객관적이며 구체적이고 명확하기 때문에 서양 쪽에서 강조되고 있다.

주관적 책임은 행정인의 비공식적, 자발적, 주관적 판단기준에 의한 책임이라고 할 수 있다. 예를 들면, 충성, 양심과 같은 것으로 동양적 정서가 강하다. 더구나 행정이 점점 더 복잡해지고 다양해지며 융통적이고 재량권도 확대되면서 행정윤리에서 이 주관적 책임이 점점 더 강조되는 경향이다.

소극적 책임은 앞에서 말한 객관적 책임과 비슷한 것으로 공식적 법률이나 명령, 지시에 위반하지 않는 범위의 책임을 말한다. 적극적 책임은 소극적 책임의 범위를 넘어서서 행정인이 공익을 위하여 정직하고 성실하게 적극적으로 최선을 다할 의무와 책임을 의미한다.

내재적 책임은 행정조직, 소속부서, 공식적 · 비공식적 집단, 상관 · 동료 · 부하와 자신 등 행정 내부에 책임이 있다는 뜻이다. 외재적 책임은 행정조직 외부의 국민, 지역주민, 의회 등에 책임이 있다는 뜻이다. 이는 누구에게 책임이 있고 누구에게 책임을 지느냐에 따른 분류라고 할 수 있다.

이 외에도 도의적 책임과 법적 책임, 임무적 책임과 응답적 책임, 변명적 책임과 수단적 책임, 합법적 책임과 재량적 책임, 정치적 책임과 직업적 책임으로 나누어 볼 수 있다(유종해, 1992: 145).

행정책임은 앞에서 살펴본 것처럼 어떤 가치기준에 의하여 책임을 판단하기 때문에 그 속에는 어떤 가치가 내포되어 있다. 그래서 행정책임 속에는 대응성, 신축성, 자질능력, 정당한 절차, 책무성, 정직성의 가치가 내포되어 있다.

원래 책임을 의미하는 영어의 'responsibility'란 말은 'response'와 'ability'가 합쳐진 것으로 '대응 · 반응을 할 수 있는 힘'이라고 할 수 있다. 그래서 책임에는 대응성이라는 의미가 들어 있다. 대응성은 대중의 요구에 행정조직과 행정인이 반응하여 어떤 변화와 문제 해결의 방향을 지향하는 것이다.

신축성은 행정조직과 행정인이 주어진 기준과 범위 내에서 행정행위를 변화시켜 적용할 수 있는 정도라고 할 수 있다. 자질과 능력(competence)은 행정인이 행정행위를 기준에 맞게 할 수 있는 힘이라고 할 수 있다. 외국에서는 행정인에게 필요한 자질능력 목록과 기준을 설정해 놓고 이 자질능력에 근거하여 행정인을 양성하는 교육을 하는데 이를 자질능력 근거교육(competence-based education)이라고 한다. 정당한 절차(due process)는 어떤 행정행위를 할 때에 반드시 거쳐야 할 절차라고 할 수 있다. 예를 들면, 이해집단들에게 고지한다든지, 이의를 제기할 수 있는 기회를 준다든지, 공청회를 거치는 것과 같이 어떤 일을 할 때 반드시 법적으로 요구하는 과정과 절차가 있는 것이다. 책무성(accountability)은 설명(account) 또는 계산(count)하여 보여 줄 수 있는 힘(ability)이라고 하여 설명력이라고 할 수 있는데, 대응력에 해당하는 책임(responsibility)보다 더 분명하고 객관적이고 구체적이다. 그래서 대개 회계, 성적, 재정, 행위에 대하여 책임을 져야 하는 것으로 책무성이라고 하여 책임성과 구별하여 부른다. 정직성은 행정조직과 행정인이 공명정대하게 행정행위를 해야 한다는 의미가 들어 있는 것으로서 행정에서 최상으로 요구되는 가치에 해당된다.

지금까지 행정윤리의 적극적 측면의 내용으로 행정책임에 대하여 살펴보았다. 김영종(1992)은 행정책임을 보다 넓게 보아 (1) 정치, (2) 경제, (3) 직무 수행, (4) 사생활의 네 차원으로 나누어 보고 있다.

정치적 차원의 행정윤리는 공무원의 정치활동을 제한하고 중립성의 유지를 요구하는 것이다. 우리나라에서는 헌법과 국가공무원법에서 공무원의 정치적 중립성을 엄격히 규정하고 있다. 공무원은 정당이나 정치단체에 관여하거나 가입할 수 없고, 특정 정당을 위해 투표하거나 투표하지 않도록 권유해서도 안 되고, 서명운동, 기부금 모집 등을 할 수 없도록 되어 있다. 그러나 이는 정책 형성과 집행에서 정치이념이나 목표를 무시하고 소홀히 하라는 뜻이 아니고 파당적이지 않고 공익과 국민복지를 기준으로 삼는 것이 행정윤리라는 뜻이다.

경제적 차원의 행정윤리는 공무원이 경제 분야에 부당하게 영향을 미치거나 불법적 이득을 취하지 않도록 하려는 것이다. 이를 위한 제도적 장치로 형법상 뇌물수수를 엄격히 처벌하게 되어 있고, 국가공무원법에 청렴의 의무와 영리 및 겸직 금지의 의무를 규정해 놓고 있으며, 공직자윤리법으로 부정축재와 공직오용 방지를 위하여 재산등록제와 취업제한제도를 두고 있다.

직무 수행 차원의 행정윤리는 행정인과 공무원으로서 국민을 위하여 봉사자로서 직무 수행을 하기 위한 것이다. 직무 수행은 무엇보다 성실하고 공정한 자세로 해야 한다는 것이다. 공무원의 직무 수행을 위해서 국가공무원법에는 (1) 성실의 의무, (2) 친절 · 공정의 의무, (3) 복종의 의무, (4) 직장 이탈금지의 의무, (5) 비밀엄수의 의무 등을 규정해 놓고 있다. 이 직무상의 의무를 위반할 때는 반드시 처벌이 따른다는 점에 유의해야 한다.

행정인 사생활 차원으로서 행정윤리는 공무원으로서의 품위유지를 하고 존경과 신뢰를 받을 수 있도록 행동해야 한다는 것이다. 특히, 축첩행위, 알코올 중독과 과도한 음주벽, 마약이나 아편의 복용, 습관성 도박, 지나친 사치와 낭비벽, 불법적 투기행위는 공무원의 명백한 품위 손상행위에 해당된다.

그러면 행정윤리와 행정책임을 어떻게 확보할 것인가? 김영종(1992)은 (1) 건전한 가치관의 확립, (2) 인간다운 생활의 보장, (3) 행정기능의 재정립, (4) 행정절차의 민주화, (5) 사회도덕의 확립의 다섯 가지를 제안하고 있다.

행정윤리에는 이미 가치가 내포되고 함축되어 있기 때문에 무엇보다 먼저 공직자뿐만 아니라 우리 사회 전체에 건전한 가치관이 확립되어 있어야 한다. 공익의 존중과 사회봉사의 정신, 정의의 존중과 공정한 직무 자세, 신의와 성실의 존중, 근면하고 검소한 생활의 찬양, 물질적 풍요와 문화적 생활의 균형, 준법정신의 강조를 들 수 있다. 그리고 책임과 의무 이행의 가치관을 확립하고 반대로 황금만능주의, 쾌락주의, 한탕주의, 파벌주의 등 반윤리적 가치를 배제해야 한다는 것이다. 이를 위해서 공직자 양성교육이나 선발시험 시에 행정윤리 과목을 강조하고 이를 확립할 수 있는 방안을 강구해야 할 것이다. 특히, 교육행정에서는 학생들의 교육을 지원해야 하는 입장이기 때문에 이 가치관 확립은 더욱 강조되어야 한다.

둘째, 행정인과 공직자들이 인간다운 생활을 보장받을 수 있어야 한다. 앞에서도 언급한 것처럼 최저생계비 보장은 말할 것도 없고 사회적 평균인의 보수 이상을 보장받아 존엄성과 명예를 지킬 수 있고 문화생활을 영위할 수 있어야 행정윤리도 확보될 수 있다고 본다. 공직자들이 계속적으로 상대적 박탈감을 느끼고 패배의식에 젖어 있는 한 행정윤리는 공염불이 되고 말 가능성이 높다. 권위와 위엄을 지킬 수 있도록 해 줘야 한다.

셋째, 행정윤리를 보장받기 위해서는 행정기능을 재정립해야 한다. 행정기능을 재정립한다는 것은 곧 정부의 행정기능을 축소한다는 의미가 된다. 작은 정부를 지향하고 시장기능에 맡기는 대신 민간 부문에 맡기고 민영화하면 그만큼 부정부패의 여지가 줄어들고 행정윤리를 확보할 가능성도 높아진다.

넷째, 행정절차를 간소화하고 법적으로 엄격하고 투명하게 민주화하면 행정윤리의 확보에 도움이 될 것이다. 행정절차를 엄격하게 한다고 까다롭게 하다 보면 그만큼 부패가 개입될 여지가 생기게 되고 행정의 효율성과 효과성이 떨어지게 되므로 행정절차는 간소화하고 법 적용을 엄격하게 해야 하는 것이다.

다섯째, 사회도덕과 기강을 확립하는 일이 중요하다. 이는 처음의 건전한 가치관의 확립과 마찬가지다. 사회가 건강해야 행정인과 공무원도 건강한 것이다. 사회공동체에서 공익과 사익이 충돌될 때 공익을 우선 존중하고, 사회질서의 유지를 위하여 개인의 불편과 손해를 감수할 수 있는 태도가 확립되어야 하고, 법과 정의가 존중되는 사회적 풍토가 마련되어야 한다. 그리고 혈연, 지연, 학연 등의 연고나 파벌보다는 사회의 일정한 규칙에 따라 게임을 공정하게 하는 습관과 무분별한 사치와 낭비를 지양하고 절제 있는 생활태도를 갖추는 것도 사회도덕의 확립에 반드시 필요하다(김영종, 1992: 359).

3. 행정윤리의 사례

지금까지 주로 일반행정에서 언급되는 행정윤리를 중심으로 살펴보았는데, 교육행정에서 일반행정직의 경우는 앞에서 다룬 것과 똑같이 적용된다. 교원과 교육전문직으로서의 교육행정인도 같은 국가공무원이기 때문에 크게 일반행정의 범주에서 벗어나기 어렵다. 오히려 전문직으로서 윤리가 더 강조된다.

특히, 교원에게 아직도 촌지 문제와 기부금, 체벌 문제가 떠나지 못하고 거기서 자유롭지 못한 것은 안타까운 노릇이다. 필자의 견해로는 어떤 형태로든 촌지나 체벌은 금지되어야 한다는 것이다. 감사의 표시라고 하더라도 사후에 해야 진정한 의미의 감사 표시가 되고 오해의 소지도 원천적으로 제거될 수 있다고 본다. 그리고 체벌을 해서까지 가르치려고 과잉 충성할 필요는 없다고 본다. 부모도 자식을 체벌하지 못하는 세상에 교사가 학생을 체벌하면서까지 가르치려는 것은 현실에서는 과잉이라고 하지 않을 수 없다. '사랑의 매'라는 꼬임에 넘어가지 말고 체벌해서 가르칠 일은 부모에게로 넘기는 것이 좋을 것 같다.

교육행정에서의 윤리적 측면에 대하여 생각해 보기로 한다.

행정윤리는 어떤 특수한 일이 아니라 행정가들이 항상 부딪히고 있는 일상적인 일이다. 따라서 윤리성이 개입되는 일이 너무나 많다. 한 학년에 2개 반이 있는데 학부모 중 유력인사들이 보다 유능한 김 교사의 반에 배정해 달라고 교장에게 부탁을 하다가 마침내 압력을 넣는다. 어느 교사에게 자기 자녀를 배우게 할 것이냐는 학부모의 정당한 권리라는 것이다. 그리고 교사와 학생이 조화를 이루어야 하고, 학생은 잘 맞는 교사에게서 배워야 한다는 논리다. 한국에서도 최근에 소비자 선택권 보장이 대두되면서 공개적, 노골적으로 요구하게 된다.

이러한 상황에서 교장은 공정성의 윤리적 문제에 부딪히게 된다. 공정성에 의하면 불리한 학생을 유리하게 하고 유리한 학생을 불리하게 배치해야만 한다. 개별 학생의 행복을 보장해 줄 것인가, 아니면 다수 학생을 위한 공정성을 고수할 것인가?

교육행정에서 이런 윤리적 문제는 너무나 많다.

한 국어 교사가 지역 신문에 교육청 내 행정가와 교사들의 약점을 지적하는 글을 투고하였다. 이 일로 행정가와 교사들 사이에 불화가 생기게 되고, 교육위원회와의 협상에서 교육자들이 많은 손해를 보게 되었다. 여기에도 두 가지 입장이 있을 수 있다. 국민에게는 기본적으로 표현의 자유가 있고 자유언론 · 언론의 자유가 보장된다. 그리고 있는 약점을 지적한 것이지 없는 것을 거짓 보도한 것도 아니다. 사실 이렇게 글을 쓴다는 것은 개인의 성장을 위해서 오히려 권장되어야 한다. 또 약점이 자꾸 지적되어야 시정되고 발전한다.

이에 대하여 교사의 언론보도로 타인의 복지에 손상을 준 것이 과연 옳은 행동이었느냐는 반론이 제기된다. 공리주의 입장에서 이익극대화의 원리로 볼 때 한 교사의 지적으로 많은 교육자들이 임금협상이나 근무조건 협상에서 불리한 입장이 되었다면 그 교사의 행동은 옳지 않았다고 볼 수 있다.

그러나 인간에 대한 평등존중 원리라는 황금률에 비추어 보면 교사는 아무런 잘못이 없다. 이 문제를 어떤 입장에서 볼 것인가?

어머니의 많은 병원비를 마련해야 하는 한 여교사가 다른 학구의 도시에 나가 야간업소에서 노래를 부르는 아르바이트를 하고 있는 것을 그 학교의 교장이 우연히 발견하게 되었다. 그 여교사는 학교에서 최우수 교사이고 학생들과 학부모의 인기도 대단히 높다.

우리나라에는 교사의 겸직 금지라는 법조항이 있지만 아마 미국이나 다른 나라에서는 그런 조항도 없을 것이다. 이것을 품위유지로 걸 것인가? 퇴근 후의 시간은 개인의 자유이고 이것으로 인해서 학생들을 잘못 가르쳤다는 증거도 없고 오히려 여교사는 교장이 보기에 최우수 교사다. 또 어머니의 목숨을 구해야 하는 특수한 상황도 고려되어야 한다.

여기서 공익의 문제가 대두된다. 만일 이 사실이 감수성 예민한 학생들에게 알려진다면 어떻게 될 것인가? 이로 인해 다른 부업을 갖는 교사들이 생겨난다면 어떻게 할 것인가?

교장은 어떤 판단을 해야 할 것인가? 사실적 판단에 비중을 둘 것인가, 아니면 도덕적 판단, 가치판단에 의해서 대응할 것인가?

사실적 판단은 사실에 근거하여 '잔디는 푸르다.'와 같은 판단을 한다. 도덕적 판단은 도덕원리가 기준이 되어 '우리는 항상 진실을 말해야 한다.'와 같은 것이다. 이에 비하여 가치판단은 자신의 선호가 개입된 것으로 '녹차가 커피보다 좋다.'와 같은 것이다. 교육행정가는 행정을 하는 동안 수많은 판단을 해야 한다.

교장이 지진아 지도를 위한 특별 프로그램을 만들어 재정을 배분하려고 한다. 그러나 학교운영위원과 교육위원들은 반대로 영재아 프로그램을 개발하여 많은 재정을 투자하라고 한다. 이런 상황에서 교장은 어떻게 해야 할 것인가?

돈은 한정되어 있는데 지진아에게도 기회를 주어야겠고 영재아에게도 기회를 주어야 한다. 또 지진아에도 영재아에도 속하지 않는 학생들에 대한 재정배분은 어떻게 해야 할 것인가? 이것은 민주주의에서 가장 기본적이고도 중요한 기회균등의 문제로서 간단한 해답을 찾기는 어렵다.

도덕성의 입장에서는 동등한 것은 동등하게 해 주고 다른 것은 다르게 해 줘야 한다. 적절성의 입장에서 보면 어떤 요인이 적절하게 다루어지고 있는가 부적절하게 다루어지고 있는가를 챙겨 봐야 한다. 능률성의 관점에서는 특정한 처치가 바람직한 결과를 초래했는가를 따져봐야 한다.

3명의 화학 교사 중 어떤 한 교사가 무능하다는 편지가 익명의 여러 학부모로부터 교육장에게 자주 오고 있다. 그런데 교장의 근무평점에는 무능으로 평가되지 않고 있다. 유능하지는 않지만 아주 무능하지는 않다는 것이다. 이 교사가 가르친 반의 표준화검사 점수는 다른 반에 비해 낮지만 그 반의 비판력은 높은 것으로 나타나 있다. 교육장이 직접 이 교사의 수업을 한 번 관찰했는데 수업은 엉망이었고 화학실험은 화재를 일으킬 정도로 위험한 상황이었다. 교육장은 이 교사를 해고시키려고 한다.

여기에 윤리적 갈등이 있다. 학생을 보호할 것이냐 교사를 보호할 것이냐의 문제가 있다. 인간적 접근을 할 것이냐 법적 절차를 밟을 것이냐의 문제도 있다. 인간으로서 존중할 것이냐 한 교사로서 대할 것이냐도 생각할 수 있다. 익명으로 온 편지를 정당한 절차(due process)로 다룰 것인가, 자신이 수업을 관찰한 것을 신뢰할 것인가, 아니면 1차적 감독자인 교장의 교사평가를 더 신뢰할 것인가? 학생들의 표준화점수에 비중을 둘 것인가, 아니면 비판력을 높이 살 것인가? 교육장의 전문적 판단과 함께 윤리적 · 도덕적 판단도 많이 요구된다.

최근에는 교육행정가에게 문화적 지도력과 함께 도덕적 지도력이 강조되고있으며 도덕적 지도력이라는 책도 나오고 있다. 그리고 교육적 지도력을 'Moral Art' 라고 하는 사람도 있다. 교사들에게 일의 의의와 의미를 심어 주고 도덕적 참여를 불러일으키는 지도력이 이에 해당될 것이다.

교육행정은 도덕적 · 윤리적 맥락 속에서 이루어진다. 교육행정은 곧 도덕적 · 윤리적 행동이요 실천이다. 그래서 앞으로 교육행정의 도덕적 · 윤리적 측면에 대한 연구와 관심이 많이 요구된다.

도덕적 · 윤리적으로 흠이 있는 사람은 더 이상 교육지도자일 수 없다. 도덕성 · 윤리성 관리를 잘해야 할 것이다. 더 적극적으로는 교육지도자들이 윤리적 · 도덕적 지도력을 발휘하여 교사들에게 의의와 의미를 심어 주고 도덕적 참여를 불러일으켜야 할 것이다.

앞으로는 교육행정가를 위한 양성 · 연수교육에서 행정윤리가 중시되고, 교육행정가 선발 · 임용에서 윤리성에 비중을 두어야 할 것이다.

교육행정윤리와 관련하여 하나 특별히 생각해야 할 점은 교육행정이 지나친 정치장단에 춤을 춰서는 안 된다는 점이다. 교육개혁안을 투표일 며칠 앞두고 발표하여 어떤 극적 효과를 거두려고 한다든지, 점수를 따기 위하여 일선 학교에 방과 후 활동을 강요한다든지, 교육인적자원부 교육과정 시간배당 기준령을 어겨가면서 자율학습, 보충학습을 시킨다든지, 학생들에게서 방학을 몰수 하는 행위는 모두 불법일 뿐만 아니라 비윤리적, 비도덕적 행위다. 전국 획일의 열린교육 강제도 윤리적 측면에서 검토해 봐야 한다. 열린교육은 우선 학교, 교사, 학생, 학부모에게 선택의 자유가 열려 있어야 한다.

윤리는 입으로만 되는 것이 아니다. 행동으로, 몸으로 보여 줘야 한다. 교육행정가의 윤리도 몸으로 보여 줌으로써 지도력을 발휘해야 한다. 행정은 입으로 하는 것이 아니라 윤리적 행동으로 하는 것이다. 우리의 교육을 몸으로 가르치자.

교직자의 책임과 윤리에 대하여 사례를 제시하고 교육행정인의 책임과 윤리의 사례를 제시하는데 좀 지난 것도 있음을 미리 밝히니 참고하기 바란다.

1) 교직자의 책임과 윤리

(1) 교직자의 책임

교육자는 전문가로서 책임을 질 수 있어야 한다고 하였다. 우선 자신에 대해서, 학생에 대해서, 사회에 대해서, 교직원에 대해서, 그리고 교육감과 교육위원회에 대해서 책임을 질 수 있어야 한다.

자신에 대하여: 사람은 자아존중을 할 수 있을 때 비로소 타인을 존중할 줄 안다. 교육자들이 자기 자신과 일에 대하여 확실한 태도를 가지고 있을 때 전문직으로서 위치를 누릴 수 있다. 교육자는 타인의 아이디어를 억누르거나 지배하려 하지 않고 편협하게 대하지 않으면서 자신을 존중하고 자신의 아이디어를 존중해야 한다. 그리고 교육자들은 상대적 중요성에 의하여 사물을 볼 수 있어야 한다. 그렇지 않으면 사소하거나 일상적인 일에 귀중한 시간과 정력을 다 바쳐 버리는 위험에 빠지게 될지 모르기 때문이다.

학생에 대하여: 학생들이야말로 교육자의 가장 중요한 책임의 대상이다. 평생을 통하여 우리의 생각과 노력을 나누어 바쳐야 할 사람들이다. 교육자들은 자신이 맡은 학교 수준이나 교과에 대해서만 알아서는 안 된다. 일단 공교육의 전 교육 프로그램에 대하여 알고 나서 자기가 맡은 부분과의 연결관계를 알아야 한다.

아울러 교육자는 수업 프로그램을 개발하는 데 지도력을 제공하기 위하여 모든 가능한 자원을 다 동원해야 한다. 그저 막연하게 학생에게 헌신하는 것만으로는 충분하지 않다. 이러한 헌신적인 태도라도 실제적인 실천을 통해서 반영되지 않으면 무의미하기 때문이다.

학생들에게 가장 유익한 경험을 제공하기 위하여 교육자들은 학생의 필요와 욕구를 연구하기 위한 장치를 하고 노력해야 한다. 학생들의 현재의 욕구와 미래의 욕구에 항상 최우선순위를 둬야 하며, 교육자는 모든 교육계획을 세울 때 학생들의 이러한 욕구를 고려해야 한다.

지역사회에 대하여: 효과적인 교육자라면 지역사회에 대하여 책임을 져야 한다. 교육자들이 시민의 눈에 신뢰할 수 있는 유능한 사람으로 비치게 되면 학교운영은 성공적이고 또 원만한 운영이 보장될 수 있다. 공중과 학생, 학부모와 교육자의 관계성은 정직과 성실, 통합성으로 맺어지지 않으면 안 된다.

교직원에 대하여: 학교에서 교장과 교사의 관계가 기본적인 민주적 원리에 의하여 이루어져야 하듯이 학급교사도 민주적 태도와 실천에 의하여 학생과의 관계가 이루어져야 한다. 장학지도자는 때로는 개인의 권리나 집단의 권리를 보호하기 위하여 지역사회에서 인기 없는 원리를 지지할 필요가 있다는 것을 알게 된다. 이런 상황에서 장학지도자는 임기응변의 재주를 부려야겠지만, 유능한 지도자라면 원인을 밝히고 옹호하는 역할을 잘 수행해 낼 수 있을 것이다.

교육장과 교육위원회에 대하여: 교직원은 자신을 임명한 사람에 대하여 일정한 책임을 져야 한다. 이러한 책임은 전반적으로 교육청 전체의 일반 목적과 복지향상을 위하여 충성하기 위함이다. 문제를 다룰 때는 정에 쏠리지 말고, 친근감을 갖게 하되 정직하게, 그리고 올바른 통로를 통해서 해야 한다.

장학이라는 중요한 책임을 맡는 사람은 교육장에 대한 전문적 책임을 정확하게 인식하지 않으면 안 된다. 그리고 모든 영역에서 뛰어나야 한다.

(2) 교직자의 윤리

교직자의 책임 속에 윤리에 관한 사항이 포함되었지만 우리나라의 사도헌장과 사도강령 속에도 그것이 잘 나타나 있다. 사도헌장은 한국교총의 전신인 대학교육연합회(1982. 5. 15)가 제정 · 공포한 것으로 기본적인 교사의 길을 밝히고 있다. 사도강령은 교원윤리강령(1958. 9. 19)을 1982년 5월 15일에 개칭 · 수정하여 공포한 것으로 스승과 제자, 스승의 자질, 스승의 책임, 교직단체, 스승과 사회로 나누어 지켜야 할 일들을 밝히고 있다. 자세한 설명을 생략하고 이를 직접 인용한다.

사도헌장

(1982. 5. 15 당시 대한교련)

오늘의 교육은 개인의 성장과 발전과 내일의 국운을 좌우한다. 우리는 국민교육의 수임자로서 존경받는 스승이요, 신뢰받는 선도자임을 자각한다. 이에 긍지와 사명을 새로이 명심하고 스승의 길을 밝힌다.

1. 우리는 제자를 사랑하고 개성을 존중하며 한마음 한뜻으로 명랑한 학풍을 조성한다.
1. 우리는 폭넓은 교양과 부단한 연찬으로 교직의 전문성을 높여 국민의 사표가 된다.
1. 우리는 원대하고 치밀한 교육계획의 수립과 성실한 실천으로 맡은 바 책임을 완수한다.
1. 우리는 서로 협동하여 교육의 자주혁신과 교육자의 지위향상에 적극 노력한다.
1. 우리는 가정교육 · 사회교육과의 유대를 강화하여 복지국가 건설에 공헌한다.

사도강령

〈1958. 9. 19. 채택된 교원윤리강령을 1982. 5. 15. 사도강령으로 개칭하고 내용을 수정하여 공포함〉

민주국가의 주인은 국민이므로 나라의 주인을 주인답게 길러내는 교육은 가장 중대한 국가적 과업이다.

우리 겨레가 오랜 역사와 찬란한 문화를 계승 · 발전시키며 선도제국과 어깨를 나란히 하여 인류복지 증진에 주도적으로 기여하려면, 무엇보다도 문화 국민으로서의 의식개혁과 미래 사회에 대비한 창의적이고 자주적인 인간 육성에 온 힘을 기울여야 한다.

그러기 위하여 우리 교육자는 국가발전과 민족중흥의 선도자로서의 사명과 긍지를 지니고, 교육을 통하여 국민 각자의 능력을 최대한으로 계발하여 개인의 자아실현과 국력의 신장 그리고 민족의 번영에 열과 성을 다하여야 한다.

또한 교육자의 품성과 언행이 학생의 성장 발달을 좌우할 뿐만 아니라 국민윤리 재건의 관건이 된다는 사실을 명심하고 사랑과 봉사, 정직과 성실, 청렴과 품위, 준법과 질서에 바탕을 둔 사도확립에 우리 스스로 헌신하여야 한다.

이러한 우리의 뜻은 교직에 종사하는 모든 교육자가 공동체 의식을 가지고 노력하여야만 이루어질 수 있다는 것을 인식하고, 사도헌장 제정에 때맞추어 우리의 행동지표인 현행 교원윤리강령을 사도강령으로 개정하여 이를 실천함으로써 국민의 사표가 될 것을 다짐한다.

제1장 스승과 제자

스승의 주된 임무는 제자로 하여금 고매한 인격과 자주정신을 가지고 국가사회에 봉사할 수 있는 유능한 국민을 육성하는 데 있다.

그러므로,

1. 우리는 제자를 사랑하고 그 인격을 존중한다.
2. 우리는 제자의 심신발달이나 가정의 환경에 따라 차별을 두지 아니하고 공정하게 지도한다.
3. 우리는 제자의 개성을 존중하며, 그들의 개인차와 욕구에 맞도록 지도한다.
4. 우리는 제자에게 직업의 존귀함을 깨닫게 하고, 그들의 능력에 알맞은 직업을 선택하도록 지도한다.
5. 우리는 제자 스스로가 원대한 이상을 세우고 그 실현을 위하여 정진하도록 사제동행한다.

제2장 스승의 자질

스승은 스승다워야 하며 제자의 거울이 되고 국민의 사표가 되어야 한다. 그러므로,

1. 우리는 확고한 교직관과 긍지를 가지고 교직에 종사한다.
2. 우리는 언행이 건전하고 생활이 청렴하여 제자와 사회의 존경을 받도록 한다.
3. 우리는 단란한 가정을 이룩하고 국법을 준수하여 사회의 모범이 된다.
4. 우리는 학부모의 경제적 · 사회적 지위를 이용하지 아니하며 또 이에 좌우되지 아니한다.
5. 우리는 자기 향상을 위하여 전문적인 지식과 전문화된 기술을 계속 연마하는 데 주력한다.

제3장 스승의 책임

스승은 제자교육에 열과 성을 다하여 맡은 바 책임을 다하여야 한다. 그러므로,

1. 우리는 사회의 일원으로서 모든 책임과 의무를 다한다.
2. 우리는 교재연구와 교육자료 개발에 만전을 기하여 수업에 최선을 다한다.
3. 우리는 생활지도의 중요성을 인식하여 제자들이 올바른 사람이 될 수 있도록 지도의 철저를 기한다.
4. 우리는 교육의 성과를 공정하게 평가하고 이를 교육에 충분히 활용한다.
5. 우리는 제자와 성인들을 위한 정규교과 외 활동에 적극 참여한다.

제4장 교육자와 단체

교육자는 그 지위의 향상과 복지의 증진을 위하여 교직단체를 조직하고

적극 참여함으로써 단결된 힘을 발휘할 수 있다.

그러므로,

1. 우리는 교직단체 활동을 통하여 교육자의 처우와 근무조건의 개선을 꾸준히 추진한다.
2. 우리는 교직단체의 활동을 통하여 교육자의 자질향상과 교권의 확립에 박차를 가한다.
3. 우리는 편당적 · 편파적 활동에 참가하지 아니하고 교육을 그 방편으로 삼지 아니한다.
4. 교직단체는 국가의 주요 교육정책 결정에 참여하여 교육자의 여망과 주장을 충분히 반영시킨다.
5. 교직단체는 교육혁신과 국가의 발전을 위하여 직능단체나 사회단체와 연대협동한다.

제5장 스승과 사회

스승은 제자의 성장 발달을 돕기 위하여 학부모와 협력하여 학교와 사회와의 상호작용의 원동력이 되고 국가발전의 선도자가 된다.

그러므로,

1. 우리는 학교의 방침과 제자의 발달상황을 가정에 알리고, 학부모의 정당한 의견을 학교교육에 반영시킨다.
2. 우리는 사회의 실정을 정확하게 파악하고 지역사회의 생활과 문화향상을 위하여 봉사한다.
3. 우리는 사회의 요구를 교육계획에 반영하며 학교의 교육활동을 사회에 널리 알린다.
4. 우리는 국민의 평생교육을 위하여 광범위하게 협조하고 그 핵심이 된다.
5. 우리는 확고한 국가관과 건전한 가치관을 가지고 국민의식 개혁에 솔선수범하며 국가발전의 선도자가 된다.

이 밖에도 교원윤리강령(敎員倫理綱領, code of ethics for teachers)이 있는데 전문직으로서의 교직의 사명과 권익옹호를 규정한 것이다. 이는 교원은 각급 학교에서 학생들을 교육하기 위하여 교과에 관한 충분한 지식, 학생을 이해하고 지도하는 능력, 교직에 대한 사명감의 세 가지 자질을 가지고 있어야 한다는 내용으로 되어 있다. 따라서 교원양성 과정에서는 교과에 대한 학문적인 지식과 교직 및 교육학적인 교육을 적절하게 실시하는 것이 중요하다. 이것 이외에 교직은 하나의 직업이며 사회적 지위이기 때문에 국민들에게 교사가 되는 기회를 공정하게 개방한다는 측면에서도 고려된다.

유네스코의 '교원의 지위에 관한 권고'에서도 전문직으로서의 자유, 교원의 책임, 교육활동, 권리 등으로 나누어 '교원의 권리와 책임'을 제시하고 있다. 내용은 비슷하지만 권리의 주장에는 책임이 따른다는 시사를 받을 수 있어 여기에 인용하니 참고하기 바란다.

(유네스코 교원의 지위에 관한 권고 중)

Ⅷ. 교원의 권리와 책임

• 전문직으로서의 자유

61. 교직은 전문직으로서의 임무를 수행하는 데 있어서 학문의 자유를 누려야 한다. 교원은 학생에게 가장 적합한 학습지도 보조자료와 방법을 판단하는 데 있어서 특별한 자격을 가지고 있으므로, 소정의 교육과정 테두리 안에서 당국의 원조를 받아 교재의 선정과 개선, 교과서의 선택, 교육방법의 적용 등에 중요한 역할을 담당하여야 한다.

62. 교원과 교원단체는 새로운 과정, 교과서 및 학습지도 보조자료를 개발하는 데 참여하여야 한다.

63. 어떠한 장학제도든 그것은 교원이 전문직으로서의 과업을 수행하는

데 격려와 도움을 주도록 계획되어야 하며, 교원의 자유와 창의성 및 책임감을 감소시키는 것이 되어서는 안 된다.

64. (1) 교원의 근무를 직접 평가할 필요가 있을 때에는 그 평가가 객관적이어야 하며 또 교원에게 알려 주어야 한다.
    (2) 교원은 부당하다고 생각되는 평가에 대하여는 이의를 신청할 권리를 가져야 한다.
65. 교원은 학생의 진보를 평가하는 데 유용하다고 생각되는 평가기술을 자유로이 이용할 수 있어야 한다. 그러나 개개 학생에게 불공평한 결과가 미치지 않도록 보장하여야 한다.
66. 당국은 개개 학생이 각종 정규과정과 계속 교육을 받는 데 적합한가의 여부에 관한 교원들의 건의를 정당하게 고려하여야 한다.
67. 학생을 위하여, 교원과 학부모 간에 긴밀한 협조를 증진시킬 수 있도록 가능한 모든 노력을 경주하여야 한다. 그러나 교원은 본연의 교직 임무에 대하여 학부모들의 부당한 간섭을 받지 않도록 보호되어야 한다.
68. (1) 학교나 교원에 대하여 불평이 있는 학부모에게는 먼저 교장 및 관련 교원과 토의할 기회를 주어야 한다. 그런 연후에 상급기관에 불평을 제기하고자 할 때에는 서면으로 하고 그 사본을 교원에게 송부하여야 한다.
    (2) 불평에 관한 조사를 함에 있어서는 교원에게 자신을 변호할 수 있는 공정한 기회를 주어야 하며, 그 진행과정은 공개되지 않도록 하여야 한다.
69. 교원은 학생에게 사고가 일어나지 않도록 최대의 주의를 기울어야 하는 한편, 교원의 고용자는 학교에서나 학교 외에서의 교육활동 중에 학생에게 상해가 발생할 경우 이에 대하여 교원이 손해배상을 청구당하는 일이 없도록 보호하여야 한다.

• 교원의 책임

70. 모든 교원은 교직의 지위가 적지 않게 교원 자신에게 달려 있다는 사실을 인식하고, 자기의 모든 직무에 있어서 가능한 최고의 수준에 도달할 수 있도록 노력하여야 한다.
71. 교원의 직무수행에 관한 기준은 교원단체의 참여하에 규정되고 유지되어야 한다.
72. 교원과 교원단체는 학생과 교육활동 및 사회 전반을 위하여 당국과 충분히 협력하도록 노력하여야 한다.
73. 윤리강령이나 행동강령은 교원단체에 의하여 제정되어야 한다. 이러한 강령은 교직의 권위를 보장하고, 합의된 원칙에 따라서 교직을 수행할 수 있도록 하는 데 크게 공헌하기 때문이다.
74. 교원은 학생과 성인들을 위하여 정규교과 외 활동에 참여할 용의가 있어야 한다.

• 교원과 전체 교육활동의 관계

75. 당국은 교원이 그 책임을 완수할 수 있도록 교육정책, 학교조직, 교육활동의 새로운 발전 등에 관하여 교원단체와 협의할 수 있는 정당한 방안을 강구하고 또 이를 항상 활용하여야 한다.
76. 당국과 교원들은 교육활동의 질적 향상을 도모하기 위한 방안, 교육연구, 새로이 개선된 교육방법의 발전과 보급 등에 있어서, 교원들이 그들의 조직을 통하거나 또는 그 밖의 방법으로 참여하는 일이 중요하다는 점을 인식하여야 한다.
77. 당국은 한 학교 내에서나 보다 광범한 범위에 걸쳐서, 동일교과 담당교원 상호 간의 협조를 증진하기 위하여 연구회의 설립과 그 활동을 조성하며, 그와 같은 연구회의 의견과 건의를 충분히 고려하여야 한다.

78. 교육활동의 각종 부문에 종사하는 행정직원과 기타 직원은 교원과 원만한 관계를 맺도록 노력하여야 하며, 교원도 이들에 대하여 동일한 태도로 접하여야 한다.

• 교원의 권리

79. 사회생활과 공공생활에 대한 교원의 참여는 교원 개인의 발전, 교육활동 및 사회 전반을 위하여 권장되어야 한다.
80. 교원은 시민이 일반적으로 가지고 공민으로서의 모든 권리를 자유롭게 행사할 수 있어야 하며, 또한 공직에 취임할 수 있는 권리를 가져야 한다.
81. 공직에 취업함으로써 교직 임무를 포기하여야 하는 경우, 교원은 연봉 가산과 연금 혜택을 위하여 교직에 그 적을 보유하고, 공직의 임기 종료 시에는 전직 또는 그와 동등한 직위에 복귀할 수 있어야 한다.
82. 교원의 봉급과 근무조건은 교원단체와 교원들의 고용자 간의 교섭과정을 거쳐 결정되어야 한다.
83. 법적 내지 임의의 교섭기관을 설치하고, 이것에 의하여 교원에게는 그들의 단체를 통하여 공사립을 막론하고 그 고용주와 교섭을 할 수 있는 권리가 보장되어야 한다.
84. 고용기간과 고용조건에 관하여 교원과 고용자 간에 발생하는 분쟁의 해결을 다룰 수 있도록 적절한 합동기구가 설치되어야 한다. 만일 이러한 목적을 위하여 마련된 수단과 절차가 미흡하거나 쌍방 간의 교섭이 교착되었을 경우, 교원단체는 다른 단체가 그 정당한 이익을 보호하기 위하여 보통 가지고 있는 것과 같은 다른 방안을 강구할 권리를 가져야 한다.

2) 교육행정인의 책임과 윤리

앞에서는 일반적인 전문직에 따른 책임과 윤리, 그리고 교직자의 책임과 윤리에 관하여 살펴보았다. 이제 조금 더 범위를 좁혀 장학자에게 초점을 맞춰 보기로 한다.

장학자도 다른 행정가와 마찬가지로 자신이 종사하는 업무의 중요성을 인식하고 자부심과 긍지를 가짐은 물론 기관이나 조직체와 관련하여 상하좌우 등 주변에 있는 여러 사람들이나 집단들과의 관계에서 올바른 윤리관계를 정립하고 이를 실천해 나갈 것이 절실히 요청된다. 한국의 교육·사회풍토 속에서는 특히 성실성·결백성·공정성·자율성·책임성 등의 의식을 견지하면서 자기 업무에 최선을 하는 것이 요청되고 있다(김종철, 1985: 393).

좀 오래된 것이기는 하지만(1960. 11. 26) 한국교총의 전신인 대한교련이 제정한 다음 교육행정가의 신조 6항만 지켜도 교육행정 전문가로서 부끄럽지 않으리라 본다.

(1) 전문적인 교육행정가는 교사가 교육활동의 핵심임을 재확인하고, 인사행정의 공정을 기하며 그 복지향상에 진력한다.
(2) 교사의 장점과 창의성을 존중하며 직원회의의 결의사항을 시행한다.
(3) 교사의 인격을 존중하며 학원 내의 화협한 기풍을 확립한다.
(4) 법규를 준수하며 경리에 공정을 기한다.
(5) 항구적인 교육계획을 수립하고 과학적으로 이를 추진한다.
(6) 전임자를 비난하지 아니한다.

우리에게 이런 선언문이 없어서 문제가 되는 것은 아니다. 이를 실천하느냐 못하느냐에 문제가 있는 것이다. 그러나 이런 선언문을 정해 놓고 자주 이에 관한 관심을 촉구할 필요는 있다고 본다.

미국 캘리포니아 주의 여러 단체가 제정한 다음의 '인사를 다루는 장학자의 윤리' 를 보면 상당히 구체적으로 제시하고 있는 것을 알 수 있다.

(1) 신규 선발 · 임용에서

① 전문직의 표준을 유지하고 높이기 위하여 최선의 노력을 기울이고, 유능한 교사와 행정가를 확보하기 위하여 필요한 모든 정보를 활용한다.

② 직원으로 하여금 이동이나 승진에 대하여 알 수 있도록 기회를 제공하고 또 이들의 희망을 듣도록 한다.

③ 현 직원이 사임하거나 재임용하지 않을 것이라고 알리기 전에 새로운 직원을 채용하지 않을 것을 고려한다.

④ 신규직원 채용 시 봉급표를 엄격하게 지킨다.

⑤ 채용 전에 교육청의 인사정책과 교육철학, 채용후보자에게 고려하는 학년과 교과, 기타 다른 과제, 봉급표 등에 관하여 가능한 정확하게 기술해 준다.

⑥ 교육청이 임용하고자 하는 의도를 밝힐 때까지는 일정 기간 동안 채용의사를 밝히지 않는 것이 좋다.

(2) 장학과 지도력과 관련하여

① 한 교사가 성공할 것이냐 실패할 것이냐는 그 직원을 선발하고 장학하고 배치하는 데 달려 있다는 점을 인정하고, 모든 직원의 성공을 북돋아 주는 책임을 져야 한다.

② 교사의 의미 있는 약점이 발견되면 주의를 기울이게 되며, 이를 바로잡기 위한 조력을 해야 한다는 점을 분명히 한다.

③ 당사자와 우선 토의해 보지도 않고 상급자나 교육위원회에 직원에 대

한 비평을 보고하지 않는다.

④ 그러나 직원의 훌륭한 직무 수행이나 공헌에 대하여는 상급자나 교육 위원회에 알린다.

⑤ 교육 분야의 동료전문가라는 입장에서 교직원의 제안과 비평의 가치를 비싸게 인정한다.

⑥ 교직원에게 자신의 문제점 또는 불평을 토로할 수 있는 기회를 제공하고, 교직원의 문제점과 제안을 말할 수 있고 토의할 수 있는 체계적인 통로를 협동 노력하여 발전시키도록 조력한다.

(3) 교직원 재임용 또는 면직 권고에서

① 수습교사제를 적용할 경우 정기적인 서면평가의 체계적인 절차를 확립한다. 재임용, 종신임기 보장, 면직에 영향을 줄 경우 교사의 신분에 대하여 알려 줘야 한다.

② 교직원의 약점에 대하여 경고한 바가 없고 또 교정을 할 수 있는 시간과 교정을 위한 조력을 주지 않았다면 재임용을 권고하는 것이 좋다.

③ 유쾌하지 못한 면직 상황을 회피하기 위하여 학생을 위한 교육적 복지를 위태롭게 해서는 안 된다.

(4) 전직 직원에 대한 권고에 대하여

① 교사에 대한 정직한 평가가 전문 교사와 학생에게 공정하기 위해 필요하다는 점을 인정해야 한다.

② 비밀을 지켜야 할 문서의 내용에 대하여는 비밀을 지켜야 한다.

(5) 전문직의 책임을 다하기 위하여

① 전문직은 전문직 구성원이 책임져야 할 원리를 보장하고, 자신의 행동이 전문직의 질을 나타내는 표본으로 지적될지도 모른다는 점을 이

해해야 한다.

② 전문직 생활이 계속적인 성장이 되도록 한다.

③ 교직의 전문성을 위하여, 또 교육청을 위하여 공공성을 강화시키는 태도를 가져야 한다.

④ 전문직의 신분을 향상시킨다는 목적을 달성하기 위하여 전문직 단체와 활동에 적극적으로 참여한다.

⑤ 학교방침을 결정하는 민주적 과정에 참여하는 권리를 행사한다.

⑥ 다음 윤리적 절차를 따른다.

- 자리가 비기까지는 특정 자리를 공개하거나 지원을 받지 않는다.
- 능력과 경험에 비추어 가장 자질을 갖춘 사람을 임명하거나 승진시키는 작업을 한다.
- 교육청의 기존 통로를 통해서 학교에 관한 일을 처리한다.

⑦ 동료교사와의 접촉에서 다음을 고려하는 활동을 한다.

- 친절하고 관대하고 충실하며, 사소한 규정의 적용이나 시기, 원한을 피한다.
- 직원의 성취에 자부심을 가지며, 또 직원의 도움에 감사한다.
- 직원의 자신감을 존중한다.
- 타당한 비평은 교육의 과정을 개선하고자 하는 의욕에서 나오며 개인의 인성에 관한 것이 아니라 이슈에 초점을 맞춰야 한다는 것을 알고 자유롭게 비평한다.

앞에서 미국초등교장회(National Association of Elementary School Principals)의 윤리강령을 10개 항목으로 진술해 놓았는데 참고가 될 것이다. 외국에서는 행정윤리를 더욱 강조하고 있으며 앞서 제1부의 1, 2, 3장에서 살펴본 것처럼 ISLLC와 ELCC의 여섯 영역 중 다섯 번째 한 영역의 비중으로 중시하고 있는 것을 알 수 있다.

이제 교육행정가는 전문직 중의 전문직으로서 전문적 책임과 윤리를 지켜서 더욱 성숙한 전문직으로 발전할 수 있도록 계속 노력해야겠다.

참고문헌

김해동(1976). 서정쇄신과 사회병리. **한국행정학보, 제10집.**

신종순(1972). **행정의 윤리**. 서울: 박영사.

유종해(1992). **행정의 윤리**. 서울: 박영사.

윤태범(2001). 행정윤리의 연구: 이론과 현실적용. 한국행정학회 학술대회.

윤태범(2003). 공직자 윤리확보를 위한 정책방안. 한국교육행정학회. 부패방지위원회 공동세미나.

주삼환(2003). **교육의 질 향상을 위한 장학이론과 기법**. 서울: 학지사.

최창현, 양창훈(2003). 행정윤리 교육의 한 방안으로서의 윤리교육 SW 활용 사례.

Frederickson, H. G., & Walling, J. D. (2001). Research and Knowledge in Administrative Ethics. In T. L. Cooper (2001). *Handbook of Administrative Ethics*. Marcel Dekker.

OECD(2000). Building Public Trust: Ethics Measures in OECD Countries.

Rebore, R. W. (2001). *The Ethics of Educational Leadership*. Columbus, Ohio: Merrill Prentice Hall.

Council of Chief State Officers (1996). Interstate School Leaders Licensure Consortium: Standards for School Leaders.

National Association of Elementary School Principals(NATESP) (1996). Statement of Ethics for School Administrators.

Presthus, R. (1975). *Public Administration* (6th ed). N.Y.: Ronald Press.

제9장 교육행정과 도덕적 판단

교육 부문에서 수행되는 행정은 교육이 가지고 있는 성격 때문에 다른 분야의 행정과 구별되는 특성이 있다. 이러한 특성이 결국 교육에서 수행되는 행정이 다른 부문의 행정과의 차이를 가져오며, 이 차이는 교육행정을 다른 행정과는 다르게 접근해야 하는 근거를 제시한다.

이러한 특성의 하나로 교육행정에는 도덕이나 윤리가 필연적으로 내재되어 있다. 교육행정에서 달성하고자 하는 교육목표 자체가 도덕적이거나 가치지향적이기 때문에 교육행정과 도덕은 분리해서 생각할 수 없을 정도로 밀접한 관련이 있다. 그러나 지금까지 우리나라의 교육행정에서는 도덕이나 윤리가 깊이 있게 다루어지지 못했다는 반성이 있다. 일반행정학에서는 행정의 윤리에 관한 전문서도 나오고 대학이나 대학원에서 행정윤리 과목이 개설되어 강의도 이루어지고 있는 것에 비하면 교육행정에서 교육행정윤리에 대한 관심은 매우 적었다고 볼 수 있다. 결국 교육행정의 도덕 및 윤리는 사회적 · 이론적 합의에 따른 공공성을 확보하지 못한 채 자기 정체성을 갖지 못하였다.

그러나 교육행정을 어떠한 철학이나 입장에서 정립하고 실시하느냐에 따라 교육행정의 결과는 한 사회의 미래를 바꾸어 놓을 정도로 굉장히 중요하며, 공적 의사결정으로서의 교육행정은 우리의 미래사회 모습과도 깊은 관련이 있다. 이에 이 장에서는 교육행정윤리의 중요성을 인식하고 교육행정을 수행하는 데서의 도덕적 가치 및 판단에 대해 진지하게 생각해 보고자 한다.

1. 교육행정윤리의 개념

앞서 말한 것처럼 윤리와 도덕은 비슷한 말로 섞어 쓰기도 하고 또 같이 붙여 쓰기도 하지만 좀 구별하여 쓰기도 한다. 구별해 보자면 도덕성(morality)은 인간으로서의 의무와 책임에 대하여 역사적으로 조건화되고 체제적으로 만들어진 이론이다. 그래서 도덕성은 모든 사람이 수용할 수 있고 모든 사람에게 적용될 수 있는 사회적으로 받아들인 규칙이라고 할 수 있다. 예를 들면, '거짓말하는 것은 나쁘다.' 와 같은 것으로 대부분의 사람이 동의하고 이의를 제기하지 않는 일반적인 법칙들이다. 이는 이성적 관념체계라기보다는 인간 사회의 일반적 생활양식이다.

이에 비하여 윤리는 인간 성장과 문제 상황에 적용되는 개인적 동의이며 상거래윤리, 가족윤리, 정보윤리, 행정윤리 등과 같이 특정 사회가 갖는 규칙이라고 할 수 있다. 그래서 윤리는 다른 사람을 고려한 규칙이라고 볼 수 있다. 예를 들면, 정보윤리는 '인터넷상에서 의견을 피력할 때 상호 비방하거나 욕설을 하지 않는다.' 와 같은 것이다. 윤리라는 말은 'ethos' 에서 나온 것으로 사람이 지켜야 할 행위규범, 행위준거를 제공해 준다. 엄격한 의미에서 전문적, 학문적으로는 이러한 차이가 있겠지만 이 글에서는 구별하지 않고 같은 의미로 사용하기로 한다.

도덕과 윤리에 관한 깊은 사색은 오래전 고대부터 있어 왔다. 고대부터 현대까지 많은 철학자들은 무엇이 '선'이고 무엇이 인간을 궁극적으로 행복하게 하는지에 대한 질문들을 끊임없이 해 왔다. 소크라테스, 플라톤, 아리스토텔레스로 이어지는 고대 철학의 흐름에서 이들 철인들이 찾고자 했던 것들이 결국은 보편적이면서도 객관적이고 근본적인 도덕기준을 세우려고 했던 것임을 알 수 있다. 고대부터 근대까지 동서양을 막론하고 많은 철학자들에 의해 만인에게 적용될 수 있는 보편타당한 도덕기준을 세우고자 하는 노력들은 계속되었다. 아리스토텔레스와 중세 이후 여러 형태의 도덕론들이 나타났다. 그중 하나가 도덕을 정언적 명령으로서의 의무로 설명하는 절대주의로서의 칸트주의다. 칸트의 도덕원리는 보편법칙으로 설명된다. 물리적 세계와 법칙에는 항상 예외 없이 발생하는 자연법칙이 있듯이, 인간 사회에도 특정 상황에서 모든 사람들이 자유의사를 가지고 '도덕적' 으로 어떻게 해야 하는가를 설명해 주는 보편법칙이 있다는 것이다. 또한 칸트에 의하면 인간은 어떠한 경우라도 인간을 목적으로 대해야지 수단으로 대해서는 안 된다. 예를 들면, 칸트의 덕은 다음과 같은 경우로 설명할 수 있다. 어떤 사람이 시험을 앞두고 있는데 그 사람의 아버지가 병원에 입원했다. 그러나 다행히 그의 아버지는 좀 치료를 받으면 좋아질 수 있는 정도이지만 시험을 앞둔 자식이 그 사실을 알면 시험을 망칠 수도 있는 상황이다. 이때 자식이 전화로 아버지의 안부를 물었을 경우 아버지의 병환에 대해 이야기하지 않는 것이 자식에게 도움이 되고 아버지에게도 그다지 큰 잘못을 하는 것이 아니겠지만, 설사 결과가 그렇더라도 칸트의 경우에는 이렇게 거짓말을 하는 것은 덕이 아니라고 본다. 덕은 어떤 행위의 결과를 생각하고 하는 것이 아니라 "거짓말하는 것은 '하면 안 되는' 정언적 명령" 이기 때문에 하지 않아야 한다는 것이다. 이러한 의미에서 칸트의 윤리적 가치는 조건적인 것이 아니고 '무조건적인 것' 이다.

또 다른 사조는 '최대 다수의 최대 행복'으로 대표되는 공리주의를 들 수 있다. 공리주의는 만약 어떤 행위가 인간의 행복을 증진시키고 불행을 감소시킨다면 그것은 윤리적으로 바람직하며 그 반대는 옳지 않은 것으로 보는 데서 출발한다. 쾌락주의적 공리주의는 벤담(J. Bentham)에 의해서 창시되었다. 이에 반해 밀(J. S. Mill)은 만족과 쾌락은 다른 개념이라고 보며 "불만족한 소크라테스가 만족한 바보보다 더 행복하다."는 주장을 통해 질적인 공리주의를 강조한다(임도빈, 2002).

또 다른 하나는 윤리적 상대주의와 공동체주의로 설명할 수 있다. 윤리적 상대주의에서 윤리란 어느 사회에서 편의상 만들어지는 것으로 관습과 같은 것이다. 윤리적 상대주의는 도덕률이 사회나 시대, 동서고금의 차이와 무관하게 모든 사람에게 무조건적으로 타당하다고 주장하는 윤리적 절대주의에 반하여, 도덕률이라는 것은 사회나 시대에 따라서 그 사회에 한정해서만 타당하다고 주장한다. 도덕률은 외적 압력에 의해 준수되는 것이 아니며, 물리적이거나 생리적인, 심지어는 심리적인 위압에 의해서 준수되는 행동의 규칙들은 결코 도덕률이 될 수 없다. 예컨대, 기독교의 십계명과 같은 율법은 개개인의 자율적인 이성적 의지에 의해서 준수되는 것이 아니라 천당이나 지옥과 같은 위압의 효과 때문에 지켜지는 것이기 때문에 겉보기에는 도덕률의 일종처럼 보이지만 참된 도덕률이 되지 않는다. 즉, 어떤 사회에서 윤리적인 것이 다른 사회에서는 비윤리적인 것이 될 수 있다. 따라서 윤리적으로 옳은지의 여부는 각각의 사회적 맥락 안에서 파악해야 한다.

또한 공동체주의에서의 윤리는 현대사회에서 어떻게 정의를 실현시킬 것인가를 고민한다. 그 정의의 기본 원리로 "아무도 다른 사람이나 집단에 의하여 지배받아서는 안 된다."라고 주장한다. 한 공동체의 구성원들은 그 사회의 다양한 국면의 재화를 생산하고 분배하는 활동을 하는데 각각의 국면에서 그 국면에 적합한 분배원리에 의해 분배가 일어나야 한다는 것이다

(Walzer, 1983; 3-13, 임도빈, 2002, 재인용).

공동체주의자이며 현대철학자인 매킨타이어(Absdair MacIntyre, 1984)는 그의 저서 『덕의 상실(After Virtue: A Study in Moral Theory)』에서, 아리스토텔레스 이후 칸트와 공리주의자들 그리고 실존주의자들에 의해 보편적인 덕의 기준을 세우려는 노력들이 계속되었지만 현대의 도덕은 어디서 왔는지도 모르는 덕의 조각난 파편들만 남아 있고, '신은 죽었다.' 고 외친 니체에 이르러 덕의 실종은 극에 달했다고 보면서 이를 '계몽주의 프로젝트' 의 실패라고 주장하고 있다.

매킨타이어의 주장처럼 현대사회는 덕을 잃어버렸는지도 모른다. 교육행정이 수행되는 곳곳에서 우리는 많은 비리와 부패를 목격할 수 있기 때문이다. 또한 비리나 부정 없이 교육행정이 수행된다 하더라도 그동안 교육행정은 도덕적 · 윤리적 판단이나 가치의 고민 없이 행해져 왔기 때문이다. 이런 맥락에서 교육행정에서 도덕과 윤리를 견지한 가치판단이 내재된 교육행정이 수행되어야 하는 것은 새삼스러운 일이 아니며 계속해서 강조되어도 지나친 일이 아니다.

그러면 교육행정윤리란 무엇인가? 윤리를 '사람이 사회적 관계에서 지켜야 할 도리' '사람이 지켜야 할 도리' 라고 한다면 교육행정윤리는 교육행정을 실천하는 데 이러한 윤리가 지향되며 구현되는 것이다. 따라서 교육행정윤리란 교육행정이 행해질 때 교육행정을 실행하는 행정가들이 사회적 관계에서 지켜야 할 도리, 즉 교육행정가가 '교육행정에서 지켜야 할 도리' 라고 할 수 있다.

2. 도덕적 판단

교육에 관한 활동이 이루어지는 곳은 어디에서나 크고 작은 일들이 일어나고 있으며, 사안들이 가벼운 것이든 무거운 것이든 간에 누구든지 그러한 문제에 직면하면 어떠한 결정이나 판단을 내려야 한다. 이러한 일들은 일상에서 만날 수 있는 반복적이면서도 사소한 것들일 수도 있고, 때로는 누군가의 도움이 필요하거나 전문적 지식 및 전문가의 상담이 요구되는 중대한 사안일 수도 있다. 또한 이런 문제들은 교실에서 우연한 상황에서 발생하여 교사의 순간적인 적절한 판단이 요구될 때도 있고, 교장이나 교육행정가들의 능력과 책임으로는 도저히 판단하기 어려울 정도로 복잡한 사안까지 다양한 문제들이 있을 수 있다.

자연이나 시골의 경험이 별로 없는 도시에 있는 초등학교 저학년의 교실에서 수학수업이 이루어지고 있을 때 나비 한 마리가 날아들었다고 하자. 이때 아이들은 교실로 날아든 노란 예쁜 나비에 환호하며 나비의 움직임과 '나비가 여기까지 어떻게 왔을까?' 등 온통 나비에만 관심을 가지고 있을 때 교사는 순간적인 판단을 내려야 한다. '지금 이 시간 교육과정을 정상적으로 운영하려면 나비를 쫓아내고 아이들의 관심을 돌려 수학수업에 다시 몰입하게 해야 하는데.' 라고 결정을 내릴 수도 있고, '학습은 아이들의 흥미에서 출발할 때 더욱 효과적으로 이루어지고 수학수업 목표는 충분히 다른 방법으로 도달할 수 있는데.' 라고 생각하면서 그 순간 나비에 대해 학습하기로 학습목표를 바꿀 수도 있다. 이런 경우가 발생했을 경우에도 융통성 있게 교육과정을 운영하기 위해 이와 같은 상황에 대한 교육행정적인 사전 협의 및 의사결정이 수반되어야 한다.

이렇게 교실 상황에서 부담이 그다지 크지 않은 결정을 하는 경우와 같이 작은 일도 있지만, 수학여행 중 버스 사고가 크게 났을 때와 같이 그 문제를 해결하기 위해 수많은 판단을 해야 하는 경우도 있다. 또한 매스컴을 통해 수학여행 사고가 자주 보도되거나 가까운 학교에서 사고를 당했다는 소식을 들었을 때 우리 학교는 수학여행을 가야 하는지 중단해야 하는지 등의 의사결정을 내려야 하는 경우도 있다. 또한 우리나라는 아이들을 온통 입시지옥으로 내몰고 있다는 비판과 함께 0교시 폐지, 자율보충의 강제적 시행 중단, 10시 이후 자율학습 금지 등의 사회적 요구들이 있지만, 바로 눈앞에는 학생들을 좋은 대학에 많이 보내야 하는 더 급한 현실적인 과제들이 기다리고 있다. 이럴 때 각 교육청과 학교에서는 야간 자율학습을 어떻게 운영해야 하는지 등의 판단을 내려야 한다.

이와 같이 교육행정이 수행되는 교육현장에서는 판단을 요구하는 여러 종류의 일들이 주기적이면서도 일정하게, 또는 예측할 수 없을 정도로 갑작스럽게 발생한다. 이러한 상황에서 교육행정은 교육행정가 개인의 결정이나 판단에 의존해야 한다. 그러나 교육행정의 결정이나 판단이 사회적 지지를 획득하고 궁극적으로 높은 가치를 지향하려면 도덕적이고 윤리적인 판단에 근거해야 한다. 즉, 교육행정에 합당한 도덕적 원칙이 있어야 한다. 도덕적 원칙은 도덕적 이상과는 다른 것이다. 도덕적 이상은 행위 방식이기보다는 존재 방식이라 할 수 있다.

또한 덕의 윤리에서 판단은 도덕적 가치가 기본이 되어야 한다. 판단은 여러 대안 중에서 어떤 대안들에 대해 평가하고 선택하는 과정이다. 이렇게 여러 대안들을 평가하고 선택하는 과정에서 교육행정가들은 그들이 가지고 있는 도덕적 가치라는 렌즈를 통해 판단하며 결정하게 된다. 그러므로 판단을 내리는 교육행정가들이 어떠한 도덕적 가치와 철학을 가지고 있는가는 더욱 중요하며 교육이 창출해 내는 미래사회와 직결된다. 그러나 그동안 교육행정가들의 판단은 개개인의 도덕적 가치와 철학에 따라 행해져 왔다. 이 때문에 같은 조건과 같은 사안에 대해서도 교육행정가들의 판단은 각각 서로 다르며, 그 판단의 결과가 바람직하기도 하지만 도덕적 가치나 윤리적 판단이 배제된 채 잘못된 결정을 내리는 경우도 있다. 이러한 측면에서 교육행정을 담당하는 행정가들이 가지고 있는 도덕적 · 윤리적 가치는 매우 중요하다. 따라서 교육행정가들은 도덕적 가치를 갖추고 교육행정을 수행해야 함은 물론이고 교육행정가의 도덕적 · 윤리적 의식을 고양하는 개인적 · 사회적 노력들이 수반되어야 한다.

3. 의사결정과 문제 해결

교육행정은 인간 사회에서 교육이라는 활동이 이루어진 이래로 지금까지 오랜 기간 동안 많은 사람들에게 중요하게 영향을 미치는 공적 의사결정의 하나라고 볼 수 있다. 교육행정을 어떠한 철학이나 입장에서 정립하고 실시하느냐는 교육행정의 결과에 따라 한 사회의 미래가 결정될 정도로 대단히 중요하다 할 수 있다. 결국 공적 의사결정으로서의 교육행정을 수행하는 것은 우리의 미래사회를 건설하는 것과 같다. 교육행정가들이 교육행정에서 어떠한 도덕적 · 윤리적 가치를 가지고 어떻게 교육정책을 수립하고 집행하느냐에 따라 우리 사회의 위상이나 삶의 내용이 동전의 양면처럼 상당히 많은 부분 달라질 수 있다.

교육행정에서의 판단 및 의사결정은 교육행정의 특성상 앞에서 다룬 다양한 교육적 측면에서의 도덕적 가치를 기본 바탕에 깔고 고려되어야 한다. 따라서 이 절에서는 교육행정으로서의 의사결정이 무엇인지 그 정의와 유형에 대하여 알아본다.

1) 의사결정의 정의

교육행정에서 의사결정이란 '교육의 목적을 달성하기 위하여 하나 또는 그 이상의 대안 중에서 하나를 선택하는 의식적 과정' 이라고 정의할 수 있다. 이 정의에 의하면 의사결정은 다음과 같은 세 가지 특징을 갖는다.

첫째, 교육행정에서 의사결정은 사려 깊은 의식적 행동이다. 반사적인 반응이나 무의식적인 행동은 의사결정이라기보다는 습관 또는 반응행동이라고 볼 수 있다. 따라서 교육행정에서 의사결정이 이루어질 때는 의사결정에 따른 책임을 고려하며 어떠한 도덕적 가치를 지향하고 의사결정을 해야 하는지를 숙고해야 한다.

둘째, 교육행정에서 의사결정은 여러 대안 중에 하나를 의식적으로 선택하는 것이다. 만약 어떤 교육행정상의 문제에서 해결할 수 있는 대안이 하나만 존재한다면 의사결정은 필요하지 않을 것이다. 그러나 실제 상황에서 하나의 대안만 존재하는 경우는 거의 없다. 이렇게 교육행정을 수행할 때 여러 가지 대안 중에 하나를 선택해야 하는 경우에도 교육행정가의 도덕적 가치들이 무엇보다 우선시되어야 한다.

셋째, 교육행정에서의 의사결정은 교육행정가가 현실과 바람직한 상태 사이의 차이를 인식함으로써 시작된다. 즉, 교육행정의 의사결정에는 현실에 대한 문제의식을 바탕으로 현실을 개선하려는 목적의식이 포함되어 있기 때문에 교육행정가의 철학이나 도덕적 가치기준 없이는 이루어질 수 없다.

2) 의사결정의 과정

교육행정에서 의사결정 과정이 합리적이려면 교육행정가가 의사결정을 할 때 문제를 인식하여 이를 체계화하고 문제 해결에 필요한 정보를 수집 · 분석하며 최종안을 선택하는 단계를 거쳐야 한다.

이와 같은 가정에서 호이(Hoy)와 미스켈(Miskel)은 (1) 문제의 인식, (2) 자료의 수집과 분석, (3) 대안의 작성 및 평가, (4) 대안의 선택, (5) 대안의 실행 등 의사결정 순환과정을 5단계로 제시한다.

교육행정에서도 의사결정이나 판단이 이루어질 때 이와 같은 단계를 거쳐 행정이 이루어질 수 있다. 첫 번째, '문제의 인식' 단계에서는 교육행정가가 의사결정을 하기 위해서 결정대상의 문제에 대한 내용과 성질을 명백히 인식해야 한다. 그러므로 그 문제 분야에 대한 지식이 필요하게 된다. 그러나 문제의 인식은 교육현장에서 객관적인 사건이 발생하였다고 해서 곧 교육행정가에 의하여 인식되는 것이 아니며, 사건의 중요성, 명확성 이외에도 교육행정가의 인성, 사회적 배경과 경험, 가치관 등에 따라 문제의 인식 여부, 인지 속도 등이 달라진다. 같은 사안이라도 교육행정가가 도덕적 가치를 견지하고 문제를 인식한 것과 그렇지 않은 것은 의사결정 후 상당한 차이를 보여 준다.

두 번째, '자료의 수집과 분석'의 단계에서는 교육행정가가 문제를 인식하고 그것에 대한 대책을 강구하기 위해 우선 자료, 정보, 지식을 수집하여 과학적으로 분석해야 한다. 자료를 수집하는 데는 공식적인 통로뿐만 아니라 비공식적 통로 등을 이용해서 관련된 자료를 모두 수집해야 한다. 물론 여기서 자료의 정확성과 신빙성이 전제되어야 한다. 그리고 교육행정가가 의사결정을 위한 자료를 수집할 때에도 교육행정가의 도덕적 가치는 자료 수집의 방향을 제시하여 올바른 의사결정을 할 수 있게 돕는 안내자의 역할을 하게 된다.

세 번째, '대안의 작성 및 평가'의 단계는 수집 · 분석된 자료에 입각한 문제에 대한 해결책 및 대안을 작성하고 평가하는 단계다. 이 단계에서 교육행정가는 달성하고자 하는 목표 달성에 영향을 미치는 여러 변수와 그 관계 및 상호작용의 결과를 예측 · 평가해야 한다. 우선 각종 대안을 모색하여 작성하고, 이들 대안의 결과를 미래 상황에 비추어 추정해서 평가한다. 그러므로 불확실성이 내포될 수 있다. 따라서 관련된 변수 등을 고려하여 계량적 기법 등을 사용하여 평가해야 한다. 대안의 평가에는 교육행정가의 도덕적 가치에 기초해서 교육적 합리성, 사회적 합리성을 아울러 고려해야 한다.

네 번째, '대안의 선택' 단계는 교육행정가가 여러 대안 중에서 최선안을 선택하는 단계다. 전 단계에서 교육행정가의 도덕적 가치에 기초하여 교육적 · 정치적 · 사회적 · 경제적 여러 관점에서 평가된 대안들 가운데서 현재나 미래에 최선일 수 있는 대안을 선택한다. 대안을 선택하는 데는 그 대안이 설정된 목표를 달성할 수 있으며 실제로 문제를 해결할 수 있는가, 실천 가능성이 있는가, 그리고 장점보다 더 큰 부작용은 없는가 하는 관점에서 교육행정가의 도덕적 · 교육적 가치를 기초로 대안을 재검토한 후 최종적으로 결정을 해야 한다.

마지막으로 '대안의 실행' 단계는 최선의 대안이 선택된 다음에 그 대안을 실행하는 단계다. 일반적으로 제4단계까지를 교육행정의 의사결정 과정으로 고려하나, 넓은 개념으로는 대안의 실행 단계까지가 포함된다.

이렇게 교육행정이 일어나는 곳에서 의사결정 단계를 다섯 단계로 나누어 볼 수 있는데, 교육행정과 관련하여 의사결정이 이루어질 경우 교육행정가의 도덕적 · 윤리적 가치가 단계마다 모두 고려되어야 하지만, 특히 문제를 인식하는 단계에서 교육행정가는 자신의 도덕적 가치에 기초해서 문제를 인식하기 때문에 의사결정을 위한 문제인식 단계에서 교육행정가의 도덕적 수준은 중요한 영향을 미치게 된다. 또한 자료를 수집하고 분석하며 대안을 작성하고 선택하는 과정에서도 교육행정가의 도덕적 기준에 의해 분석하고 선택하게 되므로 이 과정에도 교육행정가의 도덕적 가치는 매우 중요하다 할 수 있다.

3) 의사결정의 유형

교육행정가의 도덕적 판단에 의해서 수행되는 교육행정의 의사결정은 크게 네 가지 유형으로 나누어 볼 수 있다(박인학, 2003).

첫째, 정형적 결정과 비정형적 결정으로 나눌 수 있다. 사이먼(Simon)은 고도로 정형화된 결정과 반대로 고도로 비정형화된 결정이 있는데, 이들은 한쪽 끝에서 다른 한쪽 끝까지 연속선을 이루고 있어서 여러 단계의 정형화와 비정형화의 정도가 있을 수 있다고 하였다. 정형적 결정(programed decision)의 특징은 반복적이며 일상화된 결정으로 대안의 예가 제시되어 있으며, 각 대안에서 발생할 결과가 분명하고, 선택의 결과에 대해 우선순위를 매길 평가기준도 쉽게 찾아볼 수 있는 것이다. 그러므로 대개는 기존의 법령이나 선례에 따라 기계적으로 이루어진다. 따라서 정형적 결정을 할 문제가 생기면 지나치게 심사숙고할 필요가 없다. 법령이나 선례에 따라 체계적으로 행하면 된다. 예를 들면, 일상적인 교육을 수행하는 일, 입학식 · 졸업식 등의 절차와 관련된 결정들은 법규나 선례에 따라 결정하면 된다.

비정형적 결정(nonprogramed decision)은 새로운 문제와 구조 및 성격이 복잡한 문제 그리고 극히 중요한 문제를 해결하기 위한 결정으로, 대안이 부여되어 있지 않아 그것을 탐색해야 하며, 대안을 선택한 경우에 발생할 결과도 예상하기 어려운 경우가 많아 결과에 관한 정보도 수집해야 하고, 대안 선택의 결과에 순위를 매길 평가기준도 없어 그것을 작성해야 하는 것 등이 특징이다. 곧 과거에 결정한 바가 없거나 특히 어렵고 중요한 결정들을 의미한다. 예를 들면, 새로운 학습에 맞는 실험실을 설계하여 건축하는 일, 예산감축으로 교원을 감원하는 일, 도시화로 인해 학교를 이전하는 일 등 극히 어렵고 복잡한 결정들로서 문제 해결적 결정을 의미한다.

교육행정이 수행되는 곳에서는 정형적 결정보다는 비정형적 결정을 할 때 교육행정가의 판단력 · 창의력 · 문제 해결력 등이 더 필요하다. 정형적 결정의 경우 기존의 선례가 있거나 이미 다양한 대안이 존재하기 때문에 판단에서 교육행정가의 가치판단이 크게 필요하지 않을 수도 있다. 그러나 교육행정가가 기존에 경험하지 못했을 뿐만 아니라 대안도 없는 새로운 문제가 발생하여 비정형적 결정을 해야 할 경우에는 교육행정가의 도덕적 가치판단이 더욱 필요하게 된다.

둘째, 결정의 유형을 개인적 결정과 집단적 결정으로 나누어 볼 수 있다.

개인적 결정(individual decision)은 교육행정가 개인이 대안을 선택·결정하는 것으로 신속한 결정을 요하는 경우, 결정대상의 문제가 별다른 논쟁이 없는 경우, 교육행정가가 의사결정과 관련된 다른 사람을 불신하는 경우에 행해진다. 개인적 결정은 단독 결정이라고도 한다. 그러나 현대에는 극히 소규모 조직 이외에는 개인적 결정이 거의 있을 수 없다. 최고관리자가 최종결정권을 갖고 있지만, 실은 대부분의 조직에서 계선조직의 계층별·부분별 의사결정을 통해 상위계층으로 올라와 최고책임자가 최종적으로 의사를 결정하기 때문에 결국은 조직의 의사결정 권한이 분권화되어 있다고 할 수 있다.

집단적 결정(group decision)은 결정의 내용과 관련된 사람과 전문가들을 참여시켜 결정하는 것을 말하며, 구성원에게 참여의식을 부여하고 그들의 결정능력을 향상시키고자 하는 경우나 결정대상의 문제가 고도의 기술성과 전문성이 요구되는 경우에 집단토의를 거쳐 행한다. 이때의 집단토의 기관이 의결권을 가지고 있을 때 집단적 결정이 이루어질 수 있다. 학교에는 각종 위원회가 있는데, 이러한 위원회가 의결기관일 때는 집단 결정의 성격을 지니지만 자문기관일 때는 최고 교육행정가에 의한 개인적 결정, 곧 단독 결정의 성격을 띤다. 집단적 결정은 개인적 결정보다 신속하지는 못하지만 신중성을 띠고 있고, 오류를 덜 범하게 되며, 질적인 면에서 전문성이 있고, 다른 사람들에게 수용성이 높다. 이러한 경우 다방면의 다양한 의견이 반영되는 집단적 결정보다 교육행정가 단독으로 행해지는 개인적 결정을 할 경우 교육행정가의 도덕적·윤리적 의식이 더욱 강조된다.

셋째, 사적 결정과 조직적 결정으로 분류할 수 있다. 사적 결정(personal decision)은 개인 자신의 목표 달성을 위한 결정이다. 어디까지나 개인의 목표 달성을 위한 결정이므로 그것이 조직의 목표와 합치될 수도 있고 그렇지 않을 수도 있다. 사적 결정은 개인 자신이 직접 결정해야 한다. 그러나 교육행정에서 사적 결정이 이루어질 경우, 그 결정이 조직의 목표와 합치되지 않는다고 해서 잘못된 결정이라고 볼 수는 없다. 하지만 교육의 가치에 위배되지 않는 가치판단이 실행되도록 해야 한다.

조직적 결정(organizational decision)은 조직의 목표를 달성하기 위한 결정이다. 조직적 결정은 조직의 목표에 주안점이 있기 때문에 조직 구성원 개개인의 목표와 반드시 일치할 수는 없다. 그러므로 조직적 결정은 조직목표 달성을 위하여 다른 사람에 의하여 결정될 수도 있다. 바나드(Barnard)는 사적 결정은 타인에게 위임될 수 없으며, 조직적 결정은 항상 위임될 수 있는 것은 아니지만 위임될 수도 있다고 하였다.

넷째, 전략적 결정과 전술적 결정으로 나눌 수 있다. 전략적 결정(strategic decision)은 조직의 기본 목적이나 존속·발전과 같은 문제에 관련된 좀 더 중요한 의사결정 방향에 관한 결정이다. 전술적 결정(tactical decision)은 일상적·관례적 업무처리 방법을 결정하는 것으로 전략적 결정을 실천에 옮기기 위한 하위개념으로서의 성격을 갖춘 결정행위다.

4) 집단 의사결정

최근에 우리 사회는 국민들의 주인의식이 높아지고 사회의 부문마다 민주화가 진행됨에 따라 학교 사회에서도 교육행정가 일인의 독단적인 개인적 의사결정보다는 학교 전체의 구성원들이 참여하는 집단적 의사결정에 대한 요구가 더욱 높아가고 있다. 이에 집단 의사결정이 갖는 특성 및 학교의 구성원들이 집단 의사결정에 참여하게 되었을 때 나타나는 장점과 단점에 대해 살펴보고자 한다.

집단 의사결정은 교육행정가 혼자서 의사결정을 하는 것보다 학교 구성원들이 모여서 문제를 해결하는 것이기 때문에 의사결정에 걸리는 시간은 길다. 하지만 어려운 문제 해결 시 학교 및 교육기관 내 구성원이 가지고 있는 모든 자원을 활용할 수 있기 때문에 정확도는 높다. 그러나 학교나 교육기관 내 구성원의 능력이 상당히 우수한 경우에 구성원들이 서로 자원을 공유하려 하지 않는 경향이 있다. 오히려 고도의 능력을 가진 개인의 의사결정이 보통 능력집단의 집단적 의사결정보다 나은 결과를 가져오기도 한다.

집단 의사결정은 개인 의사결정에 비해 여러 가지 장점을 가지고 있다. 첫째, 한 사람이 얻을 수 있는 지식과 정보보다는 집단이 얻을 수 있는 지식과 정보가 더 많기 때문에 개인보다 많은 지식과 정보에 근거하여 의사결정을 할 수 있다. 둘째, 학교나 교육기관의 구성원이 갖고 있는 능력은 각기 다르며 각자에게 다른 시각으로 문제를 연구하게 함으로써 다양한 견해를 제공받을 수 있어서 문제에 대한 다양한 접근이 가능하다. 셋째, 교육행정에서 많은 의사결정들은 최종적인 의사결정이 이루어졌는데도 실패하는 경우가 있는데, 그 이유는 사람들이 그 해결책을 인정하지 못하고 수용하려 하지 않기 때문이다. 그러나 그 결정을 직접적으로 실행하는 사람들과 그 결정에 의해 영향을 받게 되는 사람들이 의사결정 과정에 참여한다면 그 결정을 더욱 잘 받아들여 그것을 수용하는 것이 수월해진다. 넷째, 학교 및 교육기관의 구성원이 집단 의사결정에 참여하면 서로 간의 의사소통이 활발히 이루어져 의사소통의 부족으로 생기는 여러 문제들을 감소시킬 수 있다.

이러한 장점과는 달리 교육행정의 집단 의사결정에는 다음과 같은 단점이 있을 수 있다. 첫째, 집단 의사결정이 이루어지면 그 결정에 대해 의견의 불일치를 억누르고 결정에 동조하도록 압력이 가해지는 경우가 발생한다. 즉, 학교나 교육기관에서 의사결정 시 집단 내 다수의 생각에 반하는 다른 생각을 가지고 있는 소수의 경우 개인별 의사를 표현하지 못하고 다수의 결정에 끌려가게 된다. 둘째, 교육행정가 개인이 단독으로 의사결정을 하는 것보다 집단을 소집하는 데 시간이 많이 걸리고, 학교 및 교육기관 구성원의 여러 가지 대안을 모으는 과정에서 의사결정이 계속 이루어지지 못하면 시간이 많이 소요되어 개인 의사결정보다 오히려 비능률적인 경우가 있다. 셋째, 학교나 교육기관에서 어떤 구성원이나 파벌이 집단을 지배하게 되면 구성원들의 자유로운 의사표현이 어렵게 되어 모든 구성원이 모여서 의사결정에 참여하지만 그것은 한쪽으로 편향되는 경우가 발생한다. 넷째, 교육행정에서 의사결정에 도달하는 과정 중 의견의 불일치가 심할 경우 학교조직의 구성원들 간에 갈등이 생기고 서로에 대해 반감을 가질 수도 있다. 다섯째, 교육행정가가 집단 의사결정에 대한 의존이 지나치면 오히려 교육행정가의 신속한 행동을 방해할 소지가 있다.

따라서 교육행정에서, 특히 집단 의사결정이 이루어질 때에는 드러나는 단점을 최소화하고 보완하는 입장에서 의사결정이 이루어지도록 교육행정가들이 도덕적 가치를 기초로 합리적인 의사결정을 이끌어 내야 한다.

4. 도덕적 판단과 교육행정 사례

교육행정에서 도덕적 · 윤리적 행정에 대한 연구나 도덕적이며 윤리적인 교육행정을 시도하려는 노력이 적었던 그동안은 교육행정에서 도덕적 · 윤리적 가치판단 없이 교육행정 활동이 수행되거나 교육행정가의 의사결정이 이루어져 왔다. 이에 많은 교육행정에서 부도덕한 결과들이 다수 발생하여 많은 사람들의 지탄의 대상이 되기도 하고, 교육활동에서 자기의 역할을 열심히 수행하고 있는 대부분의 교육자들을 부끄럽게 하는 경우가 있었다. 교육행정에서의 이와 같은 결과들은 교육행정가의 전문성이나 교육행정가의 도덕적 가치의 부재로 빚어졌다고 볼 수 있다. 따라서 이러한 결과들은 교육과 국민 사이의 믿음을 깨뜨리게 되며, 교육행정가와 교직원의 권위 약화 및 사기 저하, 교육의 발전적 측면에서의 퇴보, 교육정책이 실패함으로써 반복되는 국민부담 증가 등을 야기한다.

교육행정이 바람직하게 이루어지기 위해서는 교육행정가들이 윤리적 책임의식을 확고히 해야 한다. 교육행정에 대한 책임의식을 고취시키기 위해서는 책임의식 고양을 위한 교육행정가 개개인의 노력과 국가 수준의 윤리 내용 수립 및 연수들이 이루어져야 하는 것은 물론, 교육행정의 책임성에 더욱 냉철하게 관심을 갖도록 경제적 안정도 이루어져야 한다. 경제적 보상을 통한 생활의 안정이 보다 철저한 윤리적 책임을 보장할 수 있기 때문이다. 따라서 이 절에서는 그동안 행해졌던 교육행정의 예들을 살펴보고 타산지석으로 삼고자 한다.

교육에는 다양한 행정활동이 이루어진다. 교육행정 활동을 한 후의 결과는 매우 만족스러울 수도 있고 그렇지 않을 수도 있다. 교육행정 활동의 결과에 따라 사회 전반에서 칭송을 받거나 교육에 대한 신뢰를 얻을 수도 있으며, 반대로 그 결과가 잘못되었을 경우 교육계와 교육행정가는 지탄의 대상이 될 수도 있다. 신문이나 방송의 교육 · 사회 면을 보면 종종 잘못된 교육행정으로 인한 기사들이 비판의 대상이 되기도 한다. 하지만 아직도 우리나라의 교육현장에는 아이들을 사랑하고 우리나라의 미래를 걱정하는 높은 도덕적 가치를 지닌 교육행정가들이 더 많으며 그들에 의한 바람직하고 미래지향적인 교육행정이 이루어지고 있음을 볼 수 있다.

다음은 몇 가지 사례를 통해 우리 교육행정의 현재 모습을 알아본다. 교육행정이 잘 수행된 것은 더 계속해서 잘할 수 있도록 하는 지표로 삼고, 잘못된 사례는 거울삼아 더 잘할 수 있도록 반성하며 노력하는 계기로 삼아야겠다.

사례 1 2004년 충남의 한 초등학교의 경우, 축구부원을 훈련시키기 위해 초등학생 축구부원들을 안전시설도 제대로 갖추지 않은 숙소에 합숙시켰으며, 급기야 축구부 학생들이 자고 있을 때 불이 나는 바람에 초등학교 축구부원들이 9명이나 질식해서 사망하는 일이 발생하였다(한겨레신문, 2003). 이러한 경우가 교육청이나 초등학교 교장의 도덕적 가치가 결여된 잘못된 교육행정의 전형이라 할 수 있다. 어린 초등학생들을 안전시설이 미비하고 환경이 열악한 숙소에서 합숙시키며 훈련하도록 한 것은 전혀 학생들의 학습권이나 안전을 고려하지 않은 도덕적 가치가 상실된 효율성만 추구한 교육행정이라 볼 수 있다. 합숙소는 창문이 3개뿐인데다 그나마 창문은 컨테이너와 에어컨 등에 가로막혀 있었고 출입구도 협소해 유독가스가 밖으로 배출되지 못했다. 의사결정권을 가진 교육행정가가 초등학교의 어린이들의 발달단계와 그들의 정의적 특성을 이해하며 높은 수준의 도덕적 가치가 요구되는 도덕적 판단에 기초한 교육행정을 실천했더라면, 결코 '금메달'만을 추구하고 안전을 고려하지 않은 '합숙 훈련' 과 같은 판단은 하지 않았을 것이며 그와 같은 불행한 결과도 일어나지 않았을 것이다(천안/연합(2003)).

사례 2 경기도의 한 초등학교에서는 수학여행 중 초등학교장이 6학년 여학생 6명에게 술을 마시게 하고 그중 한 학생이 반발하자 벌을 준 후 강제로 마시게 하였으며, 술을 마시고 웃지 않은 그 학생의 머리를 술병으로 때려 문제가 되어 학교장직에서 직위 해제된 일도 있었다(세계일보, 2001). 이와 같이 학생들의 인권이 무시되며, 과연 교육행정가가 교육행정가로서의 도덕적 가치를 가지고 있는지가 의심스러울 정도로 유사한 일들이 교육현장에서 종종 발생하고 있다. 이는 그동안 교육행정에서 교육행정가의 도덕적 · 윤리적 가치판단이 중요한 요인으로 고려되지 않았기 때문이다.

사례 3 경기도 화성군의 한 소규모 고등학교에서는 학생들이 인근의 대도시로 빠져나가 학생수가 점점 줄어들어 학교가 통폐합 위기를 맞게 되었는데, 2002년부터 통폐합 위기의 타개책으로 체계화된 학력신장 프로그램을 실시하여 2005학년도 대학입시에서 놀라운 성과를 거뒀다. 서울의 우수대학 입학은 물론이고 2 · 3년제 대학을 모두 포함하면 이 학교의 대학 진학률은 90%가 넘는다. 이에 따라 2004년 47명이던 신입생이 2005년 두 배 가까운 87명이 되었다. 이렇게 시골 변두리의 소규모 고등학교가 헌신적으로 가르친 교사와 우수한 학교운영으로 통폐합 위기를 타개한 것은 교사들과 교장의 '더 이상은 안 된다. 학교를 살려야 한다.' 는 강한 책임감으로 진학지도를 충실히 하고자 하는 교육행정이 수행되었기 때문이다. 학교 내에서는 휴대폰을 사용하지 말자는 학교의 방침도 학생들은 잘 따라주었으며, 학부모들도 떡 · 옥수수 등의 간식을 마련하고 학부모 자체적으로 학교 주변을 순찰하여 불량배를 단속하는 등 전폭적으로 학교와 학생을 지원하였다.

이 학교의 성과는 단지 높은 진학률만이 아니다. 교육행정이 바람직한 형태로 적극적으로 수행되면 상대적으로 열악한 농어촌의 공교육도 결코 사교육에 뒤지지 않는 경쟁력을 가질 수 있다는 농어촌 학교의 새로운 가능성을 보여 준 사례라고 할 수 있다. 이러한 결과에는 학생과 학교의 문제를 제대로 인식하고 문제를 해결하기 위한 대안을 적절하게 제시하고 실천한 충실한 교육행정이 수행되었기 때문이다.

5. 도덕적 책임

우리가 내리는 여러 가지 도덕 판단들에 대해 우리는 그러한 판단을 내린 행위자에게 도덕적 책임을 부여한다. 따라서 교육행정에서 이루어지는 여러 가지 결정과 판단들은 도덕적 책임을 수반한 행위가 된다.

교육행정을 수행한 후에는 그 결과에 대한 책임이 뒤따라온다. 교육행정이 도덕적이고 윤리적인 관점에서 충분히 고려되어 실행되었다 하더라도 그 결과에 대해 내려지는 평가는 선택이 아닌 필수라고 볼 수 있다.

교육행정에서 책임이란 무엇을 의미하는지, 행정책임이 있다고 할 경우에는 누가 책임을 져야 하는지, 무엇에 대해 책임을 져야 하는지 등에 대하여 명확하게 일치된 견해는 없다. 하지만 교육행정을 수행하는 교육행정가들이 자신의 역할 및 직무에 대한 책임을 져야 한다는 점에서는 공감대가 형성되어 있다. 또한 행정책임은 교육행정에서 가장 중요한 개념으로 이해되고 있으며 교육행정의 실천적 측면에서도 책임 있는 행정이 언제나 중요한 명제로 등장한다.

교육행정에서 책임 있는 행정이란 단순한 부정행위, 직권남용, 불법행위에 대하여 책임을 지는 것 이상을 의미하는 것이다. 이는 국민에 대해 책임의 의무를 다해야 한다는 민주주의 이념과도 매우 밀접한 것으로 교육행정상의 일정한 의무를 전제로 한다. 교육행정에서 책무 및 책임성의 문제는 교육행정윤리의 문제와도 관련된다. 즉, 교육행정의 모든 역할을 보다 바람직하고 공평한 방향으로 인도하는 규범적 기준으로서 교육행정윤리는 내재적이고 비공식적이며 상황적인 속성을 지니고 있는데도 실천의 문제가 중요하고 이론보다는 현실을 위하여 존재하는 것이라 볼 수 있다. 따라서 이러한 규범적 기준을 확보하기 위한 적극적인 방법으로 행정책임성이 필요한 것이다.

그런데 교육행정에서 윤리적 · 도덕적 책임은 언제나 학생이나 학부모 또는 지역사회 주민과의 인간적 관계에서 문제되는 것이며, 교육행정 책임이나 의무도 이와 같이 학생, 학부모 및 국민과의 관계를 포함한 인간관계 속에서 맺어지게 되고 행정가치의 문제와 결부되어 성립하게 된다.

따라서 교육행정은 책임문제가 중요하게 제기되는 영역 중의 하나인데, 특히 각각의 다양한 측면들이 뗄래야 뗄 수 없는 거미줄처럼 연결되어 있어 서로 국민생활에 중대한 영향을 주고받는 현대적 국가 형태에서는 더욱 그러하다.

행정책임에 대한 학자들의 견해를 살펴보면 다음과 같다. 먼저 프레스서스(Presthus)는 행정책임을 행정인이나 행정조직이 논리적 · 기술적 · 법률적 기준에 따라 행동해야 하는 의무로 규정하고 있다. 피프너(Pfiffner)는 행정기관이 외부기관이나 어떤 행동기준에 대하여 의무를 지는 것이라고 정의하고 있다. 그리고 쿠퍼(Cooper)는 보다 윤리적인 측면을 강조하여 행정책임을 행정인의 역할에 대한 윤리를 발전시키는 주요한 개념이라고 보았다. 또한 책임은 어떠한 행위와 그 원인 간의 관계에서 문제되는 것이며, 어떠한 행위와 그 행위를 한 사람에 대하여 가치판단이 적용되는 문제라고 보았다(이금화, 1982: 230).

교육행정에서 책임이란 교육행정인 또한 교육행정 조직이 일정한 행동기준에 따라 행동할 의무를 전제로 하여 그 행동결과에 대하여 비판을 받을 상태에 있는 것을 말한다. 그러므로 교육행정책임은 교육행정상의 일정한 의무를 전제로 하여 발생하고, 일정한 재량을 통해서만 구현되는 것이며, 공익과 객관적인 원칙을 준수해야 하는 것으로 주로 행동의 결과에 대해 이루어진다.

그런데 이러한 교육행정책임의 문제는 교육행정윤리의 문제와 매우 밀접하게 연계되어 있다. 특히, 교육과 관련된 것들이 국민생활의 모든 영역에서 영향력을 행사하는 현대사회에서 교육행정의 역할은 엄청난 파급효과를 가지고 있다. 이에 교육행정을 맡고 있는 교육행정가들의 교육행정에 대한 책임성은 매우 중요하다. 그러므로 그들이 책임 있는 교육행정을 해나갈 수 있는 가치기준의 성립은 윤리적인 차원에서 좀 더 근본적인 책임 확보 방안의 논의가 요청된다. 그러므로 교육행정책임을 논하기 위해서는 먼저 윤리적 행위와 교육행정책임, 그리고 교육행정의 토대가 되는 도덕적 · 윤리적 가치에 관한 검토가 우선시되어야 한다. 더욱이 교육행정을 담당하고 있는 교육행정가들의 도덕적 가치 수준이 높을 때 교육행정에서 교육행정책임은 보다 분명하게 실현된다.

이상으로 교육행정과 도덕적 판단에 관해 여러 측면에서 논의해 보았다. 그중 중요한 것은 교육행정의 수행에는 교육행정가의 도덕적 가치판단 기준이 절대적으로 중요하며 교육행정가에게는 피할 수 없는 교육행정 결과에 대한 책임이 요구된다는 것이다.

그동안은 교육행정 수행 시 도덕적 · 윤리적 가치판단에 대한 고려가 거의 없거나 적었으며, 아직도 교육행정에는 도덕적 가치판단보다는 도덕적 가치가 결여된 사실판단만 이루어지는 등 잘못된 교육행정이 행해지고 있다. 교육행정은 법조문에 비추어 죄가 성립되는지 아닌지를 밝혀내는 법규적 · 사실적 판단을 내리는 판사와는 다르다. 교육행정은 인간을 대상으로 하는 것이며 인간을 인간답게 하는 교육이 이루어지는 곳에서 발생하는 다양한 일들을 다루는 것이므로 도덕적 판단이 더욱 필요하다. 따라서 교육행정가의 도덕적 가치는 대단히 중요하며, 교육행정가의 도덕적 가치가 충분히 고려된 교육행정이 수행되어야 한다.

참고문헌

강인호(2003). 거버넌스와 행정윤리. 조선대 사회과학연구, 제23-1호.

김항규(1998). 행정철학. 서울: 대영문화사.

김형관 외(2003). 교육행정. 서울: 원미사.

박병도, 안진우(2003). 국제기구의 의사결정과정에 관한 연구. 사회과학연구, 제17집.

박연호(2004). 행정학개론. 서울: 박영사.

박인학(2003). 신교육행정과 교육경영. 서울: 대왕사.

서규선(1999). 도덕 · 윤리교육의 쟁점-도덕적 판단, 도덕적 감정, 도덕적 행위 간의 관계. 서원대학교 교육논총, 제3권.

이금화(1998). 행정윤리의 기초. 교육발전논총, 제19권, 1호.

임도빈(2002). 행정윤리관의 분석틀 모색. 행정논총, 제40권, 3호.

전주식(2001, 10, 25). 교장이 초등생에 술 강요: 술버릇 가르친다. 세계일보[일간지], 29. http://pdf.segye.com/ipq/ipq_list.asp · year=2001&month=10&day=25 [2005, 6, 15].

주삼환(1999). 교육행정 강독. 서울: 원미사.

천안/연합(2003. 3. 27). 천안 축구부 합숙소 화재, 허점투성이. 한겨레신문[일간지]. http://www.hani.co.kr/section-005000000/2003/03/005000000200303271504879.html [2005, 6, 15].

최문기(2002). 공직윤리에서 윤리적 의사결정과 교육. 국민윤리연구, 제51권.

한국교원대학교 종합교육연수원(2000). 학교 위기 관리. 2000년 제2차 교장 자격 연수(중등), 제7호. 한국교원대학교 출판부.

한인숙(1985). 행정과 윤리에 관한 연구. 사회과학논집, 제5권.

Maclntyre, A. (1984). *After Virtue: A Study in Moral Theory*, 2nd ed.. Notre Dame: University of Notre Dame Press.

Walzer, M. (1983). *Spheres of Justice*. New York: Basic Books, Inc.

제10장
지도자의 윤리

기술문명에 의한 역기능으로 인간성 상실을 경험하고 엄청난 속도로 발전하는 정보화 사회에서 이에 대한 준비의 부족은 다가오는 사회의 발전에 적응하지 못하고 도리어 퇴보하는 결과를 초래할지도 모른다. 이러한 때에 지도자의 책임은 매우 막중하며, 조직을 이끌어 나가야 할 책임자로서 기본적인 윤리성을 갖추고 공동체 조직을 만들어 발전시킬 지도자의 책임은 매우 크다고 할 수 있다. 또한 지도성과 지도자들의 윤리는 새로운 패러다임으로 변화하는 시대에 발맞추어 가야 할 것이다.

여기서는 새로운 사회의 전환을 의미하는 패러다임의 변화와 그에 따른 시대의 지도자 윤리의 필요성, 책임감을 갖고 새 시대를 이끌어 가야 할 지도자에게 요구되는 리더십의 유형을 소개한다. 그리고 새 시대에 요구되는 리더십을 여섯 가지로 나누어 살펴보고, 교육지도자 윤리로서 윤리에 기초한 지도자, 가치를 통합하는 지도자, 진정한 지도자, 비전 있는 지도자, 창조적인 지도자, 봉사하는 지도자를 제시하고 지도자, 행정가의 윤리강령

사례를 살펴보고자 한다.

1. 패러다임의 변화

우리 사회에서 자주 쓰이는 "패러다임을 전환해야 한다." "21세기를 지향하는 새로운 패러다임을 갖추어야 한다."와 같은 말에서 볼 수 있는 패러다임이라는 용어는 이미 학계뿐만 아니라 사회 전반에 걸쳐서 두루 통용되고 있다. 패러다임이란 원래 미국의 토머스 쿤(Thomas S. Kuhn, 1962)이 그의 저서 『과학혁명의 구조(The Structure of Scientific Revolution)』에서 주장한 개념이다. 쿤은 과학적 탐구를 공동체적 활동으로 파악하고 정상과학(normal science)과 과학혁명(scientific revolution)의 두 가지 이질적인 활동으로 구분했다. '정상과학'은 동일한 패러다임을 공유하는 과학자 공동체가 행하는 과학적 탐구활동을 말하며, '과학혁명'은 패러다임이 교체되는 과정으로 과학발전이 한 시대의 세계관(패러다임)에서 다른 세계관으로 바뀌는 '혁명적인 과정'을 말한다.

기존의 정치제도가 거기서 파생하는 문제들을 해결할 수 없게 될 때 혁명이 일어나듯 자연과학에서도 혁명은 일어난다고 쿤은 주장했다. 특정 시기의 과학자 집단이 공인한 문제 해결의 모델인 패러다임이 해결할 수 없는 문제들이 증가할 경우, 혁신적인 과학자들은 새로운 패러다임을 들고 나온다. 경쟁 상태를 지나 새것이 낡은 것을 급기야 대체하게 된다. 이러한 패러다임의 교체가 바로 과학혁명이다. 즉, 과학의 발전을 쿤의 논지를 빌려 살펴보면, '과학혁명→새 패러다임 위에서의 정상적인 과학발전→변칙성 출현으로 인한 과학위기→새 과학혁명'이라는 변증법적 순환굴레로 해석할 수 있다.

사회학과 정치학 등 비자연과학 분야에서도 패러다임이라는 개념이 유행처럼 사용되기 시작했다. 결론적으로 패러다임이란 한 시대 특정 분야의 학자들이나 사회 전체가 공유하는 이론, 법칙, 지식, 가치, 심지어 믿음이나 습관 같은 것을 통틀어 일컫는 개념을 말한다.

교육행정 패러다임은 의도하는 결과와 그것을 위한 구체적 실천과 그 실천의 기초 혹은 배경을 이루는 것들이 서로 연관된 가운데 전체적으로 하나의 고유한 형태를 이루고 있는 것이라고 말할 수 있다. 그간의 교육행정이 지닌 한계는 무엇보다도 획일성, 권위주의, 외형 중시, 비합리성, 윤리적 미성숙과 같은 말로 대표하여 말할 수 있다. 기존의 교육행정은 나름대로 굳어지고 관습화한 정형화된 틀 혹은 전형을 보여 주고 있는 하나의 패러다임을 이루고 있다는 점에서 한계와 오류를 지닌다(허병기, 2000).

기존의 교육행정에서는 위계, 규칙과 조정, 명령, 그리고 구성원의 결과를 받아들이거나 순응하기에 의한 외적인 책무성을 중시했다. 교육조직에 대해서도 여러 가지 부정적인 결과인 획일적 목적과 프로그램 속에서 몰개성화, 창의성과 자발적인 행위가 지체되고 억제됨을 초래했다. 이런 부정적인 결과들은 조직의 생명력과 역량 약화, 조직의 성과 저하, 조직 구성원의 만족 감소 등으로 나타나게 된다. 그리고 기존의 교육행정으로 교육조직이 운영될 경우, 교육조직은 경직되고 선형적이며 단단한 구조, 권위적이고 저급한 리더십, 외형적이고 단기적인 성과 추구 등 필연적으로 조직의 유연성과 자발성을 감소시키게 된다(허병기, 2000).

기존의 교육행정 패러다임이 과거의 그 시대에는 시대 상황에 맞게 변화하고 굳어진 것이라고 여겨지며 권위적이고 획일적인 가치관이 상당히 긍정적인 방향으로 유지되었을 것이다. 하지만 베일(Peter B. Vaill, 1989)은 전통적 경영이론의 한계를 다음과 같은 예를 들어 표현하고 있다. 전통적인 경영이론가들은 평온한 호수 위에서 카누의 노를 젓는 것을 가르치는데, 그들은 그것이 그들 상황에 있는 수단을 이용해서 원하는 곳까지 언제나 갈 수 있다고 믿지만, 상황이 바뀌어 급류를 만나게 되면 통과할 수 없고 가면서 많은 변화가 있으며 혼돈과 뒤집힘이 있을 수 있는 것이다. 현대와 미래에는 사회적 필요, 조직의 구조, 구성원의 욕구, 삶의 방식이 과거와는 달라져서 기존 교육행정의 패러다임으로는 변화하는 시대에서 조직의 역량을 키우고 발전시키는 데 한계를 가진다. 그리하여 새로운 시대에 걸맞는 새로운 패러다임이 요구된다.

2. 지도자 윤리의 필요성

앞에서 살펴본 것처럼 전통적 교육행정이론과 패러다임에서 교육행정이 발전지향적 효율성(획일적, 기계적)을 중시하다 보니 개인의 존중, 인권이 무시되었다. 이어서 대안적 교육행정이론이 대두되고 패러다임이 전환되면서 마틴 루터 킹의 흑인 인권운동 등으로 인해 인권에 대한 관심이 높아지면서(배움의 기회 제공, 소외된 사람, 장애우) 개인의 주관적인 인식을 의미있게 보기 시작했다. 연구방법에는 비판적, 해석적 연구방법이 대두되기 시작했다. 교육행정의 포스트모더니즘 인식은 조직의 기본적인 불안정 속에 초점을 두고 있다. 사회가 급격히 발달하고 변모하면서 불안정의 연속, 언어의 생성과 소멸행위를 유동적으로 보고 있다.

최근 우리 사회는 정보사회의 비약적인 발전으로 국민의 생활 수준을 향상시켰으나 그에 비례하여 도덕적 인간성의 타락과 새로운 불평등을 초래하고 있다. 또한 정보사회의 발전은 순기능과 함께 역기능의 초래로 인간성의 상실을 일으키고 있다. 다가오는 미래사회에 제대로 바르게 대처하지 못하고 대부분이 무비판적으로 받아들이고 있는 데 문제가 있다.

우리 사회 지도층 인사들의 도덕적 불감증은 심각한 지경에 이르고 있다. 부동산 투기로 인한 재산 축재, 선심성 행정, 고위 공직자 자제의 병역비리와 국적 포기, 세금체납, 인사청탁, 법조비리 등 부정부패와 비리로 얼룩진 지도층의 행위는 국민의 지탄을 받아 마땅하고 이 사회의 정체성을 심각하게 위협하고 있는 실정이다.

사회는 빠른 속도로 변하고 있는데 지도층의 행위가 구시대의 작태를 답습한다면 이 사회를 이끌어 갈 바탕이 되는 지도층의 윤리성을 논하지 않을 수 없다. 미래사회뿐만 아니라 이전의 발전했던 사회는 지도자들의 훌륭한 윤리성을 바탕으로 했고, 윤리성이 없는 지도층의 사회는 비리와 부패로 얼룩져 결국 패망으로 갔던 것을 기억할 것이다.

앞 장에서 언급되었듯이 윤리는 인간 성장과 문제 상황에 적용되는 개인적 동의이며 상거래 윤리, 가족윤리, 정보윤리, 행정윤리처럼 특정 사회가 갖는 규칙이라고 할 수 있다. 그래서 윤리는 다른 사람을 고려한 규칙이라고 볼 수 있다. 즉, 지도자의 윤리는 지도층이 다른 사람을 고려하는 지도자가 지켜야 할 행위규범이라고 볼 수 있으며, 지도자의 행위규범을 미래사회에 맞게 찾아보는 데 목적이 있다. 이러한 관점에서 미래사회를 이끌어 갈 지도자의 책임은 막중하며 정보사회에서 지도자의 기본적인 도덕성과 윤리성이 강조됨은 더 말할 나위가 없을 것이다.

3. 교육행정가에게 요구되는 리더십

1) 리더십의 유형

리더십은 교육행정에서 매우 중요한 주제다. 리더십에 대해 많은 연구가 있었으며 학자마다 리더십을 다양하게 정의하고 있다. 리더십이란 주어진 상황 속에서 조직의 목표를 달성하기 위하여 집단 구성원에게 영향력을 행사하는 과정이라고 정의될 수 있다(서정화 외, 2003).

장차 다가올 새로운 시대는 열린사회일 것임에 틀림없다. 다원적 가치와 개성이 존중되고 또 인정받는 사회인 것이다. 이런 사회에서는 더욱 탁월한 리더십이 필요하다. 즉, 전통적인 카리스마나 권위주의적인 리더십을 의미하는 것이 아니라 미래를 이끌어 갈 리더십이 요구되는 것이다. 이전의 리더십이 나를 따르라는 식으로 구성원들을 끌고 가는 것이었다면, 정보사회에서는 스스로 문제를 파악하고 해결할 수 있는 능력을 길러줌으로써 구성원들이 주체적으로 역량을 발휘할 수 있도록 하는 역할이 더욱 중시되는 것이다.

전통적 관리론에서 리더는 냉정하고 동료들과 어느 정도 거리를 유지하며 분석력을 갖춘 사람, 즉 생각과 행동을 구분하는 사람이어야 한다고 가르치고 있다. 이전의 리더십에서 리더는 흔히 특별한 재능을 가진 카리스마적 인물이 되어야 한다는 것이 일반적이었다. 이것은 리더에 대한 인식을 왜곡시켰고 더 나아가 영웅숭배의 경향까지 나타나게 되었다(김대규, 2000).

1978년에 번스(Burns)는 두 가지 방식으로 리더십의 이론을 제안했다. 그에 따르면 추종자들의 동기를 자극하고 만족시키기 위해서 어떤 동기와 목적을 갖고 있는 사람들이 자원을 결집할 때 리더십이 행해진다는 것이다. 그는 두 개의 넓은 의미의 교환(거래)적 리더십과 변혁(형)적 리더십을 구분하려 했다. 교환적 리더십은 기초적이고 외적인 동기와 욕구에 초점을 맞추는 반면, 변혁적 리더십은 상위 수준, 더 내재적이고 최종적으로 도덕적인 동기와 욕구에 초점을 맞춘다.

교환적 리더십은 거래적 리더십의 형태로 지도자와 구성원이 서로의 독립된 목표를 수행하기 위해서 욕구와 봉사를 교환하며 그에 대한 댓가로 구성원에게 긍정적 강화, 성과급, 승진을 제공한다. 지도자에게 필요한 것과 구성원이 원하는 것을 타협하여 구성원이 원하는 것을 제공한다. 즉, 지도자에게 필요한 것을 구성원이 해 주고 지도자는 그에 대해 구성원이 원하는 것을 제공한다.

번스는 변혁적 리더십을 지도자와 추종자들이 도덕성과 동기의 수준을

〈표 10-1〉 리더십의 단계와 조직향상

리더십의 종류	리더십 유형	조직향상의 단계	리더십 개념	추종자의 참여	만족되는 욕구	효 과
교환 (거래)적 리더십	교환의 리더십	개인의 만족을 위해 호기심과 욕구를 교환하지만 조직적으로 목표와 관련됨	관리기술 지도성 유형 상황이론 교환이론 경로−목적이론	계산적	물질적 안전 사회적 자아	보수만큼만 일한다는 협상을 전제로 지속적으로 수행함
변혁적 리더십	조성의 리더십	인간의 잠재력을 일깨우고 기대를 높여 높은 수준의 직무 수행을 유발시킴	권한 부여 상징적 리더십 카리스마	내재적	존경 능력 자율성 자아실현	직무 수행과 헌신은 외적인 조건 이상으로 유지됨 양과 질에서 기대 이상임
	결합의 리더십	조직목적을 공유된 규약으로 묶고 모두가 도덕적 헌신을 하도록 결합시킴	문화적 지도성 도덕적 지도성 규약 추종성 형성	도덕적	소속 목적 의미 중요성	직무 수행이 지속됨
	결속의 리더십	개선하기 위해 노력하고, 가치를 보호하고 봉사함	절차 제도적 리더십 서번트 리더십	도덕적	소속 목적 의미 중요성	

출처: Sergiovanni, T. J. (1990). *Value-Added Leadership: How to Get Extraordinary Performance in Schools*.

더 높이기 위해 서로를 북돋는 과정이라고 기술했다. 변혁적 리더십에는 2단계가 있다. 하나는 존중감, 자율성, 자아실현에 관심을 갖는 상위 수준의 심리적 단계며, 다른 하나는 선, 정의, 의무감에 관심을 갖는 도덕적 문제의 단계다(Burns, 1978).

표에서 조성의 리더십은 변혁적 리더십에서 상위 수준의 심리적 욕구를에 관심을 갖는 유형으로, 지도자와 추종자들이 높은 수준의 목적을 추구하는 데 화합하며 지도자나 추종자들 모두 새로운 방향으로 조직을 만들어 보고자 노력한다. 이때 지도자가 초점을 두는 것은 인간의 잠재성을 일깨우고, 높은 수준의 욕구를 만족시키고 수행 수준을 높게 동기화함으로써 기대를 높이는 데 있다.

결합의 리더십과 결속의 리더십은 도덕적 문제에 관심을 갖는 유형이다. 결합의 리더십은 지도자와 추종자들의 행위 수준과 윤리적 포부 수준이 높아지는 경우로, 지도자가 초점을 두는 사항은 조직목적을 공유가치 수준으로 높일 수 있는 자각과 의식을 일깨워 의무감을 지우는 데 있다. 이때 구성원들은 하고 있는 일에서 목적이나 의미, 의의를 찾으려는 내재적 욕구에 반응하게 된다.

결속의 리더십은 구성원과 조직의 목적, 규범을 연결함으로써 조직의 향상에 항상 관심을 갖게 한다. 조직의 일에 대한 아이디어에 집중하도록 하는 것은 구성원들에게 무엇을 해야 할지에 대한 지침을 제공하고 헌신, 자기 운영을 할 수 있도록 돕는다. 지도자는 조직의 요구에 부응하고 다른 사람들에게 봉사하기 위해 일한다. 지도자는 경영자이자 집사이고 봉사자다. 지도자는 조직의 가치를 보호함으로써 높은 성직자의 기능을 한다.

2) 요구되는 리더십

리더십을 발달적 관점에서 볼 때 중요한 것은 어떤 리더십 전략이 가장 중요한가를 보는 것이 아니라 조직의 상황에 가장 적합한 전략은 무엇인가를 보는 것이다. 리더십의 각 단계는 뚜렷하게 구별되는 조직향상을 위한 전략을 의미하는 것으로 생각할 수 있으며, 서로 다른 목적으로 사용되고 각 단계 내에 있는 사람들에게 사용될 수 있는 리더십의 형태라고 할 수 있다. 정보화 사회에서 필요한 리더십의 유형을 자세히 살펴보면 다음과 같다.

윤리적 리더십(ethical leadership)은 지도자의 개인적인 자질에 기반을 둔 힘으로서 타인에게서 존경을 받거나 인격을 갖추어 동일시 대상이 됨으

〈표 10-2〉 리더십의 단계와 조직향상

구분 \ 유형	윤리적 리더십	가치중심 리더십	진정한 리더십	비전 리더십	창조적 리더십	서번트 리더십
초점	윤리	가치	진실	비전	창조	봉사
구성원의 반응	의무감	내재적 공감	진실	헌신	자율성	헌신
리더의 행동	솔선수범, 윤리에 기초	조직의 가치에 집중	진실성, 도덕적	비전에 역량집중	창조적으로 혁신	솔선수범

로써 구성원에게 영향을 미치게 되는 지도성이라 할 수 있다. 지도자가 구성원에게 모범을 보임으로써 구성원들은 지도자의 본을 받아서 자신의 행동에 변화를 가져오게 된다. 모범은 지도자의 신분이나 매력 또는 카리스마를 이들의 역할모형으로 삼고 구성원 자신의 행동에 영향을 가져오게 하는 것을 의미한다(Smith & Piele, 1997).

가치중심 리더십(value based leadership)은 오늘날처럼 사회적 문제로 부각되고 있는 가치관 혼돈(아노미) 상황을 해결하기 위해 제시된 리더십이다. 1990년대 수잔 쿠즈마스키(Susan S. Kuczmarski)에 의해 제기된 이론으로, 개인적 규범과 가치를 내세움으로써 가치 충만한 조직환경을 만들고 개인에게 자기만족을 얻게 함으로써 조직의 경쟁력과 효율성을 증대시키는 리더십이다. 사람은 누구나 가치에 따라 판단하고 행동 방향을 선택하는 속성이 있다. 따라서 어떤 가치를 기준으로 살아가게 하느냐의 문제는 중요하다. 이는 우리가 이 책의 제3부에서 다룬 가치와 관련이 깊다.

진정한 리더십(true leadership)은 지난 30년간 세계 곳곳의 경영진들에게 유용한 정보를 제공해 온 굴지의 뉴스레터 〈Executive Excellence〉의 사장인 켄 셸턴(Ken Shelton)이 『위선의 리더십(Byond Counterfeit Leadership)』에서 한 말이다. 그는 "위선이야말로 개인과 기업을 좀먹는 치명적인 중독이며, 위선의 리더십이 지배하는 사회는 희망이 없다."라고 단언한다.

위선이 성행하는 이유는 이런 행동을 통해 이익을 얻을 수 있기 때문이다. 요즘처럼 무슨 일이든 즉시 알려지는 사회에서는 빨리 이득을 볼 수 있다는 점이 매우 매력적인 요소로 작용한다. 반면, 정직한 행동의 경우 비용에 비해 보상이나 이익을 얻는 데 오랜 시간이 걸린다. 따라서 윤리적인 선택을 하기가 쉽지 않다.

위선의 리더십의 시작은 불안정이다. 정체감의 결여나 무조건적인 사랑의 부족에서 불안정이 생긴다. 불안정한 사람은 일관성을 갖지 못하고 무책임하다. 당연히 나쁜 습관이 몸을 지배하게 되고 판단과 직관력도 흐려진다. 결과는 사람과 조직의 무능력으로 귀결된다. 그래서 한때 장점이었던 능력까지 상실하고 만다.

셸턴(Ken Shelton)은 위선의 리더십이 생겨나는 원인을 외부에서 찾지 않고 기본적으로 우리 내부에 있는 것으로 파악한다. 즉, 개인의 행동양식이 바뀌어야 한다는 지적이다. 그렇다면 위선적인 지도자는 어떻게 구별해 내는가.

첫째는 사명과 동기, 수단에 위선이 있는가를 실험해 보는 일이다. 위선을 일으키는 기본 원인은 이런 것들이 제대로 조정되지 못하기 때문이다. 이 문제들은 암세포처럼 조직의 건강한 부분까지 번져 나간다. 그 결과 우선적인 것 대신 편법에, 혁신 대신 모방에, 실체 대신 스타일에, 능력 대신 가식에, 연구 대신 합리화에, 혹은 지속적인 인력발전과 품질개선 대신 홍보에 더욱 치중하게 된다.

둘째는 세계적인 기준, 직업적인 기준에 따라 리더십을 평가하는 것이다. 모든 직업에는 나름의 기준이 있기 때문에 이에 따라 위선을 찾아낼 수 있다.

셋째는 친밀한 관계를 조사하는 것이다. 진정한 지도자와 위선적인 지도자는 서로 다른 방식으로 관계를 유지한다.

셸턴이 제시하는 위선적인 지도자와 진정한 지도자의 특성은 〈표 10-3〉과 같다.

〈표 10-3〉 위선적인 지도자와 진정한 지도자의 특성

	위선적인 지도자	진정한 지도자
1	어둠 속에서 많은 일을 함	평생 진정한 일을 함
2	자신들이 법보다 우월하다고 믿음	법과 역사를 존중함
3	잘못된 감정을 유도함	솔직하게 이야기함
4	획일성과 순응을 조장함	집에서 키워 낸 성품을 지님 (봉사윤리, 지혜와 식견, 책임, 신뢰)
5	자원을 낭비함	자신의 재능에 대해 집사정신을 가짐 (격려, 동기부여, 의무감)
6	인위적인 것에 중독됨 (날조된 자극에 심취)	소유와 획득보다는 존재와 과정을 생각함
7	사람과 기회를 부당하게 이용함	신뢰에 기반을 둔 관계를 유지함
8	차가운 배우이자 정열적인 모방자임 (겉치레, 부조화, 안일, 자아상실)	높은 내적 안정감과 진취성을 가짐
9	깊은 미움, 선입관, 편견을 가짐	모든 사람들을 사랑과 존엄으로 대함
10	허영과 자만을 가짐(거만, 아부, 공허)	타당한 권위에 대해 겸손하며 순종함

비전 리더십(visionary leadership)은 목표설정의 중요한 특질로서 조직의 비전은 꿈, 희망, 필요성, 관심사, 가치며 여러 구성원의 신념을 반영해야 한다. 조직의 비전을 설정해서 구성원이 함께 믿음을 가지고 다같이 공동의 책임을 지고 목표를 향해 나아가는 조직을 만든다는 것은 지도자의 가장 큰 능력이다. 이런 비전을 가지고 조직을 운영해 나아가기 위해서는 지도자의 비전도 중요하지만 이런 비전에 조직공동체가 다같이 헌신적으로 참여할 수 있어야 한다.

지도자는 조직의 목표를 설정하고 조직이 나아가야 할 방향을 제시하는 역할을 한다. 따라서 지도자는 비전이 있어야 한다. 비전이란 나아가야 할 방향에 대한 청사진이나 이루어야 할 꿈이라고 할 수 있다. 지도자가 조직의 목표와 달성하고자 하는 목표 및 조직의 모습, 구성원의 역할에 대한 기대, 구성원의 발전 모습에 대한 비전을 갖고 이를 구성원들에게 제시하며 구

성원들이 공감함으로써 목표를 향하여 함께 나아갈 때 더욱 큰 힘을 발휘하게 된다(Smith & Piele, 1997). 이것이 비전 리더십으로 ISLLC와 ELCC 직무 표준의 첫 번째 영역에서 요구되는 것이다.

리더는 구성원들에게 비전을 제시하고 이해시켜 그들 역시 비전을 자신의 것으로 만들도록 노력해야 한다. 실패로 좌절해 있는 사람들에게 미래를 향해 달릴 수 있는 용기를 주는 것이 내일의 승리를 기다리는 리더의 비전이다. 대중은 현재를 보지만 리더는 미래를 보아야 한다. 우리가 역사상 위대한 리더들에게서 볼 수 있는 공통점은 그들 대부분이 커다란 실패를 경험하지만 좌절하지 않고 새로운 승리를 위해 자신을 추스른다는 점이다. 리더는 아랫사람들이 현재의 실패에 좌절과 방황을 경험하고 있을 때, 그들에게 실패를 질책하는 대신 밝은 내일을 기약할 수 있어야 한다. 왜냐하면 리더의 역할은 오늘의 실패에도 불구하고 조직이 나아갈 바를 제시하고 미래를 개척하는 것이기 때문이다.

창조적 리더십(creative leadership)은 지식정보 사회에서 더욱 중요시되는데 개인의 개방성과 자율성, 창의성을 존중하여 동기유발시키고 조직을 창조적으로 발전시키는 리더십이라고 할 수 있다.

서번트 리더십(servant leadership)은 최근 전통적 리더십 모델에 대한 대안 중의 하나로 제시되고 있으며 21세기 정보화 시대에 조직이 계속해서 성장 · 발전하기 위한 새로운 리더십 패러다임의 필요에 의해 나타났다. 그린리프(Greenleaf, 1996)는 서번트 리더십은 타인을 위한 봉사에 초점을 두며, 구성원, 고객, 공동체를 우선으로 여기고 그들의 욕구를 만족시키기 위해 헌신하는 리더십이라고 정의했다. 그는 서번트 리더십의 기본 아이디어를 헤르만 헤세의 작품인 『동방으로의 여행(Journey to the East)』에서 얻었다고 하였다. 이 소설은 여러 사람이 여행을 하는데 모든 하찮은 일을 하는 레오라는 인물에 초점을 맞추고 있다. 하찮은 일을 도맡아 하던 레오가 있을 때는 여행이 순탄했지만 그가 사라지자 여행은 실패하게 된다. 사람들은 레오가 없어진 후에야 그가 얼마나 중요한 존재였던가를 깨닫게 된다. 일행 중 한 사람은 그를 찾아 여행을 계속해 결국 레오를 만나게 되는데, 그저 심부름꾼으로 알았던 레오가 교단의 책임자인 동시에 정신적 지도자이며 훌륭한 리더라는 것을 알게 된다. 레오는 서번트 리더십의 전형적인 예라고 할 수 있다.

드러커(Drucker, 2002)는 『미래경영(Managing for the Future)』이라는 책에서 지식시대에서는 조직 내에서 상사와 부하의 구분도 없어지며 지시와 감독이 더 이상 통하지 않을 것이라고 하였다. 그러므로 리더가 부하들보다 우월한 위치에서 부하들을 이끌어야 한다는 기존의 리더십 패러다임에서 리더가 부하들을 위해서 헌신하며 부하들의 리더십 능력을 길러 주기 위해 노력해야 한다는 서번트 리더십 위주의 패러다임으로의 전환이 바람직하다고 볼 수 있다.

서번트 리더십에 관한 것으로는 미국 인디애나폴리스에 있는 그린리프 연구센터가 대표적이다. 그린리프 연구소장인 스피어스(Larry C. Spears)는 그린리프와의 공저에서 다음과 같이 서번트 리더십의 주요 특성을 제시하였다. 첫째는 경청(listening)으로 구성원에 대한 존중과 수용적인 태도로 이해하는 것이다. 리더는 적극적이고 능동적인 경청을 해야 구성원이 바라는 욕구를 명확히 알 수 있다. 둘째는 공감(empathy)으로 차원 높은 이해심이라고 할 수 있다. 리더는 구성원의 감정을 이해하고 이를 통해 구성원이 필요한 것이 무엇인가를 알아내고 이끌어야 한다. 셋째는 치유(healing)로 리더가 구성원들을 이끌어 가면서 보살펴 주어야 할 문제가 있는가를 살피는 것이다. 넷째는 스튜어드십(stewardship)으로 리더는 구성원들을 위해 자원을 관리하고 봉사해야 한다. 다섯째는 구성원의 성장을 위한 헌신(commitment to the growth of people)으로 리더는 구성원의 개인적 성장, 정신적 성숙 및 전문 분야에서의 발전을 위한 기회와 자원을 제공해야 한다. 마지막은 공동체 형성(building community)으로 리더는 조직 구성원들이 서로 존중하며 봉사하는 진정한 의미의 공동체를 만들어 가야 한다.

4. 교육지도자 윤리

지금까지 살펴본 새로운 세기의 패러다임 변화와 정보화 사회에서의 리더십은 급격하게 변화하는 사회를 이끌어 갈 리더십에 관한 것이라 할 수 있다. 변혁(형)적 리더십으로 사회를 공동체로 묶고 봉사하는 지도자가 바로 구성원들에게 희망을 주는 지도자일 것이다.

김대규(2000)는 지식정보 사회의 일반적인 지도자의 윤리를 일곱 가지로 제시하고 있는데, 교육지도자의 윤리도 여기서 크게 벗어나지 않을 것으로 보아 그 내용을 살펴보면 다음과 같다.

(1) 지도자는 공동체 구성원 모두에 대한 인간 개개인의 개성을 존중할 수 있어야 한다.
(2) 지도자는 네트워크화와 탈집중화로 표현되는 분권화 사회에서 구성원 간 갈등을 통합할 수 있어야 한다.
(3) 우리 사회의 정치인이나 지도자들이 가져야 할 기본적 가치 덕목으로 구성원 개개인의 참여의 기회균등을 보장할 수 있도록 사회적, 제도적 의식 형성에 노력해야 한다.
(4) 지식사회의 지도자는 구성원 개개인의 자율성을 신장시킬 수 있어야 한다.
(5) 올바른 진리와 정의에 대한 확신과 비판의식을 갖고 있는 지도자여야 한다.
(6) 정책결정 등의 과정에서 절차와 과정을 중요시할 줄 아는 지도자가 되어야 한다.

(7) 지도자는 국민과의 약속 이행을 반드시 지켜야 한다.

지도자는 무엇보다 변화하는 시대에 조직이 나아가야 할 비전을 제시하고 미래지향적인 지도성을 발휘하여 구성원들을 발전지향적인 방향으로 동기유발할 수 있어야 한다(서정화 외, 2003). 즉, 지도자는 구성원들이 가지고 있는 전문적인 지식과 능력을 최대한 발휘할 수 있도록 동기유발해야 한다. 그러기 위해서 윤리적인 지도자가 지녀야 할 자질로는 덕의 지도자로서 정직, 충실, 용기, 존경, 공정, 친절, 책임, 믿음, 봉사, 지혜 등을 포함시킬 수 있다. 이런 기본적인 자질과 미래 정보사회에 요구되는 리더십의 유형을 중심으로 미래 정보사회에 요구되는 지도자의 윤리를 앞에서 언급하였지만 좀 더 자세히 설명하기로 한다.

1) 윤리에 기초한 지도자

21세기 고도정보화 사회는 투명성의 사회다. 모든 것이 전자적으로 검증될 수 있다. 이런 사회에서는 숨길 것이 없는 깨끗한 사람일수록 지도력을 발휘할 수 있다(김대규, 2003). 일반 국민들에게는 허용될 뿐 아니라 전혀 논란의 대상이 되지 않는 행위가 지도자들에게서 발생할 경우에는 비교할 수 없을 정도로 비판의 대상이 될 수 있다. 그러므로 이런 행위가 바로 공무원 행동강령에 나타나 있는 축소된 사생활의 원칙에 따른 것이다. 즉, 일반인들에게 허용되는 사생활을 지도자에게는 최소한으로 적용하는 원칙이다. 지도자들이 정당한 방법을 통하여 부를 축적했다 하더라도 일반인들은 부정적인 시각을 갖고 있다. 이런 부정적 인식은 그동안 지도자들이 지니고 있던 부정적 인상 때문에 나타나는 것이라고 할 수 있다. 지금까지 몇몇 지도자의 깨끗하지 못한 부정부패가 지도자에 대한 부정적 요소를 증가시켜 왔다. 만일 부동산 투기, 불법, 비리 등을 저질렀던 사람이 지도자의 위치에 오르게 된다면 결코 조직 구성원들에게서 믿음과 신뢰를 얻기는 힘들 것이다. 조직을 발전시키고 솔선수범하는 지도자가 되기 위해서는 무엇보다 윤리적으로 떳떳하고 거리낌이 없는 지도자가 되어야 한다.

2) 가치를 통합하는 지도자

정보화 시대에 접어들면서 조직의 가치를 공유하고 갈등을 통합하여 조직의 역량을 하나로 모으는 데 힘을 쏟는 지도자의 역할이 중요하게 떠오르고 있다. 또한 점점 정보화 시대로 접어들게 되면 많은 사람들이 항상 감시를 의식하며 살게 되어 완전한 사생활은 없게 되고 인간 상호 간의 싸움으로 황폐화될 것이라는 지적도 나오고 있다. 네트워크화되는 수평적 사회에서 모든 인간의 평등화를 실현할 수 있는 반면에 어떤 구심점이 모호해짐으로 인해 갈등과 충돌이 생겼을 때 이를 통합하고 조정할 수 있는 역할이 바로 지도자의 몫이다. 이러한 경우 지도자의 통합력은 바로 지도자의 자기 검증으로 갈등과 싸움을 법 이전에 해결할 수 있는 도덕성이 겸비되어야 한다는 것이다(김대규, 2003). 지도자의 갈등조정의 역할은 구성원들 간의 상호 불신과 갈등의 벽을 해소시킬 수 있으며 서로 다른 가치들을 통합시켜 공유된 가치로 만들 수 있는 능력이기도 하다.

3) 진정한 지도자

세계 여러 나라의 교직단체에서는 교원들이 지켜야 할 윤리강령을 채택하여 지키도록 하고 있다. 우리나라에서도 현재의 한국교원단체총엽합회의 전신인 대한교육연합회에서 이미 1958년 9월에 교원윤리강령을 제정한 바 있고, 1982년 스승의 날에는 전문과 5개항의 본문으로 구성된 사도헌장과 전문 및 5장으로 이루어진 사도강령을 선포한 바 있으며, 최근에도 교직윤리헌장을 제정하여 발표한 바 있다.

성공적인 학교들은 잘 발전된 교육적인 강령을 가지고 있다. 이러한 강령은 학교가 무엇을 달성해야 하는가를 나열한 것이 아니라 개인이 무엇을 어떻게 해야 할지를 결정할 때 원리를 안내하는 역할을 한다. 좀 더 느슨하게 구성된 학교일수록 단결과 협의된 행동을 끌어내는 교육적인 강령에 대한 개념이 중요하다. 강령은 임무진술과 넓은 목표와 목적이 실천으로 명확히 표현되는 수단이다(Sergiovanni, 2001).

2005년 스승의 날 기념식에서는 교직윤리헌장과 우리의 다짐 선포식도 이루어졌다. 새롭게 탄생한 교직윤리헌장과 우리의 다짐은 사도헌장과 사도강령을 대체하게 되었다. 기존의 사도헌장과 사도강령은 그 형식과 내용 그리고 표현에서 오늘날의 시대 변화에 뒤떨어진다는 지적이 있었고, 최근 교육계에서는 입시부정, 성적관리 부정사건으로 신뢰가 추락해 교직윤리를 재정립해야 한다는 목소리가 높았다.

교직윤리헌장에서는 "우리는 교육자의 품성과 언행이 학생의 인격 형성을 좌우할 뿐 아니라 사회 전반의 윤리적 지표가 된다는 것을 깊이 인식하고 윤리성과 전문성을 높이기 위해 노력한다."라고 규정하고 있다. 우리의 다짐에서는 "나는 학생을 사랑하고 학생의 인권과 인격을 존중하며 합리적인 절차와 방법에 따라 지도한다."라고 되어 있다. 이렇듯 교육 지도자들의 사랑과 품성이 구성원들에게 얼마나 큰 영향을 미치고 있는가를 이를 통해 다시 한 번 확인해 볼 수 있다.

4) 비전 있는 지도자

지도자는 의미의 근본을 설명하고 일상적인 조직생활의 굴레 속에서 학생, 교사, 그 밖의 구성원들에게 일상적이고 평범한 겉모습 이상의 중요성, 비전 그리고 목적을 부여한다(Starratt, 1973).

지도자는 조직이 무엇을 하고 있는지, 또 무엇을 할 수 있는지를 알고 있어야 하며 조직 구성원들에게 비전을 경험하고 목적을 달성하고 조직에 대한 주인의식을 갖기 위한 기회를 제공해야 한다. 이렇게 해서 성공한 조직의 지도자는 구성원들이 지도자를 존경하지 않을 수 없게 되고 헌신하도록 비전을 제시할 수 있는 사람이어야 한다. 비전은 지도성의 상징적 관점에서 강조되는 의사소통의 구성요소로서 조직과 외부인 그리고 구성원들에게 정보를 제공하는 모든 관계를 의미한다. 지도자는 실현 가능한 확실한 목표를 설정한다. 목표 설정은 성공적인 조직의 핵심 특성이다. 이러한 목표 설정은 공유된 목적의 중요성과 기대, 강한 조직문화를 창조하는 행동에서 성립된다. 조직의 비전은 희망과 꿈, 욕구와 흥미, 그리고 그 조직 구성원의 가치와 신념을 반영해야 한다. 비전의 가치와 규약이 모두 제시되어야 지도자와 구성원의 동기유발과 헌신이 증가하게 된다.

5) 창조적인 지도자

정보화 사회는 창의력에 의한 문화의 시대라고 한다. 창의력은 개인의 자율성에서 출발한다. 자율성은 개인적으로는 인간의 본질과 모든 이성적 사고의 기본으로서 지식사회를 구성하는 전제조건이라고 할 수 있다. 정보사회는 지식산업을 기반으로 하여 개방, 경쟁, 협력이라는 특징을 지닌 세계화가 진행되는 사회다. 이러한 사회에서는 개방적 태도, 창의적인 사고, 개성 있는 삶이 중요시된다. 이런 사회에서 교육은 창의력을 신장시키고 개성을 존중하며 개방적이고 민주적인 소양을 갖춘 인간을 육성하는 데 초점을 맞추어야 할 것이다(서정화 외, 2003). 지도자는 이러한 교육행정철학을 바탕으로 구성원들의 자율성을 신장시키는 지도자가 되어야 한다.

6) 봉사하는(서번트) 지도자

진정한 리더는 인간에게 봉사하는 사람임을 배워야 한다. 리더는 적극적이고 능동적인 경청을 해야 구성원이 바라는 욕구를 명확히 알 수 있다. 또한 구성원의 감정을 이해하고 이를 통해 구성원이 필요한 것이 무엇인가를 알아내고 이끌어야 한다.

리더는 구성원들을 이끌어 가면서 보살펴 주어야 할 문제가 있는가를 살피는 것이다. 서번트 리더는 구성원들을 위해 자원을 관리하고 봉사해야 한다. 리더는 구성원의 개인적 성장, 정신적 성숙 및 전문 분야에서의 발전을 위한 기회와 자원을 제공해야 한다. 그리고 조직 구성원들이 서로 존중하며 봉사하는 진정한 의미의 공동체를 만들어 가야 한다.

현재 우리 사회는 정보사회의 기술 진보에 의해 국민 대다수의 생활 수준을 향상시켰으나 도덕적 인간성의 타락과 공동체에서 새로운 불평등을 낳고 있다. 또한 세대 간의 갈등과 환경문제의 심각성, 여성 참여기회의 확대와 노인인구의 증가 등 기술문명의 발전에 의한 순기능과 역기능이 교차되는 시기를 경험하고 있다.

새로운 세기의 디지털 혁명에 의한 현상들이 우리에게 밀려오고 있다. 문제는 이것에 대처하지 못하고 무조건적인 수용 상태에 빠져 있다는 것이다. 이러한 관점에서 다가올 미래사회의 지도자의 책임은 막중하며 기본적인 도덕성과 윤리성이 강조되어야 한다.

이와 같은 관점에서 교환(거래)적 리더십과 변혁(형)적 리더십의 2단계와 교환적, 조성적, 결합적, 결속적 리더십의 네 가지 유형으로 구분하여 리더십의 단계를 살펴보았고, 미래사회에 필요한 리더십을 윤리적 리더십, 가치중심 리더십, 진정한 리더십, 비전 리더십, 창조적 리더십, 봉사(서번트) 리더십으로 구분하여 살펴보았다. 그리고 이러한 관점에서 새로운 시대의 지도자 윤리로서 윤리에 기초한 솔선수범하는 지도자, 공유가치를 위해 갈등을 통합하는 지도자, 사랑과 존엄으로 대하는 책임감 있는 진정한 지도자, 조직 구성원이 헌신적으로 참여할 수 있도록 하는 비전 있는 지도자, 자율성을 신장시키는 창조적인 지도자, 타인을 위한 봉사에 초점을 두며 그들을 우선으로 여기고 그들의 욕구를 만족시키기 위해 헌신하는 지도자의 윤리를 제시하였다.

지도자들의 윤리 · 도덕성은 사회의 도덕적, 윤리적 성장 · 발달을 위하여 필수적으로 요구되는 요소라고 하겠다. 탈인간화, 비인간화의 정도가 점점 심화되어 가고 황금만능주의, 물질주의, 개인주의 등으로 인하여 인간의 도덕적 · 정신적 · 윤리적 가치가 평가절하되고 있는 상황에서 지도자들이 수행해야 할 과제 중의 하나는 바로 스스로 높은 윤리적 의식을 소유하는 일이다. 지도자들의 성숙한 윤리의식을 바탕으로 하여 미래사회의 핵심적인 구성원들이 보다 확고한 윤리적 · 도덕적 규범을 자율적으로 내면화할 수 있도록 해야 한다. 미래사회의 성숙과 발전을 위해 도덕적, 윤리적으로 성숙한 사회로 거듭나야 한다. 지도자들이 높은 윤리의식을 소유하는 일은 바로 성숙한 사회로 발전하는 데 필수불가결한 것이다.

참고문헌

김대규(2000). 새로운 세기의 리더십과 지도자 윤리. 한국국민윤리학회, **국민윤리연구, 제44호**, 2000년 7월. 서울: 한국국민윤리학회.

김대규(2003). 변화의 시대에 요구되는 리더십연구. **창의력개발연구, 제6호**, 2003년 2월.

목영해(1994). **후현대주의 교육학**. 서울: 교육과학사.

서정화 외(2003). **교장론**. 서울: 한국교육행정학회.

윤태범(2003). 공직자 윤리 확보를 위한 정책방안. 한국행정학회.

주삼환 외(1999). **학교교육개선을 위한 도덕적 지도성**. 대전: 충대문화사. (미출판)

허병기(2000). 교육행정의 새로운 패러다임 탐색. **교육행정학연구**. 한국교육행정학회.

Burns, J. M. (1978). *Leadership*. New York: Harper & Row.

Drucker, P. 저, 이재규 옮김(2002). **미래경영**. 서울: 청림출판.

Jenning, K., & Stahl-Wert, J. 지음, 조천제 옮김(2004). **섬기는 리더**. 서울: 넥서스 BIZ.

Kuhn, T. S. (1962). *The Structure of Scientific Revolutions*. Chicago: The University of Chicago Press.

OECD (1998). Improving Ethical Conduct in the Public Service-Recommendation of the OECE Council.

Prichard, J. (1998). Code of Ethics. In *Encyclopedia of Applied Ethics* (pp. 527-534). Academic Press.

Greenleaf, R. K. (1996). *On Becoming a Servant-Leader*. Jossey-Bass.

Greenleaf, R. K., & Spears, L. C. (1998). *The Power of Servant Leadership*. Pub Group West.

Sergiovanni, T. J. (1990). *Value-Added Leadership: How to Get Extraordinary Performance in Schools*. Orlando, Fla: Harcourt Brace Jovanovich.

Sergiovanni, T. J. (2001). *The Principalship: A reflective practice perspective*. A Pearson Education Company.

Shapiro, J. P. & Stefkovich, J. A. (2001). *Ethical Leadership and Decision Making in Education*. Lawrence Erlbaum Associates, New Jersey: Publishers Mahwah.

Shelton, Ken 저, 서인숙 옮김(2002). **위선의 리더십**. 서울: 아라크네.

Shulman, L. (1989). Teaching Alone, Learning Together: Needed Agenda for New Reforms. In T. J. Sergiovanni & J. H. Moore (Eds.), *Schooling for Tomorrow: Directing Reforms to Issues that Count*. Boston: Allyn and Bacon.

Smith, S. C., & Piele, P. K. (1997). *School Leadership: Handbook for Excellence* (3rd ed.), ERIC: Cleaninghouse on Educational Management, University of Oregon.

Starratt, R. J. (1973). Comtemporary Talk on Leadership: Too Many Kings in the Parade? *Notre dame Journal of Education, 4*(1), 5-14.

Vaill, P. B. (1989). *Managing as a Performing Art.* San Francisco: Jossey-Bass.

제11장
정보사회의 윤리

정보사회라는 용어는 1970년대 초 컴퓨터 및 정보통신 기술이 점차 대중화되기 시작하고 이러한 현상을 미리 간파한 일부 미래학자들의 저술에서 용어를 사용함으로써 나타나기 시작했다. 이제는 용어가 아니라 현실에서 컴퓨터와 인터넷으로 대표되는 정보사회가 진행되어 왔으며 지금 현재도 예측할 수 없을 만큼 빠르게 진행되고 있다. 정보사회가 도래하면서 세상은 무서운 속도로 변하고 있으며 교육행정에서도 정보사회에 따라 변화하는 것은 필연적이라고 할 수 있다.

이러한 급속한 변화가 옳고 좋은 방향으로만 진행된다면 좋은 일지만 벌써부터 정보사회로 진입하면서 많은 문제점을 야기하고 있다. 이러한 때에 교육이 더욱 올바른 방향으로 나아가기 위해서는 교육행정의 역할과 윤리적인 문제가 매우 중요하다고 할 수 있다.

교육행정은 교육행정 조직 속에서 교육행정인에 의하여 교육행정 목표를 달성하고자 행정행위를 하기 때문에 교육행정에는 필연적으로 도덕과 윤리가 내재된다. 교육행정 조직은 여러 상호 의존적인 구성원으로 되어 있고 구성원 개인이 윤리관, 가치관, 사고방식을 가지고 오기 때문에 근본적으로 윤리와 분리될 수 없다. 교육행정 조직은 사회환경에 영향을 주기도 하고 받기도 하기 때문에 사회윤리와 행정조직을 분리해서 생각하기 어렵다(주삼환, 2003).

정보사회에서는 교육행정과 사회환경이 더욱 밀접하게 영향을 주고받게 되므로 정보사회에서 발생하는 윤리적인 문제는 사회에 미치는 영향도 대단히 크다고 할 수 있다. 정보사회화로 인한 사회의 변화에 따라 새로운 윤리적인 문제가 발생하고 있고 교육행정 분야에서도 다른 분야와 마찬가지로 새로운 윤리적인 문제가 발생되고 있다. 최근 발생하고 있는 NEIS(교육행정정보시스템)의 도입과 같은 개인 인권침해 문제나 휴대폰 대입수능 부정 사건 등은 정보사회에 따른 윤리적인 문제의 단적인 현상이라고 할 수 있다.

따라서 이 장에서는 (1) 정보사회의 개념과 특징을 알아보고, (2) 정보사회에서 발생될 수 있는 윤리적인 문제에 대하여 알아보면서, (3) 정보사회의 교육행정윤리의 방향을 제시하고자 한다.

1. 정보사회

1) 정보사회의 개념

(1) 정보의 개념

일반적으로 정보라는 단어는 영어 단어 information으로 표현된다. 그런데 이외에도 영어에서 정보라는 뜻을 가진 단어에는 새롭다는 의미를 담고 있는 news, 알려졌다는 의미의 report, 지식이라는 의미의 intelligence 등이 있다. 그래서 정보의 개념은 '새롭게 알려진 지식' 이라는 뜻도 포함하고 있으며 정보는 바로 지식으로 통할 수 있다(구자덕, 2000).

우리는 정보에 대해서 아주 거창하게만 생각하려고 하고 있다. 인터넷에서 남들이 찾지 못하는 자료를 찾게 되면 그것이 정보인 줄 알고 있으며 회사기밀이나 국가기밀만이 정보인 것으로 여긴다. 그러나 정보라는 것은 아주 사소한 것까지 말하는 것이다. 숟가락 쥐는 법도 정보이며, 옆집에 누가 사는지 아는 것도 정보다. 우리의 몸 역시 유전자 정보로 이루어져 있어 DNA 검사나 지문 추적 등에 활용되기도 한다. 또한 단순한 소설이나 영화, 심지어 만화 등도 모두가 정보를 가지고 있는 것이다. 우리의 일상생활 속에서 메시지가 읽혀진다면 그것은 모두 정보라고 볼 수 있다. 단지 그것이 우리에게 얼마나 유용한 것인가를 따져 우리는 그 정보를 선별하고 자신에게 필요한 정보만을 받아들이게 되는 것이다(천세영, 1999).

이러한 정보들은 교육이라는 것을 통해서 선별되었다. 교과서는 거름종이의 역할을 하여 쓸모 있는 정보와 그렇지 않은 정보를 구별하여 쓸모 있는 정보만을 학생들에게 제시해 주는 역할을 담당한다. 이처럼 정보는 여러 측면에서 활용되는 광범위한 용어지만, 일반적으로 정보는 지식이라는 개념 속에서 한정되어 정의된다. 말하자면 쓸모 있는 정보로서의 지식이야말로 참 정보라고 할 수 있으며, 그 이상을 넘어서게 되면 정보를 정의하기가 상당히 어려워진다(천세영, 1999). 정보와 지식을 동일한 개념으로 혼용하여 사용하거나 두 단어를 합성하여 하나의 복합어처럼 사용하는 경우가 많은데 굳이 차이점을 부여하자면 지식은 관련 정보를 추출하여 가치를 부여하면 지식이 되는 것으로 보는 견해가 일반적이다(한상완 외, 2005, 15).

(2) 정보사회의 개념

사회의 정보화는 공업화가 일정한 수준에 도달했거나 공업화가 완료된 사회에서 일어나기 때문에 정보사회는 공업사회의 다음 단계로 생각되고 있다. 그런 의미에서 정보사회는 미국의 사회학자 리스먼(D. Riesman)의 표현대로 탈공업사회(脫工業社會, post industrial society)라고 불리기도 한다. 따라서 정보사회란 사회의 발전단계설을 근거로 한 문명사적(文明史的) 규정임을 알 수 있다. 즉, 정보사회라고 할 때는 인류사회는 전 문명사회에서 농업혁명을 거쳐 농업사회로, 이어서 산업혁명을 거쳐 공업사회로, 다시 정보혁명을 거쳐 정보사회로 이행하듯이 단계적으로 발전해 간다는 인식을 전제로 하고 있다. 거기서 인류문명은 이제까지의 '사람의 손과 근육 에너지 및 그 대체물인 기계를 생산수단으로 공업이 만들어 낸 실체가 있는 물질 중심의 문명'에서 '인간의 두뇌나 지적 창조력을 생산수단으로 정보산업이 만들어 내는 무형의 정보가 주체가 되는 문명'으로 전환되어 간다고 생각되고 있다(네이버, 백과사전).

정보사회는 컴퓨터와 통신기술이 결합하여 정보의 축적, 처리 및 전달 능력이 획기적으로 증대되면서 정보의 가치가 산업사회에서의 물질이나 에너지 못지않게 중요해지는 사회, 또는 정보와 지식이 중요한 재화로 인식되고 정보기술이 가사, 기업활동, 행정 등 인간의 갖가지 활동에 도입되어 인간의 제반 사회경제 생활양식에 혁신적인 변화가 발생하는 사회라 할 수 있다. 그러므로 정보사회는 기술을 바탕으로 한 사회며, 특히 정보기술의 발달에 힘입어 정보를 수집 · 가공 · 처리 · 보관 · 제공하는 과정을 거치면서 보다 가치 있는 지식을 소유하는 사회라 볼 수 있다(천세영, 1999).

앞으로의 정보사회는 디지털 및 정보통신기술의 혁신으로 물리적 공간과 가상공간이 통합되는 유비쿼터스(ubiquitous) 시대를 맞이하게 될 것이다. 이러한 지식정보사회는 고도화된 정보통신 인프라를 바탕으로 멀티미디어 데이터, 유 · 무선 네트워크 환경, 방송통신 등 매체 및 서비스 간의 상호 결합과 네트워크의 융합 등을 촉발하게 될 것이다.

(3) 유비쿼터스 사회의 개념

유비쿼터스 사회는 유비쿼터스 환경이 기본 인프라로 자리 잡은 고도화된 지식정보사회의 또 다른 이름이다. 이는 물이나 공기처럼 시공을 초월해 '언제 어디에나 존재한다' 는 뜻의 라틴어로, 사용자가 컴퓨터나 네트워크를 의식하지 않고 장소에 상관없이 자유롭게 네트워크에 접속할 수 있는 환경을 말한다.

유비쿼터스화가 이루어지면 가정에서는 물론 자동차나 심지어 산꼭대기에서도 정보기술을 활용할 수 있게 되며, 네트워크에 연결되는 컴퓨터 사용자의 수도 늘어나 정보기술 산업의 규모와 범위도 그만큼 커지게 된다. 휴대성과 편의성뿐 아니라 시간과 장소에 구애받지 않고도 네트워크에 접속할 수 있는 장점들 때문에 세계적으로 앞다투어 개발 경쟁을 하고 있다.

오늘날 미래학자들은 과거와 현재를 통틀어 인류 역사에 가장 많은 영향을 미친 4대 공간혁명으로 도시혁명, 산업혁명, 정보혁명, 유비쿼터스 혁명을 꼽고 있는데, 그중에서 유비쿼터스 혁명의 도래는 네트워크 기술을 토대로 물리공간과 전자공간의 경계를 뛰어넘는 대대적인 변화를 예고한다. 이에 사람, 컴퓨터, 사물이 언제 어디서나 하나로 연결되는 사회, 즉 인간의 생활공간 전체가 거대한 네트워크로 연결되는 유비쿼터스 시대는 교육환경에도 대대적인 변혁을 가져올 것이라 예상된다(황대준, 2005).

교육환경에서도 언제 어디서나 학교 프로그램만 있으면 학교에 가지 않고도 수업을 받을 수 있으며 이 수업내용을 녹화도 해 주게 되는 것이다. 이는 내가 정보를 찾아가는 것이 아니라 정보가 나를 찾아오는 개념이라고 할 수 있다.

2) 정보사회의 특징과 문제점

(1) 컴퓨터의 사회적 영향력

정보사회의 출현은 통신기술과 다양한 매체의 기술 등의 폭넓은 기술 발달에 힘입었지만 무엇보다도 컴퓨터의 발명과 보급을 제쳐두고 말할 수 없을 만큼 컴퓨터의 영향력은 대단히 크다. 이 때문에 정보사회에서 윤리학은 많은 경우 컴퓨터 윤리학과 동일시된다. 그런데 많은 기계나 장치들과는 달리 현 시대에 컴퓨터는 왜 그토록 사회 변화에 큰 영향을 미치는가? 컴퓨터가 혁명적인 까닭은 컴퓨터가 입력과 출력, 논리적 연산들의 결합이라는 용어로 특징지을 수 있는 모든 활동을 할 수 있게끔 변형되고 재구성될 수 있다는 의미에서 '논리적 변용성'이 있기 때문이다(엄주정, 이창후, 2003).

컴퓨터가 인간과 대상 간의 관계에서 인간 쪽에 가깝게 위치하여 제반 사회관계들을 변화시킨다는 점은 컴퓨터가 제공하는 또 다른 특성에서 생겨난다. 그것은 '상호작용성'이다. 사람은 어떤 도구와의 관계에서 전화기나 망치와 같은 피동적인 도구를 가지고 어떤 능동적인 작업을 하는 경우가 있으며, 텔레비전과 같이 그 도구가 어떤 것을 능동적으로 제공하고 사람은 그것을 즐기는 피동적인 입장이 있을 수 있다. 컴퓨터의 상호작용성이란 컴퓨터가 인간에게 이러한 능동적인 입장과 피동적인 입장을 모두 제공한다는 것이다. 이 상호작용성으로 인해 컴퓨터로 매개된 통신(computer mediated communication)이 가능하게 되었다. 그리고 이것이 발전되어서 전 지구적인 인터넷을 확립하였고 또 다른 하나의 세계인 가상공간을 출현시켰다(엄주정, 이창후, 2003).

(2) 정보사회의 특징

'논리적 변용성'과 '상호작용성'의 특징을 갖는 컴퓨터와 인터넷의 발달은 오늘날 인류사회의 정보통신기술과 정보처리기술의 획기적인 발달을 불러왔으며 정보사회라는 새로운 큰 변화의 시대를 살아가도록 하고 있다. 이제 거대한 산업사회의 물결은 정보의 무한한 가치 창출과 배분에 기초를 둔 정보사회로 흘러가고 있다. 정보기술, 즉 컴퓨터와 통신기술의 획기적 발전과 융합은 정보혁명을 일으켜 정치, 경제, 사회, 문화는 물론 우리의 의식구조까지 대변혁을 가져오고 있으며, 통신기술은 수많은 정보들을 체계화하고 정보전달 시간을 더 한층 단축시켜 변화의 속도를 가속시키고 있다.

이러한 정보사회는 미래의 일이 아니라 이미 우리의 눈앞에 다가와 있다. 정보사회에 대한 올바른 이해를 위해 그 특징들을 알아보고자 한다.

첫째, 정보사회에는 정보 폭증으로 인한 정보공해가 생긴다. 과거와는 질적으로 다른 정보처리기술 및 정보통신기술이 급속히 발전함에 따라 일상생활에 유통되는 정보의 양이 폭발적으로 증가하고 있다. 전에는 관련자들만 볼 수 있었던 정보들이 정보기술의 발달로 인하여 대중들 누구나가 쉽게 접근하여 이용할 수 있게 되었다.

이러한 정보의 폭증은 불가결하게 정보공해를 낳게 되고, 대중들은 엄청나게 다양한 정보 중에서 자신에게 유용한 정보를 스스로 선택하여야 하는 상황에 놓여 있으며, 극히 일부만이 대중들에게 유용한 정보로 활용되고 나머지는 폐기된다. 따라서 정보 폭증에 따른 정보공해의 대비책을 마련하여야 한다.

둘째, 정보사회는 정보기술 및 관련 산업이 급속하게 발전한다. 컴퓨터, 네트워크 기술, 위성통신 기술, 데이터베이스 관리기술 등 정보의 생산, 축적, 유통을 위한 정보기술은 불과 수십 년 사이에 급속히 발전되어 오고 있으며 인간 생활에 엄청난 혜택과 국가 생산력을 향상시키고 있다. 최근에는 이러한 정보기술과 관련된 산업들이 독립된 산업, 즉 정보산업으로서 자리 잡아 가고 있다. 아울러 정보산업에 종사하는 인구, 정보산업에의 투자와 생산력의 증대는 국가 경쟁력을 좌우하면서 타산업의 경우보다 지배적인 위치를 점해 가고 있다.

셋째, 정보사회에서는 경제활동 구조가 변하게 된다. 생산 및 경영관리 면에서 탈규격화, 다양화, 탈전문화, 탈집중화, 분권화가 이루어지고 있으며 정보기술의 활용으로 공장자동화(FA), 사무자동화(OA), 생산자동화(FA) 등 자동화가 촉진되어 전통적인 공장의 개념, 사무실의 개념, 유통판

매망의 개념이 달라지고 있다.

넷째, 정보사회는 인간의 존엄성 등 인간성 회복의 사회다. 물질적 풍요로 낮은 욕구들이 감소되는 반면 지적, 창조적 활동을 통한 자아실현의 욕구 등이 증대된다. 또한 육체적 노동시간의 감소로 인하여 개개인의 사적 시간이 증대되어 인간의 욕구는 고급화 · 다양화된다.

(3) 정보사회의 문제점

정보사회는 분명 우리 인간들의 생활에 일정 부분 풍요로움과 편리함을 안겨다 주고 있다. 그러나 부당한 정보의 사용이나 정보 배분의 불균형 등은 앞으로도 많은 문제점을 발생시킬 것으로 예상된다. 이에 정보사회에서 발생될 수 있는 문제점을 살펴보고자 한다.

첫째, 급격한 사회 변화에 따른 개인의 부적응 문제가 나타나고 있다. 빠른 속도로 다가오는 정보사회로의 진입과정에서 컴퓨터라는 새로운 기계문명의 조작 및 컴퓨터의 작동논리에 익숙하지 못하여 심리적 거부 반응을 일으키는 사람, 컴퓨터에 지나치게 동화되어 계산적, 논리적 사고만을 강조함으로써 컴퓨터와 마찬가지로 정확한 투입-산출 관계에 따른 예정된 행동만을 하는 사람도 생겨나고 있다. 또한 다양한 소프트웨어가 보급됨으로써 점점 복잡해지고 다양해지는 정보의 홍수 속에서 자신이 필요로 하는 정보를 찾는 데 많은 시간을 소비해야 하기 때문에 비판적 사고의 과정 없이 전문가가 판단해 준 정보에 쉽게 의존함으로써 창의적 사고를 하지 못하거나 자신의 취향에 맞는 것에만 집착하게 되어 사회적으로 소외될 우려가 있다. 따라서 정보사회를 올바르게 이해하고 적응할 수 있도록 해야 한다.

둘째, 사생활 침해문제가 발생되고 있다. 정보의 수집과 기술은 공공복지나 국가안보, 기업활동의 자유 등 유익한 목적에만 사용되어야 하는데도 오늘날 네트워크의 구축에 따라 개인정보가 타인에게 노출되어 불법적으로 사용되는 경우가 발생하고 있다. 또한 새로운 의사소통 공간으로 자리잡은 '사이버 공간'에서는 자신의 신분이 잘 노출되지 않는 것을 이용하여 공격적이고 파괴적인 발언, 개인에 대한 중상과 비방, 개인 비밀의 무차별 공개 등으로 사생활 침해문제가 심각해지고 있다. 따라서 정보사회에 따른 윤리교육이 더욱 강화되어야 한다.

셋째, 정보의 빈부 격차로 인해 불평등이 심화되는 문제다. 정보사회의 기본은 컴퓨터를 이용한 컴퓨터 통신에 있다고 할 수 있다. 정보가 주된 생산요소이고 생활 방식에 막대한 영향을 미치는 정보사회에서 사회적, 정치적, 경제적 능력의 차이에 따라 정보력의 격차가 발생하고 정보에의 접근을 불평등하게 한다면 이는 빈부 격차로 연결될 가능성이 매우 높다. 특히, 국가 간 정보의 소유를 둘러싼 경쟁이 치열해지는 국제 상황에서 국가 내에서도 개인 간의 정보 불평등 문제는 등장하게 될 것이다. 따라서 누구나 쉽게 정보에 접근할 수 있는 장치들이 마련되어야 할 것이다.

넷째, 컴퓨터 범죄(computer crime)의 증가문제다. 정보사회에서의 범죄는 피해범위나 대상이 광역화된다. 컴퓨터 해킹, 정보 유출 등으로 인한 피해는 때로 상상을 초월한 심각한 사회문제로 발전할 수 있다. 지금 사회는 자살, 엽기, 음란물, 반사회적 내용 등 유해정보의 유통, 통신 사기, 바이러스 유포로 인한 통신망 파괴, 사이버 성폭력 등 정보사회의 핵심적 도구로서 사용되는 컴퓨터를 이용한 신종 범죄가 증가되고 있다. 따라서 정보사회에 대한 올바른 이해와 윤리의식 확보를 위한 노력이 진행되어야 한다. 또한 컴퓨터에 대한 의존이 증가함에 따라 자연재해, 설비 고장 등 예기치 못한 사태로 인한 컴퓨터망의 장애가 발생했을 때 국가 전체에 미치는 파급효과도 엄청나다. 그러므로 이러한 문제가 발생하지 않도록 노력해야 하며 문제가 발생했을 때를 항상 대비해야 한다.

2. 정보사회의 윤리

1) 정보윤리

(1) 정보윤리의 개념

정보사회의 윤리에 대한 논의 가운데 '정보윤리' '컴퓨터 윤리' '정보통신윤리', '정보사회윤리' 등의 비슷한 용어가 많고 통일된 개념 정의가 없어 여러 용어가 혼용되는 경향이 있다. 여기서 '정보사회윤리'가 정보사회 전체의 윤리적 지향을 의미하는 포괄적 개념이라면, '정보윤리' '컴퓨터 윤리' '정보통신윤리' 등은 정보기술의 유형 및 매체 사용을 중심으로 논의되는 응용윤리의 한 분야라 할 수 있다(이윤희, 1998).

일반적으로 정보윤리는 정보의 전달과정에서 생기는 불건전한 것을 방지하기 위해 만들어진 단어다. 광의의 의미로는 정보의 생성, 유통, 사용까지를 포괄하는 개념이고, 협의의 의미로는 단지 배포 및 전달 과정에만 관여되는 것을 뜻한다. 윤리적인 차원에서 보면 단지 상대방에게 욕설을 하는 등 인신공격, 기타 불법 정보거래, 지켜야 할 보안정보를 누설하는 등의 행위도 모두 포함된다고 볼 것이다(이재규 외, 2004).

(2) 정보윤리의 필요성

우리나라 정보화의 수준은 세계 최고 수준이지만 이를 통한 국가 경쟁력에 대한 기여도는 매우 미흡한 실정이다. 이런 문제를 발생시키는 근본적인 요인은 사회나 개인의 정보윤리가 확립되어 있지 않다는 점을 들 수 있다. 정보윤리 문제는 최근 여러 사례를 통해 그 심각성이 점점 더해 가고 있다. 이는 개인의 신용정보, 사생활 정보가 유출되었다는 보도가 많은 것을 봐도 알 수 있다(이재규 외, 2004).

정보통신기술이 만들어 낸 사이버 공간은 현실세계와는 매우 다른 복잡한 특성을 가진 새로운 공간이므로, 추상적이고 복잡한 현상 속에서 우리가 규범적 판단을 내리는 데 도움이 되는 하나의 도덕적 척도나 나침반으로서의 역할을 수행할 수 있는 기본 원칙인 정보윤리가 필요하다.

정보윤리의 기본 원칙들은 다양하게 정의되지만 일반적으로 다음과 같은 개념들을 포함하고 있다.

첫째는 존중(respect)으로 자신에 대한 존중과 타인에 대한 존중을 의미한다. 자신에 대한 존중은 사이버 공간에 중독되어 자신의 생명과 몸을 돌보지 않아 건강을 해칠 것을 우려하는 것으로 바로 자기 자신을 존중하는 것을 의미하며, 타인에 대한 존중은 타인의 지적재산권, 프라이버시, 다양성을 인정하고 존중하는 것을 의미한다.

둘째는 책임(responsibility)으로 예상적 책임과 소급적 책임으로 나누어진다. 예상적 책임이란 내가 어떤 사건 전에 주의를 기울여야 할 문제 혹은 관심을 가져야 할 문제와 관련되며, 소급적 책임이란 내가 그 사건 후에 행위자로서 나에게 원인이 있다고 돌려질 수 있는 사건이나 결과들에 대해지는 책임을 의미한다. 따라서 사이버 공간에서 정보 이용자 및 정보 제공자는 자신의 행동이 어떤 결과를 가져오게 될 것인지에 대해 미리 심사숙고해야 할 필요가 있다.

셋째는 정의(justice)로 사이버 공간에서 각자는 자신이 제공하는 정보의 진실성, 비편향성, 완전성, 공정한 표현을 추구해야 하며 타인의 기본적 자유와 권리를 침해하지 않고 정보화의 혜택이 보편적으로 돌아갈 수 있도록 해야 함을 의미한다.

넷째는 해악 금지(non-maleficence)로 사이버 성폭력, 크래킹, 바이러스 유포 등과 같은 행위들은 타인에게 명백하게 해로움을 주는 것이므로 지양해야 할 행동이다. 정보기술의 특성상 사이버 공간에서의 비도덕적 행동은 헤아릴 수 없는 불특정 다수에게 엄청난 피해를 줄 수 있기 때문이다(정보통신윤리위원회, 2003).

(3) 정보윤리의 강화

온라인상에서는 불건전 정보의 유통과 정보사회에서의 비도덕화로 인해 사회적으로 큰 문제가 되고 있는데, 이러한 문제는 오프라인상의 가정과 학교에서 윤리교육을 철저히 하여 법에 저촉되지 않도록 행동기준을 제시해야 한다.

정보윤리의 하나인 통신상의 예절로는 네티켓을 들 수 있다. 네티켓은 네트워크와 에티켓의 합성어로 가상공간에서의 에티켓을 말한다. 통신이나 인터넷 사용이 일반화되면서 가상공간에서 건전한 정보와 인간관계를 형성하고 다양한 정보를 효율적으로 운영하기 위해서는 통신 사용자들, 즉 네티즌이 지켜야 할 예의범절인 네티켓을 지켜야 한다.

우리나라에서는 1995년 정보화촉진기본법이 제정되고 1996년 법에 의거한 정보화 선언이 발표되었고, 사회 전반적으로 정보사회의 도래를 불가피한 현실로 수용하고 이에 적응하려는 움직임이 확산되고 있다. 그리고 정보통신윤리위원회 등 각종 단체나 위원회에서 윤리강령의 발표를 통해 바람직한 정보윤리를 정착시키려고 노력하고 있다. 여기서는 정보통신윤리위원회에서 1995년에 발표한 정보통신 윤리강령과 2000년에 발표한 네티즌 윤리강령을 제시하고자 한다.

정보통신 윤리강령

정보시대가 다가오고 있다.

정보통신기술의 발달로 시간과 공간의 장벽이 무너지고 세계가 하나되는 시대를 맞고 있다.

우리 모두는 정보시대의 주인이 되어 유익한 정보를 서로 나누고 인류의 행복과 높은 이상이 실현되는 사회를 만들어야 할 책임이 있다.

모든 정보는 정확하고 성실하게 활용되어야 하며 인간의 존엄성을 지키고 삶의 품위를 높이는 데 이용되어야 한다. 개인의 창의력과 조직의 능률을 향상시키며 나라의 발전과 민족문화의 창조적 계승을 도모하고 세계가 더불어 번영하는 데 이바지하도록 정보문화를 가꾸어 나가야 한다.

우리는 정보의 제공과 활용에 있어 서로의 인권을 존중하고 나라의 법질서를 준수하며 국민 정서에 맞는 미풍양속을 바로 세우는 시민의식 형성에 앞장선다.

바른 언어를 사용하고 공중도덕을 지킴으로써 정보질서를 확립하고 국가의 기밀이나 개인의 사생활과 지적재산권은 보호하되, 유용한 정보는 함께 나누는 마음가짐이 새로운 가치관으로 뿌리 내리도록 노력한다.

아울러 모든 개인과 지역에 정보의 공개와 활용의 혜택이 골고루 돌아가도록 힘씀으로써 밝고 정의로운 복지사회를 이룩하는 데 최선을 다한다.

우리는 정보시대를 살아가는 민주시민으로서 건전한 윤리가 정보사회의 기반을 이루어야 한다는 데 뜻을 모으고 이 뜻이 실현되도록 성실하게 노력할 것을 다짐한다.

(정보통신윤리위원회, 2003)

네티즌 윤리강령

정보통신 환경의 변화에 따라 사이버 공간의 이용이 급증하고 있다. 네티즌은 사이버 공간에서 유익한 정보를 서로 나누고 건전한 인간관계를 형성하며 다양한 경험을 쌓는다. 또한 사이버 공간을 통해 정보사회의 성숙한 인간으로 성장하며 인류사회 발전에 기여한다.

사이버 공간의 주체는 네티즌이다. 네티즌은 사이버 공간에서 표현의 자유와 권리를 가지고 있으며, 동시에 의무와 책임도 지니고 있다. 이러한 권리가 존중되지 않고 의무가 이행되지 않을 때 사이버 공간은 무질서와 타락으로 붕괴되고 말 것이다.

이에 사이버 공간을 모두의 행복과 자유, 평등이 실현되는 공간으로 발전시킬 수 있도록 '네티즌 윤리강령'을 제정하고 이를 실천할 것을 다짐한다.

〈네티즌 기본 정신〉

– 사이버 공간의 주체는 인간이다.
– 사이버 공간은 공동체의 공간이다.
– 사이버 공간은 누구에게나 평등하며 열린 공간이다.
– 사이버 공간은 네티즌 스스로 건전하게 가꾸어 나간다.

〈행동 강령〉

1. 우리는 타인의 인권과 사생활을 존중하고 보호한다.
2. 우리는 건전한 정보를 제공하고 올바르게 사용한다.
3. 우리는 불건전한 정보를 배격하며 유포하지 않는다.
4. 우리는 타인의 정보를 보호하며, 자신의 정보도 철저히 관리한다.
5. 우리는 비 · 속어나 욕설 사용을 자제하고 바른 언어를 사용한다.
6. 우리는 실명으로 활동하며 자신의 ID로 행한 행동에 책임을 진다.
7. 우리는 바이러스 유포나 해킹 등 불법적인 행동을 하지 않는다.
8. 우리는 타인의 지적재산권을 보호하고 존중한다.
9. 우리는 사이버 공간에 대한 자율적 감시와 비판활동에 적극 참여한다.
10. 우리는 네티즌 윤리강령 실천을 통해 건전한 네티즌 문화를 조성한다.

(정보통신윤리위원회, 2003)

인터넷에서 제일 중요한 것은 사용자인 네티즌이다. 먼저 선포된 정보통신 윤리강령은 정보통신 및 정보사업자에 대한 윤리강령의 성격이 강하고 네티즌에게 직접적인 윤리강령이 아니었다. 따라서 관련 전문가들의 의견뿐 아니라 네티즌의 다양한 의견을 수렴해 네티즌 윤리강령을 제정한 것이다. '네티즌 윤리강령'은 정보통신윤리위원회의 주관으로 각계의 의견을 수렴하여 만든 것으로서 사이버 공간에서 네티즌의 자유, 권리에 대한 책임과 의무, 윤리강령의 제정취지의 세 부분으로 구분되어 있다.

사이버 공간은 서로 유익한 정보를 나누고 건전한 인관관계를 형성하며, 나아가 성숙한 인간으로 성장하고 인류사회 발전에 기여할 수 있는 공간이다. 네티즌은 사이버 공간에서 표현의 자유와 권리를 가지고 있다. 그러나 동시에 사이버 공간에서 의무와 책임도 갖고 있다는 것을 잊어서는 안 될 것이다. 인터넷이 우리 생활의 일부분이 된 지금, 그 어느 때보다도 성숙한 네티켓이 요구되고 있다. 건전하고 성숙된 인터넷 문화를 위해서는 자신을 떳떳하게 드러내고 자신이 행한 행동에 책임을 져야 할 것이다.

교육행정가는 자신이 이런 윤리를 알고 지켜야 할 뿐만 아니라 교직원과 학생들이 이런 윤리를 알고 실천할 수 있도록 교육하고 지도해야 할 것이다.

2) 정보사회윤리

(1) 정보사회의 윤리

컴퓨터는 전통적으로 인간의 고유 영역으로 간주되었던 많은 부분을 대체하고 그 부분을 확장하고 있기 때문에 인간의 많은 부분을 직접적으로 변형시키고 있다. 이에 따라 컴퓨터는 기존의 인간과 대상 간의 관계들을 확대시키고 변형시키고 새로이 창출하고 있다. 컴퓨터와 관련된 정보사회의 윤리문제가 새롭게 제기되는 맥락도 이에 근거한다(엄주정, 이창후, 2003).

정보사회에서는 정보와 지식 및 그 정보에 접근할 수 있는 기회 차이에 따른 새로운 불평등이 생겨나기도 한다. 이러한 정보사회의 변화가 갖는 정치적 · 경제적 함축도 크지만 윤리적 함축도 매우 크다(박형준, 1996).

앞서 정보사회윤리는 정보윤리, 인터넷 윤리, 정보통신윤리보다 좀 더 포괄적인 개념이라고 정의했다. 정보사회윤리는 인터넷과 더불어 정보통신기술로 인해 정보사회에서 야기되고 있는 윤리적 문제들을 해결하기 위한 규범체계로서 정보사회를 살아가면서 옳고 그름, 윤리적인 것을 판단하여 행동하는 데 필요한 기준체계라고 정의할 수 있다.

(2) 정보사회윤리의 중요성

많은 변화가 따르는 정보사회에서는 어떤 도덕규범이나 윤리가 필요할까? 기존의 도덕과 윤리만으로 정보사회에서 발생하는 모든 인간 활동에 대한 윤리적 기준을 제공할 수 있는가? 정보사회에서의 윤리는 지금까지의 윤리와 아주 다른 것이 아니라 정도의 차이는 있겠지만 기존의 도덕이나 윤리체계와는 약간 다른 규범체계가 필요할 것으로 본다.

정보사회의 윤리체계는, 첫째 산업사회가 초래했던 도덕적 위기에 대한 철저한 성찰과 반성을 토대로 모색되어야 한다. 둘째, 대량생산과 관료제로 대표되던 산업사회는 획일적으로 체제 순응적인 인간형을 양산해 낸 시대였다. 그러나 지식 중심의 정보사회에서는 개인의 창조적 개성과 자율성을 중시하는 인간관이 설정되어야 하며 이를 통해 정신적, 문화적 성숙을 이룰 수 있는 윤리체계를 확립해야 한다. 셋째, 컴퓨터 가상공간, 특히 인터넷의 등장으로 변화되고 있는 사회환경에 적절히 대처할 수 있는 윤리규범을 새롭게 만들어 내야 한다(이윤희, 1998).

오늘날 우리 사회에서 절박하게 요구되고 있는 정보사회의 윤리적 내용은 상대방의 인격 존중, 자율성, 책임감, 연대성과 같은 덕목들이라고 할 수 있으며 '인터넷 강국' 으로서 윤리적 모범을 보임으로써 명성에 걸맞은 모습을 보여 주어야 할 것이다.

(3) 정보사회의 윤리적 문제

정보사회로 진행되면서 생겨나는 윤리적 문제로는 개인의 사회에 대한 부적응과 개인의 권리와 사생활에 대한 위협, 정보통신 시스템의 집중화와 대규모화에 따른 재해 가능성, 정보의 범죄이용 가능성, 인간성 상실 등을 예상할 수 있다. 대표적으로 개인정보 유출을 들 수 있다. 컴퓨터의 사용이 늘어남에 따라 개인 신상에 관한 정보가 공개되는 경우가 많아지고 이를 이용하여 개인정보에 대한 유통과 매매가 해당 개인이 모르는 사이에 이루어지게 됨으로써 개인의 사생활을 침범하는 것은 물론 많은 문제점을 야기하고 있다.

정보사회의 윤리적인 문제는 다른 학자들에 의해서도 많이 강조되어 왔다. 포레스터(Tom Forester)와 모리슨(Perry Morrison)은 현대 정보사회의 특성들을 논하면서 "사회 전체는 컴퓨터와 컴퓨터 통신망들로 인해 많은 이득을 얻었지만, 한편으로 사회의 컴퓨터화는 전반적으로 예측할 수 없었던 많은 심각한 문제들을 불러일으켰다."라고 지적하였다. 그들은 윤리적인 문제를 컴퓨터 범죄와 컴퓨터 보안문제, 소프트웨어 절도와 지적재산권 문제, 해킹과 바이러스 프로그램의 문제, 컴퓨터의 신뢰 가능성과 소프트웨어 품질의 문제, 데이터 저장과 사생활 침해의 문제, 인공지능과 전문가 시스템의 사회적 의미의 문제, 직장의 컴퓨터화와 관련된 문제로 구분해서 강조하고 있다(엄주정, 이창후, 2003).

3. 정보사회의 교육행정윤리

1) 정보사회의 교육

(1) 정보사회의 교육의 변화

정보통신기술의 발전은 학교생활에도 상당한 영향을 끼치고 있으며, 종래의 학교생활에서는 제한된 물리적 공간에서만 주로 이뤄졌으나 현재는 네트워크화가 이뤄지면서 공간 및 시간의 한계가 극복되고 있다.

예를 들면, 거의 모든 학교에는 학교를 소개하는 홈페이지가 만들어졌고, 전자 게시판을 통하여 교사와 교사, 학생과 교사, 교사와 학부모 사이의 의사통로가 만들어졌다. 교사들은 NEIS나 전자문서시스템으로 수기에 의한 기록이 아닌 전자문서로 모든 것이 이루어지고 있어 어디서든지 정보에 대한 접근이 용이해졌다. 학생들은 수업시간에 교과 관련 내용을 직접 인터넷을 통해 찾아볼 수 있으며, 숙제나 연구과제를 위해서도 영상 자료실, 도서관 등을 쉽게 이용할 수 있게 되었다. 이는 교사들이 직접 만든 각종 교수 자료를 공개하여 다른 교사나 학생들이 손쉽게 필요한 정보를 찾아 이용할 수 있게 되었고, 교육부나 교육청 차원에서 학습센터도 개설됨으로써 인터넷을 활용한 e-learning이 활성화되어 언제 어디서든 학교 수업에서 미진했던 학습을 보충할 수도 있게 되었다.

미래 정보사회의 개념인 유비쿼터스 사회에서는 앞서 말한 바와 같이 언제, 어디서나, 누구나 편리한 방식으로 지식과 정보에 접근할 수 있도록 오프라인과 온라인이 통합된 교수-학습 환경을 제공하게 될 것이다. 그리하여 사람들은 원하는 학습을 하고 다양한 교육기회에 접근하게 될 것이다.

지금까지의 정보사회에서 학교가 변화하고 있는 모습을 발판으로 유비쿼터스 시대의 도래에 따른 교육의 구체적인 변화를 황대준(2005)은 다음과 같이 예상하였다.

첫째, 미래 정보사회는 교육 장소의 변화를 예상할 수 있다. 물론 이전에 TV가 발명되었을 때에도 교육의 장소 변화를 예견하기도 했지만 여전히 학교가 존재하는 것을 보면 미리 속단하기는 어렵다. 하지만 지금까지 실현되어 온 원격교육이나 사이버 대학 등을 예로 본다면 미래 정보사회에서는 지리적으로 고정된 학교라는 개념을 극복하고 장소에 구애받지 않는 원격교육, 디지털 도서관, 옥외 교실 등이 활용됨에 따라 어디서든 교육을 받을 수 있게 될 것이다. 더불어 시간적, 공간적 제약이 없어지는 동시에 개인의 연령과 진보에 맞춘 최적의 교육이 가능할 것으로 예상된다.

둘째, 미래 정보사회에서는 교육 및 학습 방법의 변화를 예상할 수 있다.

교실 안이나 밖에서 네트워크를 이용하여 실시간에 현장감 높은 강의내용을 대화형으로 수강할 수 있으며, 원격 이용자는 수강 및 복습에 유비쿼터스 기술을 활용하게 될 것이다. 현재 진행되고 있는 e-learning이나 u-learning의 형태가 바로 이러한 모습이 될 것이다.

셋째, 미래 정보사회에서는 학습 선택권의 확대와 다양한 학습 자원의 활용을 기대할 수 있다. 원격교육이 실질적인 교수-학습 영역으로 자리매김함에 따라 교과목을 자유롭게 선택할 수 있을 뿐만 아니라 개인의 능력과 진도에 따라 학습이 가능하게 될 것이다. 더불어 다양한 종류의 학습 자원을 첨단 모바일 기기 등을 통하여 손쉽게 접속하고 학습에 활용할 수 있게 될 것이다.

현재까지 변화된 것도 변화과정인 것도 있으며 미래에 이루어질 것도 있지만, 미래 정보사회에서 유비쿼터스 학습체제가 구축되면 학습의 내용과 지식 전달체계도 질적으로 전환될 것이며 평생학습에 보다 가깝게 다가갈 수 있을 것이다. 즉, 다양한 지식 원천과 학습자의 학습 선택권 강화는 고정된 교육과정 중심의 학습내용을 뛰어넘는 교육의 다원화를 유도할 것이다. 또한 선진화된 정보통신기술을 통해 학습 방식과 학습 모델의 다양화, 그리고 유연한 분권적 학습관리를 가능하게 함으로써 학습의 설계, 접근, 운용의 획기적인 전환을 가져오게 될 것이다. 따라서 이러한 과정을 통해 궁극적으로 학습자 중심의 학습환경이 구현되고 다양한 학습공동체가 출현할 것이다(황대준, 2005).

(2) 정보사회의 교사의 역할

정보사회에서 교육 패러다임은 교육이 공급자 중심에서 수요자 중심으로, 정해진 시공간에서 이루어지는 폐쇄된 교육에서 다양하고 창의적 교육으로, 교육정보의 독과점에서 교육정보의 공유로, 제한된 정보 활용에서 컴퓨터와 인터넷을 중심으로 한 세계정보의 공동 활용으로, 주입식 전달교육에서 자기 주도적인 창의적 학습으로, 획일적 교육에서 개인의 개성과 능력을 중시하는 개별화 교육으로, 그리고 교사가 알려 주는 대로 학습하던 수동적 학습자에서 학습의 주도자로 전환될 것이다. 이에 따라 교사도 지식 전달자에서 학습 안내자로 그 역할이 바뀌게 될 것이다.

정보사회의 학교에서 교사의 역할은 매우 중요하다. 지금까지처럼 정해진 내용을 가르치는 존재가 아니라 학생들이 다양한 방식으로 학습할 수 있도록 수업을 관리하는 존재가 되어야 하며, 정보사회의 학생들을 이해하고 그에 적합한 스타일의 교사가 되어야 한다.

학습하는 주체는 물론 학생이어야 하며 교사는 수업의 운영자로서 '학습' 이라는 생산물을 산출하기 위해 물리적 자본(정보통신기기)과 인적 자본(학생)을 조화롭게 조직하고 '학습' 이 잘 일어날 수 있도록 환경을 창조적으로 만들어야 한다. 또한 정보사회의 학생들에 적합한 동기부여를 하고 정보의 바다 속에 빠져서 어떤 정보가 자신의 목적에 적합한 지식이 될 것인지 판별하지 못하는 학생들에게 필요한 정보와 지식, 이해의 길잡이, 촉진자(facilitator), 조력자의 역할을 해야 한다.

정보사회에서 교사의 역할은 전통적인 역할이 축소되는 것이 아니라 정보사회에 적응하는 교육을 위해 새로운 역할을 추가로 떠맡는다고 생각해야 한다. 정보사회의 교사는 컴퓨터와 정보통신기기를 능숙하게 활용하는 사람, 지식과 정보를 생성 · 선별 · 제공할 수 있는 사람, 정보공간에서 윤리의식을 심어 주는 사람이 되어야 한다(구자덕, 2000).

2) 정보사회의 교육행정

(1) 산업사회의 교육행정의 한계

지금까지 기존의 교육행정은 산업사회에서는 어느 정도 순기능을 해 왔다고 할 수 있다. 집단적 기능의 습득과 단순 모델에 의한 대량생산 체제의 가동이 이루어졌던 때에는 그에 맞는 인력의 충원이 요구되었다. 또 권위적이고 전통적이며 획일적인 가치관과 행위 방식이 일반적으로 받아들여지는 가운데 외형적이고 양적인 삶의 조건으로 대다수 사람들이 만족을 얻어왔다. 그런 방식으로 사회가 유지되고 경쟁력이 확보되고 구성원들의 욕구가 충족되던 때에는 기존의 교육행정이 상당한 순기능을 하고 대부분 바람직했겠으나 미래 정보사회의 기준으로 볼 때는 많은 부분들이 개선되어야 할 것이다. 그간의 교육행정은 무엇보다도 획일성, 권위주의, 외형 중시, 비합리성, 윤리적 미성숙 등이 대표적인 한계라고 할 수 있다. 이런 교육행정에서 교육행정의 결과가 우리가 기대하는 바와 어긋나게 됨은 당연한 일이다.

기존의 교육행정에서는 '공식적인' 지위와 권위에 의한 통제가 주로 행사되었고, 이런 통제를 받는 활동 단위들은 수동적으로 이에 응하게 됨으로써 소수 관리자와 다수 실행자 간의 관계 속에 비평등과 비민주성을 내포하게 되었다. 이런 권위적 교육행정은 집단적이고 양적인 성과와 그에 따른 효율성만을 추구하게 되고 개별적인 배려는 경시되었으며 내적인 성취와 그것에 근거한 질적인 판단은 쉽게 간과되었다.

본연의 가치와 목적에 대한 반성적 숙고를 통한 실천보다는 가시적이고 즉시적인 성과를 추구하게 되었고, 형식적이고 선형적인 방식의 운영이 특징적으로 나타나게 되었다. 이런 가운데서 비합리성이 교육행정의 여러 측면에 깊숙이 뿌리를 내려 행정 현상에 영향을 미쳤고, 교육행정 관련자들은 응당 지켜야 할 시민사회적 규약과 합리적 행위원리를 쉽게 무시하는 풍토를 유지해 왔다. 허병기(2000)는 이러한 기존의 교육행정에서 나타난 여러 가지 부정적 결과를 다음과 같이 말하였다.

첫째, 교육활동과 그 결과에 나타난 부정적 결과를 들 수 있다. 학생들 각자가 지닌 잠재적 능력과 가능성을 성공적으로 실현시키지 못하고 획일적인 목적과 프로그램 속에 갇혀 몰개성적이며 창의성과 자기 주도적 학습력이 억제되고 있다.

둘째, 교육조직에 나타나는 부정적 결과를 들 수 있다. 기존의 교육행정으로 교육조직이 운영될 경우 교육조직은 경직되고 이로 인해 조직의 생명력 약화, 조직의 성과 저하, 조직 구성원의 만족 감소로 나타나게 된다. 기존의 교육행정에서 추구하는 외형적이고 단기적인 성과와 질서 추구 등은 조직의 유연성과 자발성을 감소시킴으로써 겉으로는 건실해 보여도 내적으로는 부실한 조직건강을 낳게 된다.

이러한 기존의 교육행정으로는 교육전문가로서 가져 마땅한 업무내용과 업무환경 그리고 효능감과 자기 정체감을 제공할 수 없으므로 기존의 교육행정이 갖는 한계를 극복하여야 한다(허병기, 2000).

(2) 정보사회의 교육행정

기존의 교육행정이 갖는 한계를 극복하기 위해서는 정보사회에서 요구하는 교육과 교육조직을 실질적으로 조성하고 지원하는 교육행정의 방향으로 나아가야 할 것이다. 허병기(2000)는 다음과 같이 네 가지로 그 방향을 제시하였다.

첫째로 정보사회의 새로운 교육행정은 '좋은 인간'을 육성해야 한다. 여기서 '좋은 인간'이란 학습자 각자가 자신의 본성과 가능성과 자질에 부합되도록 가치 있는 지식, 기능, 태도, 심성을 키워 자신을 더 좋은 삶을 살 수 있는 존재로 성장시킨 상태를 말한다. 물론 모든 학습자가 예외 없이 좋은 인간으로 성장하도록 의도해야 한다.

둘째, 정보사회의 교육행정은 조직 참여자의 행복을 실현해야 한다. 정보사회의 새로운 교육행정은 조직 구성원이 단순한 노동력 제공자나 계약에 의한 의무 수행자보다는 가치로운 일을 전문적인 능력을 가지고 원숙하게 해냄으로써 자신의 존재가치를 느끼고 만족감을 느끼도록 해야 한다. 구성원 상호 간에 진실한 존중과 애정이 느껴질 때 조직을 사랑하고 헌신

할 수 있으며 교육행정의 발전이 있게 된다.

셋째, 정보사회의 교육행정은 학교를 전문적 교육 공동체로 만들어야 한다. 전문적 교육 공동체란 자발적이고 순수한 의지를 가지고 참된 교육을 성공적으로 실현하는 데 필요한 생각과 이상을 공유하며 결속된 사람들의 집합이라고 말할 수 있다. 학교는 교육 본연의 모습을 구현하며 현재의 한계를 극복하기 위해서 이러한 전문적 교육 공동체로 변화해야 한다.

넷째, 정보사회의 교육행정은 탁월한 지도성을 요구한다. 새로운 정보사회에서 교육행정은 지도성의 변화 없이는 불가능하다. 지도자는 가부장적인 권위와 피상적인 동기화 방법이 아닌 교육과 관련된 다양한 것들에 대한 깊은 이해와 통찰력을 지녀야 한다. 또한 복잡하게 전개되는 윤리적 쟁점과 갈등의 문제를 적합하고 공정하게 판단 · 조정할 수 있는 능력을 가져야 하며, 이를 바탕으로 교육행정 본연의 성질을 보존하고 실현할 수 있는 종합적 역량을 갖추어야 한다.

미래의 세계는 현재 교육의 성패에 달려 있다고 말할 수 있다. 교육의 성패는 즉시 나타나지 않는다. 그런 의미에서 우리는 미래의 세계를 생각하는 동시에 미래의 교육을 생각해야 한다. 이 모두는 그냥 기다린다고 얻을 수 있는 것이 아니라 부단히 생각하고 노력해서 만들어 나가야 한다. 미래 인류의 이상실현에 부합하는 교육을 설계하고 만들어 가는 것이 교육행정이 지금 해야 할 일이다.

3) 정보사회의 교육행정윤리

(1) 교육행정윤리의 필요성

교육행정의 윤리적 기반은 무엇인가? 교육행정의 윤리적 기초 위에서 그 목적을 설정하고 이를 달성하기 위해서 노력할 것은 무엇인가? 현대사회의 변화와 더불어 전통적인 교육행정의 윤리는 어떻게 변화해야 하는가? 이러한 문제는 교육행정의 올바른 위상의 정립을 위해서 검토되어야 할 문제들이다. 교육행정의 목적과 실천의 여러 근거 중에서 특히 윤리적 근거는 중요한 역할을 하기 때문이다.

사실 우리가 목격하고 있는 교육행정의 현상을 자세히 살펴보면, 그 배후에는 개인윤리와 사회윤리, 전통윤리와 새로 형성되는 윤리 등이 서로 각축을 통해서 형성되는 일련의 윤리적 배경을 갖고 있다. 행정윤리나 행정사상은 행정에서 조직의 관리기법이나 기타 기술적인 여러 기법 못지않게 중요한 영역이며 어떻게 보면 근본적인 중요성을 갖는 영역이라 하겠다.

교육행정윤리란 교육행정의 옳고 그름에 대한 판단기준의 척도이며 자신의 판단에 대한 책임성을 의미한다. 교육행정 윤리원칙은 행동목표와 도덕적 책임성을 반영하며 교육계의 의미성을 부여한다고도 볼 수 있다. 그러나 교육행정윤리의 원칙은 종종 추상적이며 때로는 윤리원칙의 적용이 불가능해 보이는 것처럼 모호하기도 하다. 이러한 윤리적 딜레마를 해결하기 위해서는 교육행정가 자신의 가치관 전환을 바탕으로 한 교육행정윤리의 확립이 필요하다고 본다.

(2) 정보사회의 교육행정가 역할

첨단으로 치닫는 과학문명과 급속하게 변화 · 발전하는 컴퓨터와 정보통신기술로 말미암아 교육현장에서 아무리 충실히 적용해도 만족할 수 없는 새로운 교육실천이론 등도 적응하기 힘든 대상이 되고 있다. 이러한 정보사회 속에서 아무리 주변 여건이 어려워도 교육행정가는 변화의 중심에서 교육 공동체들의 힘을 모아 학생을 바르게 선도하고 교육과정을 지도해야 한다.

교육행정가의 투철한 교육관과 확고하고 소신 있는 방향감이 없다면 교육의 현장은 혼란 속에서 헤어나기 어려울 것이다. 따라서 정보사회의 변화에 알맞은 비전을 제시하고, 새로운 시대의 리더로서 윤리적 학교를 운영하며, 합리적인 의사결정을 위하여 꼭 선행되어야 할 과제를 설정하고 실천하여 교육계의 지도자로서 본을 보이고 정의롭고 가치 있는 교단을 구축하는 역할을 해야 한다.

첫째, 정보사회의 교육행정가는 정보사회에 알맞은 비전을 제시해야 한다. 교육행정가의 비전은 산업사회에서 정보화 사회를 거쳐 급격히 지식기반 사회로 진입하는 사회 변화가 반영되어야 한다. 지식기반 사회는 새롭게 창출되는 지식들이 불과 수초 만에 전 세계로 전파되고 그 전파된 지식들이 인간의 경험, 가치관, 안목, 통찰 또는 새로운 지식을 만나 순식간에 더 창의적이고 가치 있는 지식으로 바뀌는 사회다. 정보사회는 새로운 지식과 정보의 창출 활용이 중시되고 창의적 인간이 주도하는 사회다. 오늘의 교육대상인 학생은 예측 불가한 미래 지식기반 사회의 주역이 될 것이다. 교육행정가의 비전에는 현재 교육 방식에 대한 개혁이 포함되어야 한다. 평생학습에 기초하여 비판적 사유와 문제해결 능력을 배양하고 전통적 사고과정을 넘어서는 창조적 사고력과 통찰력을 배양하는 교육의 모습을 교육행정가의 비전으로 제시해야 한다.

둘째, 정보사회의 교육행정가는 청렴결백해야 한다. 교육행정가의 청렴결백과 공정한 업무 추진을 가장 확실하게 증명하고 소속 집단 구성원의 신뢰를 받을 수 있는 가장 쉬운 방법은 교육재정의 합법적인 집행일 것이다. 교육재정의 독립성과 투명성을 확보하기 위해 2001년부터 도입된 학교회계 예산제도는 매우 합리적인 방법이기는 하지만 교육행정가의 윤리성이 가장 중요한 부분이라 하겠다. 예산의 집행계획과 집행결과를 학교운영위원회에 회부하여 승인을 받는 절차를 밟고, 예산계획 담당자가 예산을 집행하는 과정에 직·간접적으로 참여하여 시장조사나 구매가격의 결정 등 예·결산 과정에 오해가 없도록 나름대로 제도적 보완이 필요하며, 예산 집행과정을 관계자 모두에게 공개하여야 한다.

조금이라도 교육행정가가 개인의 사심을 가지고 욕심만 내세운다면 아무리 좋은 제도가 있어도 전혀 소용이 없다. 물론 이러한 투명성 문제는 비단 교육의 문제만은 아닐지라도 교육행정가는 어떠한 일이 있어도 청렴결백해야 한다.

셋째, 정보사회의 교육행정가는 교육 공동체를 지향해야 한다. 변화의 소용돌이의 중심에서 학교나 사회 모두 정보사회로의 빠른 진입으로 말미암아 정보사회에 대한 역기능이 심화될 수 있다. 이러한 때에 군림하려는 교육행정가보다는 함께 공동체를 지향하는 교육행정가가 더욱 필요하다. 교육 공동체를 이루기 위해서는 학생들의 자치활동과 개별 상담을 통하여 끊임없이 변화하고 발달하는 학생들의 생각을 파악하고, 모든 교육활동에 직접 참여하고 실천해 가는 교직원들이 무엇을 어려워하고 무엇을 원하며 어떤 새로운 생각을 하고 있는지 평소에 수집하고 이를 공통된 의견과 개별적인 의견으로 분류 · 수렴하여야 한다. 그리고 학부모와 지역사회의 교육에 대한 관심과 여론에 귀를 기울여야 한다.

이와 같이 교육행정가는 교육에 대한 철학과 더불어 교육행정에 대한 올바른 비전을 제시하고 청렴결백해야 하며 교육 공동체로서 학교를 이끌어 나가야 한다. 교육행정가의 확실한 교육철학과 공정한 실천의지가 담보되지 않는다면 당장 성패를 가릴 수 없는 교육의 결과에 대하여 어느 누구도 긍정적인 장담을 할 수 없다. 교육행정가는 교육의 미래에 대하여 책임을 다해야 한다.

(3) 정보사회의 교육행정윤리

지금까지의 경험으로 보아 전통적 농경사회의 의식과 행동이 외형적인 산업화의 변화를 따라가지 못하는 데서 여러 가지 문제를 안고 있듯이, 정보기술이 발전함에 따라 문화지체 현상(cultural lag)과 같이 정보지체 현상(information lag)이 초래된다. 정보의 증가는 사람들의 정보 소화능력보다 앞지르기 때문에 정보 소화불량증에 시달리게 되고, 정보혁명은 너무 빨리

진척되고 있어 정치, 사회, 경제 등 모든 분야에서 적응하지 못하는 현상이 속출하고 있다. 이러한 현상은 교육행정의 행태에서도 예외는 아니다(최창현, 양창훈, 2000).

교육행정이 하나의 공적 사업이라는 점은 그것이 빈번히 제기되는 윤리적 쟁점에서 자유로울 수 없음을 말해 준다. 특히, 교육행정이 중점적으로 관여하는 대상, 즉 학생을 가르치고 교육하는 일이 도덕적인 문제와 매우 밀접하게 결부된다는 사실(Carr, 2000, 허병기, 2000, 재인용)은 교육행정의 기초에 성숙한 윤리의식이 자리하고 있어야 함을 분명히 해 준다. 교육행정이 윤리적 요건을 충족시키는 것은 관리하는 제도나 조직의 안정성과 효과성을 위해서도 필요하지만, 더 나아가 교육조직을 그 자체로서 학습자의 건강한 도덕적 체험의 장으로 만들기 위해서도 반드시 필요하다. 교육조직이 윤리적 요건을 충족시키는 방식으로 운영될 경우, 그것은 그 자체로서 그 안에서 생활하는 학습자들에게 긍정적인 도덕적 경험의 장을 제공하게 된다. 이러한 점들에 유의하여 새로운 교육행정은 인간 사랑, 진리, 공정성, 공동선, 책임(Ungoed-Thomas, 1997, 허병기, 2000, 재인용)과 관련된 성숙한 윤리의식을 행정행위의 기초로 삼는다(허병기, 2000).

정보화 시대의 교육행정윤리는 보다 주체적이며 적극적인 의미를 가진다. 일반적으로 우리가 인간의 윤리규범을 논할 때는 항상 소극적이며 피동적인 의미에서 '해서는 안 된다' '하지 말라'는 금지사항으로 지켜야 할 최소한의 준수사항을 규정하고 있다. 이제 정보화 사회, 지식사회에서의 교육행정의 윤리규범은 이와 같은 수동형의 행동규범이 아니라 스스로 자신의 정체성에 입각하여 주체형의 윤리규범을 가져야 한다는 것이다.

김대규(2002)는 이상과 같이 정보화 사회에서의 특징적 현상들을 고려하고 일상적으로 요구되는 공직자들의 자율적 행동규범과 법적 규제조항들을 바탕으로 지식정보사회의 공직자들의 윤리를 정리하였다. 이를 바탕으로 정보화 시대에 요구되는 교육행정윤리를 다음과 같이 말하고자 한다.

첫째, 교육행정윤리는 지식정보사회에서 변혁의 주체로서 적극적이며 능동적으로 대처하는 윤리규범을 가져야 한다. 이에 급변하는 시대적 상황과 사회, 경제의 혁신적 변화의 요구에 능동적으로 대처하는 교육행정가가 필요하다. 이때 교육행정가에게는 정보사회를 선도할 수 있는 교육행정의 직무 수행과 함께 교육행정 실천에서 행동규범과 윤리규범도 변화에 주체적으로 대응하는 능동적 자세가 필요하다.

둘째, 지식정보사회에 상응하는 교육행정 윤리의식을 함양하여야 한다. 정보사회에서는 정보기술을 활용하여 교육행정 업무의 혁신과 대국민 교육서비스를 고급화한 지식정보사회형 교육행정이 관건이다. 향후 모든 교육행정 업무는 이와 같이 정보통신기술에 의존하여 업무의 효율성 제고와 국민봉사가 극대화될 것이다. 여기서 정보화 시대의 정보혁명과 통신혁명은 교육행정인의 윤리의식도 혁명적으로 함양되어야 할 것을 요구한다. 초고속 정보통신망과 같은 첨단 장비에 의한 교육행정 업무의 혁신적 변화는 또 다른 형태의 교육행정에서의 부정과 비리를 유발할 수 있다. 예컨대, 고의적인 정보의 유출과 행정업무의 용도 변환을 위한 정보의 조작과 남용 등을 항상 예견할 수 있다. 따라서 교육행정 윤리의식을 함양하여 개인정보의 오·남용을 방지하여야 할 것이다.

셋째, 지식정보사회에서 교육행정은 혁신적인 윤리의식이 필요하다. 우리는 지금 정보가 권력이 되고 자본이 되는 정보화 시대를 살아가고 있다. 이것은 과거 산업사회의 황금만능주의에 정보만능주의가 첨가되어 있음을 의미한다. 윤리의식에서 혁신적인 교육행정가는 기득권에 연연하지 않고 역동적으로 교육행정을 수행함으로써 부정과 부패의 고리가 생겨날 수 없도록 해야 한다. 새로운 환경 변화에 주도적이며 창의적인 직무 수행으로 미래 국가발전의 토대로서의 역할을 담당함으로써 교육행정에서 자율적 규범으로서의 교육행정윤리는 이제 혁신적인 윤리의식이 필요하다.

넷째, 지식정보사회의 교육행정윤리는 의무이자 모범이 되어야 한다.

즉, 교육행정이 교육을 제대로 이끌어 나가야 함을 감안할 때 교육행정에서 공과 사를 구분하고 모범이 되도록 행동하고 매사에 더욱 강력한 도덕성을 토대로 솔선수범하는 자세를 보여야 한다. 현재는 물론 미래 정보사회에서 교육행정은 교육발전의 근원이며 주체다. 따라서 교육행정은 국가경쟁력 제고와 교육의 발전에서 정보화 사회의 패러다임 전환에 주체적이며 적극적인 윤리규범으로써 모범이 되어야 하며 이것은 의무가 되어야 한다.

교육행정은 교육의 가치를 추구하는 가치체계로서 교육의 윤리적 이상을 지향하는 윤리적 행위며, 가치 있는 삶을 추구하고 윤리적인 의식을 기반으로 한다. 이렇게 교육행정과 윤리는 불가분의 관계에 있다. 교육의 역할을 충실히 하려면 교육행정이 제대로 역할을 다해야만 하고, 교육행정이 새로운 시대에 알맞은 윤리적 기초 위에 세워져야 우리의 교육이 백년대계를 보장할 수 있는 길이 될 것이다.

참고문헌

구자덕(2000) 정보사회에서의 학교교육 체제에 관한 고찰. 한국교원대학교교육대학원.

김대규(2002). 정보화 시대에 요구되는 공직자의 윤리. **국민윤리연구, 51권.**

박정순(1997). 정보통신 문화의 도덕의 정체성 문제. 한국철학회 춘계학술발표대회 발표논문.

박형준(1996). 정보사회에서 사회적 불평등의 매커니즘. 정보사회와 사회윤리 아산재단 제7회 사회윤리심포지엄.

엄주정, 이창후(2003). 현대 정보사회의 본질과 윤리적 특성. **인문사회논총, 제9호.**

이윤희(1998). 정보통신윤리의 확립방안. 사이버커뮤니케이션 학보.

이재규 외(2004). **정보윤리와 디지털 사회.** 한국정보산업연합회.

정보통신윤리위원회(2003). **정보통신윤리백서.**

주삼환(2003). 교육행정과 윤리. (미간행)

천세영(1999). **정보사회교육론**. 서울: 원미사.

최창현, 양창훈(2001). 행정윤리 교육의 한 방안으로서의 윤리 교육 SW 활용사례. http://www.kwandong.ac.kr/%7Echoich/ethic2001.hwp

한상완 외(2005). 지식정보사회에서의 정보활용. 한국도서관협회.

허병기(2000). 교육행정의 새로운 패러다임 탐색. **교육행정연구**, **18**(1).

황대준(2005). **유비쿼터스 시대, 미래 교육을 위한 준비**. 한국교육학술정보원.

네이버, 백과사전.

Carr, David(2000). *Professionalism and Ethics in Teaching*. London: Routledge.

Forester, T., & Morrison, P. (1995). *Computer Ethics*. MIT Press.

Johnson, Deborah G. (1995). *Computer Ethics*. Prentice Hall. 추병완 외 역 (1997). **컴퓨터 윤리학**. 서울: 한울.

Ungoed-Thomas, Jasper (1997). *Vision of a School : The Good School in the Good Society*. London: Cassell.

제 5 부

교육행정가의 철학

제5부에는 교육행정철학 형성을 염두에 두고 '교육행정철학'이라는 말이 나오기 전에 연구하고 썼던 두 편의 논문을 이제 『교육행정철학』이라는 이 책의 발행과 함께 전재한다. 오래 전에 썼던 것으로 시대에 뒤진 점이 있을 수 있으나 앞으로 이 분야의 연구에 참고가 될 것으로 본다.

제12장 교육행정가의 행정철학과 행정행위
제13장 교육행정가의 철학연구

제12장
교육행정가의 행정철학과 행정행위

이 글은, 첫째 교육행정에서 철학이 중요하다는 점을 강조하고, 둘째 행정과학과 행정철학의 형성 경향에 대하여 살펴보고, 셋째 행정가의 철학과 행정행위의 관계를 설명하는 몇 개의 개념적 틀에 대하여 언급하고, 넷째 철학의 소박한 개념으로서의 신념 · 이론 · 가치와 행정행위의 관계에 대하여 살펴보고, 다섯째 여러 철학파의 교육행정에 대한 시사를 고찰하려는 데 목적을 두고 있다.

여기서 철학이란 어떤 특정 주의의 체계나 세계관이나 세계의 체계, 또는 하나의 특별한 인식론이나 가치론 · 심미학을 의미하지 않고, 정확한 사고의 과정과 가치화의 과정, 즉 합리성 또는 이론 그리고 가치 · 신념을 의미하는 것으로 쓴다. 다만 뒤에 가서 각 철학파의 주의의 교육행정에 대한 시사를 약간 다룬다. 그리고 행정행위라 함은 의사결정과 정책결정 등 결정행위를 중심으로 하되 기획 · 조정 · 의사소통 · 변화집단과정 · 지도성 등의 겉에 드러나는 행정행동 모두를 말한다. 교육행정가도 특정 지위나 직책을 지정하지 않고 교육행정의 일을 하는 사람을 의미한다.

이 논문은 교육행정에 대한 철학적 접근의 한 시도로서 간단한 문헌적 고찰에 불과하며 필자의 주관성도 완전히 배제하지 못한 점이 있다.

1. 행정철학의 중요성

우리 인간은 살아가는 동안 수많은 결정을 내린다. 물건 하나 고르는 사소한 일부터 주말계획을 짜는 일, 학교나 직업을 선택하는 일, 배우자를 선택하는 일에 이르기까지 살아가는 과정 전체가 어떤 결정으로 이루어진다고 해도 과언이 아니다.

교육행정가는 이와 같은 사적인 결정 이외에도 수많은 중요한 결정을 한다. 상위직으로 올라갈수록 많은 결정의 서명과 날인을 한다. 교사와 교육행정가는 어린 학생의 먼 장래에 영향을 주는 교육적 의사결정을 하는 일을 피할 길이 없다(Fitzgibbons, 1981: 8). 이 의사결정은 행정행위의 가장 핵심이 되는 활동이다(Simon, 1976).

그런데 행정가들은 똑같은 조건, 똑같은 상황에서 다른 행정가와 각각 다른 결정을 내릴 수 있다. 이것은 그 개인의 인성과 성, 연령, 종교 같은 인구학적 변인(demographic variable)의 차에서 오는 경우도 있지만 많은 경우 개인이 가지고 있는 가치관, 신념, 철학이 다르기 때문이다. 행정가의 행정행위에는 어떤 이유가 밑에 깔려 있으며, 그 행동의 이유를 이론적으로 설명할 수 있을 때 철학을 가졌다고 할 수 있다. 다시 말하면, 행정가의 의사결정을 수반하는 수많은 이유 있는 행정행위는 그의 철학이 반영되어 나온 것이다. 교육행정가는 그의 행동에서 다른 사람과는 다른 철학적 가정을 반영하는 것이다(Graff et al., 1966: 306). 결국 교육행정 실천가들은 그 영역 내에서 가치를 시도하고 윤리를 실천하는(Simon, Smithburg, &

Thompson, 1950: 539, 554) 것이다. 한마디로 말해서 행정은 행동철학(philosophy in action)(Hodgkinson, 1978: 3)이라고 할 수 있다.

그런데 때로는 자기의 행동 이유를 충분히 이론적으로 설명하지 못하고, 그렇다고 어떤 믿음에서 나오지도 못한 즉흥적인 행동도 있을 수 있다. 이런 행정가의 행동은 일관성도 없고 이랬다저랬다 제멋대로인 철학 없는 행동인 것이다. 이러한 철학적 지향성이 없는 행정가는 자기의 지도성 역할을 포기하고 일상적 · 관리적 일을 다루는 데 정력을 소비한다. 때로는 이것이 자기의 주요 기능인 것으로 착각하는 사람도 있다. 이들은 학교 관리적 사소한 일이라는 바다를 미친 듯이 헤엄치고 다니며 방향감도 없이 닥치는 대로 일을 처리하고는(Graff et al., 1966: 10) 열심히 일을 많이 했다고 생각한다. 철학지향성이 없는 어떤 다른 행정가는 기회주의 형태의 기관운영법을 나름대로 개발하여 사용하게 된다. 어떤 신념이나 철학이 없이 아래의 눈치와 기회를 보아 행동하는 것이다. 어떻게 보면 이것도 그의 행동철학이라고 할 수 있다. 철학지향성이 부족한 행정가들의 행정행위는 위와 같은 행동을 자기의 일에 반영한다. 그런데 대부분의 교육행정가에게 이렇게 중요한 철학지향성을 개발할 만한 적당한 기회가 주어지지 않았고 또 교육행정에서 철학적 측면을 강조하여 다루지 못했다는 데 문제가 있다.

지금까지 교육행정에서 행정과정에 가치 · 신념 · 철학 등이 어떻게 스며드는지에 관한 관심은 비교적 적었고, '주로 기능 위주의 관견(觀見)이 주류를 이루어' (김광웅, 1983: 4) 기획 · 조직 · 인사 · 지휘 · 조정 · 보고 · 예산 · 통계(POSDCoRB) 등의 제 기능에 많은 관심을 두어 왔다. 다시 말하면, 겉에 드러나는 행정가의 행정행위와 과정의 연구에 관심이 많이 쏠렸고 행정행위의 밑바탕에 깔려 있는 핵에 해당하는 철학에 대한 연구적 관심은 적었다. 이 논문은 행정행위의 밑바탕에 깔려 있는 철학적 측면과 표면에 드러나는 행정행위를 연결하여 보려는 것이다.

교육행정가가 하는 수많은 의사결정 속에는 교육목적 결정, 교육내용 결정, 교육방법 결정 등 어린이의 운명을 좌우하는 교육결정이 있다. 그때마다 그의 철학이 스며든다고 할 때 교육행정가의 철학은 아무리 강조해도 지나침이 없다. 앞에서 교육행정가가 철학이 없을 때의 문제점을 잠깐 지적하였는데, 더불어 중요한 것은 교육행정가가 잘못된 철학을 가지고 있을 때다. 학생과 교사, 우리의 교육 전체를 엉뚱한 곳으로 끌고 갈 염려도 있고, 또 혹시 끌려가지 않는다 하더라도 올바른 철학을 갖지 못한 행정가는 철학 없는 행정가와 마찬가지로 비난의 대상이 될 것이기 때문이다.

상위직의 행정가일수록 기술적 · 관리적 일을 하는 하위직 행정가보다 더 철학적인 결정을 하게 되므로 철학은 더욱 중요시된다.

2. 행정과학과 행정철학의 형성

교육의 중요한 결정들을 다루는 교육행정에 최근 두 접근경향성이 대조적으로 나타나고 있다. 한편에서는 행정과 교육의 과학화 또는 과학적 접근(김광웅, 행정과학서설, 1983; 이돈희, 교육과학의 논리, 1983) 등이 있고, 다른 한편에서는 의사결정과 행정에 철학적 접근(Fitzgibbons, Making Educational Decisions: An Introduction to Philosophy of Education, 1981: Hodgkinson, Towards a Philosophy of Administration, 1978; Graff et al., Philosophic Theory and Practice in Educational Administration, 1966: Bellone, Orgaization Theory and the New Public Administration, 1980)의 경향이 나타나고 하나의 학문영역으로 발돋움하려 하고 있다. 이 두 경향에 대하여 위의(괄호 안의) 문헌을 중심으로 살펴보고자 한다.

과학과 철학은 원래 같은 것에서 출발하였다. 과학은 아마 철학의 한 가지(branch)였다고 말하는 것이 보다 정확할 것이다(Graff et al., 1966: 38). 그래서 초기의 과학자들은 자신들을 자연철학자로 생각했다. 그러나 모든 면에서 과학이 중시되면서 그 근원을 잊고 대등한 위치로 올라서고 있으며 논리실증주의 철학에서는 과학성이 강조되고 또 과학철학도 나오게 되었다.

교육에서도 '교육목적의 탐구는 철학적이고 교육방법의 탐구는 과학적이라고 구분하는 것은 지나친 단순화' 라고 하더라도, "명백히 교육목적의 탐구에는 철학적 탐구의 노력을 과학적 탐구의 노력보다 더 요구하며 교육방법의 탐구는 그와 반대된다고 할 수 있다"(이돈희, 1977: 14). 교육에서 철학적 탐구행위와 과학적 탐구행위를 동시에 요청(p. 47)하고 있는 것은 사실이다. 교육행위는 바로 목적지향적인 과정이며(p. 15), 행정은 목적달성에서 조정과 통제의 과정에 붙여진 이름이다(Graff et al., 1966: 48). 목적을 다루는 것은 주로 철학적 측면으로 그 달성 방법에서 과학적 방법을 동원하는 것이다. 다시 말하면, 교육행정은 목적을 실현하기 위한 관리를 위해서는 물론이고 계속적인 교육목적의 재개발을 위한 도구가 되어야 한다"(Graff et al., 1966: 3).

테일러(Taylor)의 과학적 관리운동 이래 귤릭(Gulick)과 어윅(Urwick)의 『Papers on the Science of Administration』의 출판은 과학적 관리운동의 결정을 이루었다(Gulick & Urwick, 1973). 그들은 성공적인 관리자의 경험분석과 실패 사례의 분석은 효과적인 관리기술을 밝힐 것이라 확신했다.

그 후 1960년대에 행정과학의 성립과 발전을 위한 노력은 강화되었다. 이러한 경향은 (1) 행정연구에 대한 학제적(interdisciplinary) 접근, (2) 행정의 일반이론과 특수이론의 발전, (3) 행정가가 일해야 하는 사회학적 · 정치학적 · 심리학적 환경을 이해하기 위한 수단으로서 조직론 개발에 대한 관심의 증대, (4) 행정이론과 조직이론에 기반을 둔 체계적 연구에 대한 노력의 증가 등의 움직임으로 인해서 더욱 분명해졌다(Sergiovanni & Carver, 1980: 3).

또한 교육행정에 PERT, CPM, PPBS 등의 기법과 계량화 기법, 컴퓨터 등 공학적 기법의 도입과 발달로 교육행정의 과학화는 가속되었다.

그동안 우리나라에서도 행정의 과학적 접근과 과학화의 노력은 꾸준하였으나 행정과학이라는 이름이 붙은 책은 김광웅의 『행정과학서설』(1983)이 처음인 것 같다. 과학으로서의 행정은 조직목적 달성과 관련되는 조직 현상과 인간 행위를 기술 · 설명 · 분석 · 예언하는 데 관심을 갖는다. 행정에의 과학적 접근은 객관성과 중립성을 요구한다. 이 접근의 초점은 일반적으로 행정에 널리 적용해 온 원리들을 확인하고 서로 연결시키려는 데 있다(Sergiovanni & Carver, 1980: 5). 그리고 행정과학은 교육에서 독특한 가치체제에 의하여 그 명제를 평가할 수 없게 한다. 예를 들면, 행정과학 개발의 선구자인 사이먼은 신념체제는 과학에서 설 자리가 없다는 것을 상기시켜 준다. 즉, "다른 어떤 과학과 마찬가지로 행정과학은 순전히 사실적 진술에 관심을 갖는다. 과학체제에는 윤리적 주장의 여지가 없다. 윤리적 진술이 나타날 때마다 사실적 진술과 윤리적 진술의 두 부분으로 분리된다. 그런데 사실적 진술만이 과학에 적절하다."(Simon, 1976: 253)라는 것이다.

행정에의 과학적 접근은 정확한 지식, 개념, 기본적 이해라는 형태로 의사결정에 귀중한 투입을 해 줄 수 있지만 교육행정가를 위한 운영전략의 형성에는 거의 직접적으로 도움을 주지 못한다. 그래서 행정과학의 강점인 객관성, 중립성, 광범한 적용성은 동시에 그 약점이 되기도 한다. 가치 부재 · 목표 강조의 취약, 특수 상황에의 적용 곤란성 때문에 교육행정가는 교육이라는 독특한 가치체제의 관점에서, 또 자기 학교에 특이한 목표의 관점에서 과학적 명제를 수정해야 한다(Sergiovanni & Carver, 1980: 7). 그래서 일반행정을 다루고 있는 김광웅도 가치 배제적인 한 학문 그 자체는 과학적 학문의 수준에 이르지 못한다고 하여, 그의 『행정과학서설』은 가치 전체적 성격이 강한 과학적 학문으로서의 행정학을 뜻한다고 말한다. 그는 사실 위주의 과학적 행정학과 경험을 바탕으로 한 규범과 가치 정향(定向)의 행정과학을 구별하여 사용하고 있다. 그래서 김광웅은 행정과학은 그 속에 가치와 철학적 요소까지 포함시킨 것을 의미하는데, 실제로 그의 책에는 충분히 포함시키지 못한 것을 아쉬워하고 있다. 어쨌든 가치와 윤리를 다루는 철학적 바탕이 있어야 하며, 응용과학에 속하는 교육행정에서는 철학적 측면이 더욱 중요시되고 있다.

이제 행정의 철학적 측면을 살펴볼 차례다. 김광웅은 행정에 철학이 있는가에 의문을 제기하며 이에 부정적이라 하면서 그 이유로 지금까지 행정사상을 아리스토텔리언의 방식으로 통합하고 체계화된 틀 속에서 정리한 행정철학자나 이론가가 아직 없기 때문(김광웅, 1983: 194)이라고 지적하고 있다. 그는 지금까지 행정학 분야에서 정진한 수많은 학자들이 행정학의 철학적 배경을 얼마나 규명하려고 애썼는지에 의문을 제기하면서도, 그들이 각 분야의 지식을 동원하여 행정학의 가치기반을 굳히는 데 공헌하였던 것은 사실이라 인정하고 있다. 그리고 그의 책에서 행정학의 발달순서에 따라 여러 학자들의 주장과 철학관을 중심으로 행정을 철학적으로 조명하고 있다.

사이먼은 전후(戰後)의 행정에 철학적 혁명을 주도한 인물이라 할 수 있는데, 그는 행정의 핵심은 의사결정이라 하고 결정 행위에는 크건 작건 행정가 자신의 가치를 주입하게 된다고 보았다. 그리고 결정이란 여러 대안들 중에서 선택하는 것이기 때문에 각 결정은 윤리적 · 가치적 내용을 담게 된다고 하였다. 브로우디도 교육자는 가치 이외에 아무것도 취급하지 않는다(Broudy, 1965: 52)고 하여 행정에서 가치를 강조하고 있다.

1960년대 후반에서 1970년대 전반에 걸쳐 나타난 신행정학(New Public Administration)의 모임은 윤리적 명제를 제일주의로 삼는 일종의 철학운동으로서, 민주주의 철학과 인간의 존엄성을 최고로 조작적 가치와 관료적 결정행위의 종국목표(김광웅, 1983: 222)로 하고 있다. 그들의 노력은 과거의 전통적인 입장에서 행정 현상을 기능적으로 보던 관견에서 탈피하고 과학적 연구를 주장하는 행태과학의 조류에서도 벗어나면서 가치와 규범을 과학적 사고에 접목하려는 것이다. 그중의 한 사람인 벨론(Bellone, 1980)

은 행정학을 가치와 규범에 관한 논의에 초점을 맞춰 학문적 위상을 성립하려 하였다. 이에 그는 (1) 규범과 가치, (2) 가치지향, (3) 인식론, (4) 합리성, (5) 개인의 욕구와 조직의 욕구의 통합, (6) 조직성과의 측정, (7) 조직과 환경의 상호 관계, (8) 합의적 결정, (9) 기술과 미래를 그의 책 서론에서 행정학의 관점에서 종합하고 있다.

호지킨슨(Hodgkinson)은 『행정철학(Towards a Philosophy of Administration)』(1978)을 Ⅰ. 논리, Ⅱ. 가치, Ⅲ. 철학의 3부로 구성하고 행정철학의 형성 가능성을 제시하고 있다.

피츠기븐스(Fitzgibbons, 1981)는 교육적 의사결정을 철학적으로 접근하여 (1) 지성적 교육 의사결정에 필요한 교육철학, (2) 합리적 교육 의사결정을 위한 기반으로서의 논리학, (3) 교육 의사결정과 윤리학, (4) 교육 의사결정을 다루고 있다.

그래프(Graff) 등은 『교육행정의 철학적 이론과 실체(Philosophic Theory and Practice in Educational Administration)』(1966)에서 교육행정가에게 필요한 철학이론과 실제 사례를 제시하고 있다. 그는 I부 철학과 행정가, II부 철학사상체계, III부 철학적 개념과 행정행위로 나누어 행정가에게 등한시되었던 철학적 무장을 강조하고 있다.

서지오바니(Sergiovanni)와 카버(Carver)는 교육행정은 근본적으로 좋은 또는 더 좋은 과정, 좋은 또는 더 좋은 수단, 좋은 또는 더 좋은 목적과 관련된 하나의 윤리과학(ethical science)이므로 가치 · 선호 · 아이디어 · 열망 · 희망을 완전히 내포한다고 하며, 교육행정을 행동지향적(action-oriented) 응용과학으로 보고 과학적 측면과 직관적 측면, 평가적 측면(신념체제, 철학, 교육목적, 자아개념)을 동시에 강조하고 있다. 그들도 행정에서 의사결정의 중요성을 강조하고 의사결정에 영향을 주는 요소로 (1) 행정가 내부 요인, (2) 인간체제 요인, (3) 조직 내 요인, (4) 환경 요인으로 구분하였다. 여기서 내부 요인은 신념체제를, 인간체제는 윤리과학을 가리키는 것으로 둘 다 철학적 측면이라 할 수 있다.

지금까지 행정의 철학적 측면을 다룬 학자와 책을 중심으로 살펴보았다. 행정에서 철학적 측면은 더욱 중요시되고 있으며, 이에 행정철학이라는 하나의 분야로 형성될 가능성까지 엿보이고 있다. 그리고 최근의 행정과학은 과거의 과학적 행정과는 달리 가치 전제적, 규범적, 윤리적, 철학적 측면까지 포함하려 하고 있다는 것을 지적한다.

3. 교육행정가의 철학과 행정행위의 관계

지금까지 행정과학과 행정철학의 형성 경향에 대하여 언급하였다. 이제 본론에 해당하는 교육행정가의 철학과 행정행위 간의 관계에 대하여 논하고자 한다. 행정은 결국 행정행위로 겉에 나타나게 되어 교육행정을 행동지향적 응용과학이라고 하는 사람도 있다. 그런데 이 행동의 밑바탕에 철학이 깔려 있다는 것은 이미 지적하였다. 그렇다면 행정은 결국 철학을 행동으로 번역하는 것이다. 인간 본성에 대한 철학적 가정이 행정가의 행동과 행정행위에 영향을 주어 겉에 드러나게 된다. 예를 들면, 의사결정이나 정책결정도 철학적 기반에서 나오며, 행정에서 중요한 문제는 거의 다 철학적 개념과 분리하여 해결될 수 없다. 그래서 정책결정은 이론적으로 그리고 가치적으로 행정행동, 즉 행정의 진수(眞髓)이며, 행동철학의 축도로 고려하기도 하며(Hodgkinson, 1978: 67), 심지어 '정책과 철학은 합동'(Hodgkinson, 1978: 66)이라고까지 한다.

이제 행정가의 철학이 어떻게 행정행위로 스며 나오는지 그 개념적 틀(conceptual framework) 몇 개를 살펴보고자 한다.

서지오바니와 카버(1980)는 우리가 이미 살펴본 과학적 측면과 예술적 · 직관적 측면을 투입시켜 철학적 측면의 평가적 망(網)으로 걸러내서 행동이 나와야 효과적인 행정행위가 나온다는 행정효과성 모형을 [그림 12-1]과 같이 제시하고 있다.

이 모형은 행정의 과학적 측면과 예술적 · 직관적 측면을 포함하고 있으며, 양자는 서로 관련짓고 상호작용함으로써 둘 다 성장하고 발전한다. 그리고 과학성과 예술성이 직접 행동으로 나타나는 것이 아니라 지금까지 강조해 온 철학적 측면의 신념체제 · 경영철학 · 자아개념 등의 평가적 망에 의하여 걸러서 행동이 나와야 행정의 효과성이 높아진다는 것이다. 이미 언급한 것처럼 의사결정에 영향을 준다고 생각하는 신념체제 · 인간체제 · 조직체제 · 정치체제 · 행동체제에 의하여 『새로운 학교 집행자(The New

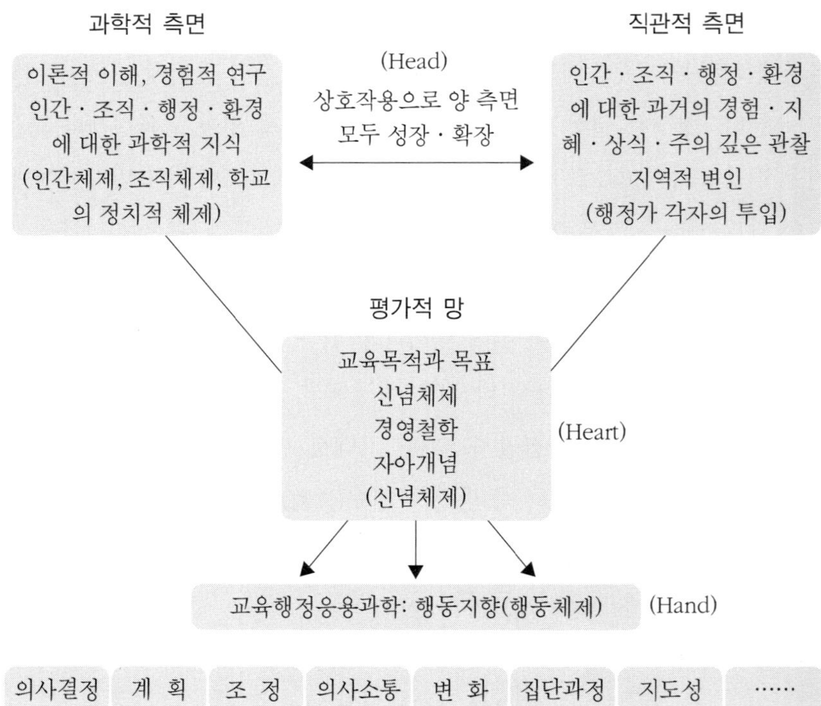

[그림 12-1] 행동효과성 모형

출처: Sergiovanni & Carver (1980). p. 54, 약간 수정

School Executive)』를 꾸미고 있다.

핵 등(Hack et al., 1965)은 체제적 사고에 의하여 행정행위가 나오는 것을 '선행요인(antecedents)'이 행정가라는 '사람'에 투입(input)되어 '표현(manifestations)'으로 산출(output)되는 것으로 보고 [그림 12-2]와 같이 설명하고 있다.

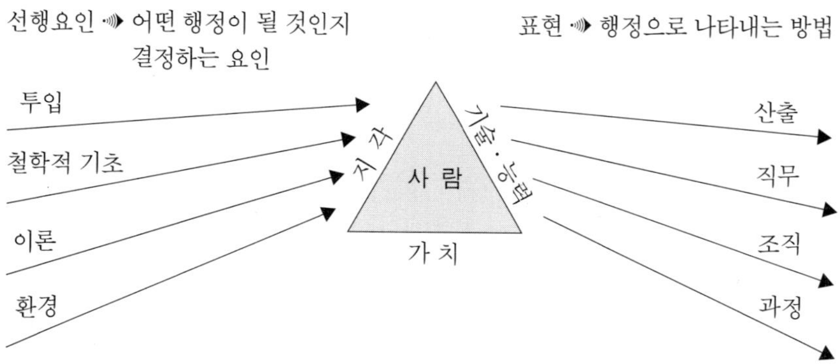

[그림 12-2] 교육행정의 프리즘적 구조

출처: Hack et al. (1965). p. 7.

행정의 국면으로 (1) 철학적 기초(philosophical base), (2) 이론 (theory), (3) 환경(setting), (4) 사람(man), (5) 직무(job), (6) 조직(organi-zation), (7) 과정(process)을 들고 이 일곱 개의 국면으로 그들의 책을 구성하고 있다. 이 그림에서 교육행정가로서의 '사람'은 그 자신의 독특한 '가치' 양식, '지각' 양식, '기술과 능력'이라는 프리즘적 구조로 '선행요인'인 (1) '철학', (2) '행정이론', (3) '사회적 환경'을 굴절시켜 행정가의 (4) '직무'가 정의되고, (5) '조직'이 구체화되고, (6) 행정 '과정'이 결정되어 '표현'으로 등식화된다.

서지오바니와 카버의 행정효과성 모형에서는 과학적 측면과 직관적 측면을 철학이 걸러내는 평가적 기능을 한 반면, 핵 등의 프리즘적 구조에서

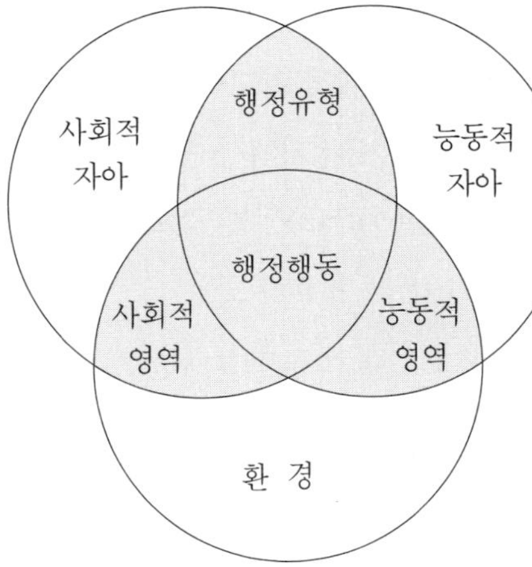

[그림 12-3] 행정행동 모형

출처: Harmon, M. (1980). p. 189.

는 철학과 가치를 나누어 철학이 투입요인이 되고 행정가의 가치관이 걸러내는 평가적 역할을 하고 있다. 이렇게 약간의 차는 있으나 철학은 행정행위의 전제가 되며 투입요인 또는 평가적 기능으로 행정행위에 영향을 주고 있음을 알 수 있다.

하먼(Harmon, 1980)은 행정가의 자아개념을 능동적 자아 대 수동적 자아, 원자적 자아 대 사회적 자아로 나누었다. 그리고 사회적 자아와 능동적 자아, 이를 둘러싸고 있는 환경의 상호작용에 의해서 행정행동이 나오는데, 이는 사회적 가치와 능동적 영역의 가치와 목표의 실현을 위해서 취하는 행동으로 [그림 12-3]과 같이 나타내고 있다.

지금까지 철학이 행정행동으로 나오는 세 가지 모형을 소개하였다. 이를 정리하여 특정 행정가의 철학적 핵, 신념체제로부터 인간 공통의 인간체제와 보다 넓은 조직체제, 그리고 조직 내외의 정치체제를 거쳐서 표면적인 행정행동으로 나온다고 제1부 제2장의 [그림 2-1]과 같이 나타내고자 한다. 행정가의 철학이 튼튼하여 중심을 잘 잡을 때는 인간체제, 조직체제,

정치체제를 통과하는 동안 크게 변질되지 않고 이지러지지 않아 표면에서 크고 둥근 행정행위라는 원을 그릴 수 있는 것이다.

4. 신념 · 논리 · 가치와 행정행위

철학을 소박한 말로 바꾸면 신념 · 논리 · 가치라는 말과 가까워진다. 이제 이들과 행정행위를 관련지어 간단히 살펴보고자 한다.

'당신의 교육철학은 무엇입니까?' 라는 질문은 '당신의 교육에 대한 신념은 무엇입니까?' 로 대치될 수 있다. 신념은 교육에 대한 개인철학을 구성하고 '교육철학은 교육에 대한 일련의 신념' (Fitzggibbons, 1981: 23)이라고 할 수 있는데, 한 사람의 교육적 신념에는 경험적 신념과 철학적 신념의 두 종류의 신념이 있을 수 있다.

교육행정가가 어떤 결정을 할 때도 그 사람의 신념에 기반을 둔다. 어떤 결정을 하려면 여러 대안들을 고려하기 때문에 의사결정자는 무엇보다 먼저 여러 대안들이 존재한다는 것 자체를 믿어야 한다. 신념이 합리적 결정을 위한 근거가 되는 두 번째 방법은 어떤 결정의 '합리성' 을 다룬다는 것이다. 어떤 결정에는 이유가 있으며 바로 그 이유가 합리성이 된다. 이 합리성은 결정자의 신념에서 나온다. 신념이 합리적 결정의 근거가 되는 세 번째 길은 각 결정에 대한 이유가 적절해야 한다는 것이다.

교육행정가가 인간은 본래 선하다는 인간에 대한 신념을 가질 때 그는 맥그리거(McGregor)의 Y이론의 경영철학을 가질 것이며, 그 결과 부하 직원에게 많은 자율성과 재량권을 주고 위임하는 행정행위로 번역되어 나올 것이다. 그러나 인간은 믿을 수 없는 존재라는 신념을 갖는다면 X이론의 경영철학으로 번역되어 그 반대 행정행위가 나오게 될 것이다. 이렇게 교육에서 무엇이 어떻게 이루어져야 한다고 믿느냐는 바로 그 사람의 행정행위를 결정한다.

어떤 결정을 위한 합리성은 바로 논리적 사고라고 할 수 있다. 행정가의 많은 행정은 논리성과 논리적 판단에 의하여 나오지만 반드시 그럴 수만은 없다. 의사결정이나 정책결정의 합리적 모델(rational model)이나 합의결정 모형(consensus decision making)에는 제한이 있게 마련이다. 처음부터 인간의 합리성에는 한계가 있기 때문이다(Simon, 1976). 예를 들면, 조직 내외의 힘에 의한 정치적 영향이 행정행위에 강하게 작용하여 결정에 이르게 되는 정치적 모형이 있다. 즉, 학교 수준이나 지방자치의 교육청 수준에서의 어떤 결정은 교육행정가의 어떤 합리성이나 논리성 이외에 각 이익집단 간의 힘의 다툼과 균형에 의하여 이루어지는 수가 많다. 그렇다고 해도 행정에서의 논리는 행정과학과 행정철학의 양면에서 중요한 위치를 차지하고 있다.

핵 등의 모델에서나 벨론 등의 신행정학의 모임에서는 가치를 행정의 중심으로 삼고 있다. 과학적이라는 것은 무엇보다도 '가치 배제(value-free)'로 번역되었다. 현대의 비평에 따르면 가치 배제적 사회과학은 불가능하다. 사실은 관찰자와 독립하여 존재할 수 없고, 우리 인간의 신념 · 소망 · 가치 · 사회화는 우리가 '보는 것(see)' 을 채색한다.

벨론(1980)은 가치정의 접근으로 (1) 주관주의(subjectism), (2) 유기사회주의(biosocialism), (3) 논리실증주의(logical positivism), (4) 상호주관성(intersubjectivity)을 들고 '어떤 대상에 붙여진 인지적-정의적 의미' 라 정의한다.

그리고 가치를 (1) 인간의 창조로서의 가치, (2) 사회-심리학적 과정으로서의 가치, (3) 대상-지향 활동으로서의 가치로 보고 있다. 클레이튼(Clayton, 1980)도 (1) 행정가는 결코 가치 중립일 수 없고, (2) 행정가는 공적인 일을 할 때 가치를 창조 · 변화시키며, (3) 기술은 점점 더 중요한 역할을 한다고 주장한다(p. 74). 그리고 행정가는 가치에 관한 인지적 기반을 제공해 주는 사전 · 사후 교육만으로 충분치 못하고 실제 문제(real issues)를 풀어야 하며(p. 77), 기술자는 무엇이 가능한가를 명백히 해 줄 수 있지만 행정가는 무엇이 바람직한가를 명백히 할 수 있도록 도와줄 필요가 있는 것이다(p. 78).

비단 행정가뿐만 아니라 각 조직 구성원은 하나의 가치실천자(a value actor)(Hodgkinson, 1978: 126)라 할 수 있다. 여러 개의 대안 중에서 하나를 선택하는 의사결정은 가치위계 또는 가치순서에 근거하여 선호의 순서를 포함하는 것이다. 기술적 · 정치적 · 과학적 · 심리적 · 논리적 가치체제(Huebner, 1966: 14) 등의 기준에 의한 비중에 의하여 가치의 순서를 매기고 행정가의 선호가 작용하여 결정에 이르게 된다.

정책이라는 것도 가치를 조작적으로 진술한 것(Kogan, 1975: 55)에 지나지 않으며 가치를 추구하기 위하여 작용한다(주삼환 역, 1983: 57). 어쨌든 가치의 실현을 위해서 행정행위로 나타난다.

5. 여러 철학파의 교육행정 행위에 대한 시사

철학파를 여러 가지로 이름을 달리하여 분류할 수 있으나, 여기서는 그래프 등(1966)에 따라 (1) 이상주의(idealism), (2) 현실주의(realism), (3) 논리실증주의(logical positivism), (4) 실용주의(pragmatism), (5) 실존주의(exisentialism)의 교육행정 행위에 대한 시사점을 간단히 요약하고자 한다. 각 학파에 대한 설명은 생략하기로 한다.

1) 이상주의

이상주의의 주요 특징은 변화에 대한 저항이다. 이상주의는 현상유지를 추구한다. 현 시대의 사회적 · 경제적 · 정치적 · 공학적 혁명에 당면하여 이상주의는 '아름다웠던 옛날로의 복귀(go back to the good old days)' 인 것같이 보인다. 그러나 오늘날의 행정가는 변화에 대처할 행정능력을 증대시키는 철학적 전망을 요구받고 있다. 그래서 이상주의는 오늘날의 교육행정에서는 적절치 않은 것 같다. 우리의 세계는 변화의 세계며 우연성과 가능성의 세계이기 때문이다. 이상주의적 신조를 계속 실천하고 있는 교육행정가는 시대에 어긋났을지도 모른다. 그런데도 어떤 행정가는 자기 일의 어떤 측면에서 이상주의적 의미를 수용하고 있으며, 또 이상주의는 교육행정에 중요한 영향을 끼쳐 왔고 또 계속 영향을 주고 있다. 이상주의자는 개인의 권위에 의지하고 어떤 문제점에 부닥치면 그것을 해결하기 위한 방도로 직원들을 소집하여 '아이디어 교환'을 하게 하고 '해결'에 동의하게 할 것이다. 또 사회사건으로부터 교사와 학생을 보호하려는 입장을 취하고, 결과적으로 학교는 지역사회와 담을 높이 쌓게 된다. 이상주의 교육행정가는 보수적 행정행동을 취하게 될 것이다.

2) 현실주의

현 시대의 많은 사람들이 인간은 우주의 심층적 비밀을 발견할 것이라는 신념을 즐기고 있다. 완전한 철학체제로서의 현실주의의 성장은 대개 과학의 발달과 병행하여 이루어졌다. 현실주의는 서구 문화의 과학의 성장과 발전을 위한 중요한 철학적 기반을 제공해 주었다. 대부분의 초기 과학자들은 현실주의자였다. 그들은 자연의 보편적 법칙을 발견하고 있었다. 현실주의자들은 저절로 이상주의의 적이 되었고 다양한 가정 때문에 이들의 공존은 불가능하게 되었다. 그들은 실제 세계는 감각을 통해서 의식으로 직접 해석된다고 가정하였다.

교육행정은 현실주의자의 사고에 의하여 많은 다양한 방법으로 영향을 받아 왔고 또 지금도 받고 있다. 이 분야의 많은 학자들은 특히 과학적 방법에 대한 현실주의자의 강조를 끌어들여 왔다. 다른 어느 분야에서보다 행정 분야에서 과학적 연구의 가치가 인정받아 왔다. 학생진급 · 성적평가 체제, 건물 · 건축 재정체제의 조직은 정확한 과학적 방법이 실제에서 가장 중요한 전환으로 작용해 온 부문이다.

특히, 교육행정과 공공행정에서 과학적 관리운동은 현실주의 운동에 의하여 나온 것이다(Graff et al., 1966: 140). 교육행정에 대한 현실주의의 초기 경향은 교육행정을 하나의 연구 분야로 성립시키는 데 하나의 자극제로서 크게 공헌하였다.

3) 논리실천주의

현대 논리실증주의 또는 논리적 경험주의는 하나의 철학으로 발전하는 데 빈 대학교의 소집단 학자(비엔나 서클)들에 힘입은 바 크다. 사실 교육에서 많은 교육실천가와 교육인사들은 증대되는 과학적 방법에 대한 안내로 많은 득을 얻었다. 논리실증주의에 안내된 사람들은 과학이 사람이 살아가기 위한 최선의 길을 밝혀 줄 것이라 믿기 때문에 가치를 발전시키는 것은 교육의 관심으로는 적당치 않다고 생각하였다. 더구나 논리실증주의자들에게 가치는 과학적 과정에 들어가지 않기 때문에 가치문제는 의미가 없다는 것이다. 이것은 이 논문에서 가치를 강조한 것과는 정반대의 견해다. 그러나 교육에 대한 논리실증주의의 가장 큰 기여는 사고의 명백성, 언어의 정확성, 추리의 일관성 그리고 행동의 합리성에 대한 주장이라고 할 수 있다.

논리실증주의자들의 합리적 · 논리적 · 과학적 경향성을 띤 저서들은 전통적으로 교육행정가들에게 강하게 어필해 왔다. 우선 그들은 사실의 문제와 가치의 문제를 구별하여 사실의 문제는 과학의 영역이며 가치의 문제는 과학적 방법으로 해결될 수 없다고 주장하는 데 실증주의자들과 합세하였다. 그러므로 만일 교육행정이 하나의 과학이라면 'What ought to be'가 아닌 'What is'에 관심을 가져야 한다는 것이다. 어쨌든 사실과 가치, 'What is'와 'What ought to be'의 양분은 교육행정에 중요한 영향을 주었다. 사실과 가치의 구별을 위한 시도로 사이먼의 『행정행위(Administrative Behavior)』가 이론을 위한 출발점이 되었고, 이 책을 통해 철학과 교육행정을 관련지어 관심을 갖게 되었다. 논리실증주의자들은 교육행정이 과학이 되려면 철학적이지 말아야 하며, 과학을 통해서만 교육행정에 대한 지식의 체계가 발견될 수 있다고 주장한다.

교육행정에 대한 논리실증주의의 영향은 교육행정의 과학화인데, 그들의 주장은 김광웅의 가치 전제적 행정과학과는 달리 가치 배제적, 가치 중립적, 과학적 행정이라 할 수 있다. 교육행정이 진실로 과학적이고자 한다면 경험적으로 검증되지 않은 가치 · 윤리 · 도덕의 문제(규범적이고 당위적인 고려)는 제거되어야 한다는 그들의 주장은 이 논문이 강조하는 논리와 어긋난다.

4) 실용주의

실용주의는 미국의 철학으로서 교육에도 영향을 준 바 크다. 실용주의는 교육이라는 경험 속에 전인적 어린이(whole child), 생물적 어린이, 사회적 어린이를 포함시키는 것이 중요하다고 강조한다. 또 그들은 이 세상에 절대적인 것도, 궁극적 실재도, 권위적 인물도, 영원한 다양성도 없다고 믿는다.

행정은 어떤 '해답'과 '해결'을 추구하고 실행하는 과정의 중심이기 때문에 행정기능의 실용주의적 개념은 다른 철학적 입장에 의하여 지지되는 행정개념에 비하여 그 범위와 중요성에서 훨씬 더 넓고 크다(Graff et al., 1966: 186).

또 실용주의는 진정한 민주행정을 위한 철학적 근거를 제공해 준다. 모든 사람이 교육에 관한 어떤 결정에 의하여 영향을 받아야 하기 때문에 결정에 의하여 영향을 받는 모든 사람을 의사결정 과정에 포함시켜야 한다는 것이다. 이러한 생각은 참여행정, 참여장학(participative supervision) 등을 낳게 되었다. 만일 공중에게 기본 이슈에 대하여 알 수 있는 기회가 주어진다면 최선의 대안이 선택될 것이라고 믿는다. 그래서 실용주의는 교육에 관련된 공공정책을 형성하는 데서 교육행정가의 지도적 역할에 주민 참여를 위한 철학적 근거가 된다. 현대사회에서 지적 결정을 하려면 점점 더 이러한 참여가 필요하다는 것이다.

실용주의 철학은 다른 가설이 검증되듯이 교육행정가들도 자기의 신념과 가치를 검증할 것을 촉구한다. 행정가들의 옳고 그름(그들의 도덕성)은 그들이 산출하는 결과로 나타날 것이다. 어떤 행정가의 행위는 그 결과에 대한 지적 평가에 근거하여 긍정되거나 부정될 것이다. 실용주의 철학은 행정과정의 본질을 솔직하게 조사하여 모든 측면에서 행동을 위한 지적 기반에 도달해야 한다고 주장한다(Graff et al., 1966: 187). 어쨌든 실용주의가 민주교육행정을 위한 기반이 된 것만큼은 확실하다.

5) 실존주의

전통적 철학들을 객관적 견지에서 대우주의 질서를 찾아보려는 철학이라고 한다면, 실존주의는 주관적 입장에서 사람 자신을 살펴보려는 철학이라 할 수 있다. 실존주의는 우리와 멀리 떨어져 있어 우리와 직접 관련이 적은 외적 세계에 관심이 있는 것이 아니라 사람 자신의 문제, 우리와 절실한 관계에 얽혀 있는 애환과 생사와 사랑과 운명과 같은 실제 생활에 관한 문제에 더 큰 관심을 가지고 있다. 이러한 관심은 자연교육에 지대한 영향을 미치지 않을 수 없다(오천석, 1982: 110-111).

오천석은 실존주의자가 교육에 주는 의의로 (1) 개인 중요성의 강조, (2) 사회적 적합에 대한 반항, (3) 전인교육, (4) 인격교육, (5) 자아인지를 위한 교육과정을 들고 있다(오천석, 1982: 110-117).

교육행정가는 교육목적, 전문성의 향상, 교육행정 조직의 바람직한 목표와 목적에 강력히 참여할 필요가 있다. 행정가는 자기 자신의 신념과 가치를 확인할 책임감과 자기가 자기 자신의 생에 이르고자 하는 철학적 가정, 자기 행정행위의 근거가 될 철학적 가정에서 선택에 대한 책임감을 요구한다. 일어나는 것에 대한 책임에 주의를 기울일 것을 강력히 요구함으로써 실존주의는 교육행정에 영향을 주고 있다.

실존주의자에게 과학은 인간이 어떤 목적을 선택하든 그 목적을 위한 단순한 하나의 도구에 불과하다는 것을 우리들에게 기억시켜 주고 있다. 교육행정가는 오늘날 과학과 과학적 방법에서 많은 것을 배워야 하는 동시에 과학의 한계성과 인간의 도구로서의 기능을 인정해야 한다. 개인은 자기 자신의 행동강령과 자기 행위방법을 완전히 자유로이 선택하되, 그것에 대하여 책임을 져야 한다는 것을 교육행정가에게 일러 준다. 또 실존주의는 교육행정가에게 논리실증주의의 과학적 결정주의가 위험한 것과 마찬가지로 도덕적 상대주의와 비합리주의가 위험하다는 것을 가르쳐 준다. 즉, 행정가는 뭐든지 원할 수 있고 원하는 대로 행동하고 자유로이 마음대로 하고자 하는 한 자기가 바라는 대로 기회적이고 조작적이고 개발적이되, 실존주의자의 견해로는 반드시 책임감이 있어야 하며 도덕적이어야 한다는 것이다. 그러므로 실존주의적 교육행정가는 부하 직원들에게 자율성과 동시에 책임성, 인간 존엄성을 강조하는 행정행위를 나타낼 것이다.

지금까지 이상주의, 현실주의, 논리실증주의, 실용주의, 실존주의의 교육행정 행위에 대한 시사를 간단히 살펴보았다. 이로써 교육행정가가 어떤 철학 학파의 견해를 가지고 있느냐에 따라 똑같은 조건, 똑같은 상황에서 똑같은 행정과제를 놓고도 각각 다른 행정행위를 하게 된다고 할 수 있다.

6. 결 론

행정가들이 똑같은 상황에서 각각 다른 행정행위를 보여 주는 것은 그 사람이 가지고 있는 신념이나 가치관 또는 사물이나 상황에 대한 지각 등이 다르기 때문이며, 그중에서 행정가의 신념이나 가치관 등 그 사람이 갖고 있는 철학은 행정행위에 중요한 영향을 줄 것이라 하였다.

그럼에도 불구하고 지금까지 겉으로 드러나는 행정행위나 기능에는 많은 관심을 기울여 왔으나 행정행위의 밑바닥에 깔려 있는 행정가의 철학에 대하여는, 또 철학과 행정행위의 관계에 대하여는 비교적 관심과 연구와 문헌이 적었다.

그러나 최근 한쪽에서는 행정의 과학적 접근으로 행정과학이 나오는 반면, 또 한쪽에서는 행정과 철학을 접목시키려는 행정철학의 움직임이 보이고 있다. 행정과학이라 하더라도 논리실증주의에서처럼 가치 배제적인 사실 편중의 과학이 아니고 가치 부여적, 규범적, 윤리적 과학으로서의 행정과학의 성립은 행정에서의 철학적 측면까지를 포함하는 것이다. 그러나 행정에서 철학적 측면에 비중을 더 둔다면 이 방면에 대한 체계적 연구를 필요로 하여 하나의 연구 분야로 대두될 가능성이 있다.

서지오바니와 카버(1980)의 행정의 효과성을 위한 개념적 틀에서 행정가의 신념체제와 철학은 교육행정에서 다루고 있는 과학적 측면의 제 이론과 직관적 측면의 경험을 걸쳐서 평가한 다음 행동으로 옮겨야 한다는 좋은 모델이었다. 핵 등(1965)의 모델에서 철학과 이론은 투입변인이었으나 행정가의 가치관이 투입요인들을 걸러내는 매개변인의 역할을 하여 겉에 드러나는 행정 현상을 올바르게 해 준다는 것을 알 수 있었다. 하먼(1980)은 행정행동을 사회적 자아와 능동적 자아와 환경의 관계 속에서 설명하였다. 그리고 필자는 우선 행정가의 신념체제에 해당하는 철학적 핵으로부터 서지오바니가 말한 인간체제 · 조직체제 · 정치체제를 거쳐 표면의 행동으로 나타난다고 하였다. 어쨌든 이러한 모델에서 행정가의 행동은 그 사람의 철학에 비추어 본 다음 나오게 되며, 또 그래야만 올바른 행정행위가 나올 것이라는 것을 알 수 있다. 그런데 비추어 볼 거울이나 프리즘적 역할을 하는 행정가의 신념이나 철학 또는 가치관이 없거나 잘못되었을 때는 문제가 될 것이라는 것을 암시해 주고 있다. 여기서 행정가에 대한 철학적 기반의 중요성이 강조된다.

그리고 행정가가 어떤 주의나 철학에 기울어져 있느냐가 교육행정 행위에 어떤 영향을 주느냐에 대하여도 약간 살펴보았다.

이상의 논의를 바탕으로 몇 가지 나름대로 정리할 필요가 있다.

첫째, 교육행정에서 철학적 접근이 중요시되며 하나의 연구 분야로 형성될 가능성이 있다.

둘째, 교육행정에서 철학은 행정행위를 만들어 내는 투입요인들을 걸러내는 평가적 역할을 하고 있다.

셋째, 교육행정가가 어떤 철학(주의)을 가졌을 때 어떤 행정행위를 보여주는가에 관한 경험적 연구가 필요하다. 또 우선 교육행정가 · 교사 · 학부모 등이 어떤 철학에 많이 기울어져 있는가에 관한 조사 · 연구부터 해 볼 필요가 있다. 여기서 각 집단 간에 신념 · 철학 · 가치 등에 차가 있다면 갈등의 원인이 될 수도 있기 때문이다.

넷째, 교육행정가의 철학을 위한 교육 프로그램, 교재 개발 등이 시급히 요청되고 있다.

이 논문은 교육행정에서 행정행위와 행정가의 철학 간의 관계에 관한 간단한 문헌적 고찰과 약간의 의견에 불과하다. 앞으로 각 용어의 개념 정의부터 분명히 하는 기초 연구에서 철학과 행정행위의 관계를 다루는 경험적 연구에 이르기까지 보다 집중적인 연구가 요청된다. 교육행정가에게 철학의 중요성이 강조되는 계기가 되었으면 한다.

참고문헌

김광웅(1983). **행정과학서설**. 서울: 박영사.

백현기(1977). **교육행정의 기초**. 서울: 배영사.

오천석(1982). **교육철학신강**. 서울: 교학사.

이규호(1971). 교육현상과 교육학. 한국교육학회 편, **교육의 철학적 이해**. 서울: 배영사.

이돈희(1977). **교육철학개론**. 서울: 박영사.

이돈희(1983). **교육과학의 논리**. 서울: 교육출판사.

정세구(1984). **가치이론과 가치교육**. 서울: 교육출판사.

주삼환 역(1983). **교육정책의 새로운 방향**. 서울: 교육과학사.

한동일 역(1983). **교육철학**. 서울: 종로서적.

Bellone, C. J. (Ed.)(1980). *Organizational Theory and the New Public Administration*. Boston: Allyn and Bacon.

Broudy, H. S. (1965). "Conflict in Value". In R. Ohm & W. Monohan (Eds.), *Educational Administration-Philosophy in Action*. Norman: University of Oklahoma, College of Education.

Clayton, R. (1965). "Technology and Values: Implications for Administrative Practice" in Bellone' s *Ibid*.

Fitzgibbons, Robert E. (1981). *Making Educational Decisions: An Introduction to Philosophy of Education*. N.Y.: Harcourt Brace Jovanovich, Inc.

Graff, O. B. et al. (1966). *Philosophic Theory and Practice in Educational Administration*. Belmont, California: Wadsworth Publishing Co., Inc.

Gulick, L., & Urwick, L., (Eds.)(1973). *Papers on the Science of Administration*. N.Y.: Columbia University, Institute of Public Administration.

Hack, W. G., Ranseyer, J. A., Gephart, W. J., & Hock, J. B. (Eds.)(1965). *Educational Administration: Selected Readings*. Boston: Allyn and Bacon.

Harmon, M. (1980). "Toward an Active Social Theory of Administrative Action: Some Emprical and Normative Implication" in Bellone' s *Ibid*.

Hodgkinson, C. (1978). *Towards a Philosophy of Administration*. N.Y.: St. Martin' s Press.

Huebner, D. (1966). "Curriculum Language and Classroom Meanings". In J. B. MacDonald & R. R. Leeper (Eds.), *Language and Meaning*. Washington, D.C.: ASCD.

Kogan, M. (1975). *Educational Policy-Making*. London: George Allen & Unwin Ltd.

Miles, R. E. (1975). *Theories of Management: Implications for Organizational Behavior and Development*. N.Y.: McGraw-Hill Book Co.

Sergiovanni, T. J., & Carver, F. D. (1980). *The New School Executive*. (2nd ed.). N.Y.: Harper & Row, Publishers.

Simon, H. A. (1976). *Administrative Behavior: A Study of Decision-Making Processes in Administrative Organization* (3rd ed.). N.Y.: The Free Press.

Simon, H. A., Smithburg, D., & Thompson, V. (1950). *Public Administration*. N.Y.: Knopf.

제13장
교육행정가의 철학연구

1. 서 론

이 연구는 『교육행정가의 행정행위에 대한 철학적 영향』(주삼환, 1983)과 관련된 하나의 후속연구라 할 수 있다. 교육행정가의 행정행위는 그 사람의 철학에서 나와야 하고 또 많은 행정행위가 그 사람의 철학과 관련되어 있는 것이 사실이기 때문에 교육행정가의 행정행위를 올바로 이해하기 위해서는 그의 철학을 이해하여야 할 것이다. 그런데 지금까지 교육행정에서 행정과정에 철학, 신념, 가치 등이 어떻게 스며드는지에 대하여는 비교적 관심이 적었고 겉으로 드러나는 기능 위주의 기획, 조직, 인사, 지휘, 조정, 보고, 예산, 통제 등 행정행위에 주로 관심과 노력이 집중되어 왔다. 그 이유 중의 하나는 겉으로 드러나는 행정행위는 관찰하기 쉽고 측정하기 쉬워서 계량화하기 쉬운 반면, 교육행정가의 철학과 신념, 가치 등은 관찰도,

측정도, 계량화도 어렵기 때문이었을 것이다. 또 하나 생각할 수 있는 것은 과학적 관리운동 이후 사이먼의 『행정행위(Administrative Behavior)』에서 가치 배제적 행정이 주장되고 논리실증주의의 행동과학의 영향으로 다양한 계량기법에 압도되어 행정이 관리 수준으로 떨어지고(양자의 관계에 대해서는 Hodgkinson, 1978: 4-6 참고), 행정행위의 근원이 되는 철학적 측면에 대하여는 관심이 적었던 것이 사실이다.

그리고 교육행정이 교육학을 모학문으로 한다면 가치 전제적이고 윤리적·철학적인 것을 밑바탕에 깔고 출발하여야 할 텐데, 일반행정이나 교육학의 기법들에 너무 치우치고 그쪽에서 하는 대로 교육행정이 덩달아 춤을 추었던 점도 있다. 그런데 공공행정 부문에서도 1968 미노북(Minnobook) 회의를 기점으로 젊은 행정학자 중심으로 가치 전제적, 윤리적, 철학적 측면을 강조하는 신행정학(New Public Administration)(Marini, 1978; Frederickson, 1980; Bellone, 1980 참조)을 형성하고 호지킨슨(1978) 같은 사람은 행정학과 철학를 접목시켜 행정철학(주삼환, 1984)을 형성하려 하고 있다. 또한 교육행정 분야에서도 서지오바니와 카버가 신념체제를 『새로운 학교 집행자(The New School Executive)』(1980)의 한 부로 다루었고, 킴브로(Kimbrough)와 너너리(Nunnery)가 그들의 책(1976)에서 가치의 문제를 취급하였으며, 우리나라에서는 백현기(1977)가 약간 철학적 측면을 다루었고, 최근 남정걸(1984)이 『행정관과 교육철학』을 한 개의 장으로 다루었다. 어쨌든 교육행정에서 행정가의 철학, 신념, 가치 등에 대하여 새로운 관심을 돌려야 할 입장에 있다.

이 연구는 이러한 배경과 상기한 연구자의 문헌연구에 바탕을 두고 1차적으로 교육행정가가 실제 어떠한 철학을 가지고 있는가 알아보고자 하는 경험적 연구다. 여기서는 철학이라는 말을 소박한 표현으로 하여 교육적 신념이라 하였고, 교육행정가 중에서도 장학사(관)에 관심을 집중하였다. 교육적 신념은 (1) 인간의 본성, (2) 지식, (3) 가치의 세 영역을 포함하는데,

(1) 이상주의(관념론), (2) 본질주의, (3) 실용주의, (4) 실존주의, (5) 행동주의로 나누어 보게 된다.

이 연구의 주요 관심을 구체적으로 표현하면, 첫째 장학사들의 교육적 신념은 위의 다섯 갈래 중 어느 쪽으로 기울어지는지, 둘째 장학사와 교사 간에는 교육적 신념에 차가 있는지, 셋째 장학사와 교사 전체의 하위집단 간(남 : 여, 초 : 중등, 사범계 : 비사범계, 고 : 대 : 대학원 출신, 교육경력, 연령의 다 : 중 : 소)의 교육적 신념에 차가 있는지 알아보고자 하는 것이다.

장학사와 교사의 교육적 신념을 알아봄으로써 우리의 교육이 어느 방향으로 가고 있는가를 알 수 있고, 또 우리 교육이 나아갈 교육목표의 설정 근거로 도움이 될 것이다. 그리고 장학사와 교사, 또 다른 하위집단 간에 교육적 신념에 차가 있다면 그것이 장학에서 갈등의 한 원인이 되는 것은 아닌가 알아볼 수도 있다.

연구대상인 충남도 내 200명의 교위, 교육청 장학사(관)와 90명의 교사(1개 고교에서 50명, 1개 초교에서 40명)에게 교육적 신념 질문지(Minnesota Analysis of Beliefs in Education: MABE를 연구자가 번역하여 한국 상황에 맞게 수정한 것. Minnesota Department of Education, Division of Instruction, Elementary and Secondary Education Section이 개발)를 적용하여(장학사에게는 우편으로, 교사에게는 인편으로 배부 회수) 자료를 수집하였다(회수율은 73.5%). 질문지의 회수 상황은 〈표 13-1〉과 같으며, 실제 분석된 대상은 장학사(관) 124명, 교사 89명으로 총 213명이었다. 구체적으로 초등 장학사 68, 중등장학사 56; 초등교사 40, 중등교사 49; 남자 185, 여자 28; 사범계 출신 154, 비사범계 출신 59; 고졸 95, 대졸 118(대학원 6명 포함); 경력 4~19년 54, 20~29년 82, 30~40년 77으로 4~40년 범위에 평균경력 25.25년; 연령 20, 30대 35, 40대 61, 5, 60대 117으로 26~61세 범위에 평균연령 47.68세였다.

이 표집으로 보아 장학사가 많이 표집되고, 남자가 많으며, 장학사와 교

〈표 13-1〉 표집분포 상황표

		성별		출신계		학력	경력(년)				연령(년)			계		
		남	여	사범	비사범	고졸	대졸(원)	4~19	20~29	30~29	26~39	40대	50~61			
장학사	초등	66	2	56	12	59	9	0	19	49	0	16	52	68	124	213
	중등	55	1	39	17	6	50	0	36	20	0	5	51	56		
교사	초등	26	14	33	7	26	14	18	14	8	14	16	10	40	89	
	중등	38	11	26	23	4	45	36	13	0	21	24	4	49		
계		185	28	154	59	95	118	54	82	77	35	61	117			
		213		213		213		213			213					

사 간에 경력과 연령에 너무나 많은 차이(장학사 평균경력 30.6년, 교사 평균경력 17.7년, 장학사 평균연령 52.4세, 교사 평균연령 41.1세)가 있는 편포를 이루고 있다.

이 질문지는 교육에 대한 신념을 인간 본성(human nature)(1~30번 문항), 지식(knowledge)(31~60번 문항), 가치(value)(61~90번 문항)의 세 영역에서(각각 30개 문항) (1) 이상주의(idealism)(3, 10, 13, 17, 21, 29; 35, 39, 41, 48, 55, 58; 64, 68, 71, 76, 84, 87), (2) 본질주의(essentialism) (4, 9, 15, 20, 22, 29; 31, 36, 43, 49, 54, 56; 65, 69, 73, 80, 82, 88), (3) 실용주의(pragmatism)(2, 6, 12, 18, 23, 26; 34, 38, 42, 46, 53, 60; 61, 66, 75, 78, 83, 90), (4) 실존주의(existentialism)(5, 8, 11, 16, 24, 27; 33, 40, 45, 50, 52, 59; 63, 67, 74, 79, 85, 89), (5) 행동주의(behaviorism)(1, 7, 14, 19, 25, 30; 32, 37, 44, 47, 51, 57; 62, 70, 72, 77, 81, 86)(각각 18문항씩)에 대체로 동의하는가(mostly agree) 대체로 동의하지 않는가(mostly disagree)로 알아보아 동의한다고 표시한 빈도 수를 세어 어느 주의에 많이 기울어지는가를 알아보게 되어 있다. 이 질문지는 개인 교육적 신념뿐만 아니라 집단의 신념도 분석할 수 있게 되어 있고, 또 전문용어를 쓰지 않고 평이한 용어를 써서 교육자뿐만 아니라 지역사회 주민, 학부모의 교육적 신념도 잴 수 있

도록 되어 있다고 한다. 그러나 실제로는 워낙 철학적 · 추상적 용어가 많아 문항의 뜻 이해에 아직도 어려움이 있다. 원래 MABE의 피어슨(Pearson) 상관계수에 의한 재검사 신뢰도는 이상주의 r=.69, 본질주의 r=.64, 실용주의 r=.71, 실존주의 r=.53, 행동주의 r=.79였다.

자료처리는 '대체로 동의한다' 에 표시된 문항의 빈도 수를 5개의 철학주의별로 세어 개인 점수를 내고 집단의 평균을 내어 그 집단의 대체적인 경향을 알아보았다. 그리고 집단 간의 차의 비교는 F검증을 하였다. 자료분석은 충남대 전자계산소의 STATS 프로그램을 사용하였다.

이 연구의 결과는 (1) 교육자들이 어떤 철학적 지향(philosophic orientation)으로 이끌고 있는지 알 수 있고, (2) 특히 장학사가 어떤 철학에 의하여 장학의 지도성(supervisory leadership)을 발휘하는지 알 수 있으며, (3) 장학사와 교사 사이에 교육적 신념에 어떤 차가 있는지 알게 되어 갈등의 원인을 밝히게 될 것이다. 그래서 결국 (4) 교육목표 설정, 교육과정 구성, 학습지도 방법에 어떤 단서를 주게 될 것이며, (5) 장학의 질 향상에 어떤 단서를 줄 것으로 기대한다.

2. 이론 고찰

교육행정가의 올바른 행정행위는 그의 올바른 철학에서 나오게 되는데, 서지오바니와 카버(1980)는 철학, 신념, 자아개념, 교육목적과 목표가 교육학의 과학적 측면과 개인의 직관적 측면을 걸러내어 겉으로 드러나는 행정행위를 내보내는 평가적 망이라는 행정효과성 모형을 제시하고 있다(주삼환, 1983에서 모형 참고). 그러나 핵 등(1965)은 철학적 기초를 투입요인으로 보고, 대신 행정가의 지각 · 기술과 능력 · 가치가 걸러내는 프리즘의 기능을 하여 행정행위가 산출되는 것으로 본다(주삼환, 1983에서 프리즘적 구조 참고). 그리고 하먼(1980)의 모델은 능동적 자아(active self)와 사회적 자아(social self)가 환경과 상호작용하여 행정행동을 만들어 내는 것으로 제12장의 [그림 12-3]과 같이 나타내고 있다.

연구자는 이를 검토한 후 행정가의 '철학적 핵(신념체제)' 에서 출발하여 인간의 욕구, 바람, 열망, 희망 등의 '인간체제' 의 영향을 통과하고, 그가 숨쉬고 일하는 조직의 조직 형태, 권위 형태, 조직 역동성 등 조직풍토라는 '조직체제' 의 영향을 거쳐, 보다 넓은 정치적 · 문화적 상황이라는 '정치체제' 의 영향을 통과해서 행정행동을 하는 '행동체제' 로 나타난다고 제12장의 [그림 12-4]와 같이 정리한 바 있다(주삼환, 1984).

물론 철학과 관련 없이 나타나는 우연한 행동이나 즉흥적인 행동, 외부의 압력에 의한 행동도 있을 수 있으나 이는 올바른 행동이라 할 수 없고, 또 이러한 행동도 어떤 의미에서 보면 그 자체가 개인의 철학에 의한 행동이라 할 수 있다.

철학과 행동의 이러한 관계는 장학사의 장학행위나 교사의 교수행위에서도 마찬가지일 것으로 본다. 장학사의 철학에서 나온 장학행위는 교사의 교수행위에 영향을 주려 할 텐데, 장학사의 장학행위가 교사의 철학이나 신념과 다를 때 이는 심각한 갈등을 일으킬 것으로 미루어 짐작할 수 있다. 그래서 이 연구에서 장학사와 교사의 교육적 신념에 차가 있는지 알아보고자 하는 것이다. 이것은 [그림 13-1]과 같이 나타낼 수 있다.

철학은 주로 실재하는 것이 무엇이냐를 다루는 형이상학(metaphysics)과 지식이 무엇이냐를 다루는 인식론(epistemology), 가치가 무엇이냐를 다루는 가치론(axiology)으로 나누어 볼 수 있다. 그렇지만 교육적 신념 질문지(MABE)는 교육과 관련이 깊은 인간 본성을 형이상학 대신에 넣어 구성하게 되었다. 인간의 본성을 어떻게 보느냐는 인간관, 즉 학생관과 직접 관련되기 때문이다. 나머지 지식과 가치에 관한 것은 마찬가지로 다루고 있다.

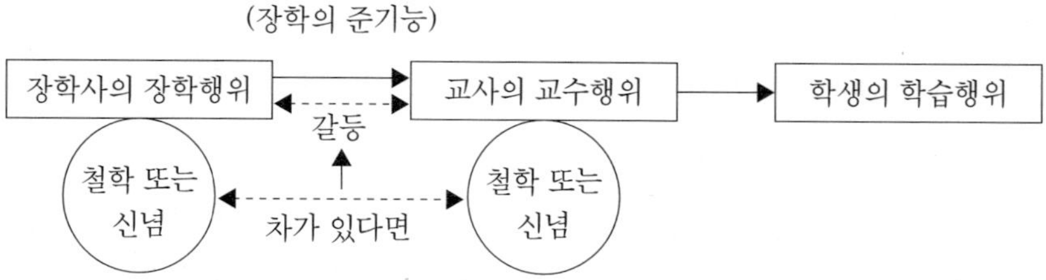

[그림 13-1] 장학사와 교사의 교육적 신념과 장학

철학의 학파를 나누는 데는 학자에 따라, 책에 따라 여러 가지로 나누고 있으나 여기서는 MABE의 분류에 따라 다섯으로 나누어 간단히 살펴보고자 한다.

이상주의(idealism)는 관념론이라고도 하며 감각적 실재의 세계를 이데아(idea)의 세계가 지배한다는 입장을 견지한다. 심신이원론(心身二元論)이지만 정신의 능력(faculties of mind)(Graff et al., 1966: 106)을 중시하여 강조점은 정신적 훈련(mental discipline), 이데아와 개념의 개발, 보편적 진리의 추구에 둔다. 존재하는 이상적 진리를 발견하도록 돕는 것이 교육에서 할 일이다. 그래서 자연히 역사, 수학, 문학을 중시하게 된다. 또 이상주의자는 절대적이고 불변하는 가치가 존재한다고 믿는데 이성과 논리의 사용으로 이러한 가치에 대한 믿음을 지지할 수 있다고 생각한다.

본질주의(essentialism)는 어떤 본질적인 지식과 신념이 존재한다는 사실에서 나온 것이다. 이것은 이상주의와 현실주의(realism)의 주요 신념을 합치려고 하는 입장이다. 본질주의자들은 학생은 학습에서 탈출하고자 한다고 본다. 이러한 가정은 원죄나 아담과 이브의 죄에 해당하는 가정이다. 이를 믿는 교육자는 학습과 가치 있는 생활을 위하여 필요한 자율(self-discipline)을 학생들이 발전시키도록 일관된 훈련을 실시해야 한다고 믿는다. 본질주의자는 교사를 학습의 완성자로 보고 학습을 교사가 가지고 있는 지식을 나누어 주는 것으로 생각한다. 또한 이상주의자와 마찬가지로 절대적 불변의 가치가 있다고 믿는다.

실용주의(pragmatism)는 후기 진보주의 운동에 해당된다. 진리는 생활 속에서 발견된다고 믿고 이데아는 그 결과를 검토해 봄으로써 검증된다고 생각한다. 즉, 진리는 상대적이고 시대와 장소에 따라 달라진다는 것이다. 또 실재를 그 사람의 경험으로 보기 때문에 실용주의의 입장은 과정 중심이라 할 수 있다. 교육에서 실용주의는 학생들이 물리적 · 사회적 현실세계의 경험을 통해서 배우도록 자극하고 경험으로 문제 해결을 하도록 격려한다.

실존주의(existentialism)는 개인에게 초점을 둔다. 각 개인은 특이하다고 생각하고 집단의 가치를 개인에게 주입하려는 것을 용납하지 않는다. 개인의 독특한 특성을 개발 · 유지하기 위해서는 고도의 개인적 자유가 보장되어야 한다는 것이다. 개인은 이상적 또는 절대적 진리를 추구하는 것이 아니라 자기 자신의 존재와 자기 자신이라는 사람을 알고자 노력하는 것이다. 마찬가지로 개인적 자유를 갖고 있는 개인은 중요한 가치를 결정한다. 이 철학적 입장은 주관적이다. 교육에서 실존주의는 학생들이 스스로를 독특한 존재로 창조하도록 돕고 개인적 자유를 인정하고 실천하도록 돕는다. 개인적으로 선택한 경험을 통해서 자기 지식(self knowledge)을 키워 나가고 자기 충족(self-fulfillment)을 성취하게 된다.

심리학에서 나온 하나의 체제로 분리될 수 있는 두 측면은 철학적 입장으로서의 행동주의(behaviorism)와 하나의 기술로서의 행동공학(behavioral engineering)이다. 철학적 입장은 인간은 생의 모든 단계에서 반응하도록 조건 지어진다는 것을 주장한다. 이에 의하면 인간 행동은 자유가 아니고 환경의 자극에 의하여 결정된다. 이러한 환경을 통제할 수 있기 때문에 결국 인간 행동을 통제할 수 있다는 생각이다. 행동주의자들은 가치라는 주제에 대하여는 침묵을 지킨다. 다만 긍정적으로 자극을 강화해 주는 행동을 좋은 것으로 생각할 뿐이다. 교육에서 행동주의자는 학습을 하기에 올바른 조건을 유지하려는 데 주의를 집중한다. 그리고 계량화할 수 있는 방법으로 학습의 명세적 행동목표를 진술하려고 한다.

이상으로 다섯 철학 학파에 대해서 몇 개의 문헌(오천석, 1982; 이돈희, 1983; Graff et al., 1966; MABE 사용지침) 고찰을 종합하여 간단히 살펴보았다. 이제는 연구결과를 제시하고자 한다.

3. 연구결과 및 해석

연구결과는 (1) 교육자(전체 조사대상 213명)의 교육적 신념의 어떤 경향성을 분석하고, (2) 장학사(124명)의 교육적 신념을 별도로 알아보고, (3) 장학사(124명)와 교사(89명)의 교육적 신념을 비교해 보고, (4) 전체(213명) 하위집단 간(초 : 중등; 남 : 녀; 사범계 출신 : 비사범계 출신; 고(사범고) : 대(사대) : 대학원(교육대학원) 졸업자; 경력 소(5~19년) : 중(20~29년) : 다(30년 이상); 연령 소(20, 30대) : 중(40대) : 노(5, 60대))의 교육적 신념을 비교하는 순서로 제시하고자 한다.

1) 교육자의 교육적 신념

분석대상 213명의 교육적 신념은 실용주의(15.24), 실존주의(14.24), 행동주의(14.11), 본질주의(13.03), 이상주의(12.16)의 순으로 나타났다. 이 결과는 서홍식(1984)의 연구결과와 일치한다. 이 순서는 각 하위집단별로 보았을 때도 거의 마찬가지였다. 평균점과 표준편차는 〈표 13-2〉와 같다.

이 다섯 주의 간의 관련 정도를 알아보기 위해 각 주의의 순서가 의의 있는 차인가를 알아보기 위한 상관관계와 t검증 결과는 〈표 13-3〉과 같다. t검증의 결과 다섯 개의 철학 사이에는 의의 있는 차가 있었다. 다시 말하면, 앞에서 제시한 순서는 우연한 근소한 차가 아니라 의의 있는 차라고 해

〈표 13-2〉 교육자의 교육적 신념

	M	S.D	순 위
1. 이상주의	12.16	2.79	
2. 본질주의	13.03	2.34	4
3. 실용주의	15.05	2.28	1
4. 실존주의	14.24	2.07	2
5. 행동주의	14.11	2.02	3

※ 각 주의의 모든 문항에 동의한다면 18점

〈표 13-3〉 다섯 철학주의 간의 차(관계)(전체)

	이상주의	본질주의	실용주의	실존주의	행동주의
이상주의	1				
본질주의	r=.57 t=10.08**	1			
실용주의	r=.44 t=7.29**	r=.53 t=9.22**	1		
실존주의	r=.50 t=7.62**	r.=.46 t=7.62**	r=.52 t=8.97**	1	
행동주의	r=.49 t=8.32**	r=.53 t=9.16**	r=.52 t=8.91**	r=.50 t=8.52**	1

상단의 숫자는 r, 하단은 t, *는 .05 수준, **는 .005 수준

석할 수 있다. 이것은 장학사의 것도, 교사의 것도 마찬가지였다(〈표 13-4〉, 〈표 13-5〉 참조).

인간 본성, 지식, 가치의 세 영역 중에서 어느 영역이 특별히 철학의 각 주의와 관련을 갖는가 알아보기 위해 상관관계로 알아본 결과 어떤 영역에도 치우치지 않고 골고루 높은 관련을 갖고 있었다(〈표 13-6〉 참조). 다시 말하면, 세 영역이 모두가 주의를 이루는 데 골고루 기여하고 있다고 할 수 있다.

〈표 13-4〉 다섯 철학주의 간의 차(관계)(장학사)

	이상주의	본질주의	실용주의	실존주의	행동주의
이상주의	1				
본질주의	r=.46 t=5.78	1			
실용주의	r=.50 t=6.40	r=.55 t=7.35	1		
실존주의	r=.35 t=4.23	r=.38 t=4.63	r=.52 t=6.77	1	
행동주의	r=.41 t=5.03	r=.43 t=5.36	r=.50 t=6.47	r=.38 t=4.60	1

t 2.63=.05 수준, t 2.37=.01 수준

〈표 13-5〉 다섯 철학주의 간의 차(관계)(교사)

	이상주의	본질주의	실용주의	실존주의	행동주의
이상주의	1				
본질주의	r=.65 t=8.16	1			
실용주의	r=.41 t=4.31	r=.50 t=5.47	1		
실존주의	r=.64 t=7.81	r=.55 t=6.24	r=.56 t=6.39	1	
행동주의	r=.59 t=6.87	r=.65 t=8.01	r=.55 t=6.27	r=.66 t=8.22	1

t 2.63=.05 수준, t 2.37=.01 수준

〈표 13-6〉 각 철학적 주의와 철학의 세 영역 간의 관계

	인간 본성	지 식	가 치
이상주의	.69	.82	.67
본질주의	.73	.68	.55
실용주의	.57	.81	.78
실존주의	.61	.65	.68
행동주의	.65	.68	.60

2) 장학사의 교육적 신념

이 논문의 주요 관심 중의 하나는 교육자 전체보다도 장학사의 교육적 신념에 있다. 장학사의 교육적 신념의 분석도 교육자 전체의 것과 비슷하게 나타났다. 장학사의 교육적 신념은 실용주의(14.72), 실존주의(14.28), 행동주의(14.06), 본질주의(12.81), 이상주의(12.06)의 순으로 나타났다. 실용주의, 실존주의, 행동주의가 비슷하게 높은 반면, 본질주의와 이상주의는 비슷하게 낮은 점수를 보이고 있다(〈표 13-7〉 참조).

〈표 13-7〉 장학사의 교육적 신념 N=124

	M	S.D	순 위
이상주의	12.06	2.31	5
본질주의	12.81	2.13	4
실용주의	14.72	2.35	1
실존주의	14.28	1.96	2
행동주의	14.06	2.03	3

이 결과에서 볼 때 장학사의 교육적 신념은 어느 한 주의에 기울어져 있다고는 할 수 없으나, 이상주의나 본질주의보다는 실용주의, 실존주의, 행동주의의 신념을 가지고 있다고 할 수 있다.

그러면 이러한 장학사의 교육적 신념은 그들이 장학하는 교사의 신념과도 일치할 것인가?

3) 장학사와 교사의 교육적 신념 비교

장학사와 그들이 장학하고 있는 교사의 신념에는 차가 있는가? 그래서 혹시 이러한 신념의 차가 장학하는 데 갈등의 원인이 되지는 않을까 하여

〈표 13-8〉 장학사와 교사의 교육적 신념 차 (장학사 N1=124, 교사 N2=89)

집 단 / 교육적 신념	장학사		교 사		F	P
	(M)	순위	(M)	순위		
이상주의	12.06	5	12.29	5	.34	
본질주의	12.81	4	13.36	4	2.91	**
실용주의	14.72	1	15.52	1	6.51	**
실존주의	14.28	2	14.20	2	.07	
행동주의	14.06	3	14.20	2	.06	

*p<.01

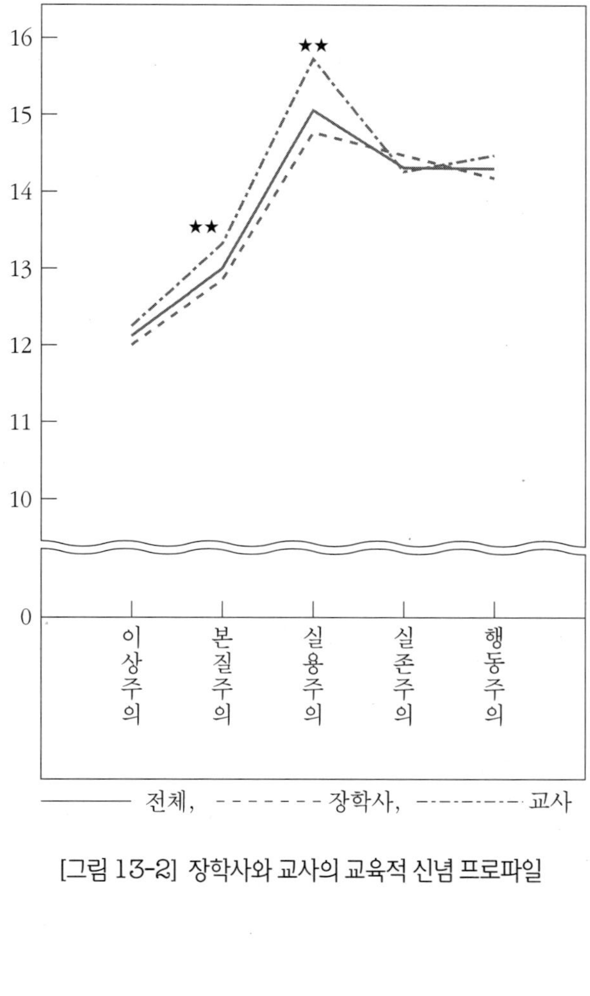

[그림 13-2] 장학사와 교사의 교육적 신념 프로파일

이 두 집단의 교육적 신념 외 점수를 각 주의별로 F검증을 하였다(〈표 13-8〉 참조). 그 결과 두 집단이 거의 비슷한 교육적 신념을 갖고 있다고 할 수 있으나, '실용주의'와 '본질주의'에서만 장학사보다 교사가 통계적으로 의의 있는(.01 수준) 더 높은 반응을 보였다.

장학사와 교사 그리고 전체의 프로파일을 그려보면 [그림 13-2]와 같다.

이 결과를 보면 교사가 장학사보다 더 실용주의적 신념과 본질주의적 신념을 갖고 있다고 할 수 있다.

4) 전체 하위집단 간의 교육적 신념 비교

전체(213명) 교육자의 하위집단 간에 교육적 신념에 차가 있는지 알아보기 위하여 F검증을 한 결과는 〈표 13-9〉와 같다.

초등교원이 중등교원보다 다섯 주의에서 모두 통계적으로 의의 있게 높은 것으로 나왔는데, 그렇다고 다섯 개 주의에 모두 높은 교육적 신념을 갖고 있다고는 할 수 없다. 어느 주의에 통계적으로 의의 있게 높은 신념을 가지고 있다면 다른 주의의 신념은 낮아야 하기 때문이다. 이러한 통계적 결과는 초등교원이 질문지의 각 문항에서 '대체로 동의한다'는 쪽에 전반적으로 많이 반응하는 경향을 보였을 것으로 추측 해석된다. 또한 고졸학력의 교원이 대졸이나 대학원 수료 교원보다 네 주의에서 통계적으로 의의 있게 높은 반응을 보인 것도 초등교원의 전체적으로 '대체로 동의한다'에 반응하는 경향을 말해 준다. 이는 고졸학력의 많은 사람이 초등교원에 속하기 때문인 것으로 해석된다(중등교원 중 10명이 고졸임).

여자 교원은 남자 교원보다 더 본질주의, 실용주의, 행동주의의 교육적 신념을 가지고 있다(.01 수준에서 의의 있게)고 해석할 수 있다. 그런데 여기서 조심스럽게 해석할 점은 남자는 185명이 표집되었는 데 비하여 여자는 불과 28명이 표집된 편포라는 점이다. 또 여자는 주로 교사에서 나왔다(장

〈표 13-9〉 하위집단 간 교육적 신념의 차(F 검증)

철학의 주의 / M.F / 집단 / 변인		N	이상주의		본질주의		실용주의		실존주의		행동주의	
			M(순위)	F(P)	M(순위)	F(P)	M(순위)	F(P)	M(순위)	F(P)	M(순위)	F(P)
전체교원		213	12.16(5)		13.03(4)		15.05(1)		14.24(2)		14.11(3)	
직위	장학사	124	12.06(5)	.34	12.81(4)	2.91**	14.72(1)	6.51*	14.28(2)	.07	14.06(3)	26
	교사	89	12.29		13.36		15.52		14.20		14.20	
학교	초등	108	12.61	5.84*	13.39	5.02*	15.59	13.0	14.65	8.40	14.65	16.11
	중등	105	11.70		12.68		14.50	0	13.84		13.57	
성별	남	185	12.08	1.27	12.88	6.90	14.94	3.37**	14.21	.47	14.04	2.18**
	여	28	12.71		14.11		15.79		14.50		14.64	
출신	사범계	154	12.30	1.37	13.05	.02	15.01	.15	14.29	.24	14.21	1.27
	비사계	59	11.80		13.00		15.15		14.14		13.86	
학력	고졸	95	12.67		13.36		15.54		14.65		14.51	
	대졸	112	11.83	4.19	12.85	2.58	14.75	5.79	13.92	3.32	13.83	3.38
	대학원	6	10.17		11.50		13.00		14.00		13.33	
경력	19년 이하	54	11.72		13.28		15.26		14.07		14.09	
	20~29년	82	12.18	1.05	13.01	.42	14.76	1.12	14.15	.77	13.79	2.32
	30년 이상	77	12.44		12.90		15.22		14.48		14.48	
연령	2, 30代	35	12.06		13.69		15.40		14.31		14.49	
	40代	61	12.03	.15	13.03	1.74	15.02	.49	14.03	.46	13.77	1.55
	5, 60代	117	12.36		12.85		14.97		14.34		14.19	

*p〈 .05, **p〈 . 01

학사에서는 3명)는 점도 고려해야 한다. 그러나 초 · 중등의 여교사 표집비율은 비슷하였으므로(초등 여교사는 14명, 중등 여교사는 11명) 초 · 중등에서 오는 차라고는 할 수 없다.

다음은 통계적으로는 의의가 없으나 젊은 교원(경력 5~19년까지, 연령 20, 30대)이 실존주의보다 행동주의의 신념을 더 갖는다는 점에 주의를 기울여야 한다. 그런데 이 연구의 주요 관심이 장학사(교육행정가의 구체적인 한 대상)의 교육적 신념의 분석이었기 때문에 장학사는 충남도 내 전체에 질문지가 배포되어 124명이 분석대상이 되었고, 교사는 2개교(초등 1, 중등 1)를 대상으로 하여 89명이 분석대상이 되었다. 따라서 만일 교사가 더 많이 표집되어 젊은 교사가 분석대상에 많이 들어갔더라면 행동주의의 신념이 통계적으로 의의 있게 높이 나타났을지도 모른다.

4. 요약 및 결론

이 연구는 교육행정가의 행정행위와 철학의 관계에 관심을 갖고 연구하던 중 실제 교육행정가가 어떤 철학을 갖고 있는지 조사·분석해 볼 필요가 있다고 느껴 경험적 연구를 하기에 이르렀다. 교육행정가 중에서도 특히 교사를 장학·지도하는 장학사의 철학에 관심이 집중되었으며, 혹시 교사의 철학과 차이가 있지 않을까 하여 교사까지 연구가 확대되었다. 그리고 부차적 관심으로 여러 하위집단 간에 철학적 차가 있는지 알아보게 되었다. 여기서는 철학을 소박한 말로 하여 '교육적 신념'이라 하였으나 큰 차이를 두고 사용하지는 않았다.

충남도 내 전 장학사(관)(사용된 자료는 124명분)와 초등 1개교 교사(40명), 중등 1개교 교사(49명)에게 미국 미네소타 주교육국 초·중등교육과에서 개발한 MABE를 연구자가 번역·수정하고 적용하여 충남대 전자계산소의 도움을 받아 분석한 결과를 요약하면 다음과 같다.

(1) 교육자의 교육적 신념은 높은 반응의 순서대로 실용주의, 실존주의, 행동주의, 본질주의, 이상주의다.

(2) 교육자 전체에서 다섯 주의 간의 차의 의의도를 알기 위한 t검증의 결과 다섯 철학 학파 간에는 모두 의의 있는 차가 있었다.

(3) 교육적 신념 중 다섯 주의가 철학의 세 분야, 즉 인간의 본성, 지식, '가치' 와 골고루 높은 상관을 보였으며 극단으로 치우치지 않았다.
(4) 장학사의 교육적 신념도 전체의 결과와 비슷하여 실용주의, 실존주의, 행동주의, 본질주의, 이상주의의 순이며, 앞의 세 주의가 집단(실용주의, 실존주의, 행동주의)을 이루어 나머지 두 주의의 집단(본질주의, 이상주의)보다 차이가 나는 높은 반응을 보였다.
(5) 장학사와 교사의 교육적 신념의 경향은 비슷하며 단지 제일 높은 '실용주의' 와 비교적 낮은 '본질주의' 의 신념에서만 통계적으로 의의 있게 교사가 더 높은 반응을 보였다.
(6) 하위집단 간의 교육적 신념에는 큰 차가 없었다. 다만 여자 교원이 남자 교원보다 '본질주의' '실용주의' '행동주의' 의 신념에 더 높은 반응을 보였으며(통계적으로 의의 있게), 젊은 교원은 '실존주의' 보다 '행동주의' 에 높은 반응을 보였으나 통계적으로 의의는 없었다.

이러한 결과로부터 다음과 같은 몇 가지 결론을 얻을 수 있으나 표집과 연구설계가 엄격하지 못하였으므로 조심스럽게 다루어야 하겠다. 즉, 장학사는 전 충남도 내 장학사를 대상으로 한 데 비하여 교사는 두 학교에서 임의 선정되었고, 장학사의 경력과 연령은 높고(40대는 소수이고 거의 50대) 거의 남자이며(3명의 여장학사 포함), 장학사는 우편으로 질문지를 적용하고 교사는 인편으로 적용했던 점에서 엄격성이 부족했다.

(1) 장학사와 교사 전체의 교육적 신념은 극단적인 하나의 주의에 치우쳐 있지 않고 실용주의의 신념이 가장 높으며, 다음으로 실존주의, 행동주의이고 본질주의와 이상주의의 신념은 적다. 이것은 미국 교육철학의 영향과 비교적 최근에 나타난 교육철학의 영향으로 생각해 볼 수 있다.

(2) 장학사의 교육적 신념도 극단으로 치우치지는 않았어도 실용주의, 실존주의, 행동주의에 많이 기울어져 있으며 본질주의와 이상주의는 적다. 이러한 현상은 충남도 내 장학사 집단이 성별(주로 남자, 3명만 여자), 경력(높은 경력, 모두 20~40년), 연령(20명만 40대, 주로 50대), 출신(주로 사범계 출신, 29명만 비사범계 출신)에서 동질성이 많기 때문이 아닌가 생각된다.

(3) 장학사와 교사의 교육적 신념은 거의 같다고 할 수 있다. 그러므로 교육적 신념이 장학 시 장학사와 교사의 갈등의 원인이 된다고 할 수는 없다. 그러나 교사가 장학사보다 '실용주의'와 '본질주의'의 신념을 더 갖고 있다고 할 수 있다. 이 점은 장학사가 교사를 장학할 때 고려하여야 할 것이다.

(4) 장학사와 교사를 다시 합쳐서 전체를 여러 하위집단별로 나누어서 교육적 신념을 살펴보았을 때 거의 차가 없었으므로, 교육적 신념은 대체로 개인적 변인에 상관없이 비슷하다고 할 수 있다.

(5) 그러나 여교사가(여장학사는 3명만 포함되어 있으므로) 남자보다 '본질주의' '실용주의' '행동주의'의 신념을 더 갖고 있다고 할 수 있다. 그러므로 남녀 간에는 교육적 신념에 차가 있다고 할 수 있다.

(6) 젊은 교사들은 실용주의 다음에 실존주의보다는 행동주의의 신념을 더 갖는 경향이 있다. 이 점도 앞으로 장학 시 고려되어야 할 것이다.

(7) 여교사는 실용주의, 행동주의, 실존주의, 본질주의, 이상주의의 순서로 높은 신념을 갖지만 본질주의에서 남자보다 훨씬 높은 굳은 신념을 갖고 있다고 할 수 있다. 그 원인을 밝힐 수는 없으나 남자보다 보수적 경향을 보이고 있다고 할 수 있겠다.

이러한 결론을 바탕으로 다음의 몇 가지 시사점을 얻을 수 있다.

(1) 장학사의 교육적 신념과 장학행위의 관계, 교사의 교육적 신념과 교수행위의 관계를 밝히는 확대 연구가 필요하다.
(2) MABE가 다섯 철학 간의 차를 밝힐 수 있는지 계속 사용해 보고 더욱 다듬어야 할 것이다.
(3) 더욱 엄격한 연구설계와 표집에 의한 연구를 실시하여 연구결과를 확신성을 갖고 일반화할 수 있어야 한다.
(4) 장학에서 개별 장학이 어렵다면, 집단별로 약간 교육적 신념이 다르기 때문에 최소한 남녀별, 젊은 층과 연로층별 등 작은 집단별로라도 나누어 그 집단에 맞는 장학을 하여야 할 것이다.
(5) 장학사는 자기의 교육적 신념을 교사에게 주입하기보다는 교사들의 교육적 신념을 이해하고 차이를 줄이는 데에도 노력을 기울여야 할 것이다.

참고문헌

김광웅(1983). **행정과학서설**. 서울: 박영사.

백현기(1977). **교육행정의 기초**. 서울: 배영사.

오천석(1982). **교육철학신강**. 서울: 교학사.

이돈희(1977). **교육철학개론**. 서울: 박영사.

이돈희(1983). **교육과학의 논리**. 서울: 교육출판사.

서홍식(1984). 학교행정가의 철학과 개인적 배경과의 관계. 건국대학교교육대학원 석사학위논문(원고).

주삼환(1983). 교육행정가의 행정행위에 대한 철학적 영향. **교육발전논총, 제V권**, 제1호, 충남대 교육발전연구소.

주삼환(1984). 교육행정가의 행정철학과 행정행위. **새교육, 84**, 10, 11월호. 대한교육연합회.

Bellone, C. J. (Ed.)(1980). *Organizational Theory and the New Public Administration*. Boston: Allyn and Bacon.

Clayton, R. (1980). Technology and Values: Implications for Administrative Practice. in Bellon' s *Ibid*.

Frederickson, H. G. (1980). *New Public Administration*. University, Alabama: The University Alabama Press.

Graff, O. B. et al., (1966). *Philosophic Theory and Practice in Educational Administration*. Belmont, California: Wadsworth Publishing Co., Inc.

Hack, W. G. et al. (Eds.)(1965). *Educational Administration: Selected Readings*. Boston: Allyn and Bacon.

Harmon, M. (1980). "Toward an Active Social Theory of Administrative Action: Some Empirical and Normative Implications." in Bellone' s *Ibid*.

Hodgkinson, C. (1978). *Towards a Philosophy of Administration*. N.Y.: St. Martin' s Press. 주삼환 역편(2005). **교육행정철학**. 경기: 한국학술정보(주).

Marini, F. (Ed.)(1978). Minnesota Department of Education, Minnesota Analysis of Beliefs in Education, User' s Guide.

Sergiovanni, T. J., & Caver, F. D. (1980). *The New School Executive* (2nd ed.). N.Y.: Harper & Row, Publishers.

Simon, H. A. (1976). *Administrative Behavior* (3rd ed.). N.Y.: The Free Press.

부 록: 교육적 신념에 관한 질문지

본 조사지는 교육적 신념을 분석해 보려는 것인데 교육에 바쁘실 줄 믿사오나 학문적 발전에 도움을 주신다는 뜻에서 기꺼이 응답해 주시면 고맙겠습니다. 귀하의 반응은 연구 이외의 목적으로는 결코 사용하지 않을 것을 약속드리며, 부탁드리고 싶은 것은 대리 작성된 것은 연구에 무의미하오니 꼭 본인이 응답해 주시면 고맙겠습니다.

Ⅰ. 인적사항; 다음의 해당란에 V표 또는 숫자를 써 주십시오.

(1) 성별 ① 남___ ② 여___

(2) 연령(만) ___세(실연령으로)

(3) 출신별(해당란 모두) ① 사범학교___ ② 고등학교___ ③ 사범대학___
④ 일반대학___ ⑤ 교육대학원___ ⑥ 기타 대학원___

(4) 현직위 ① 교사___ ② 부장교사___ ③ 교감___ ④ 장학사___
⑤ 장학관___ ⑥ 기타___

(5) 현 직위 재직연수 ( )년(1년 미만은 반올림)

(6) 총 교육경력연수 ( )년(1년 미만은 반올림)

(7) 재직 학교급별 ① 초등___ ② 중등___ ③ 고등___

(8) 설립자별 ① 사립___ ② 국공립___

(9) 학급 수 ( )학급

Ⅱ. 교육에 대한 신념의 분석

※ 본 조사지상 서술과 선생님의 견해(신념)가 대체로 같을 때는 '대체로 동의한다.' 에, 대체로 보아 같지 않으면 '대체로 동의하지 않는다.' 난에 ∨표해 주십시오. (철학적 측면이라서 문장 이해에 어려움이 있을 것이오나 가능한 한 모든 문항에 응답해 주십시오.)

(인간 본성)	① 대체로 동의한다.	② 대체로 동의하지 않는다.
(1) 인간의 행동을 지시하고 개선하기 위하여 기술적(기술적) 방법을 사용해야 한다.	① _____	② _____
(2) 사회적 상호작용과 인간 관계성의 개발은 인간 발달에 아주 중요하다.	① _____	② _____
(3) 지적 개발은 아동을 보다 진실한 인간이 되도록 하는 데 기여하는 바 크다.	① _____	② _____
(4) 아동은 학습을 싫어하고 성인의 지시를 필요로 한다.	① _____	② _____
(5) 직관적 경험과 정서적 경험은 인간 발달에 필수불가결하다.	① _____	② _____
(6) 인간은 일상생활상의 문제를 해결하는 좋은 방법을 성공적으로 발견함으로써 성장감과 성취감을 경험한다.	① _____	② _____
(7) 한 사람은 그가 처한 환경의 조건에 반응한 것이 합쳐져서 바로 현재와 같은 사람이 되었다.	① _____	② _____
(8) 사람은 자기 자신이 진실로 누구인지 알게 될 때 자기 완성의 상태가 나타난다.	① _____	② _____
(9) 아동은 규칙에 복종하도록 훈련시켜야 하며, 또 꼭 복종하도록 해야 한다.	① _____	② _____

(10) 아동에게 가장 절실한 흥미와 욕구를 표현할 수 있는 기회를 줄 때 그들은 제일 잘 배운다. ① _____ ② _____

(11) 개인은 자기 자신이 될 수 있는 자유와 자기 자신이 누구인지 표현할 수 있는 자유가 필요하다. ① _____ ② _____

(12) 아동이 경험한 것은 아동을 위하여 절실하게 되는 것이다. ① _____ ② _____

(13) 학생은 인류의 사상과 이상에 대해 천성적으로 호기심을 갖고 있다. ① _____ ② _____

(14) 환경조건의 변화에 따라 행동은 변한다. ① _____ ② _____

(15) 학생은 이성과 논리를 현실적 문제에 적용시킬 수 있는 능력을 길러야 한다. ① _____ ② _____

(16) 한 사람은 자유 선택적 결정이 모아져서 바로 현재와 같은 사람이 되었다. ① _____ ② _____

(17) 인간 본성은 결코 변하지 않기 때문에 과거의 관념은 중요한 것으로 남아 있다. ① _____ ② _____

(18) 사람은 세상의 현실문제에 대한 훌륭한 해결책을 찾아냄으로써 점점 성장한다. ① _____ ② _____

(19) 사람은 부정적인 조건은 회피하고 탈출하려 하며, 긍정적으로 강화해 주는 조건에는 접근한다. ① _____ ② _____

(20) 주어진 학습과제로부터 멀리 떨어져 나가지 않도록 학생 자신을 위해서 어떤 때는 벌을 줄 필요가 있다. ① _____ ② _____

(21) 아동은 착해지려고 하는 경향이 있다. ① _____ ② _____

(22) 현실세계의 사실과 지식을 이해하도록 학생들이 훈련될 수 있다면 학생들은 어리석은 일을 별로 하지 않을 것이다. ① _____ ② _____

(23) 인간의 가치는 적응성과 생산성의 관계성 속에 있다. ① _____ ② _____

(24) 인간은 우주 속에서 개인의 중요성과 무의미성 사이에서 파악된다. ① _____ ② _____

(25) 인간은 사회에 적응하도록 형성시키고 조건화시킬 수 있다. ① _____ ② _____

(26) 아동은 변화하는 사회에 대응하여 변화할 능력을 갖고 있으며, 또 계속적으로 변하고 있다. ① _____ ② _____

(27) 사람은 자기가 자유로이 선택한 행동에 의하여 자기 자신이 된다. ① _____ ② _____

(28) 교사는 교실에서 최고 의사결정자의 역할을 담당해야 한다. ① _____ ② _____

(29) 아동이나 성인의 중요한 능력은 이상과 사상을 갖는 것이다. ① _____ ② _____

(30) 개인은 자기의 과거 이력에서 강화받는 것이 무엇이냐에 따라 각각 다르게 된다. ① _____ ② _____

(지식)

(31) 학교에서는 학생들에게 역사와 문법과 철자법에 관한 것과 같은 사실들을 가르쳐야 한다. ① _____ ② _____

(32) 학습은 측정 가능한 행동의 변화에 의하여 결정된다. ① _____ ② _____

(33) 학생들은 자기 자신의 학습과정(과목)을 자유로이 선택할 수 있어야 한다. ① _____ ② _____

(34) 지식의 일차적 목적은 실생활에 적응하는 데 있다. ① _____ ② _____

(35) 문학, 미술, 음악 등과 같은 인류의 위대한 작용들은 최고 지식의 근원이 된다. ① _____ ② _____

(36) 토막상식의 반복이나 외우기 등과 같은 연습은 두뇌훈련을 돕는 좋은 방법이다. ① _____ ② _____

(37) 한 개인이 과업을 수행할 수 있을 때만 그것은 완전한 지식이 될 수 있다. ① _____ ② _____

(38) 아이디어의 가치는 실제 결과로 나타난다는 것을 아동들이 알 수 있도록 교사는 도와주어야 한다. ① _____ ② _____

(39) 지식이란 이상을 통해서 가장 잘 경험할 수 있는 진리를 탐구하는 것이다. ① _____ ② _____

(40) 현명한 교사는 지식습득의 과정에서 머리보다 마음을 강조한다. ① _____ ② _____

(41) 학교는 우리의 문화유산을 보존하고 존경할 수 있도록 이를 전승해야 한다. ① _____ ② _____

(42) 아동은 실생활 문제를 해결하면서 가장 잘 배운다. ① _____ ② _____

(43) 안다는 것은 이성과 논리를 세상의 현존 문제에 적용하는 과정이다. ① _____ ② _____

(44) 교사는 학생을 강화해 주는 조건들을 찾아낼 필요가 있다. ① _____ ② _____

(45) 학생은 어떤 선택이나 참여를 결정하려 할 때 현실문제에 부딪힌다. ① _____ ② _____

(46) 학교는 현존 사회에 적응하기 위하여 끊임없이 변화되어야 한다. ① _____ ② _____

(47) 학습이 일어나려면 학생은 자신의 행동결과에 의하여 자극을 받아야 한다. ① _____ ② _____

(48) 학교에서는 사회적, 신체적, 정서적 발달에 앞서 지적 발달을 강조해야 한다. ① _____ ② _____

(49) 학습은 힘들게 일하는 것이며, 학생은 이에 따라 요구되는 자율성(자기 억제력)을 발전시킬 필요가 있다. ① _____ ② _____

(50) 개인은 사랑, 죽음, 인간 관계성에 접하면서 현실문제에 부딪히게 된다. ① _____ ② _____

(51) 좋은 학교는 프로그램 학습과 행동수정의 활용을 조장한다. ① _____ ② _____

(52) 학생은 자기의 감정을 표현하고 느낄 필요가 있다. ① _____ ② _____

(53) 결국 각 학생은 사회적으로 정의되고 성립된 규범에 비추어 보아 참되다고 생각되는 바에 따라 행동한다. ① _____ ② _____

(54) 모든 아동에게 가르쳐야 할 학습의 근본적 핵이 있다. ① _____ ② _____

(55) 교육은 아동을 이상과 사상의 세계로 인도해야 한다. ① _____ ② _____

(56) 훌륭한 교사는 아동이 무엇을 배워야 하는지 알고 있으며, 그것이 바로 가르쳐야 할 내용이다. ① _____ ② _____

(57) 교사와 교육행정가는 행동 목표와 목적을 분명히 진술함으로써 학생이 가야 할 바람직한 방향을 설정해 줘야 한다. ① _____ ② _____

(58) 교육의 주목적은 개인이 지적으로 성장할 수 있도록 도와주는 것이다. ① _____ ② _____

(59) 학생들이 다른 어떤 사람이 진리라고 말한 것을 받아들이도록 강요되어서는 안 된다. ① _____ ② _____

(60) 교사는 학생들에게 학습과제를 지시하기보다는 안내해 줘야 한다. ① ______ ② ______

(가치관)

(61) 미술, 음악, 무용 작품이 가치가 있느냐 없느냐는 대중이 수용할 가능성과 그 유용성에 의해 결정된다. ① ______ ② ______

(62) 선(善)은 개인에게 강화받는 결과에 이르는 행동이다. ① ______ ② ______

(63) 미술, 음악, 무용에 대한 규칙과 기준은 개인의 창의성과 표현을 억압하는 결과가 된다. ① ______ ② ______

(64) 미(美)의 개념은 변화할 수 없다. ① ______ ② ______

(65) 아름다운 미술과 음악은 실생활에서 자연적으로 일어나는 것이 반영되어 나온 것이다. ① ______ ② ______

(66) 미에 대한 절대적 기준은 없다. ① ______ ② ______

(67) 미란 각 개인에 따라 다르다. ① ______ ② ______

(68) 훌륭한 미술과 음악은 이상(理想)을 반영하기 때문에 지적으로 향상된다. ① ______ ② ______

(69) 학생은 미의 기준을 찾기 위해 자연을 살펴봐야 한다. ① ______ ② ______

(70) 학생의 행동은 사회를 위해서 최선을 다하도록 변화시킬 필요가 있다. ① ______ ② ______

(71) 근본적 도덕가치는 결코 변하지 않는다. ① ______ ② ______

(72) 인간은 도덕적 선택을 자유롭게 결정하지 못한다. ① ______ ② ______

(73) 비록 정의를 실천하는 데 어려움이 있을지라도 아동은 불의로부터 정의를 배울 수 있는 능력을 갖고 있다. ① ______ ② ______

(74) 창조적 예술의 가장 중요한 점은 자유와 개인적 표현이다. ① _____ ② _____

(75) 가치는 상대적이며 변한다. ① _____ ② _____

(76) 교사는 학습과 학문, 도덕적 행동의 모범이 되어야 한다. ① _____ ② _____

(77) 가르쳐야 할 기본적 가치는 인간의 생존이다. ① _____ ② _____

(78) 더 바람직한 행위를 촉진시켜 준다면 그것이 선(착함)이다. ① _____ ② _____

(79) 학생들이 자기의 자유에 대한 책임감을 의식할 수 있도록 하여야 한다. ① _____ ② _____

(80) "대접받기 바라는 것을 남에게 대접해 줘라." 라는 보편적 도덕률을 아동들이 이해할 필요가 있다. ① _____ ② _____

(81) 인간은 동물과는 달리 인간만의 도덕성을 만들어 왔다. ① _____ ② _____

(83) 이상이라는 것은 그것이 유용하냐 실제적이냐에 따라 판단된다. ① _____ ② _____

(84) 고대의 예술은 아름다운 것으로 인정받기 때문에 미의 판단원칙은 결코 변치 않는 것으로 우리는 알고 있다. ① _____ ② _____

(85) 부도덕적인 사람은 자유 선택에 대한 책임을 거부한 사람이다. ① _____ ② _____

(86) 인간은 도덕적 투쟁을 하지 않는다. ① _____ ② _____

(87) 정직과 진실에 대한 근본적인 생각은 옛 사람이나 현대인 모두에게 같다. ① _____ ② _____

(88) 학생이 자연세계에 대하여 연구할 때 무엇이 선이며 가치로운지 이해하게 된다. ① _____ ② _____

(89) 학생은 단지 자유 선택의 가치만을 진정으로 받아들인다. ①_____ ②_____

(90) 개인은 단지 결과적 측면에서 가치로운 것이 무엇인지 결정할 수 있다. ①_____ ②_____

제 6 부

한국 교육행정철학의 과제

제6부에서는 한국 교육행정의 과제로서 한국 교육행정의 병리문제를 짚어보고 앞으로 더 연구하고 해결해야 할 과제에 대하여 살펴보면서 교육행정철학의 문제를 정리하고자 한다.

제14장

한국 교육행정의 병리

교육행정에서는 어떤 철학과 이념, 가치 또는 윤리를 추구하지만 이것이 다 이상대로 실현되지 못하는 경우가 있다. 이러한 이상을 실현하기 위하여 만들어 놓은 제도와 조직이 제 기능을 하지 못하여 행정의 목적을 달성하지 못하기도 하고, 행정인 개인의 욕구와 욕망 또는 개인적 속성 때문에 행정의 목적을 달성하지 못하고 이상과 현실 사이에 괴리가 생기기도 한다. 행정에서 이러한 이상과 현실 사이의 괴리 현상을 행정병리라고 한다. 이 병리는 (1) 제도 · 조직상의 속성에 원인이 있을 수도 있고, (2) 행정인 개인적 요인에 원인이 있을 수도 있다.

이러한 행정병리를 학문적으로 연구하게 되면 병리학(pathology)이 된다. 일반행정에서는 병리 현상을 넘어 행정상의 부패 현상을 연구하는 '부패학' 도 행정학의 중요한 한 분야로 발전하고 있다. 교육행정학에서는 이러한 교육행정병리학이나 교육행정부패학에 관심을 기울이는 사람이 적었으나 앞으로 이 분야에 대해서도 체계적으로 연구할 필요가 있다. 교육행정에서는 아직 병리학이나 부패학의 형태로 체계적으로 정리된 것이 없지만 (1) 제도 · 조직상의 병리, (2) 행정인과 행정행위상의 병리, (3) 행정부패, (4) 병리와 부패에 대한 대처에 대하여 살펴보고자 한다.

1. 제도 · 조직상의 병리

우선 제도상의 병리로는 관료제의 병리를 생각할 수 있고, 조직상의 병리로는 예컨대 상하 계층 간의 갈등, 계선과 참모 간의 갈등 등 많은 병리 현상과 역기능 현상이 나타나고 있다. 관료제에 대해서는 제8장에서 이미 다루었지만 병리적인 측면에서 다시 살펴보기로 한다.

1) 관료제의 병리

베버의 관료제는 아주 이상적으로 조직이 기능을 하여 조직의 목적을 달성하기 위해서 (1) 분업, (2) 몰인정성, (3) 권위의 위계, (4) 규칙과 규정, (5) 경력지향성의 특징을 채택하고 있다. 이들 관료제의 특징들이 역기능을 일으켜 병리 현상으로 나타나기도 한다.

첫째, 분업제를 채택하는 것은 숙련과 숙달을 위한 것이지만 이것이 권태와 실증의 역기능을 일으키기도 한다.

둘째, 합리성의 기능을 기대하고 몰인정성을 채택했지만 관료들 맘대로 할 수 있는 융통성이 없기 때문에 관료들의 사기 저하의 역기능을 낳기도 한다.

셋째, 권위와 위계는 질서정연한 순종과 조정의 순기능을 하지만 반드시 계층을 따라서 의사소통해야 하기 때문에 자유로운 의사소통을 방해하는 장애를 일으키기도 한다.

넷째, 규칙과 규정은 일관성과 통일성의 기능을 하지만 경직성과 목표전도의 역기능을 일으키기도 한다. 또 이 관료제의 규칙은 해명 · 설명의 근거가 되지만 냉담과 무관심을 강화하는(apathy reinforcement) 역기능을 낳기도 하고, 어떤 처벌을 정당화시켜 주는(punishment-legitimizing) 기능을 하지만 극단적이고 형식적인 법률주의(legalism)에 빠지기도 쉽다. 또한 규칙과 규정은 방향성을 제시해 주는 반면에 면죄부(indulgency)를 주는 역기능을 하기도 한다.

다섯째, 관료제의 경력지향성은 유인가의 기능을 하지만 성과와 연공 사이에 갈등을 일으키는 역기능으로 이끌기도 한다.

교육조직과 학교조직에서도 어쩔 수 없이 관료제를 채택하고 있는데, 어떻게 하면 역기능과 병리 현상을 줄이거나 없애고 순기능을 발휘하게 하느냐에 주의와 노력을 기울여야 한다.

관료제의 특징에 따른 관료제의 순기능과 역기능을 요약하면 〈표 14-1〉과 같다.

〈표 14-1〉 관료제의 특징에 따른 순기능과 역기능

순기능	관료제 특징	역기능
숙련 · 숙달	1. 분업	권태 · 싫증
합리성	2. 몰인정성	사기 저하
질서정연한 순응과 조정	3. 권위의 위계	의사소통 장애
일관성 · 통일성	4. 규칙과 규정	경직성 · 목표전도
해명 · 설명 근거		냉담 · 무관심 강화
처벌 정당화		극단적 · 형식적 법률주의
방향성 제시		면죄부
유인가	5. 경력지향성	성과와 연공 간의 갈등

이와 같이 관료제는 (1) 권태와 싫증, (2) 사기 저하, (3) 의사소통 장애, (4) 경직성과 목표전도, (5) 냉담과 무관심 강화, (6) 극단적 · 형식적 법률주의, (7) 면죄부, (8) 성과와 연공 간의 갈등의 역기능 또는 병리 현상이 나타날 가능성을 알고 있다.

이 외에도 관료제라고 하면 일반적으로 (1) 융통성 부족, (2) 형식주의, (3) 전문성의 병폐, (4) 무사안일과 변화에 대한 저항, (5) 목표전도, (6) 관료 외적 가치의 추구와 부패의 역기능을 지적하기도 한다. 이는 이미 앞의 표에 대부분 포함되어 있다. 융통성 부족은 경직성의 다른 표현이고, 형식주의는 형식적 법률주의로 나타났다. 전문성의 병폐는 고도의 분업으로 인해 전체를 보는 안목이 부족하게 되고 타 부서와의 협조 부족으로 마침내 전문적 무능력을 낳게 되는 것으로서 권태와 싫증과도 연결되는 것이다. 무사안일과 변화에 대한 저항은 규칙과 명령에 따르다 보니 타성에 젖어 변화에 저항하게 되고 창의성의 필요조차 느끼지 못하게 하는 것으로 냉담과 무관심 강화 속에 포함될 수 있다. 목표전도는 관료제에서 조직의 목표 달성을 위해서 규칙과 규정이 필요했던 것인데, 규칙과 규정을 강조하는 것이 목표처럼 되어 본래의 조직목표를 상실하게 되는 병리 현상이다. 이는 수단과 목표가 뒤바뀌는 현상이다. 관료들이 경력지향성을 갖고 일을 하다 보면 공익을 위한 봉사정신을 잊고 관료 외적 가치인 권력지향, 사적인 경제적 가치 추구로 빠지기 쉽게 되고 또 출세지상주의에 빠지게 되는 역기능을 낳기도 한다. 이것은 성과와 연공 간의 갈등과 간접적으로 연결된다.

관료제는 (1) 합리성, (2) 합법성, (3) 효율성과 효과성이라는 3대 기둥으로 하여 앞에서 언급한 다섯 특징으로 만들어져 조직의 목표 달성을 위한 최선의 조직 형태로 인정받고 있다. 그래서 21세기 교육행정에서도 아직 관료제를 완전히 대체할 만한 조직 형태를 개발해 내지 못하고 있다. 이런 장점에도 불구하고 그 역기능과 병리 현상 또한 만만치 않기 때문에 많은 학자들이 관료제의 병리 현상에 대하여 집중적으로 연구하였다. 그 몇 가지를 소개하면 다음과 같다.

첫째, 머튼(Merton)의 연구는 통제와 규칙의 관계에 관한 병리 현상을 다루었다. 관료제 상층부의 통제에 의하여 행정의 신뢰성을 확보하려고 여러 가지 기술을 적용하면 계층 사이에 사적인 관계가 다져지고, 조직원들이 조직의 규칙을 점점 더 내면화하게 되고 의사결정을 점점 더 유형화하게 되는 결과를 낳게 된다. 이렇게 되면 조직 구성원들의 행동에 예측 가능성이 높아지는 순기능을 하는 반면, 그들의 행정활동이 경직화되는 역기능과 병리 현상이 나타나기도 한다는 것이다.

행정활동의 경직화는 조직통제를 용이하게 하지만 행정고객에게는 신뢰를 주지 못하여 마침내 본래의 조직목적 달성을 어렵게 만든다는 것이다.

둘째, 셀즈닉(Selznick)의 연구는 권한위임에 관한 병리 현상에 관련된 것이다. 행정에서 권한위임은 바람직한 것으로 여겨지고 있지만 이것도 역기능이 될 수 있다는 데 놀라는 사람까지 있을 것이다. 권한을 위임하면 하위 계층 직원의 전문적 능력이 향상되고 자율성이 신장되며 사기가 진작되어 조직목표 달성을 용이하게 하는 순기능을 하게 된다. 그런데 각 부서에 권한을 위임하면 조직 구성원들이 자기 부서의 이익과 목표 달성에만 충성을 다하고 조직 전체의 이익과 목표에는 등한하게 되는 역기능을 발휘하게 된다. 즉, 부서이기주의의 역기능에 빠질 수 있다는 것이다. 부서 간에 경쟁과 갈등이 심화되고, 하위 부서의 목표를 미화시키고 그 달성에만 집착하게 되어 결국 전체 조직이 병들게 된다는 데 셀즈닉은 관심을 가졌던 것이다.

셋째, 골드너(Gouldner)의 연구는 관료제의 하위 부서 간 균형유지를 위한 통제기술 때문에 전체 조직의 균형이 깨지는 병리 현상에 관심을 기울였다. 조직에 규칙이 있으면 상급자가 그때그때 지시하고 명령할 필요가 없어 권력관계의 가시성이 줄어들고 대인관계에 긴장도를 줄일 수 있는 좋은 기능을 발휘한다. 그래서 이 규칙에 의하여 조직과 직무 집단이 유지되도록 하려는 것이다. 그런데 조직 구성원들이 이 규칙에 전적으로 의존하게 되다 보면 규칙에 관한 최소한의 지식과 기술만 가지고 있으면 되므로 자율성이나 전문성을 키우지 못하게 되어 결국 조직의 생산성 저하의 역기능을 낳게 된다. 관료제의 세밀한 감독과 규칙은 조직의 창의성을 질식시키고, 신축성과 탄력성 부족으로 조직이 굳어져 조직목표 달성이 어렵게 되는 병리 현상을 초래한다는 것이다.

넷째, 블라우(Blau)의 관료제 병리연구는 셀즈닉과 반대되는 측면에서 접근하였다. 즉, 하부에 권한위임을 하지 않고 너무나 하향식으로만 권력을 행사하고 명령하다 보면 하급자들이 명령에만 따르게 되고 과잉 동조하게 되어서 자기들이 가지고 있는 능력을 충분히 발휘하지 못하고 역할 수행을 제대로 못하여 조직목표 달성을 잘하지 못하게 되는 역기능을 낳게 된다는 것이다. 이런 역기능을 방지하거나 줄이기 위해서는 하부에 통제권을 많이 위임해야 한다는 것이다. 결국 권한의 위임과 규칙과 절차의 준수도 항상 순기능과 역기능이 동시에 존재한다는 것을 의식하고 순기능뿐만 아니라 역기능과 병리 현상의 방지와 감소에도 행정노력을 경주해야겠다.

호지킨슨(Hodgkinson, 1991)은 관료제의 병리를 관료병리학(bureau pathologies)이라고 하면서 (1) 거대성과 복잡성, (2) 과도 세분화와 규칙과 문서에 매인 지연(overspecialization and circumlocation), (3) 무기력한 경직성, (4) 쇠퇴화, (5) 몰인간적 소외감, (6) 조직 내외적 제국주의 등을 들고 있다.

2) 조직상의 일반적 병리

조직상의 일반적 병리로는 우선 조직의 계층에서 생기는 병리를 들 수 있다. 권력분포와 보상분포가 모두 상층부에 있다는 것을 하층부 직원과 근로자들이 느끼게 되는데, 그들은 기술적으로 숙련될수록 더욱더 권력의 암시를 자각하게 된다. 그래서 하층부 전문가는 상층부 비전문가와 갈등과 불화를 일으키게 된다. 최고집행자는 자신의 역할을 수행하고자 하고, 권위의 상징성을 유지하고자 하며, 훌륭한 지도력을 발휘하고자 하고, 자기의 관리하에 있는 하급자들에게서 지지를 얻고자 한다. 때로는 민주를 가장하고 일상적인 일을 공식적으로 지연시키며 때로는 접근하기 어렵게 만들기도 한다. 그래서 계층 때문에 조직목표 달성에 역기능으로 작용하기도 하고 또 목표전도 현상을 일으키기도 한다.

행정가는 일반주의의 특수성의 전문성(specialty)에 그치지 말고 하나의 전문직(profession)으로 바뀌야 하는데, 그러지 못하는 데서 병리 현상이 나타나고 있다. 교육행정이 전문적 능력과 기술을 갖는 하나의 독립된 전문직으로 인정받을 때 계층상에서 생기는 이런 병리는 많이 줄어들 수 있을 것이다.

예를 들면, 현재 우리나라 교육감은 선출직으로서 비전문가이고 아마추어이며 일반론자(generalist)이므로 하급자가 전문성을 내세울 경우 하급자와 갈등을 일으킬 소지가 충분히 있다.

둘째, 계선과 참모 사이, 또는 일반직과 전문직 사이의 갈등과 병리 현상을 들 수 있다. 이는 앞에서 말한 계층상 병리의 일종이라 말할 수 있다. 권력은 계선에 따라 분포되어 있는데 일에 대한 전문적 권력은 참모에게 있으므로 계선과 참모 사이에 부조화와 갈등이 야기된다. 신경 계통의 정점의 생각과 철학을 참모전문가가 어떻게 번역 · 해석하여 행동으로 옮기느냐에 문제가 있다. 머리와 손발이 각각 따로 놀 수 있는 것이다.

특히, 우리나라 교육행정에서는 관료(bureaucrat)와 전문직(profession) 사이의 갈등이 심각하다. 원래 교육조직과 교육행정 조직에 관료제(조직)의 성격과 전문직 조직의 성격이 공존하는 데다 비전문 일반직 관료와 전문직이 섞여 있는데, 주요 계선을 일반직이 거의 다 차지하고 전문직이 오히려 계선에서 밀려나 있기 때문에 더 큰 문제가 되고 있다. 계선상의 일반직이 의사결정, 정책결정, 거부권을 갖고 있고 전문직은 이를 행동과 실천으로 옮겨야 하니 하는 일에 재미와 보람이 있을 수도 없을 뿐만 아니라 일반직의 결정이 교육 현장과 현실과 유리되어 교육 정책과 행정이 겉바퀴를 돌게 되는 것이다.

같은 전문직이라도 교육행정가와 교사 사이에도 갈등이 생길 수 있다. 예를 들면, 교장이 결정한 것을 교사가 실천으로 옮기는 데서 문제가 있을 수 있다. 교장은 교사가 하는 구체적인 전문성을 다 갖출 수 없기 때문이다. 기술은 하부에서 더 많이 가지고 있는 데 비하여 상부는 하부보다 일반성이 강하다. 이런 병리 현상을 기술병리학(technopathology)이라고도 하고, 또 하나의 조직이 계선과 참모, 관료와 전문가를 다 포괄하지 못한다고 하여 포괄상실병리학(pathology of loss comprehension)이라고도 한다(Hodgkinson, 1991).

셋째, 호지킨슨(1991)이 명명한 것으로 '겉핥기식(superficiality) 병리'가 조직 내에 존재한다. 어느 조직이나 업무는 폭주하고 시간은 항상 부족하고, 부서 간 칸막이 때문에 정보는 잘 유통되지 않고 있다. 높은 사람일수록 항상 일이 고되다고 하고 겉으로는 바쁘다는 것이다. 전문서적이나 학술지를 읽고 연구해서 무슨 일을 한다는 자체가 불가능하다. 전문위원회가 있다고 해도 실제로 활용하지 못하며, 연구보고서가 나와도 깊이 읽지 못하고 한쪽짜리 결론이라도 보면 다행이다. 그러다 보니 조직 내 동료나 조직 외 교양 있는 비공식적 접촉자의 의견에 의존하여 국가의 중요한 정책을 결정하기도 한다.

항상 바쁜 것같이 보이게 하는 유사능률성, 능률성 가장(pseudoefficiency), 자기 부서만 챙기고 다른 부서와 담을 쌓는 '분과주의(分科(課)主義, compartmentalization)' 등이 '겉핥기식' 병리의 원인이 된다. 그래서 결국 곰곰이 생각하는 반성적 사고의 시간은 줄어들고 즉흥적으로 겉핥기식으로 일을 처리하게 된다. 의사결정에서 가치의 문제도 찬찬히 다루지 못하고 가치편향이 된다. 이런 병리의 피해는 고스란히 학교현장과 학생, 학부모, 국민에게로 돌아가게 된다.

조직상의 병리는 (1) 계층적 병리, (2) 일반관료와 전문직 사이의 병리, (3) 겉핥기식 병리 이외에도 더 많이 있겠으나 관료제 병리에서 지면을 많이 할애했기 때문에 여기서는 이 셋으로 줄인다.

2. 행정인과 행정행위상의 병리

모든 인간이 다 선(善)만을 추구하는 도덕군자가 아니듯이 모든 행정인들이 다 정의와 선, 공익, 합리성만을 추구하지는 못한다. 행정인들도 공익보다 자기 이익을 먼저 챙기고 정치적 야욕과 출세주의의 탐욕에 기울어지기도 한다. 그래서 행정인 중에는 도덕군자의 얼굴과 정치동물의 얼굴의 두 얼굴을 갖는 사람도 있다. 후자의 얼굴을 가질 때 공익은 헌신짝처럼 버려지고 행정의 합리성은 마비되게 된다. 이것이 행정인에게서 생기는 행정병리라고 할 수 있다. 플라톤적 이상이 있는가 하면 마키아벨리적 현실도 존재한다. 행정인의 첫 번째 병리는 이기적 자기 이익 추구라고 할 수 있다.

행정인에게는 (1) 인간으로서의 옳음과 정의, 인륜의 가치를 추구하느냐, (2) 인간이 집단을 이루고 사는 조직과 사회의 합리성의 가치를 추구하느냐, (3) 자기가 좋아하는 대로, 자기가 좋아하는, 자기에게 유리한 자기 이익을 추구하느냐의 세 가지 가치유형이 있다. 여기서 이기적 자기 이익에만 관심을 둘 때 행정인의 병리로 나타나는 것이다.

둘째, 전형(典型)의 오류라는 병리 현상을 들 수 있다. 교육행정에는 이론의 부족으로 보편성, 과학성, 정밀성을 확보하고 확립하기가 어렵다. 교육행정과 관련하여 수많은 모순된 명언이 있을 수 있다. 이해 관련자들은 모두 자기주장이 옳다고 한다. 힘 있고 권위 있는 사람의 행정행위가 모범이고 옳은 것으로 비쳐지기도 하다가 그 자리에서 물러나게 되면 잘못으로 밝혀지기도 한다.

직위와 직무마다 직무기술서를 만들어 직무의 전형을 만들려고 하나 그것도 항상 정확하고 옳다고만 할 수는 없다. 그 직무에 임하는 사람마다 각각 다르게 직무 수행을 할 수 있다. 직무해석이 행정인마다 달라질 수 있기 때문이다.

이 전형적 오류 중에는 반지성주의(anti-intellectualism) 정신이 있다. 행정은 실천적이기 때문에 행정인은 행동하는 사람으로서 정치적이고 남성적이어야 한다는 의사과대남성적 성격(擬似誇大男性的 性格, psedo-machim)을 신봉하는 것이다. 그래서 항상 최고집행자에게 유리하고 집행자가 전형이 되기 쉬운 전형적 오류와 병리를 교육행정에서도 내포하고 있다.

셋째, 행정인과 행정행위 중에는 과잉 충성의 병리가 있어 조직과 집단을 파멸로 이끄는 경우가 있다. 조직에 대한 충성과 헌신이 조직에 유용하고 필요한 가치로 생각되기 때문에 충성과 헌신은 많을수록 좋은 것이지 과잉과 과도란 있을 수 없다고 생각하는 것이다. 히틀러 시대에 게슈타포 비밀경찰을 누가 과잉 충성이라고 했겠는가? 회사를 위한다고 맹목적으로 충성한 것이 마침내 회사를 망하게 하는 경우도 있을 수 있다. 현명하지 못한 지도자는 과잉 충성하는 사람을 좋아하는 경향이 있어 마침내 충성을 받던 지도자도, 충성을 하던 하급자도, 조직이나 기관도 모두 파멸에 이르게 될 수도 있다. 이것을 호지킨슨(Hodgkinson, 1991)은 신봉건주의 병리라 이름 붙이고 있다. 집단이 다 잘못되었을 때 그 집단 전체를 처벌할 수 있는 사람은 없다.

넷째, 기만, 위장, 술수, 조작의 병리행위는 흔히 있는 일이다. 이기주의를 위해서 위장포장을 하고 가면을 쓰기도 한다. 사익을 챙기면서 가짜 공리(quasi-utilitarian)를 내세우기도 한다. 이런 것을 마키아벨리적 정치가나 행정가는 고도의 정치기술, 행정기술이라고 하기도 한다. 행정가가 자기 행위를 방어하기 위하여 마침내는 자기기만을 하기도 한다. 너무나 순수하고 정직한 사람은 행정가로서 성공하기 어렵다는 생각이 통한다면 이는 분명 행정병리임에 틀림없다.

다섯째, 지배 및 독점과 그와 반대되는 병리행위도 있다. 공격성의 병리라고도 할 수 있다. 행정가에게는 조직과 환경, 분위기를 지배하고 독점하고자 하는 특성이 있다. 이런 성격을 가져야 계층의 상층부로 올라갈 수도 있을 것이다. 상급자의 이런 지배와 독점욕을 하급자는 잘 알기 때문에 이에 순종으로 대응한다. 독점적 상급자에게는 순종적 하급자가 유리하다. 지배와 독점에 대한 순종은 상·하급자 당사자들에게는 좋을지 모르겠지만 조직 전체를 위해서는 나쁜 것일 수도 있다. 하급자의 순종은 책임의 포기가 될 수 있다. 상급자 권위에 대한 과도 수용(overaccept authority)이 순종이라고 할 수 있다. 진정한 권한배분과 진정한 가치배분을 상하 간에 어떻게 할 것이냐가 행정병리 방지에 중요한 관심이 되어야 한다. 지배적이고 독점적인 사람은 자신의 이런 행동에 긴장감을 느끼지 않는 사람을 주변이나 하급 자리에 놓고자 할 것이다.

여섯째, 소외 현상의 병리가 있다. 합리성, 합법성, 관료제, 기술관료제는 우리가 살아가는 사회의 필수적인 조건이 되었다. 이러한 틀과 장벽에 얽매어 살다 보니 우리는 평생 심리적 감옥에서 무기징역의 삶을 살고 있는 셈이다. 삶은 열려진 감옥이다. 인간소외 현상이다. 때로는 이러한 틀과 장벽에 저항도 해 보고 이를 넘어 탈출하고자 한다.

어떤 사람은 일의 감옥에 사로잡히기도 한다. 일중독에 걸린 것이다. 조직생활과 조직시간이 틀에 짜인 일상적, 상투적 일이 된다. 이에 조직 소외, 조직압박의 생활을 해야 한다.

조직생활은 어떻게 보면 불만족스러운 생활의 연속이다. 그 속에서 짜증이 나고 슬프며 걱정과 불안, 의미상실증에 빠지기도 한다.

소외는 행정에서 행정인과 고객 사이의 관계성의 상실이고, 아노미는 규범의 상실로 의미의 급진적 확대라고 할 수 있다. 이 둘은 서로 밀접하게 관련되어 있다. 행정인 자신이 소외와 아노미를 겪을 수도 있고 행정고객에게 이런 것을 느끼게 할 수도 있다.

일곱째, 권태의 병리도 있다. 권태와 싫증은 조립생산 라인이나 공장에서만 일어나는 것이 아니다. 알렉산더 대왕과 같은 지도자도 더 이상 정복할 세계를 찾지 못할 때 권태를 느꼈다고 한다. 처칠도 권태를 느꼈다는 유명한 말을 남겼다. 교육행정가도 자극과 정적 사이에서, 스트레스와 이완 사이에서 균형을 잃으면 권태와 싫증의 병리행위에 빠지기 쉽다.

여덟째, 성공철학의 개인적 비법을 사용하는 행정인을 생각해 볼 수 있다. 개인의 성공을 위해서 온갖 비법을 다 동원하는 것이다. 권력이 상대방에 비하여 열등한 지위에 있을 때는 성공을 위해서 어떻게 할 것인가? 회유와 협상술을 동원해야 할 것이다. 웅변을 통해서든 아첨을 해서든 권력자를 안심시키고 양해를 구하고 환심을 사야 할 것이다. 그리고 권력자의 자리를 넘보지 않는다는 것을 확신시켜야 할 것이다.

반대로 상대방보다 우월한 권력의 자리에 있을 때는 강압의 힘을 사용해야 할 것이다. 권력을 휘두르는 것을 가시적으로 보여 주는 것이다. 응징과 처벌을 눈에 띄게 한다. 잘못은 부관이나 비서가 하는 것으로 보이게 한다. 격노, 격정, 울분을 나타내어 경쟁자나 하급자를 공포로 몰아넣는 것이다. 나머지는 기증이나 수뢰, 독직으로 구워삶아 성공의 목적을 달성하는 것이다.

마지막으로 전부를 차지하지 못할 때는 반씩이라도 나누는 것이다. 소문을 퍼뜨리고 흠집을 내고 경쟁자의 나쁜 점이 권력자의 귀에 들어가게 하는 것이다.

이러한 행정행위 병리는 비열한 것이지만 정치판에서는 아주 흔히 있는 일이고 교육행정 현실에서도 나타나고 있다.

아홉째, 성공철학과 닮은 점이 있는 출세주의도 병리 현상으로 나타난다. 경력은 승진하고 발전하기 위해서 있는 것이다. 그러나 불행하게도 상층부에는 많은 자리가 있지 않다. 그래서 때로는 조직을 개편하면서까지 자리를 만들기도 한다. 아무리 줄이기 위한 구조조정을 하려고 해도 말로만 구조조정을 할 뿐이지 좀처럼 실질적인 구조조정이 안 된다. 훌륭한 교사는 교감 · 교장의 길로 가려고 한다. 그런데 사실 학생을 잘 가르치는 교사는 교장이 되지 말고 계속 학생을 가르치는 교사의 역할을 해야 개인에게도 조직에게도 좋은 것이다. 출세주의가 조직병리가 되는 것이다. 때로는 조직 밖으로 나가서 출세하고자 한다. 이 역시 조직을 위해서는 불행한 일이다. 이러한 조직에서의 역할과 이혼하고 조직 밖의 다른 역할과 재혼하는 셈이다.

경력이 보장되지 않을 때 행정가는 스트레스와 불안의 역기능을 낳고 또 완전히 연공제로 보장될 때는 무기력과 무책임, 아노미, 권태의 역기능을 일으키기도 한다. 이 둘 사이에 어떻게 균형을 잡느냐가 문제다.

열째, 행정에서 극적 연출은 병리적 측면과 긍정적 측면 모두를 갖고 있다. 정치와 행정을 하면서 언어에서는 극적 연설, 극적 표현으로 다른 사람을 설득하기도 하고 때로 거짓말을 섞기도 해야 한다.

이 외에도 행정인 개인과 행정행위의 병리 현상이 많이 있을 수 있으나 여기서는 이상의 열 가지 정도를 소개하는 것으로 줄이고자 한다. 앞에서도 잠깐 언급한 것처럼 부정적으로 기능을 하면 병리가 되지만 긍정적으로 작용할 수도 있는 것이다. 교육행정 조직이나 행정가로서는 어떻게 하면 병리를 줄이고 기능을 잘하게 할 것이냐와 병리를 순기능으로 전환시키느냐에 관심을 갖고 노력해야 한다. 이런 의미에서 행정병리를 특별히 이 장에서 살펴본 것이다.

3. 행정부패

제1부와 제2부에서 다룬 교육행정철학과 제4부에서 다룬 교육행정윤리가 제대로 정립되지 못하면 제3부의 교육행정 가치와 이념을 실현하지 못하고 앞에서 다룬 행정병리와 부패로 나타나게 된다.

행정부패의 개념은 학자에 따라, 시대와 장소에 따라 여러 가지로 정의할 수 있으나 '공직자가 규범적 의무를 지키지 않고 경제적, 비경제적 사익을 취하고 공익을 저해하는 행위' 라고 할 수 있다. 이 개념 정의 속에는 (1) 공직자 중심의 행위와 규범적 의무를 일탈하는 행위, (3) 공익을 저해하는 행위라는 세 요소가 포함되어 있다. 행정부패이기 때문에 당연이 공직자와 관련되는 것이고, 부패의 내용 또는 측면은 공직자가 법규적, 도덕적 규범을 어기는 것과 공익을 해치는 것이라고 할 수 있다. 부패의 원인으로 유종해(1992)는 (1) 정부기능의 확대, (2) 불평등구조와 소비지향적 문화, (3) 정부통제의 과다 또는 과소, (4) 집중적 권력문화와 공직의 사유관, (5) 건전한 자본주의 정신의 미비, (6) 경제적 수입의 부족, (7) 범죄의 모방을 들고 있다. 필자는 무엇보다도 최근 우리나라 사회 전반에 걸쳐 있는 도덕적 해이와 공직기강의 문란을 지적하고 싶다. 무엇보다도 공직자의 철저한 윤리의식과 공직자 자세의 결여에서 그 원인을 찾고 싶다. 앞으로 교육행정 공직자 양성과 연수 과정에 교육행정철학과 교육행정윤리에 관련된 과정을 강화할 필요가 있다고 본다.

행정부패의 유형은 병리를 다룰 때 이미 언급된 내용이 많이 들어 있다. 흔히 세상에 많이 드러나는 부패의 유형으로는 (1) 뇌물, (2) 공금횡령과 유용, (3) 부당한 영향력 행사 등이 있다.

부패의 원인과 유형을 여기서 간단히 제시했으나 이를 좀 더 체계적으로 분석하고 연구하기 위해서는 (1) 사회문화적 접근, (2) 제도적 접근, (3) 도덕적 접근, (4) 권력적 측면에서의 접근, (5) 기능적 접근이 필요할 것이다.

첫째, 사회문화적 접근은 가장 거시적 접근으로 우리 사회의 역사, 문화, 관습, 가치관, 태도, 습관 등을 문화적으로 분석 · 연구하는 것이다. 우리나라의 역사와 문화, 유교문화에서 출발하여 행정문화, 부패문화로 연결시키려는 시도다. 예컨대, 유교문화권에서 상대적으로 행정부패율이 높다는 식으로 접근하는 것이 사회문화적 접근이다.

둘째, 제도적 접근은 정치제도, 사회제도, 행정제도와 부패 간에 관련성이 있는지 분석 · 연구하는 접근이라고 할 수 있다. 제도가 잘못되어 부패를 방지하지 못하는 경우도 있을 것이고, 제도와 규범은 잘되어 있는데 행정인과 국민의 가치체계와 의식구조가 이에 맞추지 못하는 데서 부패의 싹이 틀수도 있다. 부패를 막으려면 제도도 잘 갖춰야 하고 행정인과 국민의 의식도 그만큼 높아져야 할 것이다.

셋째, 도덕적 접근은 일반사회와 공직사회의 도덕률과 행정윤리의 기준과 실천의 정도를 중심으로 부패를 분석 · 연구하려는 것이다. 이 책의 제4부 제8, 9, 10, 11장에서 도덕적 · 윤리적 접근을 많이 한 셈이다.

넷째, 권력적 측면에서의 접근은 직위에 따른 권력의 배분, 권력의 통제 정도, 공식적 · 비공식적 권력의 행사 정도를 부패와 관련지어 분석 · 연구하는 방법이라고 할 수 있다. 권력 집중도가 높고, 권력을 통제할 수 있는 체제가 되어 있지 않고, 비공식적 권력을 많이 사용할 수 있을수록 부패의 가능성은 더욱 높아질 것이다.

다섯째, 부패의 기능적 접근은 부패의 영향, 결과를 분석 · 연구하는 접근이라고 할 수 있다.

이러한 부패분석과 연구 접근법은 행정병리나 부패에 관심을 갖고 이와 관련하여 연구하고 논문을 쓰려는 연구자에게 도움이 될 것이다. 좀 더 자세한 내용은 유종해(1992)의 『행정윤리』를 참고하면 좋을 것이다.

4. 행정병리와 부패에 대한 대처

앞의 세 절에서 행정병리로 (1) 제도 · 조직상의 병리, (2) 행정인과 행정행위상의 병리에 대하여 살펴보고, 좀 더 구체적으로 (3) 행정부패에 대하여 간단히 살펴보았다. 이렇게 병리나 부패가 어디서 생기고, 어떤 것이 있고, 이에 대해 어떻게 연구하는지에 대해 살펴보고 만다면 교육행정 학도로서 모르는 것보다야 낫겠지만 이에 대하여 아는 것이 별 큰 의미를 갖지 못할 것이다. 앞의 세 절에서 병리와 부패에 대하여 알아본 목적은 이를 어떻게 막고 줄이고 대처하느냐에 있었다.

행정병리와 부패도 인체에 생기는 병과 마찬가지로 기관과 조직에 생기는 병이라고 할 수 있다. 인체의 병이든, 조직 · 행정상의 병이든, 사회에 생기는 병이든 모든 병은 발병하고 나면 고치기가 어렵다. 현대의학이 아무리 발달했더라도 병으로 사망하는 환자는 여전히 많다. 그래서 병에는 치료보다 예방이 중요하다. 행정병리와 부패도 예방에 우선순위를 둬야 할 것은 두말 할 필요가 없다.

다른 조직과 달리 교육조직과 교육행정 조직은 인간을 교육하기 위한 조직이므로 병리나 부패 현상이 있어서는 안 되므로 병리와 부패에 대하여는 어느 조직보다도 더 철저하고 엄격해야 한다. 교육조직이 병들고 부패하면 그 나라 그 민족의 장래와 희망은 존재할 수 없다고 보기 때문이다. 그래서 필자는 "교육은 국가를 지키는 최후의 보루"라고 외쳐 왔다. 교육과 교육행정 기관에 병리와 부패가 나타난다면 그것을 학생들은 보고 배우게 된다. 그러므로 병리와 부패가 있어서는 학생들을 교육시킬 수 없게 되어, 마침내 교육기관이 교육적 기능을 못하게 되어서 교육기관과 학교의 존재 이유를 잃게 된다.

앞에서 행정병리와 부패의 원인과 분석연구 접근방법에 대하여 살펴보았는데, 행정병리와 부패에 대한 대책이나 대처방안도 이를 활용하는 것이 좋겠다. 즉, 행정병리와 부패의 원인을 알았으면 그 원인을 근본적으로 제거하거나 줄이는 것이 곧 예방이자 치료가 되기 때문이다. 또 행정병리와 부패에 대한 분석과 연구의 여러 접근법을 알아봤다면 똑같은 접근법으로 대처방안과 대책, 전략방안을 강구하는 것이 효과적이라고 볼 수 있다.

행정병리와 행정부패에 대한 대처방안을 거시적인 것에서 미시적인 것의 순서로 제시해 보기로 한다.

첫째, 먼저 건전한 사회문화의 형성에 노력해야 한다. 병리와 부패가 용납되지 않는 사회문화가 형성되도록 노력해야 한다. 사회 전체가 흙탕물이나 탁한 공기로 꽉 차 있다면 공직자만 홀로 깨끗할 수가 없고 교육기관만 사회와 단절하고 깨끗할 수가 없다. 맑은 사회문화를 만드는 일도 결국 깨끗한 국민교육을 통해서만 가능하다. 교육을 통해서 국민의식을 바꿔야 한다.

둘째, 행정병리와 부패가 발붙일 수 없도록 법과 제도를 고치거나 새로 마련해야 한다. 싱가포르나 대만처럼 병리와 부패를 방지하거나 다스리는 엄격한 법과 제도를 마련하고 철저하게 적용해야 한다. 법과 제도가 허술하기 때문에 병리와 부패의 싹이 트고 또 반복되는 경우가 많다. 교육과 교육행정직에 알맞은 전문 행정조직 형태를 마련하는 일도 필요할 것으로 본다. 관료제적 성격을 줄이고 전문조직의 성격을 높이는 방향으로 조직설계를 바꿔 갈 필요가 있다.

셋째, 교육체제보다 한 단계 높고 넓은 정치체제, 지도자의 상위 체제와 상층부가 먼저 깨끗하고 건전하여 모범을 보여야 한다. 윗물이 맑아야 아랫물이 맑다는 속담 그대로다. 상위 체제와 지도자가 신뢰를 잃기 때문에 하위 교육체제와 하위 행정가들이 깨끗할 수가 없고 또 깨끗하게 만들기가 몹시 어려운 실정이다.

넷째, 교육행정가와 교원에게 최고의 존경과 대우를 해 주고 대신 엄격한 책임을 물어야 한다. 우선 경제적 대우를 최고 수준으로 해 줘야 우수한 사람들이 교원과 교육행정직으로 몰려오고 또 공직자로서 자부심을 갖고 국민과 학생들을 위해서 봉사할 수 있게 된다. 최고의 대우를 해주는데도 비리와 병리, 부패와 연루될 때는 용서 없이 공직에서 추방시켜야 한다. 국가의 기강과 질서를 공직자들이 떠받치고, 특히 교원과 교육행정인이 국가와 민족의 장래를 책임질 학생교육을 책임질 수 있도록 해야 한다. 교육행정인의 복지가 보장되어야 한다.

다섯째, 교육행정인에 대하여 교육행정철학과 교육행정윤리에 대한 철저한 교육을 하여 행정철학과 행정윤리를 확립하는 일이 중요하다. 양성교육이나 연수교육에서 교육행정철학과 교육행정윤리가 주요 코스로 다뤄져 철저한 교육이 되어야 한다. 또한 단순한 이론교육이 아니라 실천교육의 방법으로 이루어져야 할 것이다. 교육행정인을 위한 행위규범과 행정윤리 강령이 제정되고 또 지켜지게 해야 한다.

도덕성과 윤리를 경제적 가치로 환산해 본다면 무엇보다도 가치가 높다. 이런 점을 생각하면 행정도덕과 행정윤리를 위해서는 아무리 투자해도 아깝지가 않고 오히려 부족함을 느낄 것이다. 앞에서 말한 법과 제도에 우선하여 철학과 윤리가 강조되어야 한다. 법과 제도는 철학과 윤리가 감당하지 못하는 최소한의 부분을 담당하게 하되, 대신 철저하고 엄격해야 한다. 우리나라의 정서는 법보다는 윤리와 도덕에 호소하는 것이 더 잘 먹혀들 수도 있다. 윤리와 도덕을 경제적 가치와 자본적 가치로 환산해 보면 엄청나게 높은 것을 알 수 있을 것이다.

여섯째, 참여행정, 개방행정이 이루어질 때 병리와 부패는 줄어들 수 있다. 시민과 공중의 참여와 감시가 병리와 부패를 줄일 수 있다고 본다.

참고문헌

유종해(1992). 행정의 윤리. 서울: 박영사.

제15장 한국 교육행정철학의 과제

교육행정이 실천지향적인 학문이다 보니 지금까지 우리나라에서의 교육행정은 이론과 연구의 측면에서는 지나치게 경험적이고 실증주의적인 분석에 치우쳤고, 실제의 측면에서는 외부로 드러나는 행동과 기술 및 기교에 치우쳤다. 반면에 교육행정의 본질의 탐색과 교육행정에서 추구하는 가치에 대하여는 너무나 등한시하였다. 외국의 일반행정에서도 행정에서의 중요한 당위성이나 행정의 기본 방향에 대하여는 경시하거나 잊어버리고 지나치게 과학주의를 표방한 것에 한계를 느끼고 또 이를 반성하게 되었다. 이렇게 1960년대부터 행정의 가치나 윤리, 철학을 중시해야 한다고 주장하는 35세 이하의 소장파 일반행정학자들이 나타났는데 이를 신행정학파(New Public Administration)라고 한다. 우리나라의 일반행정 또한 1980년대부터 행정학과에 행정철학, 행정윤리의 교과목이 개설되고 대학원과 각종 공무원연수원 교육과정에 중요한 과목으로 들어가기 시작하였다. 그리고 행정철학과 행정윤리의 교과서가 개발되고 많은 학술논문도 쏟아져 나오고 있다.

그러나 교육행정 분야에서는 겨우 몇몇 대학원에 교육행정철학이나 교육행정윤리 과목이 들어 있기는 하나 제대로 개발된 교과서는 전무한 실정이다. 더구나 교육에서 가치를 배제하고 가치 중립이라고 서슴없이 내세웠으니 교육행정에서 가치지향성은 있을 수 없었다.

이러한 결과 때문인지는 모르겠지만 우리나라 교육정책이나 교육행정에 철학이 없고, 또 방향감이 없이 우리나라 교육 전체가 흔들리고 있는 것이다. 예를 들면, 획일화된 고교평준화 정책이 우리나라 정책의 방향으로 옳은 것인지, 교육의 우수성 추구가 나아갈 방향인지, 또는 이들 두 가치와 이념 간에 조화와 균형을 잡아야 할 것인지의 방향이 없어서 우왕좌왕하고 있는 것이다. 또 NEIS의 철학은 무엇이고 인권과는 어떤 관계가 있는지에 대한 심각한 검토 없이 저지르고 보는 것이다. 교육감이나 교장, 교육인적자원부 장관까지도 철학이나 윤리, 도덕의식 없이 무조건 되고 보자는 식이 되기 때문에 목적의식 없이 자리만 차지하고 하는 일 없이 바쁘기만 하며, 너무나 쉽게 말을 바꾸고 조령모개하여 존경을 받기는 커녕 비난만 받고 있는 것이다.

교육행정철학을 정립하고 교과서를 꾸미려고 하였으나 마지막 장을 마무리하는 시점에서 너무나 엉성하고 거친 것을 느끼게 된다. 앞으로 해결해야 할 우리나라 교육행정철학의 과제에 대하여 이론, 연구, 실제, 교육의 측면으로 나누어 생각해 보기로 한다.

1. 이론적 측면에서의 과제

첫째, 교육행정철학의 정체와 지식체계의 내용을 밝혀야 하는 과제가 선행되어야 한다. 교육행정에서 이제 겨우 행정철학이라는 말이 나오고 교과서 집필을 논의하는 단계이기 때문에 교육행정철학의 정체를 완전히 밝히지 못하고 그 지식체계와 내용의 구성에 완전히 합의를 보지 못하고 있다. 일반행정의 철학에서는 행정가치, 행정이념, 행정병리, 행정책임, 행정윤리 등을 주로 다루고 있는데, 행정이념으로는 정의, 자유, 평등, 공익, 능률, 법 등을 다루고 있다. 교육행정철학도 이런 범주에서 크게 벗어나지는 않겠지만 그래도 무엇인가 다른 점, 독특한 점이 있을 것이다. 이를 밝히기 위한 노력을 기울여야 한다. 교육행정철학의 지식체계 또는 지식근거가 구성되어야 교육행정가를 위한 철학교육도 가능해진다. 지식내용은 (1) 이념과 가치(ideologies, values), (2) 규범과 표준(norms, standards), (3) 행위와 행동(behaviors, conducts, actions) 등으로 구성될 것으로 본다.

둘째, 지금 처음으로 교육행정철학이라는 교과서를 구성하려고 하였으나 여러 가지로 부족하고 미흡하므로 앞으로 더욱 정교하게 다듬고 발전시켜 나가야 한다. 우선 교과서가 잘 구성되면 첫째 과제인 교육행정철학의 정체와 지식체계의 문제도 많이 해소될 것이므로 첫째와 둘째 과제는 상호의존적이고 보완적인 과제라고 할 수 있다.

2. 연구적 측면에서의 과제

교육행정에서 사실과 가치는 분리할 수 있거나 따로 존재할 수 있는가? 가치는 빼 버리고 사실만을 추구할 수 있는가? 불가능하다. 교육에서 많이 쓰이는 '바람직한' 이라는 말 속에는 이미 방향성과 가치가 들어 있기 때문이다. 또한 교육행정에서 자주 쓰이는 민주, 정의, 평등, 공익, 능률, 합리, 책임 등의 용어 속에는 이미 가치가 배어들어 있기 때문이다.

그런데 우리는 지금까지 (논리)실증주의의 주장에 치우쳐 교육행정에서 가치를 배제한 객관적 사실만을 추구하였다는 반성을 하지 않을 수 없다.

연구방법 면에서도 사회적 실재를 자연법칙에 의하여 움직이는 자연체제로만 보아, 관찰 가능하고 측정 가능한 측면만을 다루어 수학적 · 계량적 · 통계적 방법에 치우치고 있다. 사회적 실재를 인간법칙과 도덕법칙에 의하여 움직이는 인간 고안체제로 보면 의미 있는 관계성을 탐구하고 설명하고 의미를 해석하는 사례연구, 비교연구, 역사적 연구 등의 방법을 많이 사용하게 된다. 예전에 이들 방법이 많이 사용되었다가(older) 실증주의에 치우쳐 맥을 못추었으며, 최근에 다시 포스트모더니즘과 후기 실증주의의 부상과 함께 다시 강조되고(newer) 있다.

행정은 사실과 논리만으로 이루어질 수 없다. 따라서 합리성, 경험성, 과학, 능률에만 의존할 수는 없으며 가치와 신념과 소신을 다루는 철학과 윤리도 중요하다. 교육행정을 행정과학으로도 발전시켜야겠지만 교육철학과 교육윤리를 교육행정의 하위 연구 분야로 발전시킬 필요가 있다.

공공행정에서도 꾸준히 행정의 윤리적 측면에 관심을 기울여 온 사람들이 있었다. 특히, 1970년대에 행정의 가치와 윤리 · 철학을 강조하는 신행정학파가 대두되면서 행정철학과 행정윤리가 연구 분야로 발전하여 교육과정에도 포함되고 연구물과 교재도 쏟아져 나오고 있다.

미국의 공공행정에서는 (1) 태동기를 1880년(Dormam B. Eaton) 또는 1887년(Woodrow Wilson)에서 1930년대 전반까지로 보고 있다. 이 시기는 진보주의에 근거한 효율과 과학이 강조되고 윌로비(Willoughby, 1927)의 기회균등, 정직성이 행정윤리와 관련되고 있을 뿐이다.

(2) 연구 분야로서 행정윤리의 정초기는 1935~1965년으로 볼 수 있다. 이 시기는 행정윤리의 의의, 행정가에 대한 내적 통제(internal control, 전문직적 가치, 윤리, 의무, 이념적 · 전문적 지각), 외적 통제(external control, 법, 규칙, 체재, 정치적 고위층)에 관한 논의가 많았다.

(3) 윤리가 하나의 연구 분야로 출현한 시기는 1970~1985년으로 볼 수 있다. 이 시기는 신행정학파의 출현, 워터게이트 사건에 의한 행정윤리의

필요성 강조, 롤스(Rawls)의 사회적 평등, 로어(Rohr)의 관료와 윤리, 쿠퍼(Cooper)의 자율(재량)권에 따른 책임성, 행정전문직 윤리강령 제정 등으로 확고한 학문 분야로 자리를 잡게 되었다.

(4) 행정윤리가 하나의 연구 분야로 성립된 후 지난 10년간 다루어진 최근의 주요 주제는 ① 시민의식과 민주이론, ② 미덕윤리(행정가 특성), ③ 기초사상과 헌법적 전통, ④ 윤리교육, ⑤ 조직환경(상황), ⑥ 철학이론과 관점 등이었다. 그리고 행정윤리에 관한 세미나와 학회 발표가 활발하여 1952~1992년의 40여 년 동안 23회나 있었다. 가장 종합적인 책은 쿠퍼(Terry Cooper)의 『행정윤리 핸드북(Handbook of Administrative Ethics)』(N.Y.: Marcel Dekker, 1994)이다.

우리나라의 일반행정에서는 정인홍과 양시호가 『현대행정론』(1959)으로 디목(Marshal E. Dimock)의 『행정철학(A Philosophy of Administration)』(1958)을 번역 · 소개한 후, 1971년 신종순의 『행정의 윤리』(박영사), 1987년 김영종 외의 『관료제와 행정철학』(법문사), 1992년 유종해의 『행정의 윤리』(박영사), 곽병광의 『행정철학』(미출판 비매품), 1995년 김영종의 『행정철학』(법문사) 교재가 나오고 논문이 계속 발표되면서 행정철학과 행정윤리에 관심을 가진 사람이 많아지고 있다.

교육행정에서도 미국 쪽에서 그래프(Orin B. Graff)의 『교육행정의 철학적 이론과 실제(Philosophic Theory and Practice in Educational Administration)』(Belmont, CA: Wadsworth Publishing Co. Inc., 1966), 옴(Robert E. Ohm)과 모나한(William G. Monahan)의 『교육행정: 행동철학(Educational Administration: Philosophy in Action)』(Norman, Oklahoma, 1965) 등의 출판으로 비교적 초기에 관심을 갖는 사람이 많았다. 특히, 초기에는 자질론 접근(Competency approach)과 철학적 이론을 중시하는 경향이 있었던 것 같다.

비교적 최근에는 스트릭(Kenneth Strik)과 홀러(Emil J. Haller), 솔티스

(Jonas F. Soltice)의 『학교행정 윤리(The Ethics of School Administration)』(N.Y.: Teacher College Press, 1988)의 출판으로 윤리의 문제가 본격적으로 다루어지고, 교육정책과 의사결정 분야에서 가치, 철학, 신념이 중요한 부분을 차지하면서 교육행정 교과서에서 행정철학과 윤리, 가치에 관한 내용이 1개 장 정도의 비중을 갖기 시작하였다.

서지오바니(Thomas J. Sergiovanni)와 카버(Fred D. Carver)의 『새로운 학교 집행자(The New School Executive)』(N.Y.: Harper & Row Publishers, 1980)에서 교육행정의 직관적(art) 측면과 동시에 신념체제를 비중 있게 다루더니, 최근에는 아예 『도덕적 지도성: 학교 개선의 심장에 이르는 길(Moral Leadership: Getting to the Heart of School Impro-vement)』(San Francisco: Jossey-Bass Pub., 1992)라는 저서를 내놓고 있다. 커닝햄(William G. Cunningham)과 그레소(Donn W. Gresso)의 『문화지도성(Cultural Leadership)』(Boston: Allyn and Bacon, 1993)도 1970년대 비판론에 의한 패러다임의 전환에 따른 구조모형(structural model)에서 문화모형(cultural model)으로의 전환이며 행정철학 · 윤리의 강조와 비슷한 맥락이라고 할 수 있다.

유럽과 캐나다, 호주 쪽에서는 그린필드(Thomas Greenfield)의 비판론과 함께 비교적 현상학적 접근을 강조하는 경향이 있다. 그래서 1961~1971년은 객관론자(objectivist)의 시대, 1971~1974년은 대안적 패러다임 지향의 시대, 1974년 이후는 주관론자(subjectivist)의 시대인데, 행정과학에서 가치함유과학(with)과 가치과학(of)의 인문학으로 전환하여 신행정과학의 형성을 제안하고 있다(Greenfield & Ribbins, 1993). 보터리(Bottery, 1992)의 『교육경영 윤리: 학교 조직에의 개인적, 사회적, 정치적 관점(Ethics of Educational Management: Personal, Social and Political Perspectives on School Organization)』도 같은 부류의 책이다.

우리나라에서는 몇몇 사람이 정책관련 연구와 논문을 쓰면서 기회균등,

정의론, 비판론 등을 다루어 교육행정철학에 관심을 끌기도 하였다. 필자도 「교육행정가의 행정행위에 대한 철학적 영향」(1983), 「장학사와 교사의 교육적 신념에 관한 연구」(1984)라는 논문을 쓰며 관심을 갖기 시작하여, 1985년 『행정철학』(Christopher Hodgkinson, Towards a Philosophy of Administration(N.Y.: St. Martin's Press, 1978)), 1989년 『지도자의 철학』(Hodgkinson, 같은 출판사, 1983)이라는 두 책을 번역 · 출판하고, 1987년 '한국교육행정학의 연구방향(한국교육행정학회 연차학술대회)' 에서 실증주의와 현상학의 조화와 보안을 제안한 바 있다. 1988년 「교육행정사조」(배영사)를 출판하고, 1993년 '근대교육행정사상 및 실제의 역사적 전개' (충남대 인문과학연구소 논문집, 제20권, 제2호) 연구를 발표하여 연구의 필요성과 중요성을 느끼면서도 능력 부족으로 이 분야를 성립 · 발전시키는 데 별로 기여하지 못하였다. 이는 많은 관심 있는 이들의 학문적 도전을 기다리는 분야라고 할 수 있다. 특히, 최근에 우리나라에서도 현상학에 바탕을 둔 연구와 접근이 활발하게 대두되고 있으므로 하나의 교육행정철학과 윤리가 연구 분야로 형성될 가능성이 높다.

교육행정철학에 관한 활발한 연구가 이루어져야 교육행정철학이 하나의 학문 분야로서 발전할 수 있게 된다. 연구가 활발해지려면 연구할 내용, 연구거리가 있어야 하고, 연구방법이 개발되어야 하고, 연구할 사람과 학회가 있어야 하며, 연구물이 축적될 수 있는 학술지가 있어야 한다.

첫째, 교육행정철학의 문제와 연구거리를 자꾸 찾고 작은 것이라도 붙잡고 늘어지는 노력이 요구된다. 이론에서 말한 지식내용과 현장에서의 문제를 찾으면 교육행정철학에 관한 연구주제는 많이 있을 것으로 본다. 교육행정 이념과 가치, 행정병리, 행정책임과 도덕, 행정윤리 등의 문제는 이론적인 면에서, 그리고 행정 실제와 현장에서 많은 연구거리를 제공해 줄 것이다. 행정 이념이나 가치의 문제는 이론적, 거시적으로 접근이 가능하고 철학적 규범이나 기준에서, 그리고 철학적 행동의 측면으로 들어가면 많은 미시적 연구가 가능할 것이다.

예를 들면, 우리나라 일반행정의 행정윤리에 관한 연구는 1967~2001년의 35년간 47편의 연구가 35명의 연구자에 의하여 이루어졌는데, 이론, 가치, 문화 등 개념에 관한 연구가 21편(44.7%)이었고, 사례, 정책 등 경험을 대상으로 한 연구가 26편(55.3%)이었다. 그런데 주로 행정윤리에서는 사람과 사회를 대상으로 한 것이 많았다는 것이다(윤태범, 2001). 이것을 미국 쿠퍼의 7범주로 묶어 보면 철학적 관점 15편(31.9%), 조직맥락 13편(27.7%), 헌법과 법 2편(4.3%), 시민정신 1편(2.1%), 윤리교육 0편, 개인윤리 및 행태 14편(29.8%), 인식론적 도덕 발달 0편으로 연구주제가 분포되어 있었다(윤태범, 2001). 또한 이것을 개인 수준, 조직 · 구조 수준, 행정문화, 국가 · 체제의 환경 수준, 복합적 분석의 수준으로 나누어 볼 수도 있다. 어쨌든 교육행정철학을 주제로 하는 연구는 개척 분야이기 때문에 무궁무진할 것으로 본다.

둘째, 연구방법을 개발하고 정교화해야 할 과제가 크다. 연구방법으로는 실증주의적 · 경험적 연구로 (1) 조사(질문지), (2) 실험, (3) 면접, (4) 다른 자료, (5) 사례연구를 적용할 수도 있고, 탈실증주의 또는 현상학적 방법으로 (1) 역사적 연구, (2) 문화기술적 연구, (3) 이야기 방법을 적용할 수도 있다. 쉽게 표현하여 계량적(정량적) 연구방법과 질적(정성적) 연구방법 모두가 적용 가능하다. 철학 · 윤리의 문제를 연구한다고 해서 꼭 후자인 질적인 연구만 적용되는 것은 아니다.

예를 들면, 가치의 문제는 조사, 면접, 역사, 문화기술적으로 연구할 수 있고, 기준과 규범의 문제는 조사, 실험, 자료, 사례, 역사적 연구를 할 수 있고, 환경의 문제는 자료, 사례, 역사, 문화기술, 이야기로 연구할 수 있다. 그리고 행동에 관하여는 실험, 역사, 문화기술, 이야기 연구법이 더 알맞을지도 모른다(주삼환, 1997: 353).

교육행정철학에 관한 연구방법으로는 정량적인 것, 정성적인 것 어느 것이든지 아주 다양한 방법이 적용될 수 있어서 좋을 것이다. 앞으로는 연구도구를 많이 개발해야 할 것이다.

셋째, 교육행정철학에 관한 연구가 활발하려면 이에 관심을 갖는 연구자가 많아지고 교육행정철학 학회가 설립되어야 한다. 한국교육행정학회 회원이 그렇게 많은데도 이에 관심을 갖는 사람이 적은 것은 안타까운 일이다. 이제 우리 학회도 좀 더 개척 분야를 넓히고 또 깊이 들어가는 노력이 요구된다. 이 책을 출발로 하여 많은 연구자가 나오고 마침내 교육행정학회의 분과학회 성격의 교육행정철학회가 성립되기를 기대한다. 또 교육행정학과 교육철학을 접목시키는 다학문적(multidisciplinary), 종합학문적(interdisciplinary) 성격의 학회와 연구자가 되기를 기대한다.

넷째, 연구물을 게재하고 축적할 수 있는 학회지가 있어야 교육행정철학이 발전할 수 있다. 앞에서 말한 교육행정철학회가 설립되면 자연스럽게 뉴스레터와 학회지가 발행될 것으로 보나, 그 전에라도 한국교육학연구나 한국교육행정학연구, 교육철학회지, 도덕교육학회지 어디에도 교육행정철학에 관한 연구물은 게재 가능할 것으로 본다. 학회지가 발간되기 전이라도 학술대회, 세미나, 심포지엄 등 발표의 기회와 무대가 자주 마련되어야 한다(주삼환, 1997).

3. 실천 · 실제 측면에서의 과제

교육행정철학이 형이상학의 수준에 머물러서는 우리나라 교육행정의 발전에 크게 기여하기 어렵다고 본다. 실천과 행동으로 나와야 의미가 더 있을 것이다. 우선 교육행정의 이념과 가치에 관한 논의와 연구를 통해서 가치 혼란을 겪고 있는 우리나라 교육과 교육행정에 방향을 제시해 주고, 교육행정인의 행동지침이 되는 윤리법, 윤리강령에 의하여 실천으로 행정 생활화가 되어야 한다.

필자(주삼환, 1977)는 교육행정 행위를 교육행정철학이 밖으로 나온 것으로 보고 [그림 2-1]과 같이 설명하고 있다. 교육행정 행위는 교육행정가의 철학이 밖으로 뛰쳐나온 것으로 설명할 수 있고, 교육행정의 과학적 측면과 직관적 측면을 철학으로 걸러 내서 행정행위로 나타나는 것으로 설명할 수 있다. 어쨌든 둘 다 행정행위 밑바닥에는 철학이 있다는 것을 전제한다.

제2장의 [그림 2-1]에서 볼 때 ① 교육행정의 철학에 해당하는 신념체제가 ② 행정가 개인의 욕구 · 욕망, 이해관계로 얽혀 있는 인간체제를 뚫고, ③ 학교나 교육행정 조직의 상황과 여건에 해당하는 조직체제를 통하여, ④ 여러 이해집단 간의 권력투쟁, 압력, 정치활동의 정치체제를 넘어서 나온 ⑤ 행동체제가 교육행정이라고 할 수 있다. 이러한 여러 체제를 통과해서 행정을 하려면 신념대로 곧장 직선으로 나오지 못하고 약간 굴절을 하게 된다. 그렇더라도 교육행정가의 철학, 신념, 소신, 윤리성과 도덕성은 여전히 중요하다.

제12장의 [그림 12-1]은 교육행정의 과학적 측면에 해당하는 과학적 지식과 연구와 직관적 측면의 경험 · 지혜 · 상식 등을 교육목적 · 신념 · 철학 · 자아개념으로 짜인 평가적 망으로 걸러내서 의사결정, 계획, 조정, 의사소통, 변화, 집단과정, 지도성 등의 행정행동을 해야 효과적인 행정을 하게 된다는 것을 나타내는 것이다. Head에 해당하는 과학적 측면을 Heart에 해당하는 철학으로 걸러내서 손 · 발(Hand)을 움직이는 행정을 잘하게 된다고 할 수 있다.

이는 행정가의 가치와 신념에 해당하는 Heart가 어떤 사고의 과정에 해당하는 Head를 거쳐, 결정 및 행위와 행동을 하는 Hand가 움직이고, 이것이 각각 Heart와 Head에 피드백되는 3H의 지도성으로도 모색해 볼 수 있다.

아직은 이렇게 저렇게 여러 가지로 모색하는 단계이지만 행정은 철학이

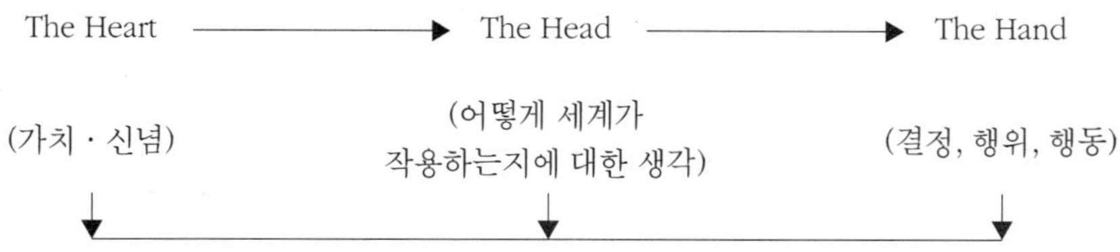

[그림 15-1] 3H의 지도성(Sergiovanni, 1992)

스며나온 것이라는 생각만은 확실하다. 그러므로 교육행정가에게는 올바른 철학이 있어야 하고 이에 교육행정가 양성과 연수 프로그램에 교육행정 철학이 많이 들어가야 한다는 것이다.

그리고 교육행정가는 자신의 철학을 행정으로 펼칠 때 행정하는 보람이 있다. 교육행정가로 하여금 어느 정도 철학을 펼 수 있도록 자율권이 주어져야 한다.

또 행정행위는 곧 행정윤리의 실천이라고 하여 아킬레스, 케디, 하이(Achilles, Keddy, & High, 1994)의 [그림 15-2]를 인용하여 설명하기도 한다. 행정행위는 곧 윤리적 행위이고 행정 실제는 윤리적 실천이라고 할 수 있다. 그래서 행정행위는 윤리와 도덕성을 빼놓고는 도저히 설명이 안 된

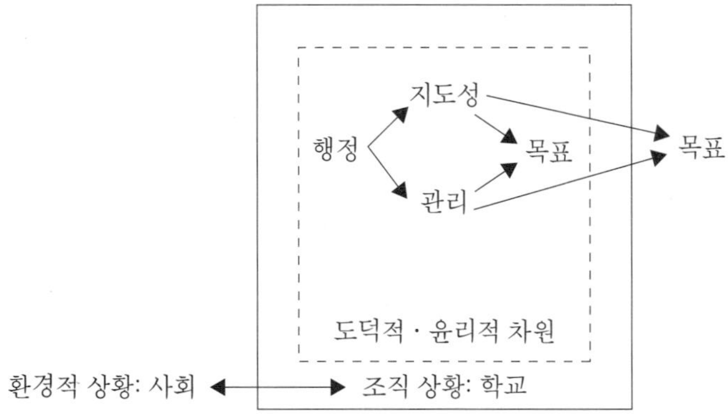

[그림 15-2] 도덕적 · 윤리적 행동으로서의 행정

다. 행정가와 행정인은 개인의 윤리관과 가치관, 사고방식에 의하여 행정에서의 윤리구현에 영향을 받는다. 그리고 행정가는 자신의 행정행위에 대하여 윤리성과 책임성을 확보하지 않으면 그 행정행위가 정당화될 수 없다. 아킬레스, 케디, 하이는 행정을 도덕적 · 윤리적 행동으로 설명하고 있다.

교육행정에서 달성하고자 하는 목표는 그 자체가 윤리성을 가지고 있다. 더 좋은 국가와 살기 좋은 사회를 만들고자 한다든지, 바람직한 인간을 육성하고자 한다든지, 문화유산과 가치 · 규범을 유지 · 보존 · 발전시키고자 하는 모두가 윤리적 방향성을 가지고 있던 것이기 때문에 교육행정에서 윤리성이 강조되지 않을 수 없다.

행정윤리에서 소극적 측면으로 부정부패의 제거와 공직윤리의 확립문제가 있다. 과거의 행정윤리는 이 소극적 측면에 주로 관심을 가졌다. 공직자가 지켜야 할 규범적 기준, 개인의 존엄성과 생활향상이라는 행정목표와 사명을 지향하는 가치와 당위, 행정가의 행동규범으로서의 올바른 판단과 선택, 행정행위에 필요한 능력, 정책관리자의 도리 · 도덕 · 규범 · 책임과 같은 적극적 측면도 있다. 앞으로는 교육행정 전문직 윤리 문제 등을 가볍게 여겨서는 안 될 것이다.

교육행정가의 개인도덕, 조직도덕, 더 나아가서 환경-사회적 책임으로 넓혀 나가면서 행정 실제에서의 윤리적 문제를 따져볼 수도 있다.

첫째, 교육행정철학과 교육행정윤리의 기준과 지침이 될 행동강령, 윤리강령을 연구하여 제정하여야 한다. 선진국에서도 전문조직, 기관, 지역별로 엄격한 강령을 정해 놓고 이를 실천으로 옮기고 있다. 이 책에서도 약간의 사례가 제시되었으나 충분치 못하다고 본다. 한국교육행정학회에서라도 우리 스스로 행동강령, 윤리강령을 연구하여 제정해야 할 것으로 본다. 국가공무원법이나 공직자윤리법 등에 의하여 피동적, 수동적으로 받는 입장보다는 전문직 단체, 학회로서 자발적, 자율적, 적극적으로 행동기준과 행동지침을 마련하는 것이 분위기 쇄신, 전문성 확보 등 여러 가지 면에서 좋을 것이다.

둘째, 교육행정인으로 하여금 교육행정 철학과 윤리를 어떻게 실천으로 옮기게 하느냐가 무엇보다 가장 중요한 과제가 된다. 실천 없는 이론과 철학은 공염불이 되고 탁상공론이 된다. 교육행정학은 실천지향 학문의 성격이 강하기 때문에 철학과 윤리 · 도덕이 생활로 몸에 배어야 한다.

셋째, 교육행정철학의 실천에서 엄격한 처벌과 보상이 적용되어야 한다. 지금까지는 교육에서 법 적용이 엄격하지 못했던 점이 많이 노출되고 있다. 법과 윤리를 교육하는 조직이자 기관이기 때문에 어느 분야의 행정보다도 교육행정에서는 법질서를 엄격하게 할 필요가 있다. 학생과 학부모, 국민의 존경을 못 받는 교육지도자, 교육행정가는 더 이상 지도를 할 수 없고 행정과 교육을 할 수 없는 것이다. 특히, 의도적이고 계획적인 부정과 부패, 비리에 대하여는 엄격하게 그리고 철저히 처벌해야 한다. 다른 사람과의 형평성 운운하는 것은 학생교육과 국민교육상 있을 수 없다고 본다.

그리고 묵묵히 현장에서 교육행정을 위해서 봉사한 교육행정인과 지도자에 대하여는 철저히 보상해 줘야 한다. 이런 처벌과 보상이 분명하지 못했기 때문에 우리나라 교육행정과 정책이 조령모개의 오명과 비난의 대상이 되었던 것이다.

4. 교육적 측면에서의 과제

우리가 잘 알다시피 선진 외국에서는 교육행정가를 엄격하게 교육하여 전문가로 양성하고 있다. 교육행정가가 되려면 대개 교직경력 3년을 최소 필수경력으로 하고 지원자는 대학원 교육행정전공에서 최소한 석사와 박사 사이의 전문가 코스 이수자 이상이 되어야 한다. 교육행정가 양성과정에 교육행정철학과 교육행정윤리에 관한 과목이 많이 개설되어 이를 점점 더 강조하고 있는 경향이다. 미국 미네소타 대학교 교육행정정책학과에 개설된 관련 과목은 '교육에서의 윤리, 도덕성과 가치', '교육의 비교철학', '리더십과 윤리' 등이다.

우리나라 일반 행정학과의 학부, 대학원과 공무원연수원에는 행정철학과 행정윤리에 관한 교과목이 많이 개설·강의되기 시작했다. 그중에 행정윤리에 관한 교과목을 예로 들면, 2001년 현재 5개 대학원(서울, 고려, 연세, 선문, 안동)에 공공책임과 윤리, 관료부패론, 행정윤리, 행정책임론, 행정윤리 세미나, 기획이론과 윤리, 11개 대학 학부에 전문화와 공직윤리, 행정윤리(론), 정부윤리론, 행정과 윤리, 행정철학과 윤리 등의 과목이 개설되고, 중앙공무원교육원, 국가전문행정연수원에 부정부패방지토론, 부패추방의 현행과 과제 토론 등의 과목이 개설되고 있다(윤태범, 2001).

교육행정 분야에서 다양한 전공학과로부터 일반직 교육행정직원이 충원되고 교육전문직만 교대나 사대의 교육관련 학과와 교직과목, 교육대학원을 통해서 배출되기 때문에 교육행정철학의 과목을 개설·강의하기 어려우나, 최소한 한 과목이라도 필수적으로 이수할 수 있도록 조치가 이루어져야 할 것이다. 특히, 교육학과 학부와 대학원 석·박사 과정과 교육대학원 석사 과정에 교육행정철학과 교육행정윤리 과목이 개설·강의되고 이수하도록 되어야 할 것이다. 그리고 각종 교육연수원의 과정에 교육행정철학과 윤리과목이 강화되도록 하여야 한다.

더욱이 교육행정직 임용시험과 교사임용시험에서 교육행정 철학과 윤리 과목이 강화되어야 철학과 윤리의식을 갖고 교육행정 실천을 하는 데 도움이 될 것으로 본다.

이상으로 우리나라 교육행정철학의 과제를 이론, 연구, 실제, 교육의 네 측면으로 나누어 간단히 살펴보았다.

참고문헌

곽병광(1992). 행정철학. 미출판 비매품.

김영종 외(1987). 관료제와 행정철학. 서울: 법문사.

김영종(1995). 행정철학. 서울: 법문사.

김항규(1995). 행정철학. 서울: 대영출판사.

신종순(1971). 행정의 윤리. 서울: 박영사.

유종해(1992). 행정의 윤리. 서울: 박영사.

윤태범(2001). 행정윤리의 연구: 이론과 현실 적용. 한국행정학회학술대회.

주삼환 역(1986). 행정철학. 서울: 법문사.

주삼환(1989). 지도자의 철학. 서울: 법문사.

주삼환(1997). 변화하는 시대의 장학. 서울: 원미사.

Bottery, J. (1992). *Ethics of Educational Management: Personal, Social and Political Perspectives on School Organization*. London: Cassell.

Cooper, T. L. (1994). *Handbook of Administrative Ethics*. N.Y.: Marcel Dekker.

Greenfield, T., & Ribbins, P. (1993). *Greenfield on Educational Administration: Towards a Humane Science*. London: Routledge.

Hodgkinson, C. (1978). *Towards a Philosophy of Administration*. N.Y.: Martin' s Press.

Hodgkinson, C. (1991). *Educational Leadership: The Moral Art*. Albany: State University of New York Press.

Hodgkinson, C. (1996). *Administrative Philosophy*. N.Y.: Pergamon.

Hughes, L. W. (1994). *Principal as Leader*. N.Y.: Macmillian.

Ohm, Robert E., & Monahan, William G. (1965). *Educational Administration: Philosophy in Action*. Norman, Oklahoma.

Sergiovanni, T. J. (1992). *Moral Leadership*. San Francisco: Jossey-Bass Publishers.

Sergiovanni, T. J., & Carver, F. D. (1980). *The New School Executive*. N.Y.: Harper and Row Publishers.

Strike, Keneth, Haller, Emil J., & Soltice, Jones F. (1988). *The Ethics od School Administration*. N.Y.: Teacher College Press.

찾아보기

인명

내용

저자 소개

책임집필 주삼환

약력: 서울교육대학교, 서울대학교교육대학원 교육행정전공 석사, 미국미네소타대학교대학원 교육행정전공 박사, 서울시내 초등교사 약 15년, 한국교육행정학회장, 미국 오하이오주립대학 객원교수 역임, 현 충남대학교 교수

저 · 역서: 학지사(www.hakjisa.co.kr)−교육행정 사례연구(공저, 2007), 교육행정 및 교육경영(개정2판, 공저, 2005), 미국의 교장(2005), 장학의 이론과 기법(2003)
태영출판사(www.taeyeongbook.co.kr)−한국교원행정(2007)
한국학술정보(www.kstudy.com): 주삼환 교육행정 및 장학 시리즈 도서 33권(2006): **I. 교육 칼럼 및 비평 시리즈**; I-1 우리의 교육, 몸으로 가르치자, I-2 질의 교육과 교육행정, I-3 교육이 바로 서야, I-4 위기의 한국교육, I-5 전환시대의 전환적 교육, **II. 장학론 시리즈**; II-1 수업분석과 수업연구(공저), II-2 전환적 장학과 학교경영, II-3 장학: 장학자와 교사의 상호작용(역), II-4 임상장학(역), II-5 교육행정 특강, II-6 교장의 리더십과 장학, II-7 교장의 질관리 장학, II-8 교육개혁과 교장의 리더십, II-9 선택적 장학(역), II-10 장학 연구, II-11 인간자원장학(역), **III. 교육행정 시리즈**; III-1 올바른 교육행정을 지향하여, III-2 한국교육행정강론, III-3, 미국의 교육행정, III-4 지방교육자치와 대학자치, III-5 전환기의 교육행정과 학교경영, III-6 고등교육연구, III-7 교육조직 연구, III-8 교육정책의 방향(역), **IV. 교육행정철학 시리즈**; IV-1 교육행정철학(역), IV-2 리더십의 철학(역), IV-3 대안적 교육행정학(공역), IV-4 교육행정사상의 변화, **V. 교육행정 관련학문 시리즈**; V-1 교양인간관계론(e-book), V-2 입문 비교교육학(역), V-3 사회과학이론입문(공역), V-4 허즈버그의 직무동기이론(역), V-5 미국의 대학평가(역)

정일화

경희대학교 사범대학 영어교육학과, 충남대학교교육대학원 교육행정전공 석사, 충남대학교대학원 교육행정전공 박사과정, 현 대전이문고등학교 교사. 저서: 교육행정 사례연구(공저, 2007), 논문: 교사가 지각한 학교의 공동체지향성과 조직헌신도의 관계(충남대학교교육대학원 석사논문)

김용남

충남대학교 교육학과, 충남대학교교육대학원 교육행정전공 석사, 충남대학교대학원 교육행정전공 박사과정, 현 충남대학교 교육연구소 전임연구원. 논문: 학교조직의 학습조직 수준과 학교조직효과성과의 관계 연구(석사논문), 한국에서의 AP제도 도입 가능성 탐색(교육학논총), 고교대학간 연계를 통한 AP제도 도입(한국교육과정학회 2006년 춘계학술대회)

박소화

공주교육대학교, 충남대학교교육대학원 교육행정전공 석사, 충남대학교대학원 교육행정전공 박사과정, 현 대전관저초등학교 교사. 저서: 교육행정 사례연구(공저, 2007), 논문: 교사의 학교예산회계제도 참여정도와 만족도와의 관계 연구(석사논문), 유치원 교육비 펀딩 포뮬러 설계 연구, 미래사회의 학습형태에 관한 연구, 문제틀로서의 초국적 교육의 개념과 동향분석(공동연구)

김미정

공주교육대학교, 충남대학교교육대학원 교육행정전공 석사, 충남대학교대학원 교육행정전공 박사과정, 현 대전둔산초등학교 교사. 저서: 교육행정 사례연구(공저, 2007), 논문: 학교조직풍토의 개방성 정도와 교사 임파워먼트의 관계, 학교조직에서 나타나는 관료주의적 특성 고찰, 학생들의 다중지능에 대한 교육적 시사점(공동), 유치원 교육비 펀딩 포뮬러 설계 연구(공동), 유비쿼터스 사회에서의 학교 장학의 방향

김수구

충남대학교 물리학과, 충남대학교교육대학원 과학교육(물리)전공 석사, 충남대학교대학원 교육행정전공 박사과정, 현 대전 계룡공업고등학교 교사. 저서: 교육행정 사례연구(공저, 2007), 논문: 오픈소스 리눅스의 성공사례 고찰을 통한 미래 지식정보사회의 e-learning모형 찾기, 유치원 교육비 펀딩 포뮬러 설계 연구(공동), 미래사회의 학습형태에 관한 연구(공동), 인터넷을 활용한 수업중심 동료장학방법 모형 구안

남기윤

공주교육대학교, 한서대학교교육대학원 교육행정전공 석사, 충남대학교대학원 교육행정전공 박사과정, 현 해미초등학교 교사. 논문: 교육정보화 관련 업무가 직무스트레스에 미치는 영향, 초임교사의 초기 경력개발을 위한 기초 연구(교육연구논총 제26권 2호)

교육행정철학
학지사

교육행정철학

2007년 2월 7일 1판 1쇄 인쇄
2007년 2월 15일 1판 1쇄 발행

지은이 • 주삼환, 정일화, 김용남, 박소화, 김미정, 김수구, 남기윤
펴낸이 • 김진환
펴낸곳 • 학지사
121-837 서울시 마포구 서교동 352-29 마인드월드빌딩 5층
대표전화 • 02-326-1500 팩스 • 02-324-2345
등록 • 1992년 2월 19일 제2-1329호
홈페이지 www.hakjisa.co.kr

ISBN 978-89-5891-421-1 93370
가격 17,000원

잘못된 책은 구입처에서 교환하여 드립니다.

인터넷 학술논문 원문 서비스 뉴논문 www.newnonmun.com